行政区划图

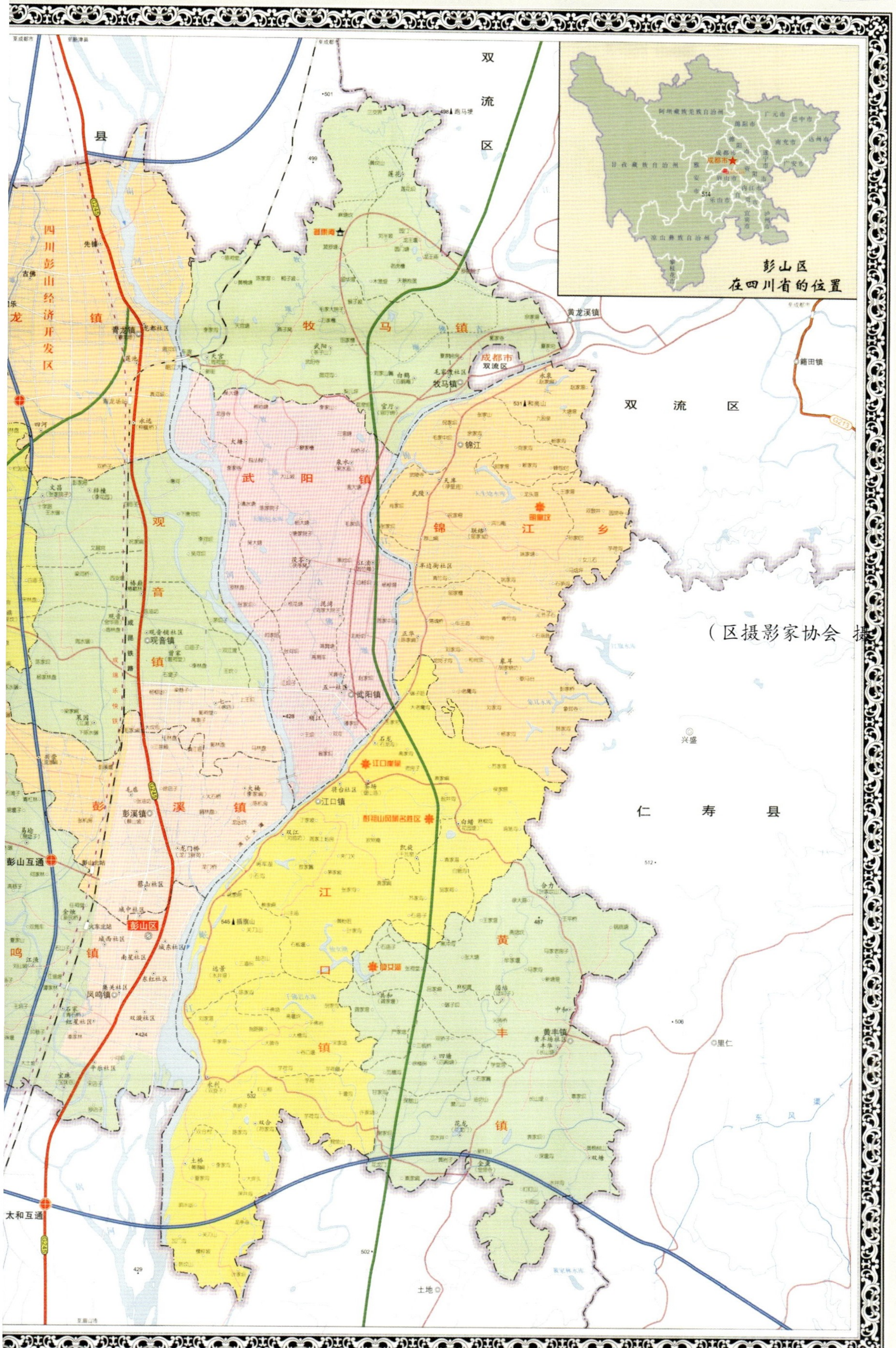

（区摄影家协会 摄

眉山市彭山区人民政府 眉山市彭山区民政局 监制

彭山年鉴

PENG SHAN YEARBOOK

2018

眉山市彭山区人民政府 主办
眉山市彭山区党史地方志办公室 编纂

方志出版社
Publishing House of Local Records

图书在版编目（CIP）数据

彭山年鉴. 2018/眉山市彭山区党史地方志办公室 编.
—北京：方志出版社，2018. 10

ISBN 978—7—5144—3320—3

Ⅰ. ①彭… Ⅱ. ①眉… Ⅲ. ①区(城市)—眉山—2018—年鉴 Ⅳ. ①Z527. 14

中国版本图书馆CIP数据核字(2018)第224266号

彭山年鉴（2018）

编　　者： 眉山市彭山区党史地方志办公室

责任编辑： 陈　菁

出 版 人： 冀祥德

出 版 者： 方志出版社

地址　北京市朝阳区潘家园东里 9 号（国家方志馆4层）

邮编　100021

网址　http://www.fzph.org

发　　行： 方志出版社图书经销中心

电话（010）67110500

经　　销： 各地新华书店

印　　刷： 成都鑫达彩印印务有限责任公司

开　　本： 889×1194　　1/16

印　　张： 26

字　　数： 420千字

版　　次： 2018年11月第1版　　2018年11月第1次印刷

印　　数： 001～300册

ISBN 978-7-5144-3320-3　　定价：300.00元

中国共产党眉山市彭山区第二届代表大会第二次会议

（2017年2月9日—10日）

党代表现场听取全区工业经济、园区建设及苏宁云商项目情况汇报

中国共产党眉山市彭山区第二届代表大会第二次会议会场

眉山市彭山区第二届人民代表大会第二次会议

（2017年2月13日—14日）

眉山市彭山区第二届人民代表大会第二次会议会场

人大代表听取全区教育卫生品质工程建设情况

中国人民政治协商会议眉山市彭山区第二届委员会第二次会议

（2017年2月13日—14日）

政协委员在凤鸣花谷听取农业园区产业发展情况

中国人民政治协商会议眉山市彭山区第二届委员会第二次会议会场

党的建设

2017年6月30日，彭山庆祝中国共产党成立96周年大会暨“撸起袖子加油干 齐心协力谱新篇”歌咏比赛在彭祖广场举行

2017年10月17日，“扶贫日”彭山区公益活动在彭祖广场拉开序幕

党的建设

青龙镇狮子村“第一书记”陈程（中）指导柑橘种植技术

公义镇新桥村“第一书记”汪玉伦（中）走村入户采集信息

青龙镇同乐村“第一书记”易勇界（左一）到村民家中了解情况。

党的建设

2017年9月16日，彭山区友仁社会公益发展中心志愿者宣誓

2017年5月9日，武阳镇党员先锋服务队帮助当地群众收割油菜

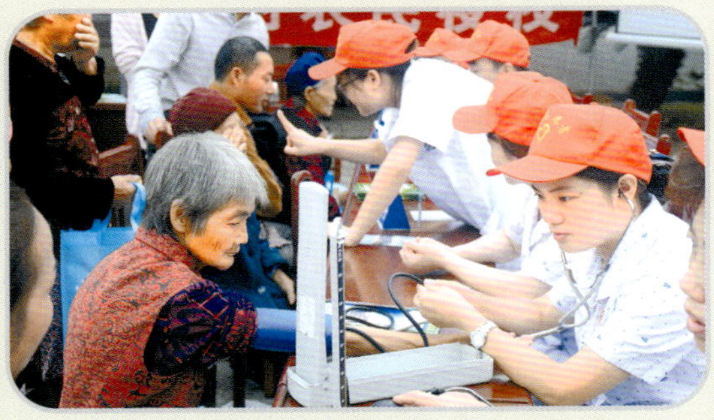

2017年9月16日，医疗志愿者在城区开展义诊活动

2017年9月16日，社会治安志愿者为敬老院里的老人理发

2017年7月22日，志愿者在湄州河段打捞漂浮物

深化农村体制改革

2017年3月27日，全省农村改革工作推进暨农业供给侧结构性改革专题培训会在彭山区召开

彭山区是全国第二轮深化农村改革34个试验区之一，作为试点重要一环的区农村产权流转交易服务中心，在推进过程中整合资源强化服务，着力将试点打造成示范点，助推全区深化农村改革

深化农村体制改革

岷江现代农业园区标准化农田建设　　（区摄影家协会 摄）

观音镇葡萄产业连片发展助推脱贫　　（区摄影家协会 摄）

岷江现代农业园区打造蜜柚基地，帮助农民生产致富

义和乡大力发展猕猴桃产业，带动群众脱贫奔小康

品质发展

2017年5月19日，区长罗万东（右三）与云南城投天成云盟公司负责人签订合作协议

2017年11月25日，眉山市彭山区人民政府与欧倍欧（香港）投资管理有限公司签约

品质发展

2017年5月19日，彭祖山景区项目开工仪式

2017年11月21日，中国欧盟商会走进彭山区，共谋发展，探索彭山对外开放、招商引资新格局

2017年6月21日，全省重大招商引资项目集中开工眉山分会场开工仪式在彭山区成眉新能源新材料园区举行

品质发展

彭山区位优势明显，拥有优良的人文环境和投资环境。图为天府新区彭山青龙区域　（区摄影家协会 摄）

嘉年华大型农业科技园项目

产业新城部分建设场景航拍

城市绿化品质提升，彭祖牌坊鸟瞰图

品质发展

彭山交通新景象

陶氏化学项目建设现场

岷东大道

中央公园建设现场一角

市民中心基坑施工

环境治理

彭山区环保局为施工工地安装喷雾装置减少雾霾

环卫工人对城区街道进行清洗除尘

彭山城管在彭祖大道进行机械冲洗除尘

彭山区城市执法管理局、水务局等部门检查阳森木业除尘设施

环境治理

彭山区五湖四海“三级河长”治水，生态治理见实效

牧马镇府河河边环境整治，景色怡人

生态宜居

恒大·金碧天下

复地黄龙生态宜居城

国际寿星谷

龚家堰水库

生态宜居

五湖四海湿地公园

成乐高速彭山出口

锦绣大道

彭祖山风景区

生态宜居

青龙湿地公园

狮子村山坪塘

莲花安置区俯瞰图

和谐幸福

2017年1月23日晚，“寿乡好人，感动彭山”彭山区首届民星汇颁奖典礼在四川大学锦江学院大礼堂隆重

2017年1月4日晚，彭山区隆重举办教育之春·新年交响音乐会

2017年3月1日，彭山区举行2017年学雷锋志愿服务活动启动仪式

2017年4月27日，庆祝“五一”、纪念“五四”文艺汇演暨五一劳动奖、优秀青年志愿者颁奖会在长寿广场隆重

2017年2月11日，彭祖广场一场充满乡土气息的非物质文化遗产展演——2017年彭山区民间民俗灯舞大赛活动

和谐幸福

2017年10月26日，全国特奥轮滑比赛在彭山区四川省残疾人体育训练中心开幕

2017年2月19日，彭山区在千亩湿地公园开展全民健身跑活动
（向庆淼 摄）

2017年10月27日，观音镇曾家村千人聚会庆重阳精彩纷呈的节目表演

2017年3月30日，庚寅秋彭祖祭祀大典

2017年12月19日，彭山首座电梯式公租房落成，进城务工农民喜分房

江口沉银考古挖掘

2017年4月13日，四川省政府新闻办举办彭山江口沉银遗址2017年上半年发掘成果通报会

巴蜀文化专家袁庭栋发言

天津社会科学院历史研究所研究员张献忠发言

2017年4月6日，四川省委宣传部、文化厅、中国社会科学院历史研究所主办的“彭山江口沉银遗址历史学者座谈会”在彭山区举行

江口沉银考古挖掘

江口沉银考古挖掘现场

考古挖掘现场

江口镇张献忠沉银遗址考古现场

清理文物

文物保护

江口沉银考古挖掘

金扭扣

金、银戒指

西王赏功金、银币

部分兵器

瓷杯、瓷碟

编辑说明

一、《彭山年鉴》由中共眉山市彭山区委领导、眉山市彭山区人民政府主办，由彭山年鉴编纂委员会组织编辑出版的综合性资料文献，于1986年创刊，一年一鉴，本卷为第32卷。其宗旨是全面、系统、准确、翔实地反映彭山区政治、经济、文化和社会发展情况，为全区各级党政机关、社会各界人士及中外投资者认识、了解和研究彭山提供权威资料，为全面开启建设繁荣富裕美好彭山新征程，加快构建国家中心城市彭山新坐标服务。

二、《彭山年鉴》2018年卷主要记载2017年度彭山区的基本情况、发展变化及大事要闻。为保证事物发展的连续性，有的条目内容根据实际情况作适当上溯或下延。

三、《彭山年鉴》编纂坚持以马克思列宁主义、毛泽东思想、邓小平理论、“三个代表”重要思想、科学发展观、习近平新时代中国特色社会主义思想为指导，遵循客观、真实、准确的原则，坚持辩证唯物主义和历史唯物主义的立场、观点、方法。

四、《彭山年鉴》采用分类编辑法，内容按类目、分目、条目三个层次设置，条目为基本单元。全书以不同字体、字号区别不同层次，条目标题用“【】”表示。2018年卷共分特载、大事记、彭山概况、政治、经济产业、城乡建设与环境保护、经济管理、社会事业、人物、乡镇概况、附录等共42万余字。

五、《彭山年鉴（2018）》主体内容时限为2017年1月1日至12月31日。年鉴的所有资料由区党政机关、各乡镇（街道）和企事业单位提供，均经各供稿单位领导审核。如同一指标因统计口径出现差异，请以区统计局提供的数据为准。

六、《彭山年鉴》的编辑工作得到了全区各级领导及各乡镇（街道）、部门和社会各界的大力支持，在此谨一并致谢。由于内容广泛，编辑人员少，编辑时间短促，加上水平限制，难免有疏漏、错误之处，恳请批评指正。

七、本年鉴彩页图片均由《今日彭山》杂志社提供，随文插图由供稿单位提供。

彭山年鉴编纂委员会

顾　问　梁　磊

主　任　罗万东

副主任　袁利民

委　员　游德华　钟　阳　蔡贵明　刘黔玲　帅　辉

彭山年鉴编辑部

主　编　蔡贵明

副主编　刘黔玲　帅　辉

总　纂　蔡贵明　刘黔玲

校　对　张　凤　徐莉岚

《彭山年鉴（2017）》编写组成员名单

中共彭山区委	秦昊杰
彭山区人大常委会	刘　莉　赵俊林
彭山区人民政府	陈　婷
彭山区政协	梅智勇
中共彭山纪委	张驰程
彭山区人民法院	陈　毅
彭山区人民检察院	余　倩
彭山区人民武装部	任　康
中共彭山区委组织部	袁杰科
中共彭山区委宣传部	康文翔
中共彭山区委统战部	宁　莉
中共彭山区委政法委	陈文涛
中共彭山区委巡察办	易　瑜
中共彭山区委政研室	何　霞
彭山区直机关工委	刘佳慧
中共彭山区委群众工作部	文　艺
中共彭山区委机构编制委员会办公室	陈跃武
中共彭山区委农村工作领导小组办公室	邓文杰　晏瑶珈
中共彭山区委老干部局	钟　薇
中共彭山区委保密办（局）	窦　苇
中共彭山区委党校	官为桥
彭山区电子政务办公室	周　静
彭山区网格服务管理中心	汪利红
彭山区发展和改革局	李　罡
彭山区经济和信息化局	陈利军
彭山区教育体育局	陈新春
彭山区公安分局	张怀安
彭山区民政局	罗红梅
彭山区司法局	帅　逸
彭山区财政局	周才洪
彭山区人力资源和社会保障局	刘志林
眉山市国土资源局彭山区分局	吴　俊
彭山区环境保护局	何　涛
彭山区住房和城乡规划建设局	唐　嘉
彭山区交通运输局	孙文涛
彭山区水务局	张　文
彭山区农业和畜牧局	熊利均
彭山区商务局	张　娇
彭山区文化旅游广电新闻出版局	李云福
彭山区卫生和计划生育局	何晓军
彭山区审计局	张建才
彭山区统计局	赖雪英
彭山区城市行政执法局	刘冬梅
彭山区安全生产监督管理局	李嘉翔
彭山区食品药品监督管理局	艾文思
彭山区工商行政管理和质量技术监督局	侯　璐
彭山区党务政务服务中心	周建平
彭山区科学技术局	王丽琳
彭山区林业局	徐　兵
彭山区外事侨务台湾工作办公室	黄茂玥
彭山区国有资产监督管理局	宋慧霞
彭山区粮食局	郑　媞

三产办	冯秀梅	四川彭山经济开发区管理委员会	洪美宽
彭山区扶贫和移民工作局	冯建梅	成眉石化园区管理委员会	雷　丹
彭山区投资促进局	李智群	岷江现代农业示范园区彭山管理委员会	彭　管
彭山区公共资源交易中心	李巧玲	中国人民银行彭山支行	罗阳宇
彭山区档案局	杨文娴	中国农业银行股分有限公司彭山支行	朱智莉
彭山区政府金融办	夏杨婷	农业发展银行彭山支行	刘　畅
彭山区电视台	杜晓文	中国建设银行股份有限公司彭山分行	陈贵全
彭山区市政园林管理局	张丽娟	中国工商银行股份有限公司彭山分行	蒲　影
彭山区彭祖山风景区工作局	杨利佳	眉山农村商业银行股份有限公司彭山支行	李　雪
彭山区城乡规划局	侯官林	人保财险彭山支公司	晏思敏
彭山区房屋征收局	余　丹	中国人寿保险股份有限公司彭山区支公司	王建如
彭山区农机事业局	袁如蓉	国网眉山市彭山供电公司	杨艳梅
彭山区地方税务局	王　欢	彭山区烟草专卖局	魏世航
彭山区国家税务局	张　林	邮政彭山分公司	伍　琴
彭山区气象局	李　超	中国电信彭山分公司	张俊红
彭山区老龄办	罗红梅	中国移动通信集团四川有限公司彭山分公司	曾　理
四川大学锦江学院	郭　晨	凤鸣街道办事处	周奉学
彭山区总工会	任　艳	彭溪街道办事处	丁丽娟
共青团眉山市彭山区委	阙欣琦	青龙镇	张　敏
彭山区妇女联合会	刘琪珂	观音镇	周　岩
彭山区科学技术协会	彭　佳	江口镇	吴佳遥
彭山区工商业联合会	易昌明	谢家镇	魏　波
彭山区残疾人联合会	徐建华	黄丰镇	杜秀玲
彭山区红十字会	汪　泳	牧马镇	陈海懿
彭山区供销社	龙永松	武阳镇	刘　威
中国民主同盟会彭山区总支委员会	刘红玉	锦江乡	周　柯
中国民主促进会眉山市彭山区总支委员会	张　梅	义和乡	刘雨丝
中国民主建国会眉山市彭山区总支委员会	陈永华	保胜乡	唐思玥

目 录

特 载

大 事 记

彭山概况

中国共产党眉山市彭山区委员会

眉山市彭山区人民代表大会常务委员会

眉山市彭山区人民政府

中国人民政治协商会议彭山区委员会

纪检·监察

民主党派

群众团体

法治·军事

农　业

工　业

旅游业

商　贸

经济管理

财政·税收

金融・保险

交通·邮政·电信

城乡建设与环境保护

社会事业

人　物

乡镇概况

附　录

Contents

Pengshan district in meishan municipality People's Government

The Pengshan district Committee of the Chinese People's Political Consultative Conference

Discipline Inspection and Supervision

Democratic Parties

Mass Organizations

Rule of Law • milirary

Agriculture

Industry

The tourism industry

Trade

Economic management

Fiscal and Taxation

Finance and Insurance

Transport and Posts and Telecom

Urban and Rural Development and Environmental Protection

Social undertakings

Figures

Towns Survey

Appendix

特 载

Special Article

打造全省最优营商环境 化区位优势为发展胜势 构建国家中心城市彭山新坐标

——在中国共产党眉山市彭山区第二届代表大会第三次会议上的报告

中共眉山市彭山区委书记 梁 磊

（2018 年 2 月 27 日）

这次大会，是在深入学习贯彻党的十九大、省委十一届二次全会、市四届三次党代会精神，认真践行市委“135”发展思路，坚定品质发展理念，持续推进四城建设和建设天府新区增长极的关键时期，召开的一次重要会议。本次会议的主要任务是：深入贯彻落实党的十九大精神，以习近平新时代中国特色社会主义思想为指导，回顾过去、谋划未来，动员和组织全区广大党员干部群众，集聚发展力量，全面开启建设繁荣富裕美好彭山新征程，加快构建国家中心城市彭山新坐标。

一、迎难而上、砥砺奋进的 2017 年

刚刚过去的一年，是我区发展进程中极不平凡的一年。一年来，面对结构调整、环保督察、转型提质等多重挑战，在市委的坚强领导下，我们迎难而上、砥砺奋进，按照区第二次党代会确定的思路，坚持“党建统领，解放思想，改革创新，品质发展”，坚定两个方向，坚守三大铁律，抢抓四大机遇，持续推进四城建设。全区 GDP 增速、第二产业增加值、城镇居民人均可支配收入 3 项指标均居全市第一；财政收入完成 15.67 亿元；农村居民人均可支配收入、全社会固定资产投资、社会消费品零售总额增速均居全市第二。农改经验获全国人大常委会领导肯定，写入《农村土地承包法》修订案，彭山获得全省 2017 年度重大农村改革任务推进示范县和四川县域电子商务十佳县称号。江口沉银遗址发掘取得重大成果，出水文物 3 万余件，被国务院领导肯定批示，写入省政府工作报告。民营经济工作经验被全国政协领导肯定批示，各项工作经验在全国、全省交流推广 12 次。

一年来，我们坚持党建引领聚合力，突出统筹联动，新的伟大工程建设取得新成效

大党建工作格局形成。坚持党领导一切，统筹“纪组宣政统”，创新建立“三会”并行、双百同权、一体监督的“321”大党建工作体系，实现党的建设由“线”到“面”的转变。政治生态持续向好。鲜明“忠诚、担当、有为、干净”的用人标准，旗帜鲜明讲政治，领导班子思想政治建设取得新突破。乡镇纪委标准化建设受中纪委肯定，惠民资金大数据监督系统得到省纪委充分认可，监察体制改革在全市率先启动。创新开展巡察监督，成为全市唯一的省委巡察工作联系点。举办“阳光问廉”彭山专场，扎实推进“4+2”系统治理，重拳整治基层“微腐败”，全年查处违纪案件151件，党纪政纪处分152人，移送司法机关7人。党风廉政建设社会评价全省排名上升17位，进入全省第一方阵。基层党建有形有效。全国第二批农村改革试验区党建课题通过国家验收并受到高度肯定，“红色先锋引领绿色发展”经验被《人民日报》专题报道。基层党组织标准化建设和“智慧党建”工作经验全市推广。国家“千人计划”“百人计划”高端创新人才引进实现全市零突破。文化宣传亮点纷呈。基层思想文化建设获中宣部肯定，鹏利小学社会主义核心价值观建设经验全国交流，移风易俗工作受到中央文明办肯定。央视32次聚焦彭山，中央级媒体206次报道彭山。社会治理有序推进。圆满实现了信访维稳“四零”“三个决不发生”工作目标，“五长联动”维稳工作新机制全省推广，社会治安满意度调查连续5次名列全市第一，进入全省第一方阵。各方力量切实凝聚。全面加强民主政治建设，积极推动政府依法行政，支持群团组织参与中心工作，支持国防后备力量建设，全省首个新的社会阶层人士联谊会在彭山诞生，“大党建引领大群团”改革经验全省交流，全区上下同心同德、齐心协力，形成了干事创业的强大合力。

一年来，我们坚持高端定位兴产业，突出质量效益，品质发展之城蓄积新动能

工业品质不断提升。坚持工业强区战略，实现总产值332.9亿元。深入实施科技创新工程，高新技术产业产值56亿元，同比增长15%，新建产学研联盟8个，省级高新技术企业2家，申请发明专利295件，打造甲骨文高端技术人才创新创业基地。农业效益持续增长。坚持“建基地、创品牌、搞加工”的农业供给侧结构性改革主线，大力发展都市现代农业，土地规模流转率68.9%，实现“东坡味道”销售收入126.9亿元，同比增长10.2%，电商销售收入9亿元，同比增长50%。开放合作全面升级。坚持外向型、开放型经济发展方向，全国特奥轮滑比赛在彭举行，“海峡两岸产业合作区”落户彭山，美国商会、中国欧盟商会、法中交流促进会、联合国教科文组织和13个国家的国际友人走进彭山、开展交流。全年招商引资实际到位179.5亿元，外贸进出口总额突破6000万美元，完成目标任务的300%。

一年来，我们坚持绿色发展美环境，突出环保否决，生态宜居之城实现新突破

不断完善城乡功能。坚守三大铁律，坚持规划先行，完成环天府新区概念性规划、彭祖山景区总体规划修编和核心景区控规，启动彭祖新城控规修编和牧马、锦江、武阳等乡镇总控规修编，编制完成14项专项规划和8个项目规划。坚定不移贯彻新型城镇化战略，完善城镇基础设施建设，彭山产业新城项目全面启动。成乐高速扩容项目、工业大道、太和大道快速推进，启动岷江航电、环天府新区快速通道建设，成昆铁路扩能改造工程彭山段全线开通运行，构建了综合立体交通网络格局。持续美化生态环境。全力推进“绿海明珠”“百园之市”“千湖之城”建设，新增和恢复水域面积5.1平方公里；持续开展“花漾彭山”“光彩彭山”行动，加快东山彩林提升工程建设，城乡绿化覆盖率达到50.5%，顺利通过“省级环境优美示范县城”复查验收，观音镇被评为全国卫生乡镇，凤鸣街道菱角村等5个村荣获全国首批“绿色村庄”称号。顺利通过中央环保督察。强力推进“河长制”工作机制和“环保+警察”执法模式，立案查处环境违法案件83件，强势推进“六治”，关停取缔“散乱污”企业73家，全年空气质量达标率同比上升3.3%，地表水水质全面好转，污染物年均浓度大幅下降。

一年来，我们坚持康养彭山明定位，突出品位特色，长寿养生之城彰显新魅力

发展定位更加明确。始终坚持打造大都市区“养生养心高地”，高起点、高标准编制完成养生养老产业规划，形成重点突出、方向明确的养生养老产业发展格局。岷江现代农业示范园区获得“中国农业公园”称号，成为成都平原的“中央厨房”。喊响了“彭山，一个不老的地方”，养生福地的概念深入人心。引进项目更具实力。 坚持项目引进“宁缺毋滥”，面向国内高端养生养老龙头企业开展招商，成功签约全市首个千亿项目恒大文旅综合体和2个百亿项目水郡未来城、中法农业科技园，全面启动彭祖山景区综合打造，推动养生养老产业集群发展，实现了有史以来的高位突破。农旅融合更富内涵。投资2.6亿元的四川首个农业嘉年华顺利开园，启动AAAA级旅游景区创建。凤鸣花谷旅游节点、盘桓小筑民宿客栈投入运营，完成特色文化街区、马林村民宿客栈等一批有活力的品质项目点缀彭山。成功举办首届樱花节、第八届葡萄采摘节等活动，建成全省新产业新业态示范县。

一年来，我们坚持守护民生增福祉，突出以人为本，和谐幸福之城展现新面貌

依法治区卓有成效。全面实施“七五”普法，持续推进“雪亮工程”建设，探索新型安置小区服务管理机制。启动全国平安建设先进县创建，创建省级安全社区1个，荣获全国司法行政系统先进集体1个。脱贫攻坚巩固提升。创新光伏扶贫、法治扶贫、健康扶贫等方式，实现精准扶贫、精准脱贫成果全面提升，完成339户925人易地扶贫搬迁，顺利通过全省脱贫攻坚交叉检查。社会事业全面发展。全年投入民生资金21亿元，占财政预算支出的82.8%。持续优化城乡医疗教育布局，第四小学建成使用，中医院、新一中、实验小学主体完工，城北幼儿园进场开工。加快医药卫生体制改革，健全覆盖城乡居民的社会保障体系，建成社会保障性住房424套。加快农村产权制度改革，88个村集体经营性收入平均增长30%，全面消除“空壳村”。建成幸福美丽新村15个，成功创建省级“四好村”13个。

各位代表，同志们，成绩的取得，是市委正确领导的结果，是人大及其常委会依法行使职权、政协和各民主党派、工商联、社会各界倾力支持的结果，更是全区各级党组织和广大党员干部群众共同奋斗的结果。在此，我代表中共眉山市彭山区第二届委员会，向所有关心、支持和参与彭山建设发展的广大干部群众以及社会各界人士表示衷心的感谢，并致以崇高的敬意！

成绩的取得也是不断总结经验、把握规律、创新理念的结果，实践证明：

高质量发展是新时代的必然要求，只有坚持品质发展，才能高位求进、弯道超越。近年来，我们始终走品质至上、生态优先的可持续发展路径，科学规划城乡布局，高效配置要素资源，城市功能不断完善，城市品位不断提升，人居环境显著改善。坚持招强引优，推动经济结构优化升级，先后引进世界500强企业11家，百亿元以上项目4个，县域经济和县级经济综合评价进入全省一流方阵，财政收入数年实现跨越式增长。坚持全面对接融入成都，基础设施不断完善，区位优势不断放大，洼地效应不断显现，实现了在新常态下的不断超越。

干部是事业成败的决定因素，只有坚持敢于担当，才能勇立潮头、奋发有为。近年来，担当已成为彭山干部干事创业的基本习惯，我们始终坚持改进工作作风，推动担当有为，鼓励引导党员干部乘势而为抢机遇，创新实干抓改革，埋头苦干推项目，打造了一支勇闯敢干、敢为人先的干部队伍。因为敢于担当，我们执政水平不断提升，主动作为创一流持续名列全市前茅，选人用人普遍认可，基层组织全面加强，政治生态风清气正，党风廉政社会评价连续攀升，社会环境平安稳定，群众满意度持续提升，彭山“党建”成为闪亮名片。

思路决定出路，只有坚持解放思想，才能改革创新、跨越发展。近年来，我们始终坚持全面深化改革，坚定“开放型、外向型”经济发展方向和“创新型、学习型”干部队伍建设，鼓励各部门大胆探索、先行先试，通过开展“学先进、找差距、添措施”活动，在各领域推出了一系列改革举措，不断突破传统束缚和瓶颈制约，不断拓展对内对外开放新空间。承接中省部署改革试点任务在全市遥遥领先，不断打造改革经验“彭山样板”，彭山改革工作得到国家级领导肯定性批示3次，省部级以上领导表扬15次，农改经验成为全国人大立法、修法的重要参考，中央电视台《新闻联播》头条、人民日报头版等中央主流媒体多次聚焦彭山改革。

二、筑梦新时代，开启新征程

各位代表，同志们！时代是出题人，我们是答题人，人民是阅卷人。党的十九大开启了中国特色社会主义新时代，省委作出了推动治蜀兴川再上新台阶加快建设美丽繁荣和谐四川的决定，市委提出了建设繁荣富裕美好眉山的奋斗目标。我们要努力向彭山人民交一份满意的答卷。

站在新的历史起点，我们必须清醒认识到彭山发展面临的不足和挑战。一是经济外向度不高。彭山有着“坐拥天府新区，毗邻双流机场”得天独厚的区位优势，但我们没有更好地将其转化为经济优势、发展胜势，特别是随着成都“南拓”，新津、双流等周边区县发展势头更加强劲，彭山面临“虹吸效应”加剧的风险。这是当前必须全力破解的难题，也是市委检验彭山发展的重要标准。二是人才支撑不足。彭山正处于新旧动能转换期、改革攻坚期，我们面临既要高质量发展，还要高速度发展的双重压力，解决问题的关键在人才、核心在干部。在区域竞争愈发激烈的当下，成都、武汉等城市均已打响了人才争夺战，我们也必须要面向社会发出人才“邀请函”，破解这个核心难题。三是营商环境不够优化。凡是营商环境好的地方，就必然是市场和资本认可的地方，就必然是项目投资的热土、对外开放的前沿。因此，形势倒逼我们要在政策环境、法治环境、政务环境、宜居环境等方面下更大的功夫，努力营造稳定公平透明的营商环境，不断增强对外吸引力。

站在新的历史起点，我们也欣喜地看到彭山发展正面临千载难逢的机遇。一是区位优势更加凸现。省委提出实施“四项重点工程”和市委“融入大成都、接轨大都市”战略，彭山作为眉山融入成都同城发展的北面桥头堡，更有利于享受政策叠加优势，成为成都现代化经济体系的核心辐射区和资源溢出区。二是社会影响力日益增强。近年来，彭山在全省全国的影响力明显提升，越来越为世人所知：拥有7项国家级改革试点金字招牌，成为西南地区农业农村改革高地；招商引资、对外开放水平和层次实现历史性突破；历史文化积淀不断发酵与呈现，发展红利正在大量释放。三是发展空间全面打开。借势中央环保督察，我们下大力气关掉了一批污染企业和落后产能，为下一步腾笼换鸟、实现产业转型升级，提供了容量和动能。

各位代表，同志们，新时代开启新征程，新征程呼唤新作为！我们要坚定以习近平新时代中国特色社会主义思想统揽全局，全面贯彻新发展理念，紧紧围绕省委治蜀兴川“1234”战略部署、市委治眉兴眉“135”总体布局，凝心聚力加快发展，奋力构建国家中心城市彭山新坐标。站在全新的起点，按照中省市部署要求，我们把这个伟大梦想分为三个阶段来完成：第一阶段，从现在起到2020年，在全省率先实现次级突破，率先全面建成小康社会，区域核心竞争力显著增强；第二阶段，从2020年到2035年，初步建成具有全国影响力的国家中心城市彭山新坐标，区位综合实力排名稳居全省第一方阵，基本实现社会主义现代化；第三个阶段，从2035年到2050年，全面实现社会主义现代化，建成繁荣富裕美好彭山。

三、再接再厉、跨越腾飞的2018年

“九尺之台、始于垒土”。要实现三个阶段的宏伟目标，我们必须全力做好2018年工作。市委确定2018年为“落实年”，彭山要落实的重点就是中央、省、市精神的落实，就是发展任务的落实，就是项目的落实。我们的工作思路是：以大党建为引领，以改革创新、开放融入为路径，以实施“六大行动”为抓手，全面开启建设繁荣富裕美好彭山新征程，加快构建国家中心城市彭山新坐标。

坚定不移实施融入成都行动，着力实现开放合作新突破

经济全球化时代，开放融入是区域发展动力的重要源泉，我们要坚持“站在月球看地球，站在高处看彭山”，毫不动摇融入成都、开放发展。构建全方位开放格局。主动融入“一带一路”倡议和长江经济带国家战略，深入开展成眉区域合作，建立完善区域合作机制。加快推进天府新区和“海峡两岸产业合作区”建设，承接四川自贸区、综合保税区政策辐射，加大对优质台企的吸引力度。依托中法农业科技园，加强与外方企业的深度合作。着力规划对接。按照“北融南合”的思路，优化

“一轴双核、一园两翼”空间布局。抢抓新一轮战略机遇，重点加快环天府新区区域规划布局，强化与成都天府绿道和南部区域的规划协同，高品质规划打造环天府新区经济带。加快交通同网。在已有交通网络基础上，加快推进“一横三纵”综合交通体系，打造彭山全域至成都公路、铁路、水路、轨道相结合的“半小时交通圈”，变交通走廊为经济走廊。

坚定不移实施产业提升行动，着力实现区域发展新突破

城市发展的基础在经济、支撑在产业，产业强则经济强。加快构建现代产业体系。要抓住产业发展这个命根子，以供给侧结构性改革为主线，一手抓食品、日化等传统优势产业的改造升级，一手抓新材料新能源、高端装备制造等主导产业的培育，着力提升产业层次，优化产业结构，巩固和扩大优势产业规模集聚效应，力促园区上档升级，加快构建“政用产学研”协同创新体系。坚持不懈招强引优。抓住项目投资这个牛鼻子，突出抓好省、市级重点项目建设，加快推进恒大文旅综合体、水郡未来城、中法农业科技园、彭山产业新城等区域大项目。严把项目和企业引进质量关，坚持招大引强、扶优扶强并举，实施重点企业引进培育计划，持续跟进在彭落地重大项目。构建文化旅游养生产业带。抢抓眉山环天府新区经济带建设机遇，按照产业集聚成链、功能相互配套、产城有机融合的理念，强化与成都产业链条的部分协同与错位发展，瞄准大都市区目标客户群，打造文化旅游、休闲度假、健康医疗、养生养老的特色产业带。

坚定不移实施乡村振兴行动，着力实现强农兴农新突破

乡村振兴是新时期推进农业农村现代化的行动纲领，我们要以此为根本遵循，按照市委打造“六有”新乡村的要求，走出一条具有彭山特色的乡村振兴之路。推进农业现代化，重塑农业经济地理。以农业供给侧结构性改革为主线，不断提升农业生产综合竞争力，持续优化农业产业体系、生产体系、经营体系，打造绿色品牌，坚持推进一二三产业融合。推进农村现代化，重构城乡空间形态。探索“多规合一”之路，编制“一村一册”全域乡村规划。坚持向改革要活力，形成系统、闭合的政策链，探索宅基地“三权分置”，为民宿、康养等新业态发展提供用地支撑；持续推进农村集体产权制度改革，发展壮大集体经济，全面巩固农村“两权”抵押贷款成果，深化银会合作、险资直贷，建立完善的农村金融体系。改善农村人居环境，塑造乡村新风貌。加快建设以特色小镇、川西林盘修复、古村落保护、民宿聚集区为主的新时代幸福美好新村；扎实开展环境整治提升工程，积极推进农村垃圾整治、污水治理、“厕所革命”，彻底提升村容村貌；注重对乡村山水林田路进行统筹治理，特别是对历史文化、传统村落、古迹遗址、非遗成果等进行保护、修复、利用。推进治理现代化，实现乡村善治。以精神文明建设为核心，推进社会公德、职业道德、家庭美德、个人品德建设，确保社会主义核心价值观入脑入心；以乡情乡愁为纽带，吸引、培育一批新型职业农民、乡村工匠、文化能人、技能人才回乡参与乡村建设与治理；以繁荣农村文化为核心，传承发展提升农村优秀传统文化，不断赋予时代内涵、丰富表现形式。

坚定不移实施绿色发展行动，着力实现美丽寿乡新突破

生态环境没有替代品，用之不觉、失之难存，要以“保护生态不计其利，面向未来不计其功”的精神，让碧水蓝天成为寿乡常态，让青山绿水成为惯常风景。实施生态环境修复。持续推进“绿海明珠”“千湖之城”“百园之市”建设，全区森林覆盖率达到37.2%，城乡绿化覆盖率达到50.8%，新增恢复水域面积3平方公里。实施重大生态修复工程，纵深推进辖区重点流域生态节点打造。加快创建国家卫生城市、国家森林城市，持续开展“花漾彭山”“光彩彭山”行动，推进东山彩林、长寿绿道、湿地公园等绿化项目。铁腕整治环境问题。坚持以“六治”为抓手，重点解决损害群众健康环境问题，突出抓好治污设施及配套管网建设，坚决打赢蓝天、碧水、净土三大保卫战。持之以恒落实“环保否决”，严把项目引进关，坚决制止和惩处破坏生态环境的行为。倡导绿色生产生活方式。实施绿色制造工程，发展低碳循环经济，壮大新兴绿色产业。在全社会倡导简约适度、绿色低碳的生活方式，大力发展共享经济，开展创建节约型机关、绿色家庭、绿色学校、绿色社区和绿色出行等活动。

坚定不移实施民生保障行动，着力实现民生福祉新突破

人民对美好生活的向往，就是我们的奋斗目标，民生投入的加法换来的一定是民心拥护的乘法。持续改善民生。要确保财政支出80%以上用于改善民生，努力提高就业、医疗、教育、社保、住房、养老等民生领域公共服务水平，不断完善城市功能配套，提升城市生活品质，活跃城乡文化生活，让少年健康快乐成长、让青年乐业创业、让老年颐养天年，让全体彭山市民共享改革发展成果。全力巩固脱贫攻坚成效。规划落实2018年22个扶贫专项实施方案，加大产业扶贫、就业促进、医疗救助帮扶力度，确保全区贫困人口稳定达到脱贫水平，贫困村稳定达到退出水平，将扶志与扶智相结合，引导贫困户养成好习惯、形成好风气，在全省、全市率先高标准全面建成小康社会。确保社会和谐稳定。要坚持共建共享共治，健全“一核多元、合作共治”基层社会治理体系，完善矛盾纠纷化解工作体系，深化信访体制改革，加强对重点人群的管理服务，全力开展打击村霸、扫黑除恶，完善立体化社会治安防控体系，营造平安稳定的发展环境，努力增加社会和谐因素。

坚定不移实施营商环境优化行动，着力实现发展环境新突破

营商环境是核心竞争力。我们要聚焦市场主体的“难点”“痛点”“堵点”，加快形成行政审批最少、收费最低、效率最高、透明度最高的全省一流营商环境。营造稳定连续的政策环境。兑现和落实规模企业培育政策措施，制定完善重点企业扶持配套政策，出台构建新型政商关系系列政策措施。建立主动联系服务企业工作制度，提供“一企一案”服务。营造公平有序的法治环境。建设“智慧彭山”大数据中心，强化契约意识，以个人和企业信用评价为突破口，推进信用平台大数据建设。大力推进依法行政和公正司法，保护和尊重知识产权，依法解决好执行难和企业诉讼等问题，加快构建法治良序。营造透明高效的政务环境。建立“投资者申请、主管者包办、权力部门代办”的全新服务机制，积极推进区党务政务服务中心新大厅建设，推进集中审批制度改革，全力推行智慧党政，缩短审批流程，加快审批提速，切实让企业和群众少跑路。营造宜居宜业的生活环境。按照“通、美、活”的要求，完善城市规划、基础设施和配套服务，改善城市人居环境，彰显城市美好情操和人文情怀，让生活更加舒适，让城市更有温度。

四、全面贯彻新时代党的建设总要求，坚定不移推进全面从严治党

事业发展，关键在党。勇于自我革命，从严管党治党，是我们党最鲜明的品格。全区党员干部、各级党组织要增强责任意识、忧患意识，认真贯彻落实市委深入实施党的建设“三大工程”的决策部署，一以贯之推进党的建设新的伟大工程，不断提高党的执政能力和领导水平。

（一）坚定把党的政治建设摆在首位。把党的政治建设摆在首位，是我们从严管党治党的使命担当。习近平总书记是全党拥护、人民爱戴、当之无愧的领袖，我们要牢固树立“四个意识”，把坚定维护以习近平同志为核心的党中央权威和集中统一领导作为第一位的政治要求，自觉在政治立场、政治方向、政治原则、政治道路上同党中央保持高度一致。要始终听党话跟党走，严守党的政治纪律和政治规矩，坚定贯彻执行党的基本理论、基本路线、基本方略，确保中央、省委、市委的决策部署在彭山落地落实。开展“不忘初心、牢记使命”主题教育和“学报告、读党章、守初心、谋发展”活动，教育引导全区党员干部尊崇党章，悟初心、守初心、践初心。牢牢把握正确的舆论导向，严格落实意识形态工作责任制。

（二）锻造新时代干部队伍先锋。持续鲜明“忠诚、担当、有为、干净”的彭山好干部标准，选优配强领导班子和干部队伍。坚持严管厚爱结合，健全干部能上能下和容错纠错机制，加大对脱贫攻坚一线和基层干部的关心关爱力度。改进推荐考察方式，把政治标准放在选人用人首位，加强对干部实绩的综合分析研判，优化干部资源统筹配备，强化干部战略储备和梯次培养。营造“水深鱼知聚、林茂鸟有归”的用才环境，出台引才育才安才制度办法，完善“1+3+N”人才政策体系，推进“三位一体”引才模式，启动首批人才公寓建设，持续引进培育高层次专业技术人才和创新创业人才。

（三）塑造新时代基层组织战斗堡垒。要突出政治功能，更加务实筑牢基层基础，深化基层党建标准化、智慧化“两化互动”，完成乡村群团组织改革。实施基层党建质量提升计划，开展基层组织力提升、党建引领乡村振兴、城乡党建结对共建、区域党建共建共享、基层队伍本领提升和基层党内民主规范等重点行动。持续实施抓党建促脱贫攻坚，着力把党支部建强、把带头人队伍建强、把党员队伍建强，切实解决好基层党组织弱化、虚化、边缘化问题。

（四）推进全域清风扬眉工程。要着眼干部清正、政府清廉、政治清明，巩固风清气正的良好政治生态。持续加强干部作风建设，深入贯彻中央八项规定实施细则精神，开展整治“四风”、破除“中梗阻”专项行动，常态化开展“走基层”活动，坚持监督跟着项目走，探索根治“庸、懒、散、浮、拖”的长效机制，完善政风行风监督评价及结果运用体系。始终保持惩贪治腐高压态势，深化执纪为民“4+X”系统治理，全面推行村级事务财务“三委会审”，大力整治基层“微腐败”。坚持标本兼治，探索建立征地拆迁安置、惠民资金落实精准监管长效机制，抓好“六廉”教育，加强廉政文化建设。深化监察体制和派驻纪检组改革，创新政治巡察实践，强化科技反腐，着力构建集中统一、权威高效的反腐败体系。

各位代表，同志们！朝华之草，戒旦零落；松柏之茂，隆冬不衰。历史只会眷顾坚定者、奋进者、搏击者，而不会等待犹豫者、懈怠者、畏难者。让我们以打造全省最优营商环境，化区位优势为发展胜势，构建国家中心城市彭山新坐标为目标指引，牢记习近平总书记教诲，在省委、市委的坚强领导下，不忘初心，牢记使命，以时不我待、只争朝夕的精神，奋力开创新时代彭山事业新局面！

政府工作报告

——在区第二届人民代表大会第四次会议上的报告

眉山市彭山区人民政府区长　罗万东

（2018 年 3 月 1 日）

各位代表：

现在，我代表区人民政府，向大会报告政府工作，请予审查，并请列席会议的同志提出意见。

2017 年工作回顾

2017 年是各种困难和压力叠加的一年，也是彭山转型发展、品质发展的“攻坚突破年”。一年来，我们主动作为、真抓实干，全区经济发展稳中向好、改革开放蹄疾步稳、民生福祉稳步改善、社会大局稳定和谐。

2017 年，地区生产总值（GDP）实现 149. 24 亿元，增长 5. 8%，增速全市第一；全社会固定资产投资完成 230. 10 亿元，增长 1. 2%，增速全市第二；规模以上工业增加值增长 1. 0%，增速全市第二；地方一般公共预算收入实现 15. 67 亿元，增长 5. 3%，增速全市第三；社会消费品零售总额实现 53. 93 亿元，增长 11. 5%，增速全市第二；第三产业增加值实现 56. 89 亿元，增长 9. 6%，增速全市第二；城镇居民人均可支配收入实现 31939 元，增长 8. 8%，增速全市第一；农村居民人均可支配收入实现 16848 元，增长 9. 4%，增速全市第二。

需要说明的是，2017 年以来，我区深入推进供给侧结构性改革，以中央环保督察为契机，主动调整产业结构，果断清理整治“散乱污”及“僵尸企业”，对当期经济指标带来了一定影响，部分经济指标未能完成年初下达的目标任务。这是经济转型升级必然会经历的“阵痛”，但全区发展速度、发展质量仍处于全市第一方阵，经济发展的基本面和发展趋势仍然健康向好。

一年来，我们始终聚焦改革靶心，创新开放实现新突破

重点领域改革取得阶段性成效。农村土地“四步流转、三方受益”改革经验入编全国首批农村改革案例，农村集体经济发展经验全省推广。农村“两权”[①]贷款累计发放937笔4.09亿元，“两权”融资模式被列全省“样板”。彭山获省委、省政府2017年度重大农村改革任务推进示范县表彰。创新商事登记制度改革，在全市区县中颁发首张企业电子化营业执照，“多证合一”“一照一码”让办证效率由60天缩短至3天。全年新发展民营企业768户、个体工商户3092户，市场活力进一步激发。民营经济工作经验获全国政协副主席刘晓峰同志肯定性批示。区属国有企业融资到位资金17.85亿元，其中彭山发展控股公司成功发行13.8亿元企业债券，实现区属国有企业最大单笔融资。安全生产领域改革发展和统计管理体制改革全面推进。开放合作取得历史性突破。由中国残联、中国特奥委主办的全国特奥轮滑比赛在彭成功举办。由国务院台办、国家发改委、商务部批准的“海峡两岸产业合作区”落户彭山。美国商会、中国欧盟商会、法中交流促进会、联合国教科文组织走进彭山，以色列、乌拉圭、白俄罗斯等13个国家的国际友人来彭交流，形成对外深度开放的新局面。新签约恒大文旅综合体项目、水郡未来城、中法农业科技园等重大项目21个，总投资1771.6亿元。全年外贸进出口总额突破6000万美元，同比增长300%。全年向上争取项目401个，到位资金13.07亿元。

一年来，我们始终专注发展定力，产业转型取得新突破

持之以恒调优工业结构。坚决腾退低端落后产能，全面淘汰城市建成区10蒸吨及以下燃煤锅炉，关闭取缔“散乱污”企业73户、规范整治52户，其中关闭取缔烧结砖企业14户、整改过渡8户。大力培育新动能，全年新增战略性新兴产业企业2户，成长性规上企业8户。新建8个产学研联盟，2家省级高新技术企业，申请发明专利295件。“小巨人”企业[②]产值同比增长76%。工业质量效益明显提升，工业产品产销率达到98%，工业用电量同比增长10%、用气量同比增长58%，单位工业增加值综合能耗下降65%、水耗下降68%。“4+2”主导产业占比提升3个百分点，达到85%。做强做优产业园区。彭山经开区投入6.5亿元改善基础设施，新开工格力电工、中建新材料等6个重点项目，建成甲骨文创新创业实训基地等5个项目。彭山产业新城蓄势发力，迎宾大道、中央公园、规划展馆等核心区重大基础设施项目全面开工，全年完成投入3.5亿元。签约产业项目14个，在建工业项目8个，初步形成以江化微、珂玛新材料为代表的平板电子显示材料产业链。全面推进农业供给侧结构性改革。依托“一园两翼”建成柑柚、葡萄、猕猴桃产业标准化基地1万公顷，无公害及绿色农产品种植面积比重达63.46%。深度推进现代农业产业融合，全省首个农业主题公园眉山农业嘉年华建成投运。新培育龙头企业3家、农民专业合作社9个、家庭农场138个。岷江现代农业园区获“中国农业公园”称号。观音镇果园村被评为四川省百强村。全面完成全国第三次农业普查。大力发展三产旅游。启动彭祖山旅游综合开发项目建设。成功举办樱花节、扶郎花采摘节等新兴会节活动。全年接待游客652万人次，实现旅游总收入52亿元。电子商务强势崛起。依托“互联网+”，全区规上商贸企业80%实现线上线下同时销售，农村电商已覆盖40个行政村，全年电商销售收入达9亿元，同比增长50%，被评为“四川县域电子商务十佳县”。

一年来，我们始终坚持品质优先，城乡统筹取得新突破。品质建设加快推进

城镇基础设施建设和改造项目完成投资6.2亿元。滨江花堤、锦绣大道、李密大道等5个景观改造工程全面完工，彭溪河改造、滨江大道南段加宽、“花漾彭山”“光彩彭山”等7个品质提升工程稳步推进。新希望商业综合体、大学城商业街、城西农贸市场建成运营。改造老旧街区4万平方米，牧马新镇（二期）、莲花安置区（四期）、渡江路片区棚改、高速路安置区建设全面提速。开通眉彭公交，运送乘客92.5万人次。2600辆共享单车成为市民绿色出行的新选择。建成幸福美丽新村15个、省级“四好村”13个。品质管理规范有序。重拳治理城乡违建，拆除城乡违章建筑9000平方米。集中整治城区洗车场48家，关停不达标洗车场12家、规范店招店牌342家，让城市更加清新靓丽。交通建设如火如荼。快速推进工业大道建设，完成投资5.5亿元。开工建设环天府新区快速通道、彭祖山隧道二期、东星航空大道、西南物资应急储备中心、成乐高速扩容项目，累计完成投资12.75亿元。岷江航电枢纽工程获市发改委立项批复，前期工作加快推进。成昆铁路扩能工程建成投运。开展“四好农村路示范县”创建，改善农村公路58公里，建成通村公路64.2公里。

一年来，我们始终着力问题整改，生态建设取得新突破

铁腕治理环境突出问题。全面实施“河长”治水、“点长”治气、“田长”治土，打响“水、大气、土”污染防治三大战役。率先在全省实施“河长制”，工作成效多次获国家、省、市表扬。全年关闭规模畜禽养殖场320户，整治850户，工作经验全市推广。关停非法砂石生产企业11家，整治河道70余公里，全面取缔水库肥水投饵养殖，乡镇污水处理厂全部开工建设。全区10条流域水质明显改善，岷江出境断面氨氮同比下降25.8%、总磷下降18.9%，7—12月达到Ⅲ类水质。毛河、湄州河主要超标污染物浓度全面下降。全年空气环境质量达标天数231天，达标率65.1%，同比上升3.3%；PM_{10}③年平均浓度同比下降17.91%；$PM_{2.5}$④平均浓度同比下降6.93%。工业固废及危险废物综合处置利用率100%。化肥、农药使用量分别下降2.06%、6.02%。设立环保警察，严肃查处环境违法行为，立案83起、行政拘留9人。全面完成中央环保督察，中央环保督察组交办信访案件反映问题整改完成率91.4%，省环保督察交办问题整改完成率67.7%。持续改善生态环境。扎实推进“绿海明珠”“千湖之城”“百园之市”三大工程。完成东山彩林二期项目，栽植面积1100亩。城乡绿化覆盖率达到50.5%，森林覆盖率达到36.8%。新增和恢复水域面积5.1平方公里。新建公园广场3个。加快节水型社会和全域安全饮水工程建设，发展高效节水灌面1.2万亩，解决5.45万农村居民安全饮水。

一年来，我们始终牢记为民宗旨，社会事业取得新突破

脱贫攻坚连战连胜。35个贫困村、3956户11476名贫困人口持续实现巩固提升。扎实开展易地扶贫搬迁，339户925名贫困群众住上好房子，全面完成省、市目标任务。积极开展金融扶贫，为符合条件的267户建档立卡贫困户累计发放小额贷款及贴息267万元，让贫困群众自立自强过上好日子。社会民生显著改善。坚持新增财力向民生倾斜，完成民生投入21亿元，占一般公共预算支出的82.8%。教育资源整合优化，彭山第四小学建成投用，新一中、区实验小学完成主体工程。社会保障日趋完善，全面实施全民参保计划，社会养老保险已覆盖27.9万人。推进医药体制改革，全年减少患者医药支出1200万元。区中医医院项目完成主体工程，区人民医院综合楼建设稳步推进。启动城北、柏华等5个片区棚改项目，棚改新开工1694套。完成140套高层建筑公租房分配。文化事业亮点纷呈。张献忠江口沉银考古发掘轰动全国，写入省政府工作报告，被评为“2017年度名人堂文化大事件”，获得刘延东副总理肯定性批示。鹏利小学社会主义核心价值观教育案例被评为全国教育关工委“十佳创新案例”。北外街、江口古镇历史文化街区建设稳步实施。社会大局和谐稳定。开展农村安置小区治理试点。平安建设扎实推进，“雪亮”工程⑤建成投运，治安防控体系进一步完善。严厉打击盗抢骗等违法犯罪，群众安全感和满意度全面提升。区司法局荣获“全国司法行政系统先进集体”称号，全省区县唯一。成功举办2017年省级抗震救灾综合演练。全区安全生产形势稳定，未发生较大及以上生产安全和食品药品安全事故。保胜乡建成省级安全社区。

一年来，我们始终强化依法行政，效能建设取得新突破

依法行政意识进一步增强。坚持政府重大工作向人大常委会报告制度，主动接受人大、政协监督，人大代表建议和政协委员提案办理满意率均达100%。坚持政府常务会学法、政府合同和规范性文件合法性审查制度。政务服务进一步优化。全面启用党政服务网络平台，在线公开《彭山区公共服务事项白皮书（2017）》，清理规范977项公共服务事项，取消和暂停行政审批项目2项。率先在全市推行不定时工作制，住建、公安等18个部门实现“错时工作、延时服务”。坚持区级领导联系服务企业制度，为企业协调解决规划、环保、线路迁改等实际困难150余个。积极协调金融机构支持中小微企业发展，中小微企业贷款余额49.69亿元，同比增长11.56%，融资难、融资贵问题得到有效缓解。作风建设进一步深化。扎实开展“四风”问题回头看，重拳治理“庸、懒、散、浮、拖”，制定出台《关于进一步改进作风提升效能加强政府自身建设的十三条措施》。严格执行中央“八项规定”，全年“三公”经费支出同比下降4.26%。

此外，人民武装、人民防空、粮食安全、审计、农机、供销、双拥、老龄、档案、妇女儿童、红十字、气象、民族宗教等工作取得新成绩。

各位代表，以上成绩是市委、市政府和区委坚强领导的结果，是区人大常委会、区政协监督支持的结果，是区级各部门和乡镇（街道）共同努力的结果，是全区人民凝心聚力、同心共建的结果。在此，我代表区人民政府，向关心政府工作的各位领导，向辛勤工作在各个领域的同志们，向所有参与、支持和关心彭山发展的朋友们表示衷心的感谢，并致以崇高的敬意！

2018年工作安排建议

新时代开启新篇章。2018年是全面贯彻落实党的十九大精神的开局之年，是决胜全面小康、实施“十三五”规划承上启下的关键之年。今年，区政府将坚决贯彻落实中央“五大发展理念”⑥、省委“1234”战略谋划⑦、市委“135”战略⑧和“三大工程”⑨、“九大行动”⑩、区委“改革创新、开放融入”发展路径，继续保持全省经济发展先进区县行列，奋力构建国家中心城市彭山新坐标，开创彭山发展新篇章！

新时代面临新挑战。站在新的历史起跑线上，我们也要充分认识到彭山面临的不足和挑战。一是经济外向度不高，区位优势没有更好地转化为经济优势、发展胜势。二是产业发展不优不强，具有带动性的支柱性产业和龙头企业还没有形成。三是营商环境有待优化，政策环境、法治环境、政务环境、宜居环境等方面还需下足功夫。同时，还面临绿色转型发展任务艰巨、群众安置工作繁重、稳定压力巨大等系列问题。

新时代充满新机遇。进入新时代，彭山面临千载难逢、前所未有的多重发展机遇。一是省委、省政府全面实施改革创新、天府新区建设、天府国际机场和国际空港新城建设、中国（四川）自由贸易试验区建设“四项重点工程”，都直接关系彭山。二是恒大文旅综合体项目、中法农业科技园、水郡未来城等一批重大项目开工建设，将为彭山发展提供强大支撑。三是借中央环保督察东风，关停整顿了一批“散乱污”和产能落后的企业，为发展腾出了环境空间。四是融入成都国家中心城市和大都市区的岷东大道、工业大道、环天府新区快速通道、成乐高速公路扩容将提速推进，彭山交通区位优势更加凸显。这一系列机遇的交汇叠加，必将释放出推动彭山跨越发展、品质发展的强劲动力。只要我们不驰于空想、不骛于虚声，用心用情抓好工作，务实高效推动项目，就能赢得主动，化区位优势为发展胜势。

新时代瞄准新目标。2018年全区主要经济社会指标如下：地区生产总值增长8%以上；规模以上工业增加值增长9%以上；第三产业增加值增长9.5%以上；全社会固定资产投资实现250亿元；地方一般公共预算收入增长8%以上；城镇居民人均可支配收入增长8.5%以上；农民人均可支配收入增长9.5%以上；社会消费品零售总额增长10.5%以上。

要完成上述目标任务，必须接续奋进、久久为功，需要大家继续发扬艰苦奋斗、苦干实干的优良作风，保持斩关夺隘、勇争一流的高昂斗志。因此，今年政府工作的主题仍是“攻坚年”，我们务必勠力同心，打好攻坚战，展示新作为。

一、打好改革开放攻坚战，在提升经济发展活力上展示新作为

2018年是改革开放40周年。我们必须矢志不渝地将改革进行到底，以深化改革引领发展，以扩大开放促进发展。

持续深化农村改革。保持彭山深农改敢闯敢试、频出成果的锐气，探索推进农业农村各项改革，让农村资本活起来、农民富起来，创造更多可复制、可推广的彭山经验。

深化行政体制改革。深入推进简政放权，

探索推行“多证合一”“一照一码”，降低企业制度性交易成本。动态调整市场准入负面清单，放宽市场准入门槛，全年新发展民营企业400户、个体工商户1000户，民营经济增加值增长9%。实施城市行政执法体制改革，完成统计、盐业等单位行政管理体制改革。促进区属国有企业转型发展，完善企业法人治理体系，完成公司资产和债券债务清理工作，加快推进企业股份制改造，增强企业自身造血能力。

深化投融资改革。规范政府举债行为，着力化解政府债务。畅通融资渠道，完成存量政府债务资金置换，新增债券资金5亿元，到位企业债券资金5亿元。加快规模以上企业改制对接资本市场工作，推进企业直接融资，支持四川铁通公铁物流、四川彭山供排水公司挂牌上市。强化金融生态环境建设，坚决打击各类违法违规金融活动，依法查处和取缔非法金融机构，切实防范化解重大风险。

坚定不移融入成都。坚持“融入大成都、接轨大都市”，在规划、产业、交通等建设上，主动无缝对接成都，实现与成都规划同图、产业同链、基础同网、标准同样。贯彻市委、市政府“做强一带”⑪的要求，以天府新区青龙区域、华夏幸福产业新城以及天府新区协调管控区为核心，高标准规划建设“环天府新区产业带”，实现与天府新区协同共兴。

主动出击精准招商。瞄准重点地区、重点产业、重点人群，实施产业招商、以商招商、境外招商，积极探索股权招商。用世界眼光、国际标准，打造“海峡两岸产业合作区”，出台支持台商发展优惠政策，确保捷笠半导体、三福明化工等一批实力强、前景好、技术优的台资企业入驻合作区。全年引进世界500强和国内外行业领军企业12家以上，招商引资到位资金155亿元以上。向上争取项目资金实现15亿元。

打造一流营商环境。坚持以天府新区核心区为自身定位，以兼容自信的姿态与世界接轨、与沿江沿海发达地区对标，着力营造稳定公平透明的全省一流营商环境。动态调整权力清单和公共服务事项清单，加快行政权力进中心，推进“三集中、三到位”⑫。坚持和完善不定时工作制，落实“红色代办”制度，全面提升重大投资项目落地建设时效。全面加强政务服务能力建设，推进“互联网+党务政务”，加快一体化平台建设，推动全区行政审批事项和公共服务事项网上办理，让数据多跑路、群众少跑路。

二、打好产业转型攻坚战，在提升经济发展质效上展示新作为

抓发展首先抓产业。建设现代经济体系，要统筹推进一二三产业转型升级、联动发展，全面推动经济向高质量发展阶段迈进。

做强做优工业经济。坚定不移发展新能源、新材料、高端装备制造和电子信息四大主导产业。深入推进工业供给侧结构改革，采取项目置换、兼并重组、腾笼换鸟等方式，盘活5户以上“僵尸企业”和闲置低效资产。巩固“散乱污”企业治理成果，加快烧结砖企业规范整治。推进康四海、三鑫包装等5户企业退城入园。全面实施“彭山智造”行动，加快传统产业转型升级，投入技改资金40亿元，新增规模以上企业21户。积极培育发展以数字经济、智能经济、绿色经济、创意经济为代表的新经济。着力抓好三峡石墨烯、当当网、川娃子、天府青龙大桥等10个彭山经开区重大产业和基础设施项目建设，完成投资27亿元。中建新材料等产业项目竣工投产。加快推进四川蜀羊防水、产业新城基础设施（一期）等11个成眉新能源新材料园区重大产业和基础设施项目建设，完成投资12.9亿元。陶氏化学、中明新能源、能投川化等3个产业项目竣工试产。实施创新驱动战略，支持企业创建核心技术重点实验室，新创建国家级高新技术企业3家，新建产学研联盟7个，科技转化率60%以上。实施小巨人培育计划，新增纳税千万元以上企业2户。

优化提升现代服务业。顺应城乡消费升级趋势，推进传统服务业转型升级。着力提高生产性服务业比重，重点发展以苏宁云商、青龙公铁物流园为龙头的现代物流产业集群。繁荣城市商贸业，确保西门新商圈主体竣工、伟业广场二期开张营业，引进一批知名休闲娱乐品牌入驻，提升城市商业档次、人气和商气。大力发展电子商务，促进互联网与实体经济融合发展，确保成功通过省级电子产业示范县验收。加快推进农旅融合发展，办好樱花节、葡萄节、橘花节等会节活动，启动公义新桥、锦江青竹沟、岷东大道沿线乡村旅游集中示范区建设，完成盘桓小筑二期、双合百草园等项目建设，将彭山建成成都人的“城南别院·心灵驿站”。全区旅游收入实现56亿元。

发展现代都市农业。深入推进“一园两翼”产业结构调整，加快岷江现代农业园区创建国家4A级景区步伐，完成农业嘉年华二期、凤鸣花谷二期、百谷农旅、农旅北部西线等农业项目和基础设施建设。有序引导工商资本下乡，加快东山、西山片区土地流转和产业结构调整，新培育各类农业经营主体100个，规模流转土地1万亩。着力提升农产品供给质量，发展壮大柑柚、葡萄、猕猴桃、花卉等特色优势产业，新培育国家地理标志证明商标2个，无公害农产品、绿色农产品和有机农产品各2个。稳定粮食生产，做好粮食安全地方行政首长责任制工作。实施农业品牌发展战略，培育四川品牌6个，突出寿果、彭山田野·礼等品牌的营销推广，东坡味道产值实现136亿元。

三、打好绿色发展攻坚战，在提升生态环境质量上展示新作为

环境就是民生，青山就是美丽，蓝天也是幸福。坚决打赢污染防治攻坚战，建设碧云蓝天、水清地绿的美丽彭山。

实施环境综合治理。打赢蓝天保卫战，落实“点长制”⑬，开展铁腕治污、治尘等“六治”专项行动，全面淘汰10蒸吨及以下燃煤锅炉，全时段推进秸秆禁烧，$PM_{2.5}$、PM_{10}等主要污染物浓度持续下降，优良天数率保持在63.9%以上。坚决打赢碧水保卫战，纵深推进“河长制”，深化“345”模式⑭，实施水域岸线绿化、美化工程，毛河、锦江等重点流域水质明显改善，稳定在Ⅳ类水质。坚决打赢净土保卫战，落实“田长制”⑮，严控化肥、农药等使用，规范生活垃圾收集、转运和无害化处置。加强城乡环境综合治理，全面推行“路长制”⑯，持续开展“五乱”⑰“三线”⑱整治。

加快环保基础设施建设。实施全域污水处理工程，农村居民聚居点污水处理设施建设项目8月底前全面完成。加快城南污水处理厂建设，力争年底前完成主体工程建设。加快彭祖新城污水处理厂、谢家镇污水处理厂、牧马镇莲花污水处理厂提标升级，全区乡镇污水处理厂全部投运。老城区东片区污水管网、城南污水处理配套管网、张纲路、龙潭路雨污主干管年内全面建成。6月底前完成青龙污水处理厂、成眉新能源新材料园区污水处理厂技改提标。

推进生态环境建设。扎实开展国家森林城市创建工作，大力实施“绿海明珠”“千湖之城”“百园之市”工程，全区森林覆盖率达到37.2%，城乡绿化覆盖率达到50.8%，新增恢复水域面积3平方公里。实施绿色低碳发展政绩考核问责，实行领导干部自然资源资产离任审计，建立生态环境损害责任终身追究制。保持环境违法处置高压态势，以零容忍态度打击环境违法行为。大力倡导绿色低碳、文明健康的生活方式和消费方式，形成全社会共同爱护生态环境的良好风尚。

四、打好新型城镇化攻坚战，在提升城乡发展品质上展示新作为

城市和乡村是我们生产生活的家园乐园。要始终坚持以人为核心的城镇化，突出城乡均衡发展、整体跨越。

优化空间布局。推进“一城双核、市区一体”，加快全域城镇化，积极主动对接眉山、向眉山靠拢，争取更多的公共交通、教育医疗、公共机构等基础资源和公共服务向彭山倾斜摆布，打造眉山北部核心。坚持“一带三城、协同共兴”，高标准建设以天府新区青龙区域及协调管控区为北部核心的“环天府新区产业带”，实现与天府新区的互联互通、互融互建。彭祖新城、水郡未来城和华夏幸福产业城为南部核心的“三城”，完成绿地留存、产业发展等专项规划，构建产业兴旺、功能齐备、宜居宜业的城市布局。

提升城市品质。实施城市道路品质提升工程，投入1亿元，完成迎宾大道、蔡山东路、柏华路等改造升级。投入1亿元，完成老城区东片区、张纲路、龙潭路等污水管网配套工程。继续抓好“花漾彭山”“光彩彭山”建设，为城市增彩添绿。建成仙女湖绿游步道、城市长寿绿道，完成彭溪河改造，让群众有更多休闲锻炼好去处。坚持在保护中开发利用，将彭祖长寿文化、张献忠沉银文化元素融入城市规划建设，传承历史文脉，讲好彭山故事。加快农贸市场和公共停车场建设，破解停车难、菜市场脏乱差的难题。大力推进旧城改造，启动柏华、北湖片区和城南农贸市场棚户区、火车站站前广场片区改造，完成城北片区棚户区改造工程，让旧城焕新颜。

推进乡村振兴。以产业兴旺、生态宜居、乡风文明、治理有效、生活富裕为总目标，大力实施乡村振兴战略。建立乡村人才引流激励机制，培养50名“爱农业、懂技术、善经营”的新型职业农民。培育发展特色民宿、农村电商、冷链物流、休闲农业等新产业新业态，新增特色乡村旅游示范点2家。全力推进青龙省级重点镇和江口特色小镇建设。实施农村土坯房改造行动。强化乡村环境综合治理，开展农村垃圾分类试点，实施农村安置点、聚居点综合治理，改善提升村容村貌。注重保护传承乡村传统村落，传承文化、留住乡愁，新建幸福美丽新村5个、省级“四好村”8个。

五、打好交通建设攻坚战，在提升交通通达度上展示新作为

交通畅则百业旺。要以逢山开路、遇水架

桥的决心和勇气实施千亿交通大会战，确保工业大道、太和大道、天府大道岷东大道连接线、航空大道建成通车。滨江路拓宽工程、彭祖山隧道二期、西南物资储备中心全面完工。成乐高速扩容完成路基桥涵工程50%。环天府新区快速通道完成路基工程50%。岷江二桥加宽改造完成桥梁工程50%。岷江航电枢纽工程动工建设，滨江大道北段启动征地拆迁，锦江大桥及连接线开工建设。启动彭山公交总站建设。新改建农村公路50公里，成功创建“四好农村路示范县”。

六、打好民生事业攻坚战，在提升群众幸福指数上展示新作为

增进民生福祉是发展的根本目的。要在学有所教、劳有所得、病有所医、老有所养、住有所居、弱有所扶上不断取得新进展，增强群众的幸福感、安全感、获得感。

巩固脱贫攻坚成果。继续坚持“造血”“输血”并举，加大产业扶贫、就业促进、医疗救助等帮扶力度，抓好对已退出贫困村、已脱贫群众的“回头看”“回头帮”，确保稳定脱贫不返贫。强化好风气、好习惯、好环境的营造培育，展示脱贫群众良好的精神风貌。

持续加大民生投入。实施民生十大工程，确保财政用于民生支出占80%以上。不断提升养老、医疗社会保险参保水平，构建多层次、广覆盖的社会保障体系。启动眉彭供水工程。做好群众安置工作，完成锦江学院安置区主体工程，加快李密大道安置区建设，高速路安置区实现分房入住。加快养老服务业发展，完成全域养老服务体系建设试点。推进全域生态绿色殡葬，完成天寿生态园一期工程。

优先发展社会事业。启动国家卫生城市和省级健康促进示范区创建工作。推进医疗卫生体制改革，实施省市区双向转诊，区域就诊率90%以上。完成区人民医院综合楼主体工程和区中医医院迁改，调整优化城区医疗机构布局。创建国家级卫生乡镇1个。积极推进教育资源整合，优化城乡学校布局调整，新一中、区实验小学建成投用，彭祖新城幼儿园开工建设。做好第四次全国经济普查。大力推进文化体育事业发展，完成江口沉银水下考古二期工程，建成江口汉崖墓保护利用设施项目，启动江口古镇、北外街历史文化街区建设，推动沉银博物馆建设前期工作，深入挖掘和研究“武阳茶肆”文化，彰显彭山厚重的文化魅力。启动西藏自治区彭山训练基地建设，完成彭祖新城体育场建设，实现大型体育场馆建设上档升级。

创新社会综合治理。深化“平安彭山”建设，大力推进“七五”普法，探索建立公共法律服务体系，加快建设社会诚信体系。加强社会治安防控体系建设，完成视频联网建设，深入推进网格化管理，开展扫黑除恶专项斗争，严厉打击各类违法犯罪。健全安全生产长效机制，坚决杜绝较大及以上生产安全和食品药品安全事故发生。公义镇、义和乡建成省级安全社区。

七、打好作风建设攻坚战，在建设人民满意政府上展示新作为

建设实干型政府。把狠抓落实作为政府工作的“第一准则”，认真践行“工匠精神”“绣花功夫”，着力打造“敢担当、重实效、有作为”的干部队伍，锤炼“扑下身子、立说立行、立竿见影”的严实作风。认真执行“一线工作法”，AB岗制度和看板管理、督查督办、问责追责等制度，形成真抓敢管、能为善成的浓厚氛围。

建设法治型政府。深入实施《法治政府建设实施纲要》，不断完善重大行政决策机制，推进依法科学民主决策。严格规范公正文明执法，提高行政执法效能，优化公共服务事项，推进行政权力阳光廉洁运行。高质量办好人大代表建议和政协委员提案，自觉接受人大、政协的监督，自觉接受社会舆论和人民群众监督。

建设廉洁型政府。严格落实中央八项规定及实施细则，坚持作风建设永远在路上，持之以恒正风肃纪，整肃“庸、懒、散、浮、拖”、中梗阻等行为。加强行政权力监督制约，严肃查处群众身边的不正之风和腐败问题。强化国有资产监督管理和土地出让、工程建设、拆迁安置、脱贫攻坚等重点领域的廉政风险防控，确保干部清正、政府廉洁、社会清明。

各位代表，不忘初心，方得始终。让我们更加紧密地团结在以习近平同志为核心的党中央周围，在市委、市政府和区委的坚强领导下，与全区人民一道，牢记使命再出发，用奋斗开创彭山新时代的美好明天！

名词解释和说明

①“两权”：指农村宅基地使用权和集体建设用地使用权。

②“小巨人”企业：为加快推进重点工业企业转型升级、创新发展，精准着力培育的一批成长型好、创新能力强、带动效应显著的重点工业企业。

③ PM_{10}：指可吸入颗粒物。

④ $PM_{2.5}$：指直径小于等于2.5微米的颗粒物。它能较长时间悬浮于空气中，其在空气中含量浓度越高，就代表空气污染越严重。

⑤“雪亮”工程：指利用农村现有电视网络，将公共安全视频监控信息接入农户家庭数字电视终端，发动群众、依靠群众、专群结合，通过实时监控、远程控制、视频回放、一键报警、实时对讲、信息服务六大基础功能，形成分级处置、综合应用的常态运行机制，实现农村地区社会治安防控和群防群治工作无缝覆盖。

⑥“五大发展理念”：为实现“十三五”发展目标，中央提出的创新、协调、绿色、开放、共享的发展理念。

⑦“1234”战略谋划：指省委提出的一个愿景，即：建设美丽繁荣和谐四川；两个跨越，即：由经济大省向经济强省跨越、由总体小康向全面小康跨越；三大发展战略，即：实施多点多极支撑发展战略、实施“两化”互动城乡统筹发展战略、实施创新驱动发展战略；四项重点工程，即：全面创新改革、天府新区建设、天府国际机场和国际空港新城建设、中国（四川）自由贸易试验区建设。

⑧“135”战略：指市委提出的锁定一个目标：建设繁荣富裕美好眉山；坚持三条路径：开放引领、创新驱动、绿色发展；在五个重点领域取得新突破：融入成都、产业发展、文化旅游、城乡建设、民生事业。

⑨“三大工程”：指新时代先锋、战斗堡垒、清风扬眉等从严治党三大工程。

⑩“九大行动”：指融入成都、开放升级、“眉山智造”、“东坡味道”香飘世界、便利融资、文化名城、美城新村、教体医卫腾飞、“智慧眉山”等富民强市九大行动。

⑪“做强一带”：指市委提出的做强环天府新区经济带。

⑫“三集中、三到位”：指行政机关的审批事项向行政许可股集中、行政许可股向党政服务中心集中、公共服务事项申请向实施单位的一个窗口集中，保障进驻党政服务中心的审批事项到位、审批权限到位，行政许可和公共服务网上办理到位。

⑬“点长制”：由于大气污染源普遍呈点状分布故名点长制，即由各级党政主要负责人担任“点长”，负责组织领导相应点位的大气污染防治管理等工作。

⑭“345”模式：落实“三个责任”，即：党政主体责任、人大政协监督和参政议政责任、监管执法和考核责任；建立“四项机制”，即：任务倒逼机制、联防联治机制、总结通报机制、督查督办机制；实施五大工程，即：实施城镇污水处理厂治理工程、畜禽养殖污染治理工程、小流域生态修复工程、水库水产养殖关停工程、违规违法企业治理工程。

⑮“田长制”：指由各级行政区域配备田长，负责组织领导相应农田的管理和保护工作的制度。

⑯“路长制”：在我区城市规划区外，通过建立“一路一长一队伍”管理模式，进一步加强乡镇主干道及沿线容貌秩序、环境卫生、设施建设、风貌塑造和绿化生态等方面的规范化管理，加快提升我区城乡环境综合治理水平。

⑰“五乱”：分为两个层面，城市“五乱”是指垃圾乱扔、广告乱贴、摊位乱摆、车辆乱停、工地乱象；农村“五乱”是指垃圾乱倒、污水乱排、杂物乱垛、粪土乱堆、禽畜乱放。

⑱“三线”：铁路沿线、公路沿线、河道沿线。

大事记

Memorabilia

2017年彭山大事记

1　月

4日　眉山市市委副书记、市长罗佳明率队专题调研彭山区流域水污染治理工作。市政府副市长肖忠良、秘书长吴江，区委副书记、区长罗万东，副区长王松等陪同调研。

是日　区人大常委会主任钟建成率队对彭山区抢抓“撤县建区”机遇、推进生态宜居之城建设情况展开调研。区委常委陈行陪同调研，区人大常委会副主任郭茂、廖伟参加调研。

是日　区委常委陈行率队，对彭山区重点渡口、在建工程项目、客运中心进行节前安全大检查。

5日　彭山区召开彭山江口沉银遗址水下考古启动通报会，标志着彭山江口沉银遗址水下考古发掘正式启动。

江口沉银遗址位于彭山区江口镇的岷江河道内，2010年被眉山市人民政府公布为第三批市级文物保护单位，遗址保护范围为东西各至河堤，南至岷江大桥，北至府河、南河交汇处，面积100万平方米。2005年以后，彭山区江口镇岷江河道内陆续发现大量文物，这些文物包括铭刻年号的金册、装于木鞘中的银锭、“西王赏功”钱币以及大量的银质饰品、碎银等。特别是2015年12月，在彭山召开的江口沉银遗址保护和考古研讨会，经专家论证，江口沉银遗址极有可能为文献中记载的张献忠船队被伏击地点。

是日　眉山市政协主席王影聪率队调研彭山区水环境整治相关工作，市政协副主席余自生等参加调研。区委副书记、区长罗万东，区政协主席谭福轩，副区长王松，区政协副主席王娜等陪同调研。

是日　全区为期两个月的社会治安“大排查、大整治、大巡防”活动在彭祖广场正式启动。

是日　彭山区召开推行节地生态安葬工作推进会。副区长周惠出席会议。

6日　四川省红十字会常务副会长赵万华一行深入彭山区凤鸣街道红星社区和观音镇果

园村走访慰问贫困群众。市委常委王光彩，副区长梁兰等陪同慰问。

是日 彭山区纪检监察系统“两首先、四过硬”活动暨纪律作风教育月动员会召开。区委常委、区纪委书记李勇刚出席会议。

7日 四川省脱贫攻坚验收考核评估问题整改电视电话会议在成都召开。会议传达了省脱贫攻坚领导小组第十二次会议精神，通报了省级脱贫攻坚考核评估情况。区委副书记、区长罗万东，副区长王松出席彭山分会场会议。

9日 美国雅保公司落户天府新区青龙区域入驻仪式成功举行。

是日 眉山市人大常委会副主任李建章到彭山区，集中看望慰问彭山区7名眉山市“见义勇为勇士”。区委常委、政法委书记郭益，区人大常委会副主任廖伟陪同。

10日 由四川省人大城乡建设环境资源保护委员会副主任杨文带队的执法检查组到彭山区检查彭祖山风景区保护管理工作。区委常委、常务副区长李洪强，区人大常委会副主任郭茂陪同检查。

是日 四川省卫生和计划生育委员会原项目中心主任杨升智、成都中医药大学教授景琳、眉山市卫计委副主任黄大贤、成都医学院四川养老与老年健康协同创新中心副主任李茂全等专家到彭山区，评审彭山区“十三五”卫生和计生事业发展规划。

11日 眉山市市委书记李静率队到彭山区重大交通项目建设现场、驻彭山区部队，看望慰问一线交通建设者和驻彭山部队官兵。市委常委、眉山军分区司令员樊亮才，市委常委、市委秘书长汪树槐，副市长冉登祥，市人大常委会副主任李建章，区委书记梁磊等参加慰问。

是日 区委书记梁磊到青龙镇走访慰问百岁老人、基层党员、困难群众和优秀人才代表，为他们送去党委、政府的关怀和新春祝福。

是日 2017年度区政府第一次安全生产委员会（以下简称“安委会”）在区电信局电视电话会议室召开安全生产工作扩大会议。

12日 眉山市市委书记李静率队到彭山，实地调研彭山区园林绿化、樱花种植情况和花卉（果类）生态旅游节暨首届眉山樱花节筹备工作情况。市委副书记、市长罗佳明，市委副书记黄剑东，市委常委、市委秘书长汪树槐，市政府副市长冉登祥，区委书记梁磊，区委副书记、区长罗万东陪同调研。

是日 彭山区在区委老干部局举行2017年春节慰问老干部大会。区委书记梁磊，区委副书记、区长罗万东，区人大常委会主任钟建成，区政协主席谭福轩出席会议，并向离退休老干部致以新春问候和良好祝愿。会议由区委常委、组织部部长袁利民主持。

是日 由眉山市市委、市政府主办，市纪委、市监察局、市广播电视台承办的第二期《阳光问廉》全媒体直播节目开播，彭山区组织各级党政领导干部集中观看了该节目。

是日 区委常委班子2016年度民主生活会在区委常委会议室召开。眉山市市委副书记、市长罗佳明到会指导并讲话，市纪委、市委组织部相关负责同志到会并作点评。区委书记梁磊主持会议并作表态发言。区委副书记、区长罗万东，区委副书记郭红，及其他区委常委班子成员参加会议。彭山经济开发区（以下简称“经开区”）、成眉石化园区等相关负责人及部分基层党代表列席会议。

13日　四川省委改革办副主任敬茂明率考核组到彭山区，督察考核土地规模规范流转、农村“两权”抵押贷款试点等工作。眉山市市委常委、秘书长汪树槐，区委副书记郭红等陪同督察。

是日　副区长段永勤带队深入彭山区部分建筑工地开展安全大检查。

是日　区人大常委会主任钟建成看望慰问彭溪街道兴崇村贫困党员王斌文。

16日　彭山区红十字会召开第三届理事会第三次会议。副区长梁兰出席会议。会议选举梁兰为区红十字会会长。

是日　眉山市副市长肖忠良率市农业局、农机局等部门相关负责人到彭山区，调研彭山农业三产融合和检查农业安全生产工作。副区长王松陪同调研。

是日　区委副书记、区长罗万东看望慰问部分困难户和老党员、离退休干部。

是日　区委副书记、区长罗万东率队到城西农贸商业中心、永达·紫云汇等在建项目施工现场，检查项目推进和安全生产等情况。副区长周惠参加检查。

是日　区委副书记、区长罗万东，副区长周惠到武阳敬老院，对敬老院老人房间、物资仓库、消防通道、安全记录、水塘防护、用气用电等方面的安全措施进行逐一抽查。

17日　区委副书记、区长罗万东深入彭山区部分区属国有企业进行调研，了解全区区属国企改革发展情况，研究改革发展目标任务和思路举措。区委常委、常务副区长李洪强参加调研。

是日　眉山市市委常委、组织部部长黄秀川到彭山区，看望慰问贫困党员、退休干部、优秀人才等，为他们送去新春祝福。区委副书记、区长罗万东，区委副书记郭红，区委常委、组织部部长袁利民，彭山经开区党工委书记邓强等随同慰问。

是日　四川省文化厅副厅长王琼一行到彭山区江口沉银遗址水下考古项目现场调研考察。区委常委、宣传部部长马炜陪同调研。

是日　副区长梁兰率队深入彭山区城南市场、摩尔赛尔超市等地开展节前食品安全大检查。

18日　区统计局、人力资源和社会保障局（以下简称“人社局”）和区委农工办共同组织召开2016年彭山区城乡住户收支调查工作总结表彰暨业务培训会。副区长王松出席会议。

19日　眉山市副市长曹晖、市政协副主席余自生率队到彭山区，慰问基层干部群众。区委常委、宣传部部长马炜，副区长梁兰陪同慰问。

是日　区政府2016年度班子成员专题民主生活会召开，区委副书记、区长罗万东主持会议。

是日　彭山区农村改革工作座谈会在区委二楼会议室召开。区委副书记郭红，区委常委、组织部部长袁利民，区人大常委会副主任郭茂，副区长周惠、王松出席会议。

是日　副区长周惠到公义敬老院检查安全工作。

20日　彭山区2017年全区食品安全委员会第一次会议在区政府第四会议室召开。区委常委、常务副区长李洪强，副区长梁兰出席会议。

是日 区委常委、政法委书记郭益慰问彭山区见义勇为人员。

是日 彭山区2017年创新创业暨寿乡优秀儿女座谈会在区委会议中心二楼大会议室召开。区委副书记、区长罗万东，区政协主席谭福轩，区委常委、宣传部部长马炜，副区长周惠、王松出席会议。

23日 “彭山好人 感动寿乡”彭山区首届民星汇颁奖典礼在四川大学锦江学院礼堂举行。

24日 区公安分局召开2017年公安工作会，区委书记梁磊，区委常委、政法委书记郭益等参加会议。

2 月

3日 区委书记梁磊深入彭溪、凤鸣街道办事处和区委宣传部，看望慰问在岗工作人员，并实地调研项目建设和文化新闻工作等情况。

7日 彭山区2017年脱贫攻坚工作会在区委会议中心二楼大会议室召开。区委书记梁磊在会上强调：要坚持“干劲不减、力度不减、政策不减”，打好脱贫攻坚持久战，实现脱贫攻坚巩固提升。会议由区委副书记、区长罗万东主持，区人大常委会主任钟建成，区政协主席谭福轩等出席会议。

是日 彭山区2017年新型城镇化工作会在区委会议中心二楼大会议室召开。

8日 眉山市彭山区第二届人民政府第五次常务会议召开。会议传达学习市政府领导在市第四届人民政府第一次全体会议上的讲话。会议要求，各乡镇（街道）和区级各单位、部门要贯彻落实市长罗佳明在市政府第一次全体会议上的讲话精神，按照“两个高于”要求，全力抓好“开门红”工作。会议学习了市政府办公室《关于转发国务院安全生产委员会关于认真学习宣传贯彻落实〈中共中央国务院关于推进安全生产领域改革发展的意见〉的通知》。会议还审议了《眉山市彭山区城乡教育资源优化整合方案》等其他事项。

是日 彭山区经济工作会在区委会议中心二楼大会议室召开。

是日 彭山区民生和社会事业工作会在区委会议中心二楼大会议室召开。区委书记梁磊，区委副书记、区长罗万东，区人大常委会主任钟建成，区政协主席谭福轩等出席会议。

是日 区政协第二届第二次常委会会议召开。

9日 2017年“一园两翼”产业发展大会在区委会议中心召开。区委副书记、区长罗万东出席会议。2016年，全区土地预流转达到3515.13公顷，产业结构调整面积达2493.33公顷，引入农旅实体项目10个，全区新型农业经营主体达到3400户。

是日 彭山区畜禽养殖污染治理会召开。区委副书记、区长罗万东出席会议。

9日至10日 中国共产党眉山市彭山区第二届代表大会第二次会议在区委会议中心隆重召开。

10日 眉山市人大常委会主任刘十庆率环保工作专题调研组，到彭山区湄州河凤鸣段、联合利华、彭祖新城污水处理厂开展环保工作专题调研。市人大常委会副主任陈万忠，区委书记梁磊，区委副书记、区长罗万东，区人大常委会主任钟建成、副主任郭茂，副区长王松等陪同调研。

是日 彭山区校（园）长座谈会在区委二楼会议中心大会议室召开。区委书记梁磊，区委副书记、区长罗万东出席会议。区领导胡志中、梁兰、王娜等参加会议。

13日至14日 中国人民政治协商会议眉山市彭山区第二届委员会第二次会议在区委会议中心完成各项议程，胜利闭幕。

13日至14日 眉山市彭山区第二届人民代表大会第二次会议在区委会议中心召开。

16日 彭山区宣传文化系统工作推进会在区电视台三楼会议室召开。区委常委、宣传部部长马炜出席会议。

17日 国家文物局副局长宋新潮到彭山区调研江口沉银遗址水下考古发掘工作，四川省文化厅厅长周思、眉山市市长罗佳明陪同调研。

是日 眉山市人大常委会副主任王晓丽一行到成眉石化园区调研产业新城项目推进情况，深入开展“两走一对接”活动。区人大常委会主任钟建成、副主任廖伟陪同调研。

是日 彭山区召开人感染H7N9流感疫情防控工作会议。

21日 四川省人社厅副巡视员李绍泉率加快推进新型城镇化工作考核组一行，到区农村产权流转交易服务中心（以下简称“农交中心”）实地查看彭山区农村“两权”改革试点工作情况。

是日 四川省农业委副主任毛业熊一行到区农交中心参观。副区长王松等陪同考察。

是日 区委副书记、区长罗万东率区级有关部门和街道办负责人，专题调研彭山区中心城区停车场规划建设工作。区领导王鹏陪同调研。

22日 眉山市副市长唐宏带领相关部门负责人到彭山区陶氏化学、华夏幸福产业新城项目，盘锦禹王项目，工业大道、长安特种车以及格力电工等项目现场，了解重点项目推进工作，协调解决项目建设中遇到的困难和问题。区委副书记、区长罗万东陪同调研。

24日 眉山市副市长毛洪涛率队到彭山区，就彭山区投资促进、商务、三产旅游工作进行调研。区委副书记、区长罗万东陪同调研。

是日 由区委常委、宣传部部长马炜，区人大常委会副主任胡志中，副区长梁兰带领的脱贫攻坚专项督导组到义和乡督导脱贫攻坚工作。

是日 区人大常委会组织部分区人大代表组成调研组，先后到牧马镇安置区、武阳镇茯苓安置区、观音镇椿巅安置区、公义镇红旗安置区，就彭山区拆迁安置工作推进情况展开调研。区人大常委会副主任郭茂参加调研。

27日 区政协主席谭福轩到公义镇新桥村督导脱贫攻坚工作。

是日 区人大常委会组织部分区人大代表组成调研组，就彭山区“绿海明珠、千湖之城、百园之市”工作开展情况进行调研。区人大常委会副主任郭茂参加调研。

27日至3月1日 区委书记梁磊率队到苏州、上海两地考察拜访相关企业，促进全区招商引资项目快速推进。副区长段永勤以及成眉石化园区党工委书记周荣华等参加考察活动。

28日 眉山市人大常委会主任刘十庆、副主任吴爱玲带领部分市人大常委会组成人员深入彭山区，对贯彻实施《中华人民共和国文物保护法》（以下简称《文物保护法》）情况开展执法检查。副市长曹晖，区委副书记、区长罗万东，区人大常委会主任钟建成，区委常委、宣传部部长马炜，区人大常委会副主任胡志中等陪同检查。

是日　《中共中央国务院关于安全生产领域改革发展的意见》四川宣讲大会召开，会议以电视电话会议的方式进行。区委副书记、区长罗万东，副区长梁兰及区政府安委会成员单位、各乡镇（街道）、相关企业主要负责人在彭山区分会场收听、收看。

3　月

1日　四川省易地扶贫搬迁交叉检查内江考核组一行到彭山区黄丰镇四塘村集中安置点和青龙镇同乐村，检查考核彭山区2016年易地扶贫搬迁工作。

2日　四川省政府副省长、雅安市市委书记叶壮，雅安市人大常委会主任李伊林、市政协主席杨承一率雅安市党政代表团到彭山区天府新区青龙物流园区和四川果怡农业科技有限公司生产基地等地考察。眉山市市委书记李静，市委副书记、市长罗佳明，市人大常委会主任刘十庆、市政协主席王影聪，区委书记梁磊陪同考察。

是日　区政协组织部分政协委员，到新一中、工业大道、鲁洲生物科技公司等地建设现场，对彭山区"扬尘"治理情况进行专项视察。区政协主席谭福轩，区委常委陈行，区政协副主席喻旭、王娜参加。

是日　眉山市人大常委会副主任陈万忠率视察组到彭山区视察放活土地经营权开展情况。副市长肖忠良，区委副书记郭红，区人大常委会副主任郭茂陪同。

3日　新津县委书记辜学斌率党政代表团到彭山区，考察彭山区生态建设、现代农业、新区建设等工作。区委书记梁磊陪同考察。

4日　区委书记梁磊在北京出差期间，到眉山市驻京联络处驻地，看望彭山区驻京信访维稳工作干部。

6日　眉山市市委副书记黄剑东到彭山农业嘉年华项目、北部西环线、凤鸣花谷等地，就岷江现代农业示范园区彭山区域建设推进情况进行调研。区委书记梁磊陪同。

是日　四川省城乡规划设计院历史文化规划顾问应金华到彭山区，就江口古镇、北外街历史文化保护建设进行指导。区委副书记、区长罗万东，区委常委、常务副区长李洪强，区委常委、宣传部部长马炜陪同调研。

7日　四川省委常委、宣传部部长甘霖调研江口沉银遗址水下考古发掘工作，眉山市市委书记李静陪同调研。

是日　眉山市彭山区第二届人民政府第六次常务会召开。会议传达四川省关于《中共中央国务院关于推进安全生产领域改革发展的意见》宣讲会精神，传达贯彻四川省农村集体产权制度改革部署会议精神。会议审议并原则通过《眉山市彭山区畜禽养殖污染整治实施方案》。会议还审议了《关于授予林挺等"荣誉市民"称号的请示》等其他事项。

9日　彭山区重点工程建设安全生产工作会在区政府第四会议室召开。区委常委陈行，副区长段永勤出席会议，区级相关部门、各乡镇（街道）、部分重点企业负责人等参加会议。

10日　彭山春季义务植树活动在江口镇国有林地开展。区委书记梁磊和区四大班子领导，区级各部门、乡镇（街道）主要负责人，以及老干部代表、文艺界代表、企业代表、志愿者等200余人参加义务植树活动。

9日至10日 眉山市人大常委会副主任陈万忠率全市各区县人大城乡环境资源保护工作委员会考察代表团对彭山区小流域水污染防治工作进行专题考察，并组织召开监督工作交流会。区人大常委会主任钟建成、副主任郭茂，副区长王松等出席会议。

是日 眉山市副市长毛洪涛率队到上海美国雅保公司与联合利华公司进行实地考察。区委副书记、区长罗万东，彭山经济开发区管委会主任严开义等陪同考察。

11日 河北省政协副主席许宁一行到彭山区，对彭山区改善营商环境工作进行考察。眉山市政协主席王影聪、副主席周强，区政协主席谭福轩，区委常委、常务副区长李洪强等陪同考察。

11日 彭山区举行张献忠沉银博物馆建设研讨会。

13日 彭山区深化农村改革专题讲座在区委会议中心二楼大会议室举行。该讲座以“学习中央一号文件精神，加快推进农村三变改革”为主题，特邀长期从事农村经济理论和政策研究、为苏州“三农”工作作出过突出贡献的苏州市委农村工作办公室副调研员卢水生作专题授课。区委副书记郭红，区委常委、纪委书记李勇刚，区人大常委会副主任郭茂，副区长王松出席。

14日 彭山区文艺工作座谈会在区委会议中心二楼大会议室召开。区委书记梁磊出席会议并讲话。

是日 首届眉山市樱花节安保维稳工作电视电话会议召开。彭山区相关负责人在公安局六楼会议室参会。

15日 区委书记梁磊率彭山区党政代表团赴简阳市、温江区和新津县考察学习，借鉴他们在经济社会发展特别是在做好产业集群建设、招商引资、城市规划管理、发展乡村旅游等方面的先进经验，进一步解放思想、创新思路、担当有为，推进彭山品质发展。

16日 眉山市副市长冉登祥率队到彭山区开展安全生产大检查。副区长段永勤陪同检查。

18日 眉山市彭山区2017年事业单位公开考试招聘工作人员笔试工作在彭山二中举行。区委常委、组织部部长袁利民对考试情况进行巡视。

21日 四川省政协常委、经济委员会主任、省委和省政府决策咨询委员会副主任王海林一行到彭山区，就彭山区“推进供给侧结构性改革 促进转型升级”情况开展调研。眉山市政协主席王影聪、副主席立胡左格、钟维钦，区政协主席谭福轩等陪同调研。

是日 彭山区第二届人大常委会第六次会议召开。

是日 区人大常委会召开2017年工作会议。会议通报了区人大常委会2017年工作要点和市、区人大常委会2017年议题计划。2017年区人大常委会共有25项议题计划，并将组织开展“一园两冀”、上半年计划、预算执行情况、城区学校布局规划与建设以及抢抓“四大机遇”，推进“四城”建设等共28项调研考察、执法检查。

是日 眉山市500余名县处级退休老干部到五湖四海、樱花长廊，实地参观彭山区绿色发展和生态文明建设项目，为彭山区发展建言献策。区委书记梁磊陪同参观。

是日 眉山市市委常委、组织部部长黄秀川率市级相关部门负责人到彭山区，调研第五片区重点项目推进工作。市人大常委会副主任王晓丽参加调研，区委书记梁磊陪同调研。

22 日 彭山区在区政府第一会议室召开2017年省级防震救灾综合演练眉山市彭山区筹备及演练工作动员会。区委常委、常务副区长李洪强参加会议。

是日 雅安市荥经县县委书记高福强、县人大常委会主任陈德全率该县党政考察团一行到彭山区，考察学习工业园区建设情况。区委书记梁磊，区人大常委会主任钟建成等陪同考察。

是日 绵阳市政府副秘书长姚光华带领绵阳市级有关部门和安县有关负责人一行到彭山区，学习考察撤县建区工作和县域经济发展情况。

23 日 眉山市禁养区畜禽养殖场关闭搬迁推进工作现场会召开。彭山区与丹棱县作了经验交流发言。与会人员到彭山区公义镇与凤鸣街道，现场查看了当地禁养区畜禽养殖场关闭搬迁工作情况。副市长肖忠良、副区长王松出席会议。

是日 乐山市农业考察团到彭山考察现代农业发展情况。眉山市副市长肖忠良，副区长王松陪同考察。

24 日 国务院安委会危险化学品安全综合治理电视电话会议召开。副区长段永勤在彭山分会场参加会议。

27 日 区委巡察工作领导小组在区委巡察办会议室开展全区巡察人员实战培训会。区委常委、纪委书记李勇刚出席会议。

是日 四川省农村改革工作推进暨农业供给侧结构性改革专题培训会在彭山区召开。这是四川省2017年实施的第一个省重点培训项目。省委常委、省委农村工作委员会（以下简称“农工委”）主任曲木史哈出席会议并讲话。

省政府副秘书长、省扶贫移民局局长张谷，农工委常务副主任杨秀彬等省直相关部门主要负责人，全省各市州及176个涉农县（市、区）党委或政府分管负责同志参加会议。眉山市市委书记李静，市委副书记、市长罗佳明，市委副书记黄剑东，区委书记梁磊，区委副书记郭红等参加会议。

会议为期4天。期间，中央农办副主任吴宏耀、中华全国供销合作总社理事会副主任邹天敬、农业部总农艺师孙中华等6名专家分别就农村改革、供销合作社综合改革、农业适度规模经营、农业农村发展用地保障、农村集体产权制度改革和农村金融扶贫等热点问题进行授课。

28 日 彭山区组织收听收看2017年全国深化医药卫生体制改革工作电视电话会。副区长梁兰在彭山区分会场参加会议。

是日 2017年中央一号文件宣讲会议在成都举行。国家发展改革委员会（以下简称“发改委”）副主任张勇作宣讲报告。四川省委书记王东明、省委副书记邓小刚出席报告会。省委副书记、省长尹力主持报告会。宣讲会以电视电话会形式召开，彭山设分会场，区领导郭红、郭茂、王松、喻旭等在分会场聆听报告。

是日 参加眉山市四届人大二次会议的人大代表和市政协四届二次会议的政协委员到彭山区，就彭山区绿色发展推进工作进行视察。区委书记梁磊陪同视察。

29日 农业部总农艺师、农村改革试验区办公室主任孙中华到彭山区，调研农村土地流转、现代规模农业发展情况。眉山市副市长肖忠良，副区长王松以及省、市、区相关部门负责人陪同调研。

是日 中央农村工作领导小组办公室（以下简称“中农办”）副主任吴宏耀到彭山区公义镇马林村调研民宿发展。

是日 彭山区血防、艾防、重精筛选治疗管理工作会在区政府礼堂会议室召开。

31日 彭山区2017年第二季度安全生产工作、食品药品安全工作会议在区政府礼堂召开。

是日 区委副书记、区长罗万东深入谢家、青龙等地，就清明节前全区安全生产工作进行检查。

是日 副区长王松率公安、林业等部门相关负责人，到彭祖山、锦江乡和保胜乡进行安全检查。

4 月

1日 眉山市副市长、市公安局局长罗毅率相关部门人员，到彭山区实地督导2017年省级抗震救灾综合演练工作。区委副书记、区长罗万东，区委常委、常务副区长李洪强陪同督导。

5日 区人大常委会主任钟建成、区政协副主席王娜带领区级联系部门负责人，深入联系点彭溪街道办事处召开联系工作对接座谈会。

是日 彭山区2017年第一季度重点项目工作汇报会在区委会议中心二楼大会议室召开。

6日 眉山市副市长曹晖、冉登祥，市政协副主席周强到彭山区调研毛河治理工作。区委书记梁磊、副区长梁兰陪同调研。

7日 国务院召开第一次全国可移动文物普查总结电视电话会议。区委常委、宣传部部长马炜在彭山分会场参加会议。

是日 彭山区司法行政工作会议在区政府第四会议室召开。区委常委、政法委书记郭益出席会议并讲话。

是日 由四川省委宣传部、省文化厅、中国社会科学院历史研究所主办的“彭山江口沉银遗址历史学者座谈会”在彭山区举行。省委宣传部副部长向宝云，眉山市市委常委、宣传部部长付庆一，区委副书记郭红，区委常委、宣传部部长马炜等出席座谈会。

10日 四川省法治政府建设工作电视电话会议召开。区委常委、常务副区长李洪强在彭山分会场出席会议。

是日 由区委副书记郭红、区人大常委会副主任郭茂带队，率领研修班学员59人赴浙江大学参加“深化农村改革与现代农业发展专题研修班”学习。

11日 四川省召开加快推进河长制暨防汛减灾工作电视电话会。区委书记梁磊在彭山分会场出席会议。

13日 彭山区召开2016～2017年度彭山江口沉银遗址水下考古发掘成果通报会。活动由四川省委宣传部主办、彭山区委宣传部承办。

是日 丹棱县委书记朱莉，副书记、县长黄秀航，县人大常委会主任彭红勤，县政协主席李学权等率领丹棱县党政代表团一行，到岷江现代农业示范园区彭山区域，就彭山区都市近郊型现代农业进行考察。区委书记梁磊，区委副书记、区长罗万东，区人大常委会主任钟建成等陪同考察。

是日 眉山市副市长曹晖先后到彭山区彭溪卫生院、彭溪毛店村第二卫生站和区人民医院，对彭山区的医药卫生体制改革工作进行调研。副区长梁兰陪同调研。

14日 区委书记、岷江彭山段总河长梁磊率队深入龙溪河、梓桐河等入水岷江支流，调研岷江流域彭山段水污染防治及河长制推进情况。

15日 思念食品西部基地在位于新彭谢路思念二期南侧空地举行奠基仪式。区委副书记、区长罗万东，副区长段永勤、梁兰，区政协副主席毛太忠等参加奠基仪式。

17日 彭山区召开2017年省级抗震救灾综合演练工作推进会，就演练前期有关筹备工作进行协调推进。

18日 全国人大常委会副委员长吉炳轩率全国人大调研组到彭山农交中心调研。四川省人大常委会副主任黄彦蓉，眉山市市委书记李静，市人大常委会主任刘十庆、副主任陈万忠，市政府副市长肖忠良陪同调研。

是日 区委副书记、区长罗万东专题调研太和大道彭山段、滨江路南段拓宽工程两个重点项目，协调项目推进过程中遇到的困难。区委常委陈行、区级相关部门和凤鸣街道负责人参加调研。

19日 全国政协常委、四川省政协副主席、民盟四川省委主委赵振铣率队到四川大学锦江学院调研产教融合工作。区委常委、统战部部长蒋会强，区政协副主席王娜等陪同调研。

20日 由彭山区国税局、地税局和农村信用合作联社共同举办的“易税东坡”纳税服务平台启用暨“蜀信•银税卡”发行仪式在五湖四海举行。区委常委、常务副区长李洪强出席仪式。

是日 彭山区2017年防汛抗旱暨秸杆禁烧工作会在区委会议中心二楼大会议室召开。区委副书记、区长罗万东，区委常委、区纪委书记李勇刚，副区长王松等出席会议。

是日 彭山区组织部分区人大代表、政协委员视察调研“张献忠江口沉银遗址”，听取各方就遗址保护的意见建议。区委常委，宣传部部长马炜，区人大常委会副主任胡志中，区政协副主席王娜以及彭山经开区管委会主任严开义等出席视察活动。

21日 眉山市市委常委、副市长陈晶率市金融办、市委农工委等市级部门和市人民银行、市农业银行等相关负责人，到彭山区调研“两权”抵押贷款试点相关工作，并在区委常委会议室召开座谈会。区委副书记郭红，区金融办、区农工办等相关单位负责人参加座谈会。

是日 区人大常委会副主任郭茂率部分区人大代表，就彭山区城乡社区事务费支出使用情况展开调研。

是日 由东坡区委书记孙剑，区委副书记、区长宋冀，区人大常委会主任张晓勇等组成的东坡区党政代表团一行到彭山区，深入区农交中心、义和乡猕猴桃园、岷江现代农业示范园区彭山区域进行实地考察，了解彭山区农业供给侧结构性改革有关情况。区委书记梁磊，区委副书记、区长罗万东，区人大常委会主任钟建成，副区长王松等陪同考察。

23日 国务院第三次全国农业普查事后质量抽查协调会在彭山召开。区委副书记、区长罗万东，副区长段永勤出席协调会。

26日 由仁寿县委书记秦彪、县人大常委会主任陈林、县政协主席黄海波等组成的仁寿县党政代表团，到天府新区彭山青龙区域、成眉新能源新材料园区，考察彭山区工业招大引强方面先进经验。

是日 区委副书记、区长罗万东调研成眉新能源新材料园区项目推进情况。副区长段永勤以及成眉新能源新材料园区党工委书记周荣华、管委会主任杨兴弘等陪同调研。

27日 中央文明办一行到青龙镇龙都社区调研文明村创建和移风易俗工作。

是日 由区委宣传部、区总工会等单位联合主办的2017庆祝“五一”、纪念“五四”文艺汇演暨五一劳动奖、优秀青年志愿者颁奖会在长寿广场隆重举行。区委常委、统战部部长、总工会主席蒋会强，区委常委、宣传部部长马炜，区人大常委会副主任廖伟，区政协副主席王娜出席晚会。

是日 眉山市文物工作现场会在区委会议中心二楼大会议室召开。四川省文物局专职副局长濮新，市委常委、宣传部部长付庆一，副市长曹晖、罗毅，区委常委、宣传部部长马炜等出席会议。

是日 眉山市彭山区第二届人民政府第八次常务会召开。会议组织学习省政府第五次廉政工作会议精神及彭山区贯彻实施意见、市政府办《关于印发眉山市畜禽养殖污染防治管理暂行办法》；审议并原则通过《关于进一步改进作风提升效能加强政府自身建设的十三条措施》。会议还审议了《关于大力实施2017年十大民生工程及20件民生大事的通知》等其他事项。

28日 中央精神文明建设指导委员会办公室（以下简称“文明办”）一局副局长王小河调研青龙镇龙都社区精神文明工作。

是日 中国西南美国商会派员到彭山区，一起探索彭山对外开放、招商引资新格局。区委副书记、区长罗万东，区委副书记郭红，副区长段永勤等出席活动。

是日 眉山市纪检监察机关监督执纪“4+X”系统治理现场推进会在彭山区召开，观摩学习彭山区在监督执纪“4+X”系统治理工作中的具体做法和经验。区委常委、纪委书记李勇刚出席现场会。

是日 副区长段永勤带队对辖区内消防、食品、交通安全等进行节前检查。

是日 水利部长江委副主任马建华率河长制工作督查组到彭山督察彭山区河长制工作开展情况。副市长冉登祥，区委书记梁磊，区委副书记、区长罗万东，区委常委、统战部部长蒋会强，副区长王松等陪同督察。

5　月

2日 中共眉山市彭山区委二届六次全体（扩大)会在区委会议中心二楼大会议室召开。区委书记梁磊讲话。区委副书记、区长罗万东主持会议。区人大常委会主任钟建成等出席。区委委员、候补委员、非区委委员的区级领导、区级相关部门主要负责人、乡镇（街道）党（工）委书记等参加会议。

3日 彭山区三项整改“回头看”工作推

进会在区委会议中心二楼大会议室召开。区委副书记郭红，区委常委、纪委书记李勇刚出席会议。

是日 农村“两权”抵押贷款知识进万家活动在谢家镇邓庙村村委会举行。区委副书记郭红，区人大常委会副主任郭茂出席活动。

4日 区政协调研校园安全治理工作座谈会在区教体局召开。区政协副主席王娜参加座谈会。

是日 青神县委书记肖巍，县委副书记、县长徐琳率青神县党政代表团到天府新区彭山青龙区域、成眉新能源新材料园区、岷江现代农业示范园区彭山区域，就园区工业经济、农业供给侧结构性改革情况进行考察。区委书记梁磊，区委副书记、区长罗万东等陪同。

是日 区人大常委会副主任郭茂率队对贯彻实施《中华人民共和国环境保护法》情况开展执法检查。副区长王松参加。

5日 2017年区委大党建工作会第一次会议在公义镇召开。区委书记梁磊出席会议。

是日 眉山市市委副书记黄剑东率队到黄丰镇，对该镇的产村融合、柑橘电商平台发展和美丽新村建设三方面进行考察调研。区委副书记郭红陪同调研。

9日 由区政协文史委委员组成的视察组对彭山区文化小城镇建设工作展开专项视察。区委常委、宣传部部长马炜，区政协副主席卓德松、王娜等参加。

11日 区政协副主席喻旭率部分区政协委员对彭山区“秸秆禁烧”工作进行专项考察。副区长王松参加。

12日 区政协组织部分政协委员视察交通运输“治理超载超限”专项工作，力促彭山“六项”专项治理行动。区政协副主席毛太忠参加。

18日 彭山区新的社会阶层人士联谊会成立大会在彭山创业孵化园召开。这是全省第一个经过民政审核登记的新的社会阶层人士联谊会。区委常委、统战部部长蒋会强出席会议并讲话。会议还审议通过《眉山市彭山区新的社会阶层人士联谊会章程》，并进行选举和授牌。

是日 眉山市人大常委会主任刘十庆率市人大常委会执法检查组到彭山区，对彭山区贯彻实施《中华人民共和国预算法》（以下简称新《预算法》）情况展开执法检查。市人大常委会副主任宋仕祥参加检查。区委副书记、区长罗万东，区委常委、常务副区长李洪强，区人大常委会副主任郭茂、余玺樟等陪同检查。

19日 眉山市旅游局、市三产办与彭山区旅游局、三产办在长寿广场联合开展2017年“中国旅游日”眉山市主题活动。区委常委、统战部部长蒋会强出席活动。

是日 彭山区在彭祖山举行彭祖山景区项目开工仪式。眉山市委副书记、市长罗佳明出席并宣布项目开工，云南城投集团董事长许雷致辞，市委常委、市委秘书长汪树槐，副市长冉登祥，市政府秘书长吴江等出席仪式。开工仪式由区委书记梁磊主持。区委副书记、区长罗万东介绍彭祖山项目情况，并与云南城投天成云盟公司负责人签订了《中国彭祖（国际）健康养生文化城水郡未来城项目合作协议》。

是日 彭山区在区委会议中心二楼大会议室召开轮换后村（社区）第一书记岗前培训会。区委书记梁磊，区委常委、区纪委书记李勇刚，区委常委、组织部部长袁利民出席会议。

23日　区委副书记、区长罗万东主持召开全区河长制工作现场推进会。

是日　彭山区召开畜禽污染治理现场会。区委副书记、区长罗万东，区领导郭红、蒋会强、陈行、郭茂、周惠、王鹏、王松等参加现场会。

是日　区委副书记、区长罗万东主持召开全区“一园两翼”农业产业结构调整工作现场推进会，并强调要加强“一三产”融合，提升农产品品质，加快推进农业产业结构性调整，促进农民增收、农村发展。

6　月

2日　彭山区2017年消防工作联席会暨夏季消防安全检查工作部署会在区委会议中心二楼大会议室召开。

7日　2017年病媒生物防制工作会议在区委会议中心二楼大会议室召开。副区长梁兰出席会议。

8日　彭山区第二届人大常委会第七次会议召开。

是日　眉山市政协主席王影聪率市文化和生态建设监督委员会成员到彭山区“五湖四海”和武阳遗址公园（江口沉银遗址），实地考察彭山区文化和生态建设项目情况。

是日　眉山市纪委副书记、监察局局长俞红梅带领市纪委执纪为民“4+X”系统治理督导组到彭山区，督导检查彭山区监督执纪“4+X”系统治理相关工作。区委常委、区纪委书记李勇刚陪同检查。

是日　彭山区农村土地承包经营权证颁发工作会在黄丰镇团结村橘花广场召开。区人大常委会副主任郭茂、副区长王松、区政协副主席喻旭出席活动。

是日　眉山市人大常委会副主任李永高率队到彭山区调研水源保护工作。区人大常委会副主任胡志中等陪同调研。

是日　彭山区在区委常委会议室召开专家评审会，邀请来自国内建筑、规划、经济及相关领域的5位专家，现场就9个设计单位关于彭山区“环天府新区（锦江片区）战略发展规划、中法合作园策划及概念性规划”的设计方案进行评审。区委副书记郭红出席评审会。

9日　彭山区2017年治尘工作会在区委会议中心二楼大会议室召开。

是日　区政协在兴铁宾馆二楼会议室召开农村改革专题议政会议。

10日　2017“快乐功夫”杯四川省第三届青少儿武术大赛在成都大学体育馆开赛。彭山区获金牌40枚、银牌23枚、铜牌14枚，集体团体赛一等奖1个，并获得比赛组委会颁发的特殊贡献奖。

12日　四川省学习宣传贯彻省第十一次党代会精神，抓好当前有关工作专项督导动员培训会以电视电话会议形式召开。会议对学习宣传贯彻省第十一次党代会精神，抓好脱贫攻坚、稳定经济增长、全面深化改革、环境保护、防汛减灾工作专项督导进行动员培训。区委书记梁磊、副书记郭红，区委常委、宣传部部长马炜在彭山分会场参加会议。

是日　四川省政协岷江水环境综合治理专题调研组到彭山区，对彭山岷江水环境综合治理情况进行专题调研。

13日　彭山区组织召开发展壮大集体经济暨乡村旅游现场推进会，通过参观学习先进经验，探索发展壮大集体经济新路子。区委副书记郭红，区委常委、组织部部长袁利民，副区长王松出席会议。

是日 国务院召开全国深化简政放权放管结合优化服务改革电视电话会议。会议总结推进简政放权、放管结合、优化服务改革情况和取得的成绩，研究面临的新形势，交流地区部门经验做法，安排部署下一阶段重点工作，以更有力的举措把“放管服”改革向纵深推进。区委常委、常务副区长李洪强，区级相关单位、各乡镇（街道）负责人在彭山分会场参加会议。

15日 区委二届第十七次常委会议召开，区委书记梁磊主持会议。会议传达学习中央有关通报、省委书记王东明重要讲话精神及市委常委会精神，对认真贯彻中央大政方针和省、市委决策部署，扎实抓好彭山区生态环境保护工作进行再强调、再部署；会议传达学习四川省第十一次党代会精神并研究彭山区贯彻落实意见，省党代表梁磊、陈平作交流发言；会议听取全区党风廉政建设有关问题情况汇报，审议了《学习贯彻省第十一次党代会精神宣讲工作方案》《眉山市彭山区村（社区）阵地新改扩建工作计划》《关于调整离职村（社区）干部补助标准的实施方案》等，并研究了其他事项。

是日 眉山市政协主席王影聪带队到彭山区，专题考察工业大道彭山段建设情况，了解彭山区与成都交通互联互通规划建设相关情况。市政协副主席钟维钦、区政协副主席毛太忠陪同考察。

16日 彭山区2017年地质灾害防治暨非煤矿山安全生产培训会在区委会议中心二楼大会议室召开。区委常委、常务副区长李洪强出席。

是日 区人大常委会主任、岷江河道总监钟建成，区政协副主席、彭溪河道总参王娜率区人大常委会、区政协相关负责人组成督查组，到岷江（彭山段）和彭溪河督察调研，并参政献策。

20日 四川省环保督察发现问题整改电视电话会议召开。区委书记梁磊，区委副书记、区长罗万东，副区长王松以及彭山经开区管委会主任严开义，成眉新能源新材料园区管委会主任杨兴弘在彭山分会场参加会议。

是日 区委副书记、区长、毛河总河长罗万东率队到毛河调研，听取毛河流域治理有关情况以及治理的意见建议。副区长、毛河河长王松等参加调研。

是日 区委副书记、区长罗万东一行到公义镇农业嘉年华项目建设现场，逐个展馆参观，就该项目建设推进运营有关情况进行调研。副区长王松及相关部门负责人参加调研。

21日 四川省重大招商引资项目集中开工，眉山分会场开工仪式在彭山区成眉新能源新材料园区举行，标志着彭山区重大招商引资项目——彭山产业新城正式开工建设。眉山市委副书记黄剑东出席并宣布项目开工。副市长毛洪涛，区委书记梁磊，成眉新能源新材料园区党工委书记周荣华，华夏幸福基业股份有限公司总裁助理、成都区域事业部总经理朱猛等出席仪式。

是日 彭山区禁毒工作会在区委阶梯会议室召开。区委常委、政法委书记郭益，副区长、区公安分局局长王鹏出席会议。

23日 区委书记梁磊在区委会议中心二

楼大会议室为全区100余名民营企业家讲了一堂以“四讲四有”为主题的党课。

是日 彭山区召开脱贫攻坚工作动员会。副区长王松参加会议。会议指出，要严格落实责任，确保驻村“第一书记”和工作队帮扶责任，督察巡查考核组责任落实到实处。

是日 眉山市彭山区第二届人民政府第十次常务会召开，区长罗万东主持会议。会议传达了省、市环保督察发现问题整改工作会议精神，安排部署彭山区贯彻落实工作。会议要求，各乡镇（街道）和区级相关单位、部门要高度重视中央环保督察工作，切实加快省环保督察发现问题的整改，对照自身职能职责，切实履职，做到讲政治、讲责任、讲担当。全区7、8、9月要集中精力抓好环保迎检工作，对照省、市、区整改清单，百分之百纠正到位；按照属地原则再次梳理环保整改突出问题，百分之百不漏死角；针对群众信访突出问题，百分之百及时解决。会议学习了四川省安全生产委员会办公室（以下简称“安办”）《关于进一步落实企业全员岗位安全生产责任制的指导意见》，审议并原则通过《眉山市彭山区杆管线管理实施意见》。会议还审议了《关于兑现2016年度企业扶持政策奖励的请示》等其他事项。

是日 彭山区环保督察突出问题整改工作推进会在区政府第一会议室召开。

27日 广元市政协副主席赖翠兰一行到彭山区实地考察地方特色产业发展经验做法。眉山市政协副主席立胡左格，区政协主席谭福轩、副主席王娜等陪同考察。

是日 市政协主席王影聪到彭山区凤鸣花谷，实地调研“百企联百村”工作推进情况。市政协副主席钟维钦、周强参加调研，区政协主席谭福轩，区政协副主席毛太忠陪同调研。

28日 区政协主席谭福轩到保胜乡天柱村看望慰问老党员，并实地了解该村的产业扶贫情况。

是日 眉山市政府秘书长吴江到彭山产业新城及陶氏化学项目、彭祖新城基础设施及新一中项目、中医医院项目现场督察省市重点项目建设推进情况。副区长段永勤以及彭山经开区管委会主任严开义，成眉新能源新材料园区管委会主任杨兴弘等陪同督察。

29日 眉山市副市长曹晖、市政协副主席周强到彭山区凤鸣街道、谢家镇、保胜乡，调研毛河流域污染治理工作。区委副书记、区长罗万东，副区长王松，区政协副主席喻旭等陪同。

30日 彭山区庆祝中国共产党成立96周年大会暨“撸起袖子加油干 齐心协力谱新篇”歌咏比赛在彭祖广场举行。

是日 眉山市市委副书记黄剑东率督导组到彭山区成眉石化园区污水处理厂，就省环保督察发现问题整改工作进行督导检查。区委书记梁磊，副区长王松以及成眉新能源新材料园区管委会主任杨兴弘等陪同检查。

7 月

3日 眉山市彭山区第二届人民政府第十一次常务会召开。区长罗万东主持会议。会议审议并原则通过《环境保护突出及生态环境损害问题整改任务分解表》。会议议定，原则同意《环境保护突出及生态环境损害问题整改任务分解表》；各乡镇（街道）和区级相关单位、部门要高度重视中央环保督察工作，加快环境保护突出及生态环境损害问题整改；彭山公安分局积极配合，强化环保执法力度，坚决打击环保违法行为。会议审议并原则通过《关于解决城西、城南生活污水直排问题的请示》。会议议定，由区住建局牵头，实地调查研究城西、城南生活污水直排问题，抓紧在中央环保督察前落实城市污水管网应急措施，启动城西、城南片区道路和城市污水管网规划设计，按程序提请区规委会议审议。会议审议并原则通过《关于调整城乡居民最低生活保障线和城市低收入家庭认定标准的请示》。会议议定，原则同意城市居民最低生活保障线标准由420元／人·月调整为480元／人·月，农村居民最低生活保障线标准由3300元／人·年调整为3500元／人·年，城市低收入认定标准由720元／人·月调整为780元／人·月。调整后的标准从2017 年1月1日开始执行。会议还审议了《彭山区城乡环境综合治理工作考核办法》等其他事项。

是日 区委常委陈行带领交通、国土、安监、交投等单位相关负责人，对彭山区道路交通及在建工程开展地质灾害隐患排查。

5日 新华社四川分社社长惠小勇率分社党组成员和全体党员干部，赴彭山调研深化农村改革和农业供给侧结构性改革等工作。眉山市副市长曹晖，区委书记梁磊陪同调研。

是日 资阳市雁江区政协主席姚忠志率考察团，到彭山区考察融入成都一体发展有关工作开展情况。

是日 眉山市“绿色发展 健康成长”青少年夏令营主营暨彭山分营开营仪式在彭山区青少年社会实践基地举行。

是日 彭山区硕仙农业技术服务有限公司被评为全国巾帼建功先进集体。

是日 区人大常委会主任钟建成率队对彭山区重点项目推进落实情况及2017年国民经济和社会发展计划上半年执行情况进行调研。

是日 九三学社省委参政议政处处长徐林林一行到彭山区果怡农业公司、区农交中心，调研彭山区农村土地经营权流转发展情况。副区长王松、区政协副主席喻旭陪同调研。

6日 区总工会在全区范围内开展2017年夏季防暑降温工作和送清凉活动。区委常委、统战部部长蒋会强参加。

7日 彭山区举行2017年“校地共建”暨“逐梦计划”大学生暑期社会实践活动对接会，现场接收104名四川大学锦江学院的大学生，分配到彭山区38个区级部门和乡镇（街道）参加社会实践，到村、社区挂职锻炼。区委常委、统战部部长蒋会强出席活动。

是日 全国户籍制度改革推进电视电话会议召开，研究部署加快推进户籍制度改革和提高户籍人口城镇化工作。区级有关部门负责人在彭山分会场参加会议。

10日 区政协在政协六楼会议室召开“如何实现绿水青山就是金山银山发展目标”专题调研座谈会。区政协主席谭福轩主持会议。

是日 光明日报、中国环境报、四川日报、四川电视台等十余家中央和省级主流媒体聚焦彭山区“河长制”工作，各级媒体记者实地深入彭山区“五湖四海”、公义镇等地开展集中采访，就彭山区“河长制”工作的落实情况、治理污染的措施与成效等进行深入报道。这是各级主流媒体首次集中聚焦彭山区“河长制”工作。

12日 四川省农业农村改革经验交流暨工作推进会召开。会上，包括彭山区、成都市、绵阳市等在内的12个单位，分别作了加快构建新型农业服务体系，推动绿色农业发展；构建农村改革工作推进机制，发展种养循环农业等方面的经验交流。其中，彭山区以《多种形式放活土地经营权，推进适度规模经营》为题，向参会人员介绍交流了彭山区深化农村改革的经验。

14日 彭山区委二届第二十次常委会议召开，区委书记梁磊主持会议。会议传达学习省委办公厅《关于切实做好迎接中央环境保护督察有关工作的通知》，研究了彭山区迎接环境保护督察准备工作，区环保局和13个乡镇（街道）党政负责人分别作了迎接环保督察的工作汇报。会议传达学习全省农业农村改革经验交流暨工作推进会精神，听取全区上半年深化农村改革工作汇报，研究了下一步彭山区深化农村改革工作。会议听取区扶贫移民局和13个乡镇（街道）党政负责人上半年脱贫攻坚工作汇报，研究了全区上半年脱贫攻坚工作。会议还听取了近期全区巡察工作情况汇报，审议《关于推进“两学一做”学习教育常态化制度化的实施方案》《关于召开彭山区工会第二次代表大会的请示》等文件，并研究了其他事项。郭红、李洪强、蒋会强、马炜、袁利民、陈行等区领导出席会议，周荣华、王鹏等区领导列席会议。

是日 宣布彭山区人武部领导班子命令大会召开。眉山军分区副司令员廖诚周出席会议，宣读了中央军委国防动员部命令和眉山军分区党委党内任职通知。区委书记、区人武部党委第一书记、区人民武装委员会主任梁磊出席会议。根据中央军委国防动员部命令：任命原四川省自贡军分区后勤部长冯岩为四川省眉山市彭山区人民武装部部长；任命原四川省巴中市巴州区人民武装部部长钱军为四川省眉山市彭山区人民武装部政治委员。

18日 国土资源部规划司司长庄少勤率调研组到彭山区岷江现代农业示范园区，就农村新产业新业态发展用地保障有关工作进行调研。国家土地督察成都局局长董菊卉，四川省国土资源厅厅长杨冬生、副厅长朱明仓一同调研。眉山市市委副书记、市长罗佳明，市委常委、常务副市长祝云，市政府秘书长吴江，区委书记梁磊，区委常委、常务副区长李洪强陪同调研。

21日 彭山区召开迎接中央环保督察工作动员大会。

24日 区政协主席、“河长制”河道总参谭福轩率队到保胜乡，对毛河源头污染治理情况进行督察。

是日 西藏自治区妇联党组副书记、主席江措拉姆一行20余人到彭山区，考察彭山区村妇代会改建妇联工作。四川省妇联党组成员、副主席黄莉，眉山市市委常委、市委统战部部长王光彩陪同调研。

是日 区人大常委会开展脱贫攻坚工作情况调研。区人大常委会副主任郭茂以及部分人大常委会成员参加调研。

25日 区政协召开脱贫攻坚长效机制建立和实施情况个案监督动员会。区政协主席谭福轩出席会议。副区长王松以及全区相关部门、乡镇（街道）负责人参加会议。

是日 眉山市政协主席王影聪，副主席杨常沙、钟维钦到彭山区，开展“东坡文化产业化”课题调研。区政协主席谭福轩、副主席王娜随同调研。

是日 区长罗万东主持召开眉山市彭山区第二届人民政府第十二次常务会。会议组织学习甘肃祁连山国家级自然保护区生态环境问题通报，组织学习全国安全生产工作视频会议暨全省安全生产工作视频会议精神。会议审议并原则通过《眉山市彭山区化肥减量增效实施方案》，审议了《土壤污染防治行动计划眉山市彭山区工作方案》等其他事项。

26日 彭山区第二届人大常委会第八次会议在区人大五楼会议室召开。

27日 眉山市市委副书记黄剑东、眉山军分区司令员胥成相、市人大常委会副主任李永高到彭山区观音镇敬老院，慰问烈士遗属、军休干部及残疾军人等优抚对象代表。区委副书记郭红陪同慰问。

是日 眉山市市委书记慕新海到彭山区调研，并主持召开座谈会，进一步推动省第十一次党代会精神和省委近期重要部署落地落实。市委副书记、市长罗佳明一同调研。

26日至28日 在第二十三届全国葡萄学术研讨会上，彭山区选送的“紫甜无核”品种获得金奖，“长青玫瑰”品种获得优质奖。

31日 区政协第二届第四次常委会在兴铁宾馆会议室召开。

8 月

1日 彭山区“大党建”暨经济工作会议在区委会议中心二楼大会议室召开。会议学习市委书记慕新海到彭山调研重要讲话精神，回顾总结上半年党建和经济工作情况，分析研究工作中存在的问题，安排部署下半年工作任务。区委书记梁磊，区委副书记、区长罗万东，区人大常委会主任钟建成，区政协主席谭福轩等四大班子领导出席会议。区委副书记郭红主持会议。会议紧紧围绕“党建大讨论，思想大解放，作风大转变”这一主题，阐述了党建的重要性，分析了党建工作中存在的问题。会议指出：当前新形势、新常态下，“大党建”是指党委总揽全局，统筹“纪组宣政统”等各方党的资源，形成合力抓党建。具体来说，就是用“统”的方法实现“大”的格局，用“双百分制”考评体系实现党建与经济工作并重，用一体化联合督查机制促进党建工作务实高效，用全方位服务指导推动党建工作落地落实。

会议要求，各级党组织书记要真正从思想根源上引起高度重视，把党的建设作为主责主业来抓。要学会统筹分类地抓好党的建设，“纪组宣政统”涉及的各项党建内容，要“一只手伸出来，五根指头，攥成拳头，形成合力”。要对标思考，创新融合，通过抓好党建解决实际问题。要发挥好组织的作用。同时，还要加强培训和业务指导，强化督察。

会议指出：2017年是极为特殊、极为复杂、极为坎坷的一年，要求下半年全区经济工作要紧紧围绕省十一次党代会精神和市委、市政府确定的“目标不变、增速不减、位次不降”的要求，坚持问题导向，切实补短板、破难题、稳增长、保民生，重点抓好七个方面的工作。一是抓实项目稳增长；二是抓好产业促转型；三是抓牢投资促开放；四是抓实帮扶助脱贫；五是抓细环保迎督察；六是抓活文化塑名片；七是抓紧民生勇攻坚。

是日 彭山区举行眉山彭山教育促进会“李密奖学金”发放仪式。

是日 眉山市人大常委会专题调研组到彭山区，对《眉山市人民代表大会常务委员会关于加强全市水污染防治工作的决定》《眉山市人民代表大会常务委员会关于加强全市大气污染防治工作的决定》《眉山市人民代表大会常务委员会关于加强全市农用地污染防治工作的决定》（以下简称“三个决定”）贯彻落实情况进行调研。

3日 区第二届人民政府第二次全体（扩大）会议在区政府礼堂召开。

是日 区委副书记、区长罗万东主持召开全区迎接中央环保督察工作推进会，安排部署有关迎接督察工作。

4日 全区宣传系统召开深入学习习近平总书记在省部级主要领导干部专题研讨班上的重要讲话精神和市委书记慕新海到彭山区调研的讲话要求，安排部署贯彻落实。区委常委、宣传部部长马炜出席会议。

是日 区纪委召开环保督察工作追责问责组协调会。区委常委、纪委书记李勇刚，区委常委、组织部部长袁利民出席会议。

7日 中央第五环境保护督察组督察四川省工作动员会在成都召开。随后，区委副书记、区长罗万东主持召开了全区工作动员会，就有关工作进行安排部署。区人大常委会主任钟建成，区政协主席谭福轩等区领导参加彭山分会场会议。

8日 区委副书记、区长罗万东到区环保局，就彭山区迎接督察工作进展情况进行调研。

9日 区委副书记、区长罗万东带领相关部门负责人调研尖子山岷江航电工程推进情况。区委常委、常务副区长李洪强参加调研。

是日 彭山区减灾委员会全体会议在区政府第四会议室召开。副区长周惠出席会议。

是日 彭山区召开困境儿童和农村留守儿童关爱保障工作会。副区长周惠出席会议。

10日 区委副书记、区长罗万东到谢家镇，就保胜乡和谢家镇在开展迎接中央环保督察工作时对毛河治理情况进行专题调研。区畜牧局、水务局等相关部门负责人陪同，谢家镇、保胜乡有关责任人和毛河沿岸村（社区）分管负责人参加座谈会。

15日 彭山区政府采购电子化交易新平台正式启用，公开招标项目从项目申报，到招、投标文件制作，直至最后的合同签订等17个流程全部实现电子化。这标志着彭山区政府采购迈入“三化”（一体化、电子化、无纸化）时代，采购成本也因此大幅下降，政府采购工作实现新突破。

16日 四川省防范和遏制重特大道路交通事故电视电话会议召开。副区长王鹏在彭山分会场参加会议。

18日 参加全市农业农村改革工作现场推进会的参会人员到彭山区黄丰镇团结村、眉山农业嘉年华项目现场、区农村产权交易中心、凤鸣花谷，就彭山区农村集体经营性资产股份合作制改革、农旅融合、农村产权流转交易市场体系建设、新型农业经营主体培育等方面进行现场参观。

21日 区委二届第二十三次常委会议召开，区委书记梁磊主持会议。会议传达学习习近平总书记在中央政治局第四十一次集中学习时的重要讲话内容，并研究彭山区贯彻落实意见；会议学习习近平总书记在省部级主要领导干部专题研讨班上的重要讲话及市委常委会决定事项；会议听取了全区党风廉政建设工作情况汇报和上半年全区安全生产和食品安全工作汇报。会议还研究了其他事项。

22 日 四川省人民检察院党组书记、代理检察长冯键一行到彭山区，调研指导区检察院“四对照四提升 做忠诚卫士”专题教育活动、推进司法责任制改革、检察文化建设、队伍建设情况和检察重点工作。区委书记梁磊，区委常委、政法委书记郭益随同调研。

29 日 彭山区在区委会议中心二楼大会议室召开区政府、区法院、区检察院半年工作报告座谈会。

30 日 区委书记梁磊在区委常委会议室会见到彭山访问的法国前经贸部、工业部部长卢斯一行，双方就加快推进中法农业科技园项目进行深入会谈。区委副书记、区长罗万东，区委副书记郭红参加会见。

31 日 区长罗万东主持召开眉山市彭山区第二届人民政府第十三次常务会。会议组织学习《中华人民共和国政府采购法》、省政府办公厅《关于阿坝州放管服改革政策落实不到位情况的通报》；审议并原则通过区人社局提请审议《关于侦破五一专案先进集体和个人记功表彰的请示》。会议议定，原则同意对“五一”专案侦破中有功的眉山市公安局彭山区分局刑事侦查大队集体、郑茂等 8 名个人记三等功，会后按程序办理。会议还审议《关于更新老干部专用车的请示》等事项。

9 月

5 日 四川省委改革办公室副主任谭文劲率队到彭山区，对彭山全国第二批农村改革试验区改革试点工作进行督察评估。眉山市市委常委、组织部部长黄传龙，区委书记梁磊、副书记郭红，区委常委、组织部部长袁利民等陪同督察评估。

8 日 四川省脱贫攻坚全覆盖督导和信访维稳专项督查培训动员电视电话会议在成都召开。副区长、区公安分局局长王鹏，副区长王松，各乡镇（街道）、部门相关负责人在彭山区分会场参加会议。

12 日 区委副书记、区长罗万东主持召开全区经济运行和非税收入工作会。

是日 彭山区迎接国务院安委会安全生产大检查综合督察工作安排部署会在区政府第四会议室召开。

13 日 眉山市人大常委会副主任吴爱玲率调研组一行到彭山区实地调研学前教育工作情况。区人大常委会副主任胡志中、副区长梁兰陪同调研。

14 日 彭山区防范和遏制重特大道路交通事故“百日行动”工作推进会在区政府第四会议室召开。

15 日 区政协主席谭福轩、副主席王娜率部分政协委员到彭山区部分中、小学校开展安全工作专题调研。副区长梁兰参加活动。

16 日 彭山区友仁社会公益发展中心成立大会在王记酒楼举行。

18 日 区政协主席谭福轩率区政协委员联络委主任及部分政协委员实地调研“东山彩林”项目建设情况。

是日 彭山区 2017 年秋季血防工作会在区人民政府第四会议室召开。副区长梁兰等参加会议。

19 日 彭山区 2017 年第三轮脱贫攻坚全

覆盖督导工作动员会在区政府第四会议室召开。副区长王松及各乡镇、相关部门负责人参加会议。

是日 眉山市人大常委会主任刘十庆率市城乡规划监督检查组到彭山区，开展《眉山市城乡规划条例》执法检查和市规划监督委员会2017年下半年集中检查，并主持召开座谈会。市人大常委会副主任陈万忠、李永高参加检查，省政府派驻眉山市城乡规划督察员熊敏容受邀参与检查。

21日 省级卫生城市复审病媒生物防制专项考核检查组到彭山区，对彭山区病媒生物预防控制进行单项复查。副区长、区公安分局局长王鹏，副区长梁兰，区政协副主席王娜陪同检查。

是日 区委中心组（扩大）学习会暨2017年第六期“锦江大讲堂”在区委会议中心二楼大会议室召开。会议邀请成都中医药大学附属医院干部科、老年病科主任梁超作了干部健康保健专题讲座。

是日 由区政府办公室主办，区电视台协办的“品读经典 书香人生”读书会在区政府礼堂举行。

22日 眉山市彭山区第二届人民政府第十四次常务会议召开，区长罗万东主持会议。会议组织学习了《关于四川省推进安全生产领域改革发展意见解读》。审议并原则通过《关于我区部分机关事业单位实行不定时工作制的试行意见》《彭山区企业固定资产投资项目审批流程》。审议了《眉山市彭山区养殖水域滩涂规划（2017年—2030年）》等其他事项。

25日 区政协主席谭福轩、副主席卓德松率部分政协委员开展重点提案督办视察，对区党务政务服务工作进行了视察。

是日 四川省易地扶贫搬迁工作电视电话会议召开。区委书记梁磊、副区长段永勤在彭山分会场出席会议。

10月

11日 区委书记梁磊到青龙镇莲池村、古佛村、同乐村、狮子村和公义镇马林村农业嘉年华项目一期，组织开展“走基层、抓脱贫，走现场、抓项目”专题活动。

是日 四川省政府召开全省加快推进“互联网+政务服务”工作电视电话会议。副区长周惠在彭山分会场参加会议。

11日至12日 区纪委分别在彭山第一中学门口和区政府正门口，开展整治群众身边不正之风和腐败问题“坐诊接访”活动。区委常委、区纪委书记李勇刚参加区政府门口接访活动。

11日至12日 区人大常委会主任钟建成率队到江口镇永利村、彭溪街道兴崇村调研扶贫工作。

12日 区人大常委会副主任郭茂、廖伟带领部分人大代表先后到正在建设中的区党务政务服务中心项目现场和该中心办公地点进行调研。

13日 区委副书记、区长罗万东到黄丰镇共和村专题开展“三走三抓”活动，为困难群众送去党委、政府的关怀。

16日 恒大童世界天府青龙大桥开工仪式在青龙镇隆重举行。

天府青龙大桥全长798米，投资1.37亿元，建设工期9个月。该项目是青龙镇先锋村顺河坝土地一级开发整理项目第一个开工项目，大桥连接岷江两岸，是通向成都科学城、天府国际机场的重要交通枢纽桥梁，建成后对恒大童世界的建设将发挥着至关重要的作用，对天府新区青龙区域交通运输改善起到极大的促进作用，将有力推动区域经济发展。

17日　“扶贫日”彭山区公益活动在彭祖广场召开。共筹集善款41.7万余元，其中个人捐款24179.1元。

18日　区委副书记、区长罗万东率队到西南应急装备物质储备中心、工业大道南段、九龙山隧道二期道路建设现场，专题调研彭山区交通建设重点项目推进情况。

19日　彭山区拿出110万元对青龙镇狮子村等11个省级“四好村”进行奖励。

是日　国台办经济局局长张世宏和国家发改委西部司、商务部台港澳司相关领导一行，到彭山天府新区彭山青龙区域进行调研考察。省台办主任周敏谦、副主任张军，眉山市市委副书记、市长罗佳明，市委常委、副市长李兴乾及省商务厅、省发改委相关领导随同或陪同调研。

是日　区政协主席谭福轩组织部分政协委员到湄州河彭山段、文殊堰畜禽养殖关停点、青龙污水处理厂等地，开展“治污”专项视察，并召开专题座谈会。副区长王松出席座谈会，区政协副主席王娜参加视察和座谈。

24日　眉山市彭山区第二届人民政府15次常务会议召开，区长罗万东主持会议。会议组织学习四川省环保督察办《关于分类施策推动中央环保督察发现问题整改的通知》；会议听取了关于2016年全省经济责任审计发现主要问题情况的通报。

25日　彭山区2017年贫困退出复核检查和年度考核工作动员会在区委会议中心二楼大会议室召开。副区长王松出席会议。

26日　2017年全国特奥轮滑比赛在省残疾人体育训练中心开幕。来自四川、云南、陕西、福建、上海、天津等24个省、市的182名运动员参加比赛。中国残疾人联合会体育部主任赵素京，四川省人民政府副秘书长严卫东，省残联理事长毛大付、副理事长杨志远，眉山市市委常委王光彩，副市长、市残工委主任肖忠良，区委书记梁磊、区委常委蒋会强、区人大常委会副主任胡志中、区政协副主席卓德松等出席开幕式。

是日　区政协主席谭福轩组织部分政协委员开展“城乡环境综合治理”“治乱”专项考察，并就考察情况召开专题座谈会。区政协副主席卓德松、喻旭参加考察或座谈。副区长、区公安分局局长王鹏出席座谈会。

27日　四川省总工会党组书记、常务副主席胥纯，省总工会劳动保护部部长庞欣一行到凤鸣街道，调研基层工会组织建设工作。

是日　青龙镇同乐村妇女儿童之家举行开园仪式。眉山市副市长曹晖、副区长梁兰出席。

是日　眉山市人大常委会主任刘十庆到彭山区彭溪街道兴崇村、青龙镇永远村，看望慰问百岁老人。区委书记梁磊参加慰问活动。

是日　区委常委、常务副区长李洪强在区委老干局会议室看望慰问全区200余名离退休老干部。

是日　眉山市乡镇（街道）妇联区域化改革工作推进会在彭山区彭溪街道召开。区委常委、统战部部长蒋会强出席会议。

30日　区委副书记、区长罗万东到城南市场、城西市场、城南污水处理厂、成乐高速公路扩容现场、彭山产业新城迎宾大道改建现场等地开展“走基层、解难题、办实事、惠民生”活动。副区长周惠以及成眉新能源新材料园区党工委书记周荣华等陪同或参加座谈。

是日 区人大常委会副主任胡志中率部分区人大代表，先后到彭山四小、彭山新一中、府河学校和彭山职高等学校，采取现场查看、听取汇报等形式，就彭山区教育布局优化调整情况进行专题调研。

31日 2017年国家统计局眉山调查队城乡住户调查新一轮记账户业务培训会在兴铁宾馆会议室召开。副区长段永勤参会。

11　月

2日 四川省委农工委副主任杨波，率调研组到彭山区调研构建“五位一体”乡村治理体系工作，并召开座谈会。区委常委、宣传部部长马炜参加座谈会。

6日 四川省安全社区建设工作考评组组长苏良荣一行到保胜乡开展四川省安全社区建设考评。区人大常委会主任钟建成，副区长段永勤出席评议验收会议。专家组一行分成3个组实地开展工作，对保胜乡辖区内的部分村、社区、学校、医院等社会治安、防灾减灾、生态环境等方面安全促进项目进行现场检查评定。

8日 江口镇双合村村道新建项目举行开工仪式，区政协副主席毛太忠出席仪式。

是日 眉山市彭山区第二届人民政府16次常务会议召开，区长罗万东主持会议。会议书面传达眉山市质量发展暨争创全国质量强市示范城市动员大会会议精神，研究彭山区贯彻意见。会议审议并原则通过《眉山市彭山区党政服务热线运行管理办法》《眉山市彭山区建立大救助体系对困难群众实施精准和全方位救助工作实施方案》。会议还审议了《眉山市彭山区清河行动实施意见》等其他事项。

9日 眉山市人大常委会副主任王晓丽率部分市人大代表到彭山区，调研天府新区彭山区域建设及农业发展情况。区人大常委会主任钟建成，区委常委、组织部部长袁利民，区人大常委会副主任郭茂、廖伟、胡志中，副区长段永勤以及彭山经开区管委会主任严开义等参加调研。

10日 区政协副主席王娜组织部分政协委员对全区整合卫生资源、优化城区医疗机构布局工作进行集中考察。

14日 眉山市市委副书记、市长罗佳明到彭山区青龙镇狮子村开展“走基层”活动，宣讲党的十九大精神，调研指导脱贫攻坚巩固提升和推动乡村振兴工作，并到眉山工程技师学院赛点就2017首届“四川工匠杯”职业技能大赛准备情况进行督导。市政府秘书长吴江参加，区委书记梁磊、副区长王松等陪同调研。

是日 四川省政府召开全省森林草原防火工作电视电话会议。副区长王松及各单位相关负责人在彭山区分会场出席会议。

15日 四川省副省长叶壮到彭山区，调研省残疾人体育训练中心建设运营情况。市委副书记、市长罗佳明，省残联党组书记、理事长毛大付，市委常委、市残联主席王光彩，区委副书记、区长罗万东，区委常委、统战部部长蒋会强陪同调研。

是日 四川省人社厅厅长戴允康到位于彭山区的中国水电七局高级技工学校眉山工程技师学院，调研该校办学及发展规划情况。眉山市市委副书记、市长罗佳明，市委常委、副市长陈晶，区委副书记、区长罗万东等陪同调研。

17日至20日 第五届四川农业博览会在成都举行。彭山区参展农产品在农业博览会上签下6个项目，总投资超过8亿元，并现场进行了眉山市彭山区百谷园农业旅游开发项目签约。

20日 重庆三峡油漆股份有限公司与彭山经开区管委会签署投资协议书，将在经开区建设三峡石墨烯涂料生产线项目。

21日 中国欧盟商会企业代表到彭山区，共谋发展，共同探索彭山对外开放、招商引资新格局。区委副书记、区长罗万东，副区长段永勤，中国欧盟商会涉及智能制造、新能源新材料、教育、金融等20余类产业行业的34家优势产业企业代表出席活动。

22日 区政协组织部分政协委员对全区道路交通安全工作进行集中考察。区政协主席谭福轩、区政协副主席卓德松参加考察并出席座谈会。

23日 区政协召开创新融资方式、推动国有公司规范管理壮大及上市专题会议。区政协主席谭福轩，副主席卓德松、喻旭、毛太忠和部分政协委员，区委常委、常务副区长李洪强以及各相关单位负责人参加会议。

是日 彭山区召开秋冬季大气污染防治工作专题会，传达市级秋冬季大气污染防治工作会议精神，分析全区大气污染防治形势。副区长王松参加会议。

24日 彭山发展控股有限责任公司与华西证券有限公司战略合作签约仪式在成都举行。区委副书记、区长罗万东，区委常委、常务副区长李洪强出席签约仪式。

25日 眉山市彭山区人民政府与欧倍欧（香港）投资管理有限公司正式举行签约，标志着总投资达300亿元的中法农业科技园项目正式落地彭山区锦江乡。

法国OBEO集团董事长维梅尔，法国OBEO集团董事、中国区总经理王世杰，法国OBEO集团中国区常务副总经理周鹤松，法国OBEO集团中国区顾问高山，区委书记梁磊，区委副书记、区长罗万东，区委副书记郭红等出席签约仪式。

罗万东代表眉山市彭山区人民政府与法国OBEO集团董事长维梅尔签订了中法农业科技园项目合作协议。

29日 彭山区在区委会议中心二楼大会议室举行了“同心大讲堂——释放消费升级潜力 加速形成增长新动能”讲座。全区各民主党派、社会团体相关负责人及成员聆听了讲座。

是日 区政协主席谭福轩率领部分政协委员对全区智慧城市建设、统筹信息技术在党政领域中的应用情况进行考察。区政协副主席卓德松、喻旭、毛太忠、王娜参加考察活动。区委常委、统战部部长蒋会强陪同。

30日 区第二届人大常委会第十一次会议在区人大机关五楼会议室召开。

是日 眉山市彭山区第二届人民政府第十七次常务会议召开。区长罗万东主持会议。会议组织学习市安委会《关于印发眉山市标本兼治防范较大事故遏制重特大事故工作实施意见的通知》；审议了《眉山市彭山区全域养老服务体系建设试点方案》《眉山市彭山区深化医药卫生体制改革2017—2018年重点工作任务》《关于进一步做好中央环保督察初步梳理问题整改工作有关事项的请示》等事项。

12　月

4日　彭山区开展2017年易地扶贫搬迁全覆盖督导自查安排部署会。区委常委、纪委书记李勇刚参加会议。

6日　区政协主席谭福轩带领部分政协委员，对彭山区完成眉山市“十三五”千亿交通大会战工作情况进行视察，并召开座谈会。区委常委陈行、区政协副主席毛太忠参加。

7日　彭山区召开党建引领破解安置小区治理难题工作推进会。区委书记梁磊，区委常委、组织部部长袁利民，区委常委、政法委书记郭益，副区长、区公安分局局长王鹏出席会议。区级相关部门分管负责人、各乡镇（街道）党（工）委书记、副书记等参加会议。

8日　四川省政府召开全省宣传贯彻《消防安全责任制实施办法》电视电话会议，会议就《消防安全责任制实施办法》进行主题辅导讲座。副区长、区公安分局局长王鹏在彭山分会场出席会议。

是日　日本经团联审议员会副议长、全日空集团社长片野坂真哉带领参加第四届中日农业交流合作研讨会的嘉宾到彭山区，参观现代工业、农业发展情况。副市长肖忠良，区委常委、统战部部长蒋会强等出席活动。

是日　眉山市彭山区智汇人力资源有限公司成立大会在区委会议中心二楼大会议室举行，标志着下一步彭山区对编外（临聘）人员管理将更加规范，工作效能和服务水平将大大提高，行政成本将有效节约和控制，机关事业单位和编外（临聘）人员双方的合法权益将进一步得到保障。

区委常委、组织部部长袁利民出席会议并为新成立的智汇人力资源有限公司进行授牌授印。

11日　眉山市市委副书记、市长罗佳明率队到彭山区，调研投资和重点项目建设、毛河流域治理工作，强调要按照省、市“项目年”和河长制工作部署，全力冲刺全年目标任务，及早谋划2018年项目工作，扎实推进河长制工作落实，以实际行动贯彻落实党的十九大和省委十一届二次全会精神。副市长唐宏、冉登祥，市政府秘书长吴江，市级有关部门负责人参加调研。区委书记梁磊，区委副书记、区长罗万东等陪同调研。

12日　眉山市2017年第四季度重大项目集中开工彭山分会场开工仪式在中建天府新区新材料产业园项目现场举行。市委常委、组织部部长黄传龙，市人大常委会副主任王晓丽，区委副书记、区长罗万东，区人大常委会主任钟建成，区政协主席谭福轩等出席开工仪式。区领导刘均剑、袁利民、廖伟、段永勤以及彭山经开区党工委书记邓强、管委会主任严开义等参加开工仪式。

是日　区委副书记、区长罗万东到西金股份、鲁洲生物、甲骨文、川娃子食品等6家企业，就工业企业生产经营情况进行专题调研。

是日　区委副书记、区长罗万东率队调研全区环保、河长制、易地扶贫搬迁工作，强调要加快项目施工进度，争取早日竣工，造福地方群众。副区长王松参加调研。

是日 区人大常委会主任钟建成到彭溪街道，向广大基层党员干部宣讲党的十九大精神，让基层党员干部更好地理解党的十九大精神的丰富内涵和实质。

是日 彭山区召开老龄工作先进集体和先进个人表彰大会。区委常委、常务副区长李洪强，副区长周惠参加。

13 日 彭山区环保和河长制工作推进会召开，区委副书记、区长罗万东主持会议。

14 日 四川省精神文明建设表彰大会召开。彭山区检察院获省级文明单位荣誉称号，青龙镇龙都社区获省级文明村镇荣誉称号；王雪梅、何图琴获省级文明家庭荣誉称号，彭山一中、彭山二小、鹏利小学、武阳中学获省级文明校园荣誉，彭山一小获省级未成年人思想道德建设工作先进单位荣誉称号。

15 日 区委中心组（扩大）学习会暨2017 年第 8 期“锦江大讲堂”在区委会议中心二楼大会议室召开，中共眉山市委宣讲团第二分团团长、市委常委、市政府常务副市长祝云作“学习贯彻党的十九大精神”的宣讲报告。

18 日 区委二届第三十次常委会会议召开。区委书记梁磊主持会议。

是日 区委书记梁磊深入青龙镇狮子村看望慰问建档立卡贫困户。

是日 区委书记梁磊带队到伟业广场商业综合体、北外街、龙门桥烟花爆竹经营点等地，组织开展消防安全检查。副区长段永勤陪同检查。

20 日 区人大常委会组织对《中华人民共和国安全生产法》贯彻实施情况开展执法检查。区人大常委会副主任郭茂、余玺樟、廖伟、胡志中及部分人大代表查看了四川思念食品厂的安全生产情况，并先后到区食药监局、区经信局、区安监局进行检查之后召开了座谈会。副区长段永勤参加座谈。

是日 彭山区召开促进家政服务业提升拓展工作会，研究部署彭山区 2018 年家政服务业提升拓展工作。副区长周惠及区级相关部门、各乡镇（街道）分管工作负责人参加会议。

21 日 区委副书记、区长罗万东率区政府办公室、交通运输局等相关单位负责人，到青龙、武阳、牧马、锦江四个乡镇，就眉山环天府新区快速通道彭山段项目推进情况进行调研。强调要加快项目征地等各项准备工作，确保项目按期快速推进。区委常委陈行以及彭山经开区管委会主任严开义参加调研。

是日 彭山区脱贫攻坚省级成效考核迎检工作培训会在区委会议中心二楼大会议室召开。

22 日 区人大常委会副主任郭茂率队对彭山区城乡规划条例贯彻情况进行专题调研。区委常委陈行参加调研。

是日 中央第五环保督察组督察四川省情况反馈会以电视电话会议的形式召开，区委书记梁磊，区委副书记、区长罗万东，区政协主席谭福轩等在彭山分会场出席会议。

27 日 区第二届人大常委会第十四次会议在区人大机关五楼会议室召开。

28 日 副区长段永勤带队到延长壳牌新彭谢路加油站、彭山客运中心和四川高绿平环境科技公司开展节前安全检查。

彭山概况

General situation of Pengshan

自然环境

【地理位置】 彭山区地处四川盆地川西平原南缘丘陵地区，岷江中游，东邻仁寿县，南接东坡区，西与蒲江县、邛崃市交界，北与新津县、双流县相连。地理坐标为北纬30° 07′至30° 21′，东经103° 40′至103° 59′之间。境东西长28.7公里，南北宽25.9公里，幅员面积465.08平方公里。

【地形地貌】 彭山区地形分为东西两边低山丘陵、中部平原，地势西北高，东南低。主要山脉有东山龙泉山、西山总岗山。岷江由北向南纵贯县境，构成中部冲积平原，中部为开阔的平坝区，占总面积的32%。境内最高点北平观位于县城西北15公里处的保胜乡石柱村，海拔711.6米；最低点“石牛栏”位于原永丰乡尖山子，海拔410米。

【自然资源】 彭山区矿产资源经初步查明主要有钙芒硝、金、硫铁矿、页岩、红石、黏土、沙石、矿泉水、天然气、石油、地热等10余种。其中钙芒硝矿最为丰富，最具开发价值。经勘探查明，县境内有两个含矿带，其上下矿带共11层，储量达45.81亿吨，是已勘探查明的特大型钙芒硝矿床。东西两山，页岩质优量大，已全面开采用作建材。浅层天然气储量丰富，被列为四川省省级重点开发项目。彭山区属亚热带气候区，植物资源十分丰富，具有种类多、分布广、产量大的特点。粮食作物有水稻、玉米、小麦、红苕、黄豆、绿豆、胡豆、豌豆等，以水稻、小麦、玉米、红苕为主。树种4类71科232种，其中裸子植物类7科15种、被子植物类59科188种、单子叶植物类2科24种、蕨类植物3科5种。林木发展变化较大的首推果树，主产区的果树收入已成为农村经济的重要组成部分。其中柑橘、梨、葡萄、台湾柚等优质水果，占据了水果市场的主导地位。彭山区有西南地区最大的粮食批发市场，是全国商品粮和瘦肉型猪生产基地，享有“寿柑之乡、二金条海椒之乡、泽泻之乡”称号。“彭山葡萄”成为“国家地理标志保护产品”。境内动物有野生动物和饲养动物2类。有国家重点保护动物虎蚊蛙（青蛙）、国家二级保护动物灰鹤和四川省重点保护动物兰耳翠鸟（打鱼子）、白鹤（大白鹭）、黑眉柳莺等33种属国家保护的野生动物，其他还有一般兽类、禽类和蛇、虫类野生动物。饲养动物在种类上大宗的有猪、鸡，瘦肉型商品猪、鸡、鸭、鹅、兔等畅销省内外。鱼类有6目11科58种。彭山是中国历史上最长寿老人彭祖的故乡，是最先被国家老龄委评定授牌的“中国长寿之乡”，也是中华长寿养生文化的发祥地。汉有忠臣张纲，忠义驰声于天下；晋出孝子李密，誉满京城，其著作《陈情表》世代传颂。彭山因此有“忠孝之邦，长寿之乡”美誉。境内有AA级风景区彭祖山、省级历史文化名镇江口古镇和蜚声中外的“武阳茶肆”、千年古刹象耳寺；有集中大量崖墓出土文物的“汉崖墓博物馆”；有中国道教开山祖师王乔、张道陵潜心修炼的北平观；有川西坝子第一洞之誉的“香山仙洞”、世界第一的中国长寿城牌坊、仙女湖、“五湖四海”等众多旅游景点。按文化可分为“养生长寿文化”“忠孝文化”“汉代崖墓文化”“茶文化”“道教文化”“名人文化”等。彭山处于成都到乐山、峨眉山的黄金旅游干线，旅游资源极具开发前景。

【气候状况】 彭山属于亚热带气候区。境内海拔差异小，地区间气候变化不大，年温差2.1℃以内。气候温和，雨量充沛，四季分明。夏无酷热，少伏旱，每年有不同程度的洪涝；冬无严寒少霜雪，但多寒潮低温；春季气温回升早，秋多绵雨降温快。2017年，彭山区气候异常，暴雨大风等极端天气频发，年平均气温18.3℃，与2016年相比下降0.1℃。年日照时数1109.7小时，年总雨量1110.3毫米，平均相对湿度76%。

【行政区划】 2017年，彭山区辖凤鸣街道、彭溪街道、观音镇、青龙镇、公义镇、谢家镇、江口镇、黄丰镇、牧马镇、武阳镇、保胜乡、义和乡、锦江乡，共88个村、664个村民小组，20个居民委员会、213个居民小组。区政府驻地凤鸣镇西街98号。

【人口总况】 2017年，全区总户数127530户，总人口33万人。其中，城镇人口12.29万人，占37.24%；农业人口20.71人，占62.76%。男性人口16.53万人，女性人口16.47万人。全年，出生人口3951人，人口出生率12.2‰；死亡人口2610人，死亡率8.06‰，自然增长率为4.14‰。

【区位优势】 彭山区是省对外开放的重点区（县），区位优势十分独特，有眉山北大门、桥头堡和成都后花园之称。紧邻成都市，距成都市中心45公里、眉山市中心18公里。距双流国际机场30公里，处于成都平原经济圈核心层。成（都）乐（山）、成（都）雅（安）两条高速公路在彭山交汇，省道103线、成昆铁路和成一绵一乐城际轻轨纵贯全境。

国民经济和社会发展

【综述】 2017年，彭山区牢牢把握稳中求进的总基调和推动高品质发展的根本要求，深入推进供给侧结构性改革和项目年各项工作，全区经济运行呈现总体平稳、稳中放缓发展态势。全区实现地区生产总值（GDP）149.24亿元，按可比价计算，比上年增长5.8%。其中，第一产业增加值实现14.21亿元，增长

4.0%；第二产业增加值实现78.14亿元，增长3.8%；第三产业增加值实现56.89亿元，增长9.6%。三种产业对经济增长的贡献率分别为6.8%、37.3%、55.9%，分别拉动经济增长0.4，2.2，3.2个百分点。三次产业结构由2016年的10.2:52.6:37.2优化为9.5:52.4:38.1。人均地区生产总值46697元，增长5.4%。

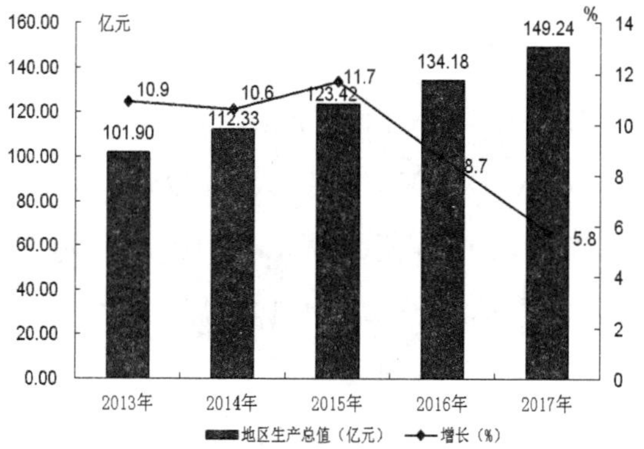

图1 2013—2017年彭山区地区生产总值（GDP）及其增长速度

全年非公有制经济增加值85.50亿元，按可比价格计算比上年增长6.0%，占地区生产总值（GDP）比重为57.3%，对经济增长的贡献率为62.0%，拉动经济增长3.6个百分点。其中第一产业增加值8.34亿元，增长4.0%；第二产业增加值48.26亿元，增长4.9%；第三产业增加值28.90亿元，增长8.7%。

【农业】 彭山区全年农林牧渔业总产值25.28亿元，现价比上年增长2.9%；农林牧渔业增加值14.58亿元，按可比价计算增长4.0%。全年种植业增加值6.00亿元，比上年（下同）增长5.2%。农作物总播种面积36245公顷，其中：粮食作物24205公顷、油料作物4503公顷、药材2291公顷、蔬菜3461公顷。全年粮食总产量153157吨，比上年增长0.2%；油料产量10589吨，增长1.1%；蔬菜产量53915吨，增长2.7%；水果产量61629吨，增长6.5%。畜牧业增加值6.17亿元，增长2.3%。全年出栏肉猪35.51万头，增长0.6%；出栏牛2655头，下降26%；出栏羊4.73万只，增长0.5%；出栏家禽337.0万只，下降1.8%。肉类总产量38519吨，增长0.4%。其中：猪肉25115吨，牛肉357吨，羊肉637吨，禽肉5199吨。全区禽蛋产量5457吨，牛奶7399吨。林业增加值0.41亿元，增长4.5%。年末森林面积17165公顷，森林覆盖率达到36.8%。渔业增加值1.62亿元，增长6.3%；水产品养殖面积1255公顷，水产品产量16720吨。

【工业和建筑业】 彭山区全年实现工业增加值66.84亿元，增长4.0%，对经济增长的贡献率为33.5%，拉动经济增长1.9个百分点。全区工业性固定资产投资达到72.18亿元，下降14.2%。

全年规模以上工业企业总数109户，比上年增加3户。全年规模以上工业增加值增长1.0%。

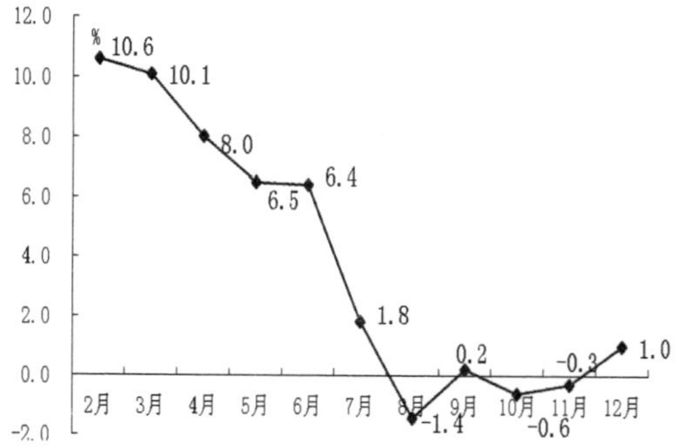

图2 2017年彭山区规模以上工业增加值增长速度（累计同比）

2017 年彭山区规模以上工业主要产品产量一览表

表 1

产品名称	单　位	2017 年	比上年增长 %
合成洗涤剂	万吨	19.09	11.2
塑料制品	万吨	1.66	-0.8
饮料酒	千升	1167.00	-2.6
涂　料	万吨	20.70	0.4
化学纤维	万吨	9.18	-3.7
饲　料	万吨	145.01	31.3
家　具	万件	43.13	46.7
水　泥	万吨	112.31	-4.0
铝　材	万吨	3.24	5.7
精制食用植物油	万吨	9.87	63.6
元明粉	万吨	81.47	20.6
纸质品	万吨	2.07	-9.3
自来水	万立方米	1016.00	14.0
速冻食品	万吨	6.97	2.5

在统计的 23 种工业产品中，有 12 种产品产量增长，增长面为 52.2%。规模以上工业企业产销率为 98.8%。全区 109 户规模以上工业企业实现主营业务收入 301.94 亿元，增长 1.5%；实现利润 14.06 亿元，增长 7.0%。

全年建安工程投资完成 205.34 亿元，建筑业年增加值 11.30 亿元，增长 2.9%。全区具有资质总承包的建筑企业 12 个，建筑业企业房屋建筑施工面积 270.19 万平方米，增长 9.0%；房屋建筑竣工面积 164.75 万平方米，增长 17.8%，其中住宅竣工面积 93.49 万平方米，增长 11.1%。全年房地产开发投资 24.84 亿元，下降 4.1%。商品房销售面积 69.51 万平方米，增长 1.3%；销售额 48.84 亿元，增长 29.3%。

【固定资产投资】 彭山区全年全社会固定资产投资 230.10 亿元，增长 1.2%。其中：基本建设投资 157.68 亿元，增长 5.5%；房地产开发投资 24.84 亿元，下降 4.1%；更新改造投资 44.78 亿元，下降 5.1%。从产业上看，第一产业投资 6.39 亿元，比上年下降 13.6%；第二产业投资 72.35 亿元，下降 14.3%；第三产业投资 151.36 亿元，增长 11.7%。第一、

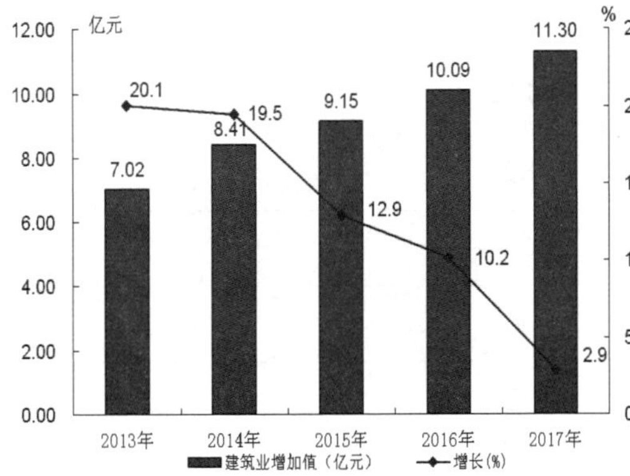

图 3 2013—2017 年彭山区建筑业增加值及其增长速度

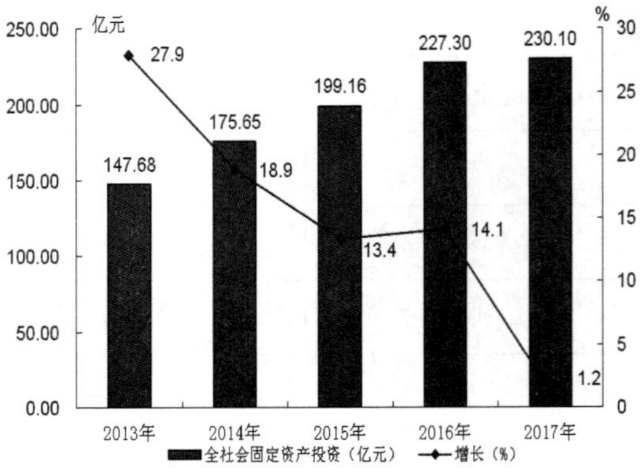

图 4 2013—2017 年彭山区全社会固定资产投资及其增长速度

二、三产业投资占全社会投资的比重分别为 2.8%、31.4% 和 65.8%。

【国内贸易、对外经济】 全年全区社会消费品零售总额 53.93 亿元，增长 11.5%。其中批发业 5.76 亿元，增长 11.9%；零售业 41.09 亿元，增长 11.4%；住宿业 0.60 亿元，增长 15.9%；餐饮业 6.49 亿元，增长 11.1%。从销售单位所在地看，城镇实现零售额 30.84 亿元，增长 11.4%；乡村实现零售额 23.09 亿元，增长 11.5%。

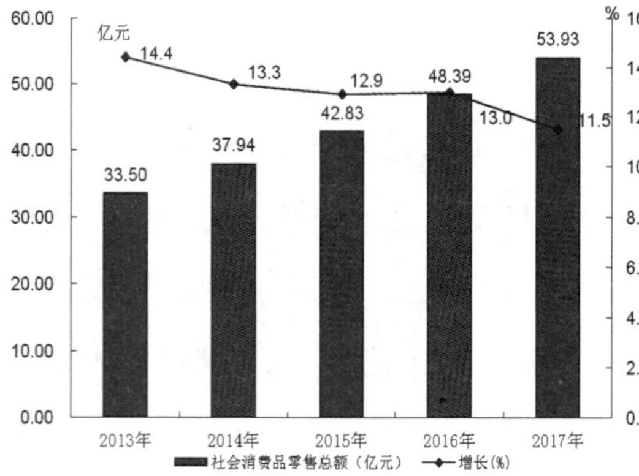

图 5 2013—2017 年彭山区社会消费品零售总额及其增长速度

全年外贸进出口总额 6000 万美元。其中：出口 3200 万美元，进口 2800 万美元。全年实际利用外资 6180 万美元，全区招商引资到位资金 179.46 亿元。

【交通、邮电和旅游】 全区境内公路里程 580.6 千米，其中，等级公路 372.3 千米、高速公路 42.2 千米。全社会客运量 930.75 万人次，下降 51.4%；全社会旅客周转量 9046.59 万人／千米，下降 66.6%。全社会货运量 379.05 万吨，增长 13.8%；全社会货运周转量 29437.45 万吨／千米，增长 20.2%。

全年邮电主营业务收入 2.39 亿元，增长 7.3%。全区固定电话用户 5.87 万户，增长 2.0%；移动电话用户 36.89 万户，增长 20.6%；宽带用户数达到 12.26 万户，增长 10.2%。

全年共接待游客 624.73 万人次，年增长 11.1%；旅游收入达到 49.98 亿元，增长 13.5%。

【财政、金融和保险】 彭山区全年实现地方财政收入 34. 24 亿元，增长 12. 2%；地方一般公共预算收入 15. 68 亿元，同口径增长 5. 3%，其中税收收入 8. 44 亿元，下降 7. 6%；地方一般公共预算支出 25. 40 亿元，下降 3. 7%。

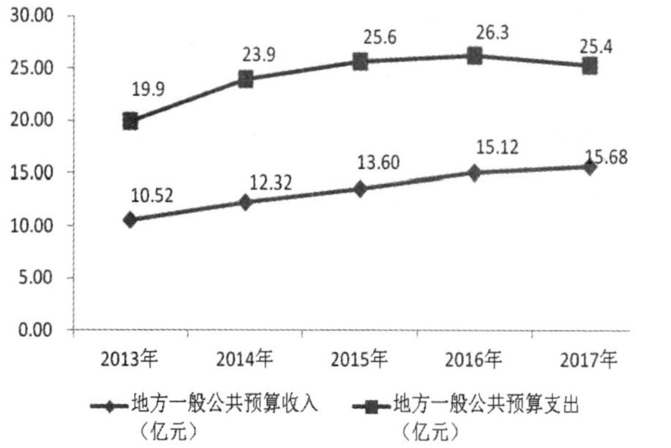

图 6 2013—2017 年彭山区地方一般公共预算收入及支出

年末全区金融机构各项存款余额 214. 57 亿元，比年初增加 23. 17 亿元，增长 12. 1%。其中住户储蓄存款余额 145. 96 亿元，比年初增加 10. 06 亿元，增长 7. 4%；金融机构各项贷款余额 98. 79 亿元，比年初增加 11. 66 亿元，增长 13. 4%。

全年财产险保费收入 8504 万元，比上年增长 5. 0%；人寿险保费收入 1. 69 亿元，增长 27. 5%。全年财产险赔付及给付金额 3938 万元，人寿险赔付及给付金额 1. 07 亿元。

【科技、教育、文化、体育、卫生和广播电视】

彭山区全年申请专利 425 件，其中专利授权 77 件；全区各类专业技术人员 9281 人，其中农业技术人员 373 人。全年举办科技培训 125 次，培训人员 2200 人次。区财政投入科学技术支出 635 万元。

全年财政投入教育支出 2. 7 亿元。全区共有小学 15 所，专任教师 883 人，在校学生 13659 人；普通中学 16 所，专任教师 840 人，在校学生 9348 人。全区学龄儿童入学率 100%，初中毕业生升学率 95. 4%，高中升学率 91. 5%，高考本科上线率 42%。

全区拥有文化馆 1 个，文化站 13 个，公共图书馆 1 个，博物馆 1 个，青少年宫 1 个，体育馆 37 个，电视台 1 个。公共图书馆图书总藏量 4.3 万册。

全年财政投入医疗卫生支出 4. 34 亿元。全区共有医疗卫生机构数 257 个，共有技术人员 1666 人，其中执业（助理）医师 827 人。实有床位数 1610 张。全区 5 岁以下儿童死亡率 3. 24‰，新生婴儿死亡率 1. 35‰，产妇住院分娩率 100%。

【人民生活、就业和社会保障】 全区户籍总户数 12. 75 万户，户籍总人口 33 万人。常住人口 32. 01 万人，其中：城镇人口 17. 12 万人，城镇化率 53. 49%，比上年提高 1. 35 个百分点。

全年城镇居民人均可支配收入 31939 元，增长 8. 8%。其中：工资性收入 18081 元，下降 2. 4%；家庭经营现金收入 7321 元，增长 25. 5%；财产性收入 1743 元，增长 17. 7%；转移性收入 4794 元，增长 36. 2%。人均消费性支出 20242 元。其中：居住支出 3515 元，生活用品及服务支出 1398 元，交通和通讯支出 2897 元。城镇居民恩格尔系数 38. 2%。

全年农村居民人均可支配收入 16848 元，比上年增长 9. 4%。其中：工资性收入 7977 元，增长 10. 8%；家庭经营现金收入 5966 元，增长 5. 5%；转移性收入 2375 元，增长 12. 8%；

财产性纯收入530元，增长19.1%。农村居民人均生活消费支出13482元。其中：居住消费支出2109元，生活用品及服务支出833元，交通和通信支出2252元，医疗保健消费支出770元。农村居民恩格尔系数40%。

全年参加城乡居民社会养老保险人数127900人，参加城镇职工基本养老保险人数111328人，参加基本医疗保险人数294260人，参加失业保险人数19063人，参加工伤保险人数23817人，参加生育保险人数22962人。全年城镇新增就业4457人，城镇登记失业人数2451人，失业率控制在4.3%以内。

全区有各种社会养老机构18所。城镇居民最低生活保障人数1626人，农村居民最低生活保障人数6162人，农村五保供养对象1242人。

中国共产党眉山市彭山区委员会

The Pengshan district committee of Meishan municipality, the communist party of China

重要会议

【中共彭山区委第二届代表大会第二次会议】

2017年2月9日—10日，中国共产党眉山市彭山区第二届代表大会第二次会议在区委会议中心召开。大会听取区委书记梁磊代表中共眉山市彭山区第二届委员会向大会作的题为《解放思想 改革创新 奋力建设天府新区增长极》工作报告。会议审议通过《关于中共眉山市彭山区第二届委员会工作报告的决议》和《关于中共眉山市彭山区第二届纪律检查委员会工作报告的决议》。大会指出：2017年要继续坚持“党建统领，解放思想，改革创新，品质发展”，坚持两个方向，坚守三大铁律，抢抓四大机遇，推进“四城”建设，奋力建设天府新区增长极。要集中力量抓好思想解放、党建融合、发展提速、生态改善、民生进步、社会和谐等十大关键任务，推进全区各项事业全面进步。第一次大会由区委副书记、区长罗万东主持。第二次大会由区委书记梁磊主持。

【区委常委会议】 2017年，中共彭山区委召开区委常委会会议22次，组织传达学习了中共中央政治局会议、中共四川省委十一届二次全会和《中共四川省委关于全面深入贯彻落实党的十九大精神，推动治蜀兴川再上新台阶加快建设美丽繁荣和谐四川的决定》《中华人民共和国环境影响评价法》、全市安全生产和信访维稳工作会、习近平总书记在金砖国家工商论坛开幕式和金砖国家领导人厦门会晤大范围会议上的讲话等精神；审议了《眉山市彭山区党政服务热线运行管理办法》《关于抽调科级后备干部参与巡察工作暂行办法（审议稿）》《关于推进“两学一做”学习教育常态化制度化的实施方案（审议稿）》《加强农村基层组织建设着力整治“村霸”问题工作方案（审议稿）》《区委工作运行规则（审议稿）》《关于健全和落实人大讨论决定重大事项制度、政府重大决策出台前向本级人大报告的实施意见》《关于完善审计工作和审计查出突出问题整改情况向区人大常委会报告机制的意见》等共206个议题。

区委办公室工作

【办文办会工作】 2017年，中共眉山市彭山区委办公室（以下简称“区委办”）严格办文程序，严把政策、法规、质量、文字四道关口，扎实执行“公文无差错”标准，确保文件制发准确、程序规范、发送及时、流向清楚、无遗漏和积压现象。完善会务工作流程，精心组织，合理安排，保证会务“不拖延、不遗漏”。全年，区委及区委办公室共计发文315件。先后参与筹备区党代会、政协会、人代会、全区经济工作会和中心组学习会等68个大型会议，完成了中央、省、市领导到彭山的会务筹备工作，会务保障实现零差错。

【信息调研】 2017年，区委办起草各类较为重要的会议材料、领导讲话、汇报材料等80余份；上报各类信息600余条，眉山市市委办采用、转报100余条，完成市下达目标任务的300%。全年共编发《彭山信息》24期。

【常委办工作】 2017年，区委常委办全力做好重要会议服务。高质量筹备并承办区委常委会、区委全会和区委重大工作统筹会等各类重要会议100余个，全程提供周密细致的会务保障，确保会议顺利进行。做好文书材料办理。及时整理区委常委会、全会、重大工作统筹会会议纪要，全年编发各类纪要49期。严格落实区委运行规则。及时传达区委常委会的工作思路、战略部署和工作要求，加强对区委领导的协调与服务，有力推动全区各项工作的顺利开展。

【督察工作】 2017年，区委办开展重点工作、重点项目、环保工作等督察50余次，印发督察通报18期，向区委主要领导报送督察专报20余期，确保市、区重大决策部署得到及时贯彻落实。

【目标管理】 2017年，区委办开展新常态下科学目标管理、项目进程管理的课题研究，完善目标考核体系，继续推行“基础目标+重点目标”考核机制。探索新型目标考核管理，持续完善全区目标绩效管理办法，将党建主体责任制落实情况纳入考核，与发展业务目标任务考核实行“双百分制”同比重考核，将“一手抓党建、一手抓发展，党建引领发展”的思路同目标考核同安排、同部署。

【机要保密】 2017年，区委办按照保密工作要求，对机要、保密工作定人定岗，明确职责，实现机要、保密渠道安全畅通。切实履行领导干部保密工作责任制，要求对秘密文件严格实行单独登记，限定传阅范围。年内，区委办所收到的涉密文件，均按规定进行处理，确保涉密文件在传递、使用过程中的安全，未出现失、泄密问题。

【依法治区】 2017年，区委办深入贯彻全面依法治国战略，依据四川省委“治蜀兴川重在厉行法治”和眉山市委坚持依法治市战略，按照深化法治眉山建设的决策部署，围绕全区改革发展稳定大局，深入推进依法执政、依法行政、公正司法、全民学法、社会法治“五大领域”工作，全区社会稳定、经济发展、人民幸福。区司法局荣获“全国司法行政系统先进集体”称号。打造了黄丰镇团结村法治特色村、观音镇观音村法治文化长廊、凤鸣街道菱角村法治村委会、牧马镇莲花村法治文化墙等亮点阵地。

【重点项目】 区委办按照2017年全区重点项目建设要求，切实履行责任，牵头组织实施成乐高速公路扩容彭山段项目建设，积极协调解决项目建设过程中出现的问题，完成项目的规划设计、征地拆迁、进场施工等工作。

【接待工作】 2017年，区委办严格按照“节约、安全、有效”总原则，修订《公务接待流程细则》，组织开展政务接待礼仪培训，提高接待工作人员的素质，进一步优化接待环境和设施，不断提高接待工作服务效率。协助打造乡镇食堂接待点位，为乡镇食堂接待点位统一购置寿乡主题餐具。严格根据公务接待流程细则》接待，完成各级领导和外市、县到彭山考察调研等公务接待工作，树立了高效、务实、节俭的良好形象。全年，共接待客人140批6228人次（含区人代会、党代会、政协会）。

（秦昊杰）

组　织

【思想政治建设】 2017年，彭山区全面完成领导班子运行分析、干部全覆盖谈心谈话工作，区级领导谈心谈话600余人次，各单位分层谈心谈话3000余人次，帮助解决问题160个。严格落实《市县党委工作运行规则》《乡镇党委运行规则》《党组工作条例》《党的机关工作条例》等，各级领导班子议事规则和决策程序进一步规范。出台《关于旗帜鲜明讲政治进一步加强领导班子思想政治建设的实施意见》《关于进一步严肃党内政治生活巩固良好政治生态的实施意见》《关于在推进绿色生态发展中强化领导班子思想政治和干部队伍建设的实施意见》等制度性文件，《眉山市彭山区将生态发展融入领导班子思想政治建设》信息被中组部、四川省委组织部采用。

【“两学一做”学习教育】 2017年，彭山区领导班子建设以强化党的领导、锤炼党员干部党性、规范基层党组织组织生活、履行共产党员基本义务4个问题为导向，差异化建立“两学一做”学习教育40条任务清单，让基层学不盲目、做有标准、改有方向。广泛宣传学习李保国、廖俊波、黄大年等全国“两学一做”先进典型，开展“撸起袖子加油干，齐心协力谱新篇”为主题的建党96周年系列活动，评选表扬“三严三实”好干部、优秀党员和党务工作者等100人。

【基层党建】 2017年，彭山区持续完善以党组织为核心的基层治理体系。以强化功能为根本、以发挥作用为关键，建立基层党组织可遵照执行、上级党组织可考核监督的标准体系，全面提升基层党建制度化、规范化、科学化水平。区分产业园区、乡镇（街道）、村、社区、机关、中小学校、国有企业、非公企业、社会组织9个类别，突出落实基本责任、健全基本组织、建强基本队伍、坚持基本制度、开展基本活动、提升基本服务、强化基本保障7大任务，形成“七个基本”任务清单658条，推动基层党组织照单作业、对标自查，查缺补漏、完善提升。建立月报告、季督察和随机抽查、暗访通报机制，严格考核评议、问责问效，经验做法在全市基层党建工作推进会上作经验交流发言。推行村级班子“双百分”制绩效考核工作做法，被省委组织部《组工信息》主条采用。实施“智慧党建”提升基层组织服务水平。主动适应互联网发展新趋势、新变化，大力推进党建工作现代化、信息化、智慧化建设，投入100万余元在乡村两级全覆盖建立党群互联服务平台，开设“十大板块”，提供政策宣传、民意收集、服务查询、监督举报四大服务功能，将党务政务服务搬上互联网、接上手机端，畅通联系服务群众“最后一公里”，观音镇作为唯一乡镇在全市基层党建工作推进会上作经验交流发言。探索研发“彭山党员e家”党建APP，将支部建到网上、党员连到线上，力争实现信息实时推送、网上缴纳党费、网上组织生活等功能。

2017年，单独预算2000万大党建工作经费用于重点党建工作项目。投入1600万余元，启动新一轮46个村级阵地达标建设；投入近300万元，大力提高离职村（社区）干部补助标准，人均补贴增长实现翻番。下拨党费37万元开展慰问帮扶，评选“红旗支书”10名。实施村后备干部递进培养计划，通过网格员发现一批、党员人才遴选一批、外出务工经商能人中物色一批等方式，储备村级后备干部266名。加快发展壮大村（社区）集体经济，确定30个村级集体股份制改革试点村，因村施策带头发展集体经济，基本消除集体经济空白村。全区收入在10万元以上的村达23个，占21.3%，有效增强了基层党组织服务硬实力。

【两新党建】 2017年，彭山区持续推进两新组织“两个覆盖”工作，开展摸底清理并完善“五个清”台账，新建非公企业党组织4个、社会组织党组织5个，撤销已破产非公企业党组织1个，全区两新组织党组织覆盖率达86%。推行产业链上建组织，持续推进“红色先锋引领绿色产业”行动，近三年在农民合作社、农业龙头企业和家庭农场中建立党组织69个，引领现代农业发展。全国农村改革试验区“农民合作社、家庭农场等农村基层党建工作”课题顺利接受国家专家组结题验收。探索农村聚居区党建工作，区分单村聚居、多村聚居等形态，推行党组织加业委会、管委会、监委会的“1+3”组织模式，引领基层社会治理。

【干部队伍建设】 2017年，彭山区坚持“忠诚、担当、有为、干净”的好干部标准为导向，建立全区干部人才信息库，实现人员信息专业化“大数据”管理。按照专业配备、人岗相适原则，配齐配强领导班子33个，提拔高学历优秀年轻干部18名，班子功能结构进一步优化。推行党建经济“双百分制”同权考核，出台《党政领导干部生态环境保护实绩考核评分细则》，进一步健全、完善领导干部实绩考核评价管理体系。采取统筹交流、下派、抽调等方式，充实项目工作、重点任务急需的紧缺干部人才28人，为全区中心工作提供有力的干部人才保障。积极争取4名省级机关县处级干部人才到彭山下派挂职，既引进了专业领导干部资源，也引进了大量的项目和资金。大规模开展干部教育培训，先后举办深化农村改革、村（社区）主要负责人、换届后新任科级领导干部、遴选递进培养年轻干部人才等专题培训班，600余人参训；以深化农村“三权”改革、生态环境建设等为主题，举办锦江大讲堂8期，累计2800余人参训，切实提高了换届后各级干部队伍的理想信念和履职能力。遴选42名优秀干部人才作为递进培养对象，连同2016年换届以后新任职的69名科级领导干部，举办了专题培训班，创新采用1月主体培训、1周专题调训、1天临时增训的“1+1+1”套训模式，扩大培训面、增强培训实效，经验做法被光明网等中央级主流媒体转载。

【干部管理监督】 2017年，彭山区制订《教体卫计系统下属单位负责人选拔任用暂行办法》《科级非领导职务干部管理监督考核暂行办法》《中层干部选拔任用工作暂行办法》等制度性文件，加强对重点部门、关键岗位干部的管理监督。创新出台《“庸、懒、散、浮、拖”干部学习培训班管理办法》，着力根治“庸、懒、散、浮、拖”突出问题，经验做法被《中国组织人事报》、四川省委组织部《组工信息》采用。全面推行“日考勤、周记实、月晒账、季考评”公务员平时考核工作，有效推动干部履职尽责。探索干部正向激励机制，建立关心爱护脱贫攻坚一线干部政策机制，从培养使用、待遇保障、表扬奖励等方面关心关爱脱贫攻坚一线干部。提拔急难险重岗位基层一线干部60人，提拔女干部14人、非党干部4人。发挥好非领导职务晋升、职务职级并行的正向激励作用，73名干部晋升非领导职务，28名干部晋升职级。

【人才工作】 2017年，彭山区区委常委会将人才工作纳入全区大党建目标考核和区级重点任务，定期听取人才工作汇报，定期开展督察督办。加强人才工作宏观统筹，调整升级人才工作领导小组成员及分工，由区委书记、区长任组长，常务副区长、组织部部长任副组长，并明确36个成员单位职责分工。牵头出台《关于深化人才发展体制机制改革进一步加强人才工作的实施意见》，并着手研究《“寿乡人才引育计划”暂行办法》《“寿乡人才安居工程”实施细则》《事业单位高层次人才考核办法》等一系列有利于引才聚才用才留才的政策，推进人才改革落实落地。认真贯彻落实全省人才工作会议精神，坚持不拘一格、按需引进的原则，创新常年挂网引才模式，全年引进国土、规划、环保、交通等重点领域硕士研究生21人，引进数量是2016年的2倍，有效破解了专业人才缺乏难题。坚持招商引资与招才引智并举，围绕彭山主导产业发展，精确瞄准高端创新创业人才，成功引进国家“千人计划”人才3人、国家“百人计划”人才1人、博士5人，培育创新创业人才300余名，实现眉山市国家“千人计划”人才、“百人计划”人才引进的“零突破”，产业领域人才突破400人。提升人才激励保障水平，牢固树立“服务留才”意识，建立区级领导联系专家人才、重要节点走访慰问优秀人才、分季度开展人才主题服务活动等制度，帮助人才解决住房落户、配偶就业、子女入学等困难问题，着力提升人才服务水平。加大人才典型宣传力度，冉淋源、范珂铭、杨志明等一大批优秀人才的事迹备受关注，营造人人渴望成才、人人尽展其才、人人皆可成才的浓厚氛围。开展“寿乡才俊”评选活动，10名优秀人才脱颖而出。坚持突出市场主体，注重创新创业人才激励，为320名各类人才发放安家补助、生活补贴、创业担保贷款等共计665.68万元，引进和激发全社会创新创业创造活力。

【离退休干部管理】 2017年，彭山区持续巩固学习活动阵地建设，搭建《晚情》文字专刊、《光与影》摄影专刊、彭山老干部网、红歌组4个文化养老平台，刊登离退休干部作品200余篇，开展老干部兴趣小组活动76次，参与人数4200余人次。组织开展"寿乡夕阳红、传播正能量"系列主题活动，举办"喜迎十九大、永远跟党走"文艺展演、"看神州大发展、话彭山新变化"征文、"最美老干部"评选等活动。退休干部何图琴和宣文蔚夫妇捐款1万元助力脱贫攻坚，《四川日报》、《眉山日报》、四川新闻网等多家媒体广泛报道宣传。

（袁杰科）

巡察工作

【机构设置】 2016年12月，根据《中共眉山市彭山区委机构编制委员会关于设立区委巡察组的通知》（眉彭编发〔2016〕82号，同意设立中共眉山市彭山区委巡察组3个，各组设组长1名（正科级），副组长1名（副科级）；根据《中共眉山市彭山区委机构编制委员会关于设立区委巡察办的通知》（眉彭编发〔2016〕81号），同意设立中共眉山市彭山区委巡察工作领导小组办公室（以下简称"区委巡察办"），是区委巡察工作领导小组的日常办事机构，为区委工作部门，设在区纪委。核定行政编制4名，其中：主任1名（正科级）、副主任1名（副科级）、中层职数2名。

【巡察工作规划】 2017年，区委常委会、区委巡察工作领导小组会先后6次研究巡察工作，制订《2017年度巡察工作计划》《二届区委第一、第二轮、第三轮巡察工作方案》二届区委巡察工作规划（2017年—2021年）》，为全面从严治党巡察提供遵循。区委每轮巡察均由纪委书记、区委常委、巡察工作领导小组第一副组长亲自动员部署，区委常委、组织部部长、巡察工作领导小组副组长主持。巡察过程中，至少召开一次专题汇报研讨会；巡察结束后区委书记亲自主持召开领导小组会，区委常委会听取专题汇报。彭山区委巡察办是全市唯一的省委巡察工作联系点。

【巡察制度】 2017年，彭山区建立巡察工作函询清单制。由区委巡察办根据被巡察对象、巡察内容等建立函询清单，协作单位按照清单的内容对被巡察单位问题线索认真梳理，提出巡察关注重点建议形成回函，让巡察组清楚巡察的重点和关键。区委巡察办与区纪委监察局、组织部、政法委、群工部（信访局）、检察院、法院、公安局、审计局、财政局、党务政务服务中心10个单位，建立巡察"1+10"协作机制，加强部门间深度合作，细化问题提供、深度参与、事实认定、督察整改等巡察联动协作工作程序，确保巡察工作科学、高效开展。建立巡察工作责任追究制。明确巡察办、组、协作单位、被巡察单位的职责及未履职的责任追究细则，形成各司其职，凝聚合力做好巡察工作局面。坚持巡察监督无盲区、坚持巡察监督分级负责制、坚持抓"关键少数"。制定任期内对全区95个单位全覆盖巡察规划，按照党组织归属进行挂靠分级巡察，先巡任职时间久、群众反映问题多、与群众切身利益关系密切的部门，重点抓住领导班子和单位负责人，将监督的触角延伸到每个角落，以震慑关键少数触动大多数“紧”起来。出台《被巡察单位配合区委巡察工作暂行规定（试行）》，明确被巡察单位的责任，对对抗巡察的将给予严肃追责。在首轮巡察中对一起对抗巡察的典型案例实施纪律处分并通报全区。

【巡察宣传】 2017年，区委巡察机构通过“三抓三克服”破除“外冷内热”。即：抓宣传，克服自娱自乐，激发群众参与热情；抓诉求，克服坐等上门，搭建群众参与平台；抓快移，克服下“软蛋”，切实赢得群众信任。区“三举措”开好动员会，奠定巡察良好开端。即：把好汇报、动员、表态三个重点，扫除障碍，统一思想；定好参会对象、延伸动员对象、宣传对象“三类”对象范围，纵深宣传，发动到位；巡察组、被巡察单位、派驻纪检机构严守政治纪律，落实责任，保障巡察。区委巡察办加强总结提炼和对上沟通协调，全年累计上报巡察工作信息18篇，有5篇被《中国纪检监察报》《廉政瞭望》《四川省委巡视参考》采用。

【巡察队伍建设】 2017年，区委巡察组建立“巡察+”模式，整合资源建好三支队伍。“巡察+派驻监督”模式：彭山区在纪委实行综合派驻纪检组的基础上，建立“巡驻结合”工作机制，将纪检组长参与巡察工作纳入其年终目标考核，明确巡前应将派驻单位在监督执纪问责等方面的情况全面、如实、准确地向巡察组反映；巡中加强协作配合，参与个别谈话、查阅资料、了解核实问题线索、调查取证及督促立巡立改等工作；巡后督促所驻单位真整改，并纳入以后日常监督内容，打造了一支巡察常驻队伍。“巡察+干部培养”模式：出台《拟提拔后备干部参与巡察的暂行办法》，要求全区所有拟提拔的正、副科级后备干部必须至少参与一次巡察工作，既提升巡察能力水平，又实现干部人才培养与巡察工作的有机融合，锻造一支巡察拔尖队伍。“巡察+人才参与”模式：分类建立“专业人才”库，明确标准，归口推荐纪检监察、党政综合、经济金融、城建规划、社会治理等专业人员并经区委巡察机构与区委组织部、区纪委综合考察后入库，全区组建了巡察专业“人才库”5大类143人，建立了一支巡察特种队伍。

【机制创新】 2017年，彭山区委巡察组建立谈心谈话制：对巡察人员进行谈心、谈话，要求做到公道正派，严守纪律。学习交流制：通过培训、自学、交流、研讨等方式，以实战培训会、两周学习交流会、每日组务会、党小组会为载体，学习巡察知识，交流体会，边巡边总结，有力推进巡察工作开展。“传帮带”制：将上轮巡察“骨干”留下来，带下一轮巡察人员，充分发挥“老带新”传帮带作用，让新兵在实战中分享老兵的成果，尽快成长进入角色，不断提升发现问题的能力。管理考核机制：制定《中共眉山市彭山区委巡察机构抽调巡察干部管理办法》，成立临时党小组，在制度和学习上加强抽调人员管理；区委巡察办对抽调人员进行跟踪管理，定期不定期深入巡察一线，采取听、查、看、访等方式，从日常出勤、纪律执行、巡察工作情况等方面进行全面检查，检查情况作为抽调人员考核重要内容。

【巡察工作】 2017年，全区开展三轮12个单位的巡察，重点巡察关系民生的农业、畜牧、水务、民政、环保等部门，一、二轮共发现问题117个，已整改116个。向区纪委移送问题线索44条，立案32件32人，移送司法4人，逐步形成彭山良好政治生态环境。两轮巡察共向区委、区政府及相关部门提出建议12条，区委、区政府根据巡察建议，出台《关于印发〈眉山市彭山区涉农惠民工程项目监管办法（试行）〉等四个涉农文件的通知》明确涉农惠民工程项目监管办法、涉农惠民补助项目监管办法、涉农惠民项目监管办法等，进一步完善彭山区涉农项目的监管；区委组织部结合实际制定《关于印发〈眉山市彭山区乡镇（街道）、区级部门中层干部选拔任用工作暂行办法〉的通知》（眉彭组通〔2017〕47号），规范单位中层干部选拔程序；财政局出台《报账手册》，规范采购标准和报账程序等；区纪委与区委组织部开展涉及党建、纪检监察、扶贫、政法、涉农惠民专项治理等活动4次，有力推动了改革创新。通过巡察发现问题及时整治促进整合，建立、健全单位管理制度39项。

（易 瑜）

宣 传

【理论武装】 2017年，彭山区委宣传部研究并制发《关于全区党委（党组）中心组2017年度理论学习安排意见》，全年组织开展会前学习31次、集中学习8次，区级领导200余人次参加了学习交流。为党委（党组）中心组成员购置《全面从严治党面对面》《开启共享经济时代》《资治通鉴》《追问》《人民的名义》等学习书籍9000余册，发放《习近平谈治国理政（第二卷）》3118册，统一制发学习笔记本300本，编印《调研文章汇编》《省第十一次党代会精神宣讲资料》《党的十九大心得体会》等学习资料6本，并将2017年理论学习资料分为综合类、成果类、学习类装订成册。先后邀请四川大学教授梁川、博鳌论坛秘书长周文重、四川省委党校副教授马锦燕、都江堰市委党校邓蓉等专家、学者进行专题辅导。党委（党组）中心组成员带头搞调研，每位区级领导负责1个重点课题研究，围绕工业农业经济、新型社会管理、党风廉政建设等工作撰写心得体会、专题调研、理论文章200余篇，30余篇文章在中央、省、市报刊杂志上发表。全区各级党委（党组）中心组将省第十一次党代会精神和党的十九大精神作为重点内容，扎实组织开展专题学习，共撰写心得体会、理论文章等300余篇，其中20余篇文章在中央、省、市报刊杂志上发表。组建区委宣讲团，成立宣讲小分队，围绕学习习近平总书记系列重要讲话、学习贯彻党的十九大精神等内容、落实省第十一次党代会精神，深入乡镇（街道）、机关、村（社区）、学校、企业、部队等开展理论宣讲400余场次。同时，充分利用“微彭山”微信公众号、QQ群等形式开展群众性“微宣讲”1000余场次，实现机关、乡镇、园区、村社、学校、医院、企业全覆盖，受益群众34万余人次。

【新闻外宣】 2017年，区委宣传部共有

1742篇外宣稿件在各级各类媒体刊载（播），中央级媒体发稿206篇，省级媒体发稿638篇。其中，先后组织江口沉银考古发掘新闻通报会3次，吸引《人民日报》、新华社等100余家主流媒体关注，相关报道先后登陆央视《新闻联播》《新闻直播间》《朝闻天下》《晚间新闻》《国内焦点》和《人民日报》、新华社、人民网、《四川日报》等主流媒体，阅读量突破1000万余人次，"江口沉银"成为全国热词。国内外权威刊物《中国国家地理》用26页篇幅，刊发江口沉银专题报道；央视制作《江口沉银大揭秘》《大西沉浮》2部江口沉银系列专题片；《岷江之口》专题片拍摄顺利推进。先后在北京大学、复旦大学组织江口沉银考古成果高校巡回展，引起极大关注与反响。百度搜索"江口沉银"关键词，相关结果近400万个。围绕学习贯彻党的十九大精神、省第十一次党代会、环境保护、脱贫攻坚、建区设市20周年等宣传重点，精心组织10余个主题宣传策划，整合运用《彭山报》、"微彭山"微信、微博、政府门户网站、户外广告等宣传平台协同发声，综合采取视频动漫、专题专栏、专题访谈等方式，及时准确传递正面主流声音。"微彭山"微信每月坚持策划出10～12个选题，累计发布文章217篇，《彭山这下要在全国出名了，因为……》阅读量突破10万人次，在四川省区县政务微信单篇阅读数中排名第二。整合全区政务微信资源，对"微彭山"进行改版升级，彭山手机快讯面向全区18万名用户发送热点咨询22期，获得普遍点赞。组织"宣传彭山好新闻"评选，有效激发新闻工作者热情。落实24小时舆情监看机制，及时有效处置"恒大住房建造结构不合理"等涉及彭山的舆情。制发《网络舆情应急处置问责制度》《网络安全事件应急预案》《进一步加强网评队伍建设意见》，构建覆盖区级部门、乡镇街道、村（社区）的三级舆情监看体系。层层压紧压实舆情管控工作责任，畅通舆情信息报送和发布渠道，建立"日常周五报、重大节点每日报、重大事件立即报"工作机制。进一步建立、完善新闻发布制度，指导全区乡镇、街道和重点部门设立新闻发言人，组织新闻发言人、网评员、通讯员和新媒体运营及舆情应对专题培训，有效提升新闻干部队伍工作水平，新闻发布更加规范。

【公共文化服务建设】 2017年，彭山区顺利实施江口沉银遗址水下考古发掘一期工程，出水文物3万余件。组织高层次江口沉银学术研讨3次，形成张献忠沉银博物馆建设和江口沉银文化研究建设性意见。出台《关于进一步加强文物工作的实施意见》，明确相关单位关于文物保护的法定职责。3处遗址成功申报省级文物保护单位。全市文物保护工作现场会在彭山召开。北外街历史文化街区整治推进有力，分片区开展房屋产权测量认定，模拟征收补偿方案正在收集整理群众意见、建议。江口汉崖墓保护利用设施建设项目规划方案进入招标程序；九龙山隧道建设涉及江口崖墓群文物保护方案获国家文物局批复；完成张纲墓保护整治方案。盘桓小筑民宿客栈完成主体施工，马林村精品乡村酒店及民宿客栈外立面装修基本完成。完成凤鸣街道机关、彭溪街道毛店村、保胜场社区等8个文化院坝建设。

【群众文化活动】 2017年，彭山区精心组织了首届樱花节、眉山农业嘉年华系列活动、第八届观音葡萄节、第八届黄丰橘花节等旅游节庆活动；隆重举办了“银猴献瑞 金鸡迎春”民间灯舞大赛、“庆七一 撸起袖子加油干”歌咏比赛、“全民阅读 书香彭山”演讲比赛、“五四”文艺晚会等全区性重大文化活动9次；首次开展对外音乐交流2次；组织寿乡艺术团开展“喜迎十九大 不忘初心跟党走”“关爱老年人 传承好家风”等文化惠民演出24场次，极大丰富了城乡居民文化生活。文化旅游市场专项整治扎实开展，全民阅读活动持续深化，基层文化阵地管理更加规范，文化惠民扶贫深入推进，公共文化服务效能不断提升。年内，建成省级“扫黄打非”网格化管理示范点2个。

【文艺社科】 2017年，彭山区以学术研究为支撑，完成《长寿文化与忠孝文化融合发展关系》等价值性课题研究，《以产业推动彭山融入成都发展思路研究》等2篇社科研究课题分获第七届成都经济建设与发展学术交流论文二、三等奖，是眉山市区县唯一获奖课题。完成《江口古场镇文史》《武阳茶肆考据》资料编撰。组织召开彭山文艺工作座谈会，出版了以彭山十大著名风景为主题的有较高史料与文艺价值的文学摄影作品集《彭山胜境》，组织“多彩彭山·庆七一”书画摄影展、“辉煌二十载 喜迎十九大”征文等文艺活动，开展第二届“彭祖文艺奖”评选。推送150余件文学艺术作品在国家、省、市级刊物上或展览中发表、入展、获奖。抢抓江口沉银考古发掘这一重大机遇，组织城市营销系列活动，开展文创产品设计。

【道德建设】 2017年，彭山区鹏利小学核心价值观培育经验登上中宣部干部讲堂，并在全省作经验交流。选取人流量大、集聚度高的街道、公园（广场）和院落，打造彭山区第四小学等一批核心价值观教育展示基地。统筹推进“十评七进 寻找最美彭山人”活动，选树民星明星、道德楷模、文明家庭、彭山好家规等一批身边先进典型。积极向省、市推荐选树典型，何图琴家庭、王雪梅家庭获四川省文明家庭荣誉称号，何图琴、刘统华、李勇泉3人上榜“四川好人”，吴链、陈玉华等4人荣获“眉山好人”。成功举办“民星汇颁奖典礼”，开展先进人物巡讲活动30余场，撒播崇德向善社会正能量。区检察院成功创建省级文明单位，青龙镇龙都社区成功创建省级文明村镇，14个省级、46个市级、88个区级文明单位（村镇）顺利通过省、市、区级复查；成眉新能源新材料园区管委会等5个单位，凤鸣街道红星社区、彭溪街道大楠村等25个村镇成功创建区级文明单位（村镇）；打造公义镇公义场社区、青龙镇龙都社区等一批“一堂一站一广告”示范点，村村设立“善行义举榜”，培育乡村新风尚。举行“眉山市暨彭山区2017年学雷锋志愿服务”活动启动仪式，彭山区社会治安志愿服务队、抗战老兵志愿服务队荣获眉山市首届十佳志愿服务先进集体荣誉称号。新建凤鸣街道城东社区、彭溪街道蔡山社区全市示范性志愿者服务站2个，积极探索“社区志愿者积分回馈机制”。以“一月一主题”“周周有活动”为主线，广泛开展“新年心愿·青春微力量”等主题志愿服务活动，组织“2017年全国特奥轮滑比赛”志愿服务。完善升级“文明彭山”微信公众号，发布信息

80余期，被《精神文明报》、《四川文明报》、四川法制网、眉山文明网报道20余次。全面建成全市首批未成年人心理成长指导中心并投入使用，组建未成年人心理辅导志愿者服务队，定期开展各类心理辅导活动；组织全区各中小学开展“清明祭英烈”“童心向党”、经典诵读等活动，引导未成年人心向党、跟党走。全区少年宫项目运行经费保障到位。突出“一校一品”建设，扎实开展“乡村少年宫与文明单位结对”活动，实现帮扶资金、物资折合人民币20万余元。推进文明校园创建，彭山一中、彭山二小、鹏利小学、武阳中学成功创建省级文明校园，创建市级“文明校园”2所、区级“文明校园”7所。彭山一小获“四川省未成年人思想道德建设工作先进单位”称号。

【意识形态】 2017年，区委宣传部制发《关于深入贯彻落实党委（党组）意识形态工作责任制切实加强意识形态工作的通知》，进一步压紧压实意识形态工作责任。坚持谁主管谁负责和属地管理原则，将意识形态工作列入大党建日常考核，区委常委会多次研判和分析意识形态领域情况。强化对各类报告会、研讨会、论坛讲座、非法出版物等意识形态阵地的管理，加强对锦江学院、眉州监狱等省、市直属机关的联系指导，不给错误的思想和言论留下任何空间。

（康文翔）

机构编制

【机构编制统筹】 2017年，中共彭山区委机构编制委员会办公室（以下简称“区委编办”）以区委、政府名义印发《关于机构编制总量控制动态管理的实施意见（试行）》，以“三个统筹”为核心，推进机构编制总量控制、动态管理，着力破解人员编制不足难题。统筹编制资源，实现编制有增有减。以各单位实有在编在岗人数为基数，对全区机关事业单位的所有空缺闲置编制原则上全部予以收回，统一管理，重点保障全区改革发展、关键环节和重点领域用编需求。统筹机构设置，实现机构有撤有建。撤销职能弱化、职责任务不饱和的事业单位，整合职能相近、职责交叉的事业单位，将有限的机构数额，用于因改革发展需要新增、强化的职能机构。统筹领导职数，实现职数有增有消。消化“三超两乱”（超职数配备干部、超机构规格提拔干部、超审批权限设置机构，擅自提高干部职级待遇、擅自设置职务名称）超配干部，在规定职数内，统筹平衡部门领导职数，建立动态调整机制，实行部门中层职数总量控制。全年，共争取中央编办拟下达行政编制26名、事业编制60名；收回各类编制117名，撤销机构25个，核消领导职数14名；增核编制76名，新设机构7个，增核领导职数17名、中层职数28名，打破机构编制一核定终身的固有格局，实现机构编制由静态管理向动态管理转变。

【事业单位试点改革】 2017年，事业单位改革试点工作注重强化组织领导，实施方案经区委重大事项统筹会、区委编委会、区委常委会专题研究后印发至区级各有关部门；强化主体责任，明确区事业单位分类改革推进领导小组成员单位、行业主管部门和各涉改事业单位主体责任，形成改革合力；强化统筹谋划，制订改革方案，统筹农业、交通、人社、民政、妇联等部门事业单位改革。精准划转行政职能，通过清理，划转行政主管部门行政职能86项，划入综合执法机构行政职能586项；精准确定改革范围，将30个承担行政职能的事业单位纳入改革试点范围；精准比例撤建机构，分别按照2:1、1:1撤建正科级机构和部门内设机构；精准测算置换编制。将承担行政职能的比例作为预下达涉改单位行政编制的测算比例，杜绝分管领导干预；精准核消领导职数，改革共减少科级领导职数4正、5副，制定领导干部消化台账，对应到人，确保2020年年底前超职数配备的领导干部全部核销。将涉改事业单位承担的行政职能全部回归行政主管部门，事业单位只承担技术性、事务性、辅助性职能。机构调整到位，撤销16个事业单位，规范11个事业单位名称。编制置换到位，共收回空编80名，其中用于置换行政编制39名。改革试点涉及调整岗位62人，对可划转过渡为公务员的待中央编办下达行政编制后确认；对其余分流人员坚持身份不变、经费渠道不变、待遇不降，做好人员分流和妥善安置工作。

【行政审批制度改革】 2017年，区委编办完善行政审批制度改革机构设置，确保审改工作上下衔接有序。在区委编办增挂区行政审批制度改革办公室牌子，增设内设机构审改股，核定区审改办副科级领导职数1名、审改股中层职数1名。完成乡镇（街道）行政权力责任清单编制，建立权责清单优化调整机制。以区法制办公布的乡镇（街道）行政权力事项为基准，清理乡镇（街道）行政权力责任事项，完成编制乡镇（街道） 行政权力责任事项清单296条，并向社会公布。在2016年调整完善政府部门权责清单的基础上，以区政府行政许可目录为基准，对27个部门354条主体责任以及4657条行政权力进行优化调整，强化安监、环保职责。完成行政权力事项审核工作，积极推进一体化政务服务平台上线工作，优化政务服务营商环境。按照全区“互联网+政务服务”一体化政务服务平台建设工作部署，对区级行政权力部门认领的6408条行政权力事项进行审核，有效规范了部门权力运行，提升了服务质量。

【重点领域体制改革】 2017年，彭山区大力推进政府购买，建立劳务派遣临时用工制度。与财政局联合印发《眉山市彭山区事业单位政府购买服务改革工作方案》，积极稳妥推进全区26个公益二类事业单位、1个生产经营类事业单位实行政府购买服务改革。在环卫部门积极开展试点，实行以事定费，逐步实现由传统以钱养人向以钱养事转变，有效降低用编需求和财政供养人员规模，缓解了用编压力。转变临聘人员管理模式，变单位自聘为劳务派遣用工方式，有效管控临聘人员规模。经区委、区政府研究，成立智汇人力资源有限公司，规范临聘人员管理，有效缓解缺编压力。统筹做好专项体制改革中涉及机构编制事项工作。明确全区依法治区工作机构、人员设置要求。助力推进监察体制改革，摸清检察院涉改机构数、编制数、领导职数和实有人数，对即将设立的监察委内设机构编制事项进行汇审。

以“三定”（定主要职责、定内设机构、定人员编制）规定印发部门安全生产和环境保护监管职责，明确监管履职机构和专兼职人员配备标准，确保安全生产和环境保护机构、职责、人员“三落实”。充实监管力量，单设经开区环安局；构建“环保＋执法”体系，成立区环境犯罪侦查大队（挂牌）。完成盐业体制改革中机构编制工作，将盐业行政监管职责、生产安全监督及综合执法职能分别划归区经信局、食药监局，并对应划转行政许可、行政处罚、行政强制等权力事项，新增编制4个。配合做好司法体制改革，锁定法、检两院机构编制基数。

【编制管理机制】 2017年，理顺管理机制，为深化改革提供机构编制保证。强化大数据管理机构建设，将区经信局下属科技情报站更名为区大数据信息服务中心，增加编制2个，统筹协调全区各部门大数据基础建设；强化互联网违法和不良信息监管机制，明确区电子政务服务中心开展网上巡察和舆情问题收集；理顺区房屋征收与补偿服务中心和区土储中心管理机制，对部门职责和人员划分等遗留问题进行专项清理协调；对行政审批制度改革、城市管理综合执法、医药卫生体制改革、群团机构改革、统计工作试点改革、人才发展改革、供销合作社综合改革、公安“大警种制”改革等涉及机构编制的事项提出建议、意见。

【事业单位登记管理】 2017年，彭山区率先在全市完成2016年度事业单位法人年度报告公示工作。就事业单位法人年度报告公示和登记管理有关工作，举办培训班4期，培训全区事业单位登记管理专干294人，有效提升了事业单位法人年度报告公示质量和登记业务水平。开展事业单位法人公示信息抽查，完成294个事业单位法人公示信息书面审查，占年报公示单位比例100%；按4%比例抽取12个单位进行事业单位法人公示信息实地核查，对存在的问题现场下达《整改通知书》3份，并限时完成整改。做好事业单位登记管理和机关群团统一社会信用代码赋码、换证工作。全年办理事业单位法人变更登记109件、证书补领1件、公示110件，公示率100%；机关群团赋码26件、换证14件。事业单位法人和机关群团信息排查纠错信息308条，其中纠正单位有误信息181条，法定代表人信息录入不一致127条。加强事业单位印章管理，全年收取《印章印迹备案表》157份，封存印章23枚。完成中文域名管理及网站挂标督导工作。出资3.5万元，对全区352个中文域名统一续费。对全区网站审核管理系统反馈的所有自建网站进行甄别核实，所有单位网站已全部规范挂标。

【机构编制管理】 2017年，区委编办摸清党的工作机关机构设立、编制职数、人员配备、职责履行等基本情况和存在的问题，提出合理化建议、意见3条。修订完善区委编委会工作规则，编印《机构编制工作办事指南》，制定《眉山市彭山区事业单位印章管理办法》等有关管理和工作制度，使机构编制管理有法可依、有章可循。规范机构编制审批，加强机构编制管理。在《关于机构编制总量控制动态管理的实施意见（试行）》中明确“五严”纪律要求，即：严控机构增量、严格用人需求、严肃上下编纪律、严查“吃空饷”人员、严控运行管理程序，提升机构编制工作的规范性、严肃性和权威性。2017年，全区共发现机构编制违规违纪问题5起，通过建立机构编制违规问题整改“问题清单 + 责任清单”，明确整改时间表，并采取“区委常委会上通报、区委编办建立整改台账、部门专项整改、有关部门定期督查”等形式，使问题全部整改到位。提请区委和市委编办审议事项13件，编委会审议事项57件，室务会审议事项38件，审核同意各类用编计划总数365名，批复行文54件。办理区委、区政府批示和区级有关部门规范性文件涉及机构编制事项33件次。上报市委编办“眉山市县两群团机构设置情况统计表”等12项报表、《关于机构编制违规违纪问题的整改报告》等8件自查报告，完成机构编制统计及其他有关工作。按照量化评分原则和退役士官服役表现，做好14名退役士官安置工作；回复区委组织部职位预审复函4件；调整人员编制479人次，及时调整实名制系统数据，做到机构编制台账、编制本记录数据、实名制系统数据“三统一”，纠正实名制系统数据错误信息7项；开具财政供养人员通知单532件；如实为省审计组提供全区机构编制情况有关材料。

【信息调研】 2017年，区委编办开展综合行政执法、加强编外人员管理工作调研，宣传机构编制管理政策规定，完成《推进综合行政执法体制改革的工作思考》《我区编外人员管理存在问题及对策建议》等调研报告。全年上报机构编制信息33条，发布网站信息50条，其中被中央编办采用1条、省委编办采用2条、《眉山日报》采用1条、市委编办采用12条、区委办和区纪委等区级部门采用6条、四川新闻网等网站采用10条。

（陈跃武）

统　战

【思想政治工作】 2017年，全区加大统一战线思想政治引导，着力推动意识形态领域统战工作的创新与实践，不断夯实团结奋斗的共同思想政治基础。引导广大统一战线成员认真学习党的十九大和习近平总书记系列重要讲话精神、市委书记慕新海在设区建市20周年座谈会上的讲话精神，把思想和行动统一到中共中央和省、市委的决策部署上来。引导广大统战干部和统一战线成员牢固树立政治意识、大局意识、核心意识、看齐意识。巩固多党合作思想政治基础，推动各民主党派深入开展“不忘合作初心，继续携手前进”专题教育，彭山区有8名无党派成员撰写“不忘初心、携手前行”体会文章，并在上级党派组织刊物登载；开展了“喜迎十九大、共筑同心圆”有奖知识竞赛。通过系列活动，进一步巩固了多党合作思想基础，增进了政治共识。

【多党合作和协商民主】 2017年，彭山区积极推进协商民主建设，组织各民主党派、工商联和各界代表人士召开座谈会、民主协商会等5次。以区委办名义印发《2017年政党协商（会议协商）计划》，积极支持民主党派、无党派人士加强协商能力建设，鼓励他们积极参与各种形式的协商，力促有价值的建言献策能进入区委、区政府决策程序。加强特约人员工作，在特约人员届满之后又在20个区级部门开展新一轮聘请工作，共聘请40名党外人士作为特约员；制定、印发《关于进一步加强和规范特约人员工作的实施意见》，支持特约人员参政议政、民主监督。

【经济统战工作】 2017年，区委统战部深化理想信念教育实践活动，深入推进“与法同行·诚信经营”宣誓承诺、接力签名活动；举办以“奋力拼搏，合作共赢”为主题的商会运动会；组织区工商联企业家会长、副会长参加“锦江大讲堂”培训学习，进一步增强非公有制经济（以下简称“非公经济”）人士“四信”观念，构建“亲、清”政商关系，引导非公经济人士依法维权，诚信经营，合作共赢，促进社会经济和谐健康发展。鼓励引导非公人士投身公益事业。依托商会会员企业资金、技术、信息优势，引导会员企业积极参与“工商资本下乡”“百企联百村”“精准扶贫”“光彩事业”等活动。全年引导498农企业参与“工商资本下乡”活动，参与农村发展现代农业项目8个，工商资本投资额达2.05亿元；“百企联百村”实施各类项目23个，实施产业带动、基础设施建设、扶贫助困、捐资助学，解决贫困人员就业等各类项目20余个，开展就业创业培训6期，提供就业岗位389个，投入资金512.8万元。发挥桥梁纽带助手作用，促进非公有制企业健康发展。搭建融资担保服务平台。与区科技局、金融办、人社局、经信局联合主办助力实体经济发展，优化企业融资环境，推动银企交流与合作的首届“双创”银企融资峰会，筛选出15家企业参加峰会，共对接7家银行和投融资结构，对接资金1.3亿元，缓解了企业融资困难。搭建维权服务平台。深入企业走访调研，采取“企业+商会+区职能部门+乡镇政府+法律顾问”创新模式，尽力化解涉企矛盾，维护商会会员的合法权益。全年协调处理矛盾纠纷8件，受到企业好评。

【党外代表人士队伍建设】 2017年，区委统战部加强党外人士队伍建设，组织党外人士代表参加全市“同心大讲堂”学习，提高党外人士的理论素质和参政议政能力。选派副处级党外干部2人、正科级党外干部1人参加省委统战部组织的学习培训。加强与组织部门协调配合，围绕党外干部的培养、安排使用等充分沟通，促进党外人士代表的发现、举荐、培养、使用各环节的有效衔接。全年，彭山区新提拔正科级党外干部2人、副科级党外干部3人。截至2017年年底，全区有党外干部35名，其中副处级5名、正科级4名、副科级26名。支持民主党派和无党派人士参政议政、民主监督，引导他们聚焦深化改革、转型发展、环境保护等全区重点工作建言献策。积极开展“农村教育烛光行动”“关爱留守儿童”“脱贫攻坚”“定点合作”等活动。在2017年区政协会上，民主党派、党外人士提交提案70件，其中集体提案4件，个人提案66件，占总提案数的59%。除原有的民盟、民建、民进三个民主党派外，农工党在彭山区建立了筹备组。

2017 年 1 月 16 日，眉山市统战工作总结会在彭山区召开

【民族宗教工作】 2017 年，区委统战部切实做好民族宗教领域安全稳定工作。坚持定期召开宗教安全工作例会，与各宗教场所签订安全目标责任书，坚持每季度全面排查 1 次，共开展排查 4 次。积极开展各项安全大检查和隐患排查整改工作，制定、印发《彭山区宗教领域汛期安全生产大检查大整治工作方案》《彭山区宗教活动场所夏季消防安全大检查工作方案》，与住建、卫生、食药监、消防等部门联合开展宗教活动场所安全检查，重点检查场所消防、建筑、卫生等安全工作。全力做好重大节庆日和重要时段的安全工作，全年无任何安全事故发生。加强对少数民族和信教群众的服务，积极向省民族宗教事务委员会（以下简称“民宗委”）争取散杂居少数民族发展项目资金，为观音镇观音村基础设施建设争取到项目资金 10 万元。编制上报义和乡悦园村民族文化广场建设项目，通过多种形式与省民宗委联系沟通，全程跟踪服务申报项目。针对少数民族贫困户帮扶需求，逐户制定帮扶计划、帮扶措施、帮扶目标，建立区级部门结对帮扶花名册，落实帮扶资金物资 8 万余元。充分发挥统一战线在脱贫攻坚主战场上的积极作用，动员社会各界力量帮助解决少数民族在生产、生活中的实际困难，让他们感受到党的温暖和社会各界的支持。努力提高公共服务水平，与城管、教育、卫生等主管部门协调沟通，积极协调解决外来流动少数民族和信教群众实际困难。充分发挥各宗教团体的桥梁和纽带作用，依托“法律进寺庙”活动，广泛宣传贯彻党的民族宗教政策，不断增强少数民族群众和广大信教群众的法治观念。

【社会阶层人士综合评价工作】 2017 年，区委统战部深入开展新的社会阶层人士基本情况调查研究，撰写《彭山区新社会阶层统战工作调查报告》，为做好新的社会阶层人士统战工作奠定基础。彭山区被省委统战部确定为新的社会阶层代表人士综合评价试点区县。区委统战部围绕“新青年、新阶层、新生力、新联谊”四新要求，将新的社会阶层人士分为四大类开展综合评价。确定 16 个参评单位对 23 名新的社会阶层人士代表进行综合评价，经 16 个部门的评定、区综合评价领导小组办公室研究，综合评价结果为 A 级的占参评总数的 95%。

【基层统战工作】 2017 年，区委统战部坚持基层统战工作“示范带动、全面提升”的标准，突出抓好示范单位打造，确定在青龙镇、彭溪街道、牧马镇开展基层统战工作示范，各示范点已完成挂牌和各项制度的建立。积极开展“眉山统一战线中国特色社会主义教育基地”创建活动，把牧马镇莲花公墓作为“教育基地”，主要以解放彭山、抗战老兵、忠孝文化、生态葬为主题，弘扬爱国精神和忠孝、绿色环保理念。截至年底，基地已完成征集相关图文资料并顺利建成。2017年5月，成立全省首个通过民政审核登记的新的社会阶层人士联谊会，并成功申报为彭山区统一战线服务创新创业示范点，被省委统战部确定为基层统战工作示范创建单位。

【民族文化之家试点工作】 2017年，区委统战部积极探索城市社区“民族文化之家”试点工作，在凤鸣街道南星社区打造全市第一个少数民族之家，实现各民族“共居、共学、共事、共乐”的相互嵌入式社区建设目标，使“民族文化之家”成为社区党组织联系各族群众的纽带。牵头开展“全区荣誉市民”的评选活动，并首次将统战工作纳入评选标准。彭山区有2人被评为“彭山区首届荣誉市民”。

【宣传工作】 2017年，区委统战部推出“彭山统战”微信公众号，设立了统战职责、统战要闻、社区统战、统战知识、互动交流等栏目，方便社会各界人士了解彭山区统战工作。

（宁　莉）

政策研究

【深化改革】 2017年，中共眉山市彭山区委政策研究室（以下简称“区委政研室”）切实履行区委深化改革办公室统筹协调推进全面深化改革的工作职责，因地制宜设计彭山区的改革部署、内容、目标和进度，出台彭山区2017年工作要点和改革落实台账，并逐项抓好贯彻落实。眉山市2017年需要完成的中央、省改革部署试点15项，涉及彭山的共有7项，其中：全国第二批农村改革试验区工作已先后接受农业部和省改革办的督察验收，“红色先锋引领绿色产业”的彭山经验受到上级充分肯定；“两权”抵押贷款试点和全省农村改革综合试验区试点、农村产权抵押融资试点强力推进，推出“两权融资五大体系”（顺畅的产权交易体系、双线并行的产权评估体系、多层次风险分担体系、有效的抵押物处置体系、开放的产品创新体系）的彭山经验；全省供销社综合改革试点即生产、供销、信用“三位一体”改革试点，已成立彭山区“三位一体”农合联；深化农村改革、河长制等改革工作被中央、省、市媒体宣传报道。彭山区全面深化改革经验在全市推进会上经验交流4次，农改工作经验在全省交流2次、全市交流3次。彭山区群团改革经验先后在省、市群团改革推进会上交流发言。四川改革专报先后刊发《四川眉山构建“三三”联动体系推进农村金融创新》《“大党建”引领“大群团”—四川彭山区“三个创新”锐意推进群团改革》，省委改革办以专报形式上报中央改革办。时任市委书记李静、市委书记慕新海多次对彭山改革工作作出批示，其中：李静在《彭山区“四步法”适度规模流转土地》（中共四川省委办公厅每日要情第73期）批示：“信息工作有很大进步，巩固成效。”在《四川眉山构建“三三”联动体系　推进农村金融创新》（四川省改革专报第47期）批示：“推动有力，成效显著，祝贺你们取得的成绩”；慕新海在《市委改革办关于省委改革办莅眉开展中省改革试点督查评估情况的报告》批示：“同意，继续做好相关工作”；在《中共眉山彭山区委关于“红色先锋引领绿色发展”经验做法被人民日报报道的报告》批示："好！要围绕中心，继续创新"。全国人大常委会副委员长吉炳轩，中央农村工作领导小组办公室副主任吴宏耀，全国供销总社党组成员、理事会副主任邹天敬，农村改革试验区办公室主任孙中华等领导先后到彭山调研指导深化农村改革工作。彭山改革工作在眉山市排名第一。

【经济社会发展重大问题研究】 2017年，区委政研室组织撰写、编发《关于着力破解基层社会治理中法治文化缺失、规则意识不强的问题报告》《关于涉农保险相关问题的建议》《关于对乡镇一票否决事项进行清理规范的建议》《关于集体经营性建设用地入市一些问题的思考》《关于对村民小组公章如何规范管理使用的情况汇报》等政研参阅8期，其中有5篇政研报告获区委书记梁磊批示。梁磊在《关于对乡镇一票否决事项进行清理规范的建议》批示："两个建议均很好，有针对性，有价值。"；在《关于对村民小组公章如何规范管理使用的情况汇报》批示："分析很透彻，对策建议还可研究。"。年内完成调研课题《立足眉山、借势成都，构建彭山大都市区产业发展承载地—以产业推动彭山融入成都发展思路研究》《关于着力破解基层社会治理中法治文化缺失、规则意识不强的问题报告》。其中《立足眉山、借势成都，构建彭山大都市区产业发展承载地—以产业推动彭山融入成都发展思路研究》被评为第七届成都经济区建设与发展研讨会优秀征文二等奖。

【起草重要文件】 2017年，区委政研室牵头草拟《彭山区城市管理执法体制改革方案》和《彭山区社会信用评价体系实施意见》等文件；牵头起草《关于营造全省一流营商环境化优势为胜势加快建设国家中心城市彭山坐标的决定》，并以中共眉山市彭山区委员会名义印发。

（何　霞）

保　密

【定密工作】 2017年3月，彭山区保密局组织全区机关、单位保密办主任学习《国家秘密定密管理暂行规定》及相关文件，对机关、单位定密责任人重新确认备案。5月，开展对区委办、人大办、政府办、法院、检察院等定密授权单位的清理核查工作，使定密授权管理进一步规范。

【网络保密管理】 2017年，区保密局组织开展对区检察院、组织部、纪委涉密网络的专项检查，对存在的一般性问题当场提出整改意见，确保区部分单位实施的党政协同办公平台不涉密。认真贯彻落实《手机使用保密管理规定》，指导各单位严格执行手机使用管理各项规定。

【涉密人员管理】 2017年，区保密局常态化实施涉密人员分类管理，切实做到"两不上岗一调离"，即：未经保密审查不上岗，未经保密培训不上岗，有严重保密违法行为就调岗。严格施行涉密人员离岗脱密期管理、涉密人员因私出国（境）保密审查。

【依法行政】 2017年，区保密局继续落实《四川省保密检查工作实施办法》《四川省国家秘密定密管理实施细则（暂行）》等规范性文件，认真落实区保密局行政权力责任清单制，行政权力平台正常运转，持行政执法证开展保密检查成为常态。

【教育培训】 2017年，区保密局印发《彭山区“七五”保密法治宣传教育规划》，督促120个机关、单位制订“七五”保密法治宣传教育规划和2017年工作计划。4月26日，区保密局在区委会议中心启动了全区机关、单位全员保密教育，各乡镇（街道）、区直各部门（含垂管单位）分管保密工作的领导、办公室（保密办）主任、涉密信息系统管理员共260人参加启动仪式。启动仪式由区委常委、区委保密委副主任蒋会强主持，特邀国家保密教育师资库专家、原省国家保密局副局长、巡视员冯宝运为大家作了“知形势、懂法规，认真做好保密工作”的专题讲座，讲座通过大量鲜活的案例，再次向党政机关和涉密人员敲响警钟。3月，区委保密委在全区党政机关范围内印发《近年来全国泄密窃密典型案例选（摘要）》，挑选2000年以后国内发生的有代表性的泄密窃密案例19个，并对每个案例加注点评，以案说“法”。全年区保密局领导到区委办、档案局等4个单位进行保密教育授课，受教育人数200余人。全年分别编发《彭山保密》《彭山保密法治宣传》9期、7期，被市保密局采用2期、4期。通过区保密局内、外网站，短信服务平台，关注“保密观”微信，宣传专栏等多种途径营造保密法治氛围。组织征订《涉密人员管理手册》115册、《机关、单位保密管理实务手册》94册、《保密依法行政法律法规汇编》（2017年版）31册、《漫画信息安全保密》18册、《警惕身边的泄密隐患》（挂图）21套、《警钟长鸣：最新窃密泄密案例》（挂图）16套、《保密工作（2018年）》128份、《保密科学技术》10份。

【保密指导管理】 2017年，区保密局先后印发《中共眉山市彭山区委关于加强和改进保密工作的实施意见》《眉山市彭山区“十三五”时期保密事业发展规划》《中共眉山市彭山区委保密委员会2017年工作要点》《中共眉山市彭山区委保密委员会关于签订彭山区机关、单位主要负责人任期保密工作目标责任书的通知》《关于组织开展2017年度机关、单位保密自查自评工作的通知》《2017年全区保密工作目标考核细则》等文件，进一步规范保密检查流程。

【保密监督检查】 2017年，区保密局完成各类国家统一考试试卷保密监管任务，做到试卷保密监管、考前培训、考场巡查三落实，均无失泄密事件发生。派出人员到机关、单位进行保密自查自评工作督察和保密检查，共督察和检查10个乡镇（街道），30个区直机关，发出整改通知书8份，当面指出需完善的内容49项，区委保密委约谈单位主要负责人1人，区保密局约谈单位分管保密工作领导2人，查处了一起在非涉密计算机上存储、处理国家秘密信息的案件。按照上级部署，检查门户网站8个、政务微博3个、互联网办公系统3个、政务邮箱3个，未发现上传涉密信息行为；对个别网站保密审查制度不健全、保密审查登记不规范的问题，当场提出整改意见。协同市保密局、测绘局对605地勘大队涉密地形图的保密管理进行检查，对存在的问题督促进行整改。

督促区内一军工生产单位完成保密资质的“双随机”抽查工作。统一销毁废旧涉密文件资料5吨，回收废旧计算机硬盘12个、光盘10个、涉密文件360份。

【技术管理】 2017年，区保密局投入20万元建立非涉密计算机保密检查平台，实现远程对100台办公互联网计算机非法存储、处理涉密信息的检查。强化预警设施建设，推广应用先进的保密科技产品。区保密局机关配备保密柜1个，区委办、政府办各配备两组手机屏蔽柜，区委政法委配备了5个微型保险柜；眉州监狱在保密重点部门安装门窗安防系统，在1台党政网计算机和8台涉密单机安装朗威涉密计算机保密管理系统（以下简称“三合一”）、QY-SH2型多维视频干扰器、QY-GLII型红黑安全隔离电源。眉州监狱，区委机要局、巡察办、纪委、党务政务中心、交通局分别新增9套、6套、4套、1套、1套、1套“三合一”。全区党政网计算机、涉密计算机安装“三合一”或移动存储介质保密管理系统客户端137台。强化技术服务，确保保密设备正常运转。购买社会服务，安装党政网终端非法外联阻断软件10台、“三合一”7台，排除“三合一”故障11次。将USB移动存储介质管理系统升级为“三合一”15台。

（窦　苇）

区直机关党建

【机关党建工作】 2017年，中共眉山市彭山区直属机关工作委员会组织召开机关党建工作会暨机关党组织标准化建设现场会，以点带面，全面推进彭山区机关党组织“组织建设、队伍建设、制度建设、阵地建设、活动开展”标准化建设。8月，积极配合区委组织部制定机关事业单位党组织标准化建设七个基本内容，确定机关事业单位党组织建设28个大项、59个小项的具体标准，组织各级机关党组织自下而上开展对标体检，梳理问题，促使机关党建日常工作痕迹化、文档资料规范化、党建制度清晰化、阵地建设标准化。坚持层层落实机关党建工作清单责任制，与15个机关党委、4个直属总支、4个直属支部签订责任书，对机关党建工作实行项目化管理，落实责任人，形成机关单位主要负责人负总责、分管领导具体分工负责、机关党组织层层推进落实的机关党建责任体系。组织机关党组织书记做好年底“双评”（民主评议党支部、民主评议党员）工作。起草并由区委出台《关于进一步加强和改进机关党的建设的实施意见》（眉彭委〔2017〕126号）文件，对今后全区机关党建工作的开展提出指导性意见。通过组织关系排查，以机关党支部为单位，建好党员一卡一表档案规范化管理。在2016年党费专项检查基础上，各级机关党组织和党员做到了按期足额缴纳党费。

【教育培训】 2017年，区直机关工委邀请省委党校教授马锦燕，对全区300余名机关党员进行了党的十九大精神专题讲座。按照区委对党的十九大精神学习宣讲安排，积极组织区级部门机关党员170余人，由区委常委、统战部长蒋会强进行党的十九大精神宣讲。2017年4月，组织区直机关50名入党积极分子参加为期5天的培训，并将培训成果汇编成册。坚持党员发展预审机制，严把入党关，全年发展新党员39名。11月2日，区直机关工委在全市机关党的建设工作会上作经验发言，并及时在常委会和全区基层党建工作会上，组织学习传达全市机关党的建设工作会精神。11月，组织了机关党组织书记和机关党务工作者集中培训。

【机关党组织规范设置】 2017年，区直机关工委完成区委、国税局、地税局、卫计局、农业局、交运局等机关党委的选举工作，区财政局和国土局申请成立机关党委。在政府机构改革过程中，积极跟进和做好机关党组织的撤并建工作。

【学习型党组织建设】 2017年，区直机关工委要求机关各级党组织每月确定一天作为党员学习日，为机关党组织购买了《机关党建工作手册》《党支部工作实用手册》《“三会一课”实用手册》《新党章学习问答200题》等学习资料，保障机关党组织学习的开展。积极推荐机关干部参加省直机关公文写作比赛，获全省二等奖1篇，为全市各区县唯一获奖作品。要求机关各级党组织采取中心组学习、举办报告会、专题培训、辅导讲座等多种形式，开展“三会一课”（定期召开支部党员大会、党支部委员会和党小组会，按时上好党课），把机关党员思想行动统一到中央、省委、市委和区委的决策部署上来，有效形成推动发展的强大合力。认真落实党员领导干部双重组织生活制度，8—9月开展“书记晒党课”活动，筛选4篇优秀部门负责人或党组织书记的党课上报区委组织部。组织全区机关党员开展“传家风、立家规、树新风”演讲比赛。牵头制定健康卫生创建“进机关”活动方案，常态化开展城乡环境治理进机关活动和法律进机关活动。

【直接联系服务群众】 2017年，全区43名区级领导结对联系35个市区级贫困村，87个区级部门结对联系108个村（社区），全区4000余名机关干部全覆盖开展干部直接联系服务群众工作，全区3965户建档立卡贫困户被全覆盖联系帮扶，85个区级部门党组织与96个农村党组织开展城乡结对共建。“四支队伍”（网格员服务队、基层便民服务队、志愿都服务队、共产党员志愿服务队）通过多领域、全覆盖、常态化的服务，帮助贫困对象解决问题和困难3万余件。深入开展机关党组织和党员干部回社区“双报到”活动，全区83个机关部门党组织、3100余名在职党员回8个中心城区社区报到，开展志愿服务活动，并积分纳入个人单位党建目标考核。

（刘佳慧）

群众与信访工作

【信访指标】 2017年，接待群众到区级及以上走访共761批2469人次，其中区委、区政府接待群众687批2351人次，交办到市上访49批84人次，交办到省25批34人次，无人进京上访。受理群众来信246件，其中市级以上来信（系统转）79件、区级领导来信167件。受理群众网上信访1148件，其中国家投诉受理办公室（以下简称“国投办”）转交52件。受理人民网网民留言332条，受理省信访局门户网站（省委书记、省长信箱，省网投）转送投诉事项95件、区政府门户网站区长信箱667件、区投诉平台2件。

【领导接访】 2017年1—4月，彭山区实行每周一名区领导到区群众接待中心坐班接访；从4月14日开始，实行每个工作日一名区领导坐班接访。全年参与接访的区领导210人次，接待群众272批1011人次，解决问题245个。

【信访案件化解】 2017年，按照区委、区政府《关于落实区级党政领导处理信访突出问题责任制的通知》（区委〔2017〕6号）要求，彭山区定期梳理排查化解信访突出问题，报区委、区政府列入《信访突出问题责任清单》，由区级领导牵头化解。全年落实领导包案87件，办结69件，息访54件，息访率78%。其中，省级信访突出问题1件，息访1件；市级信访突出问题27件，息访25件，息访率为92.5%。市级领导接待群众交办件9件，息访9件，息访率100%；区级梳理排查重大信访突出问题50件，办结32件，息访19件，息访率59.3%。建立区、乡（街道）、村三级信访重点人员台账，落实稳控责任。2017年，区级建立重点人员信息档案85个，排查出环保类问题123个，排查出不稳定因素200个，其中涉众问题105个，全部落实了化解责任和稳控责任。

【信访督察问责】 2017年，区委群工部严格按照区纪委、区委群工部《群众和信访工作督察问责实施办法》要求，对在信访工作中不作为、乱作为、慢作为，造成群众反映问题久拖不决的责任单位和个人严肃问责。区委对区住建局在解决群众诉求、执行区委决定不力的行为和观音镇对突发事件处置不力、没有将矛盾化解在基层的行为进行了全区通报批评，并由区纪委、区委政法委对相关单位主要负责人进行提醒谈话。

【信访案件会商】 2017年，区委群工部对涉及面广、部门多的信访问题，主动牵头召集相关部门会商解决，对在改革过程中群众提出的合理诉求，及时召集相关部门研判，促使相关政策及时完善；对疑难复杂个案，召开由权威部门和“两代表一委员”参加的信访听证会。2017年，区委群工部主动牵头召开信访协商会26次，召开信访听证会1 次，参与部门44个，解决问题21个。共受理复查复核申请8件，经审核，其中4件交由乡镇重新调查处理、4件不予受理。

【业务培训】 2017年4月，区委群工部邀请市委群工部多个科室负责人到彭山区，对13个乡镇（街道）党委副书记、大调办专职副主任、网上信访信息系统操作员、35个开通了信息系统的区级部门分管领导等110余人进行专题培训。抓好案件评查，以问题为导向，促进责任部门业务提升。区委群工部召集相关部门对全区13件办理过程中存在问题的案件进行评查，避免在以后的办理过程中出现同样的错误。2017年，区委群工部依托“周例会”，由接访股、办信办案股和网上诉求股每周轮流找出一个典型案件，组织全体人员就案件产生的原因、问题焦点和处理办法等进行大讨论，用实际案例的处置来促使工作人员业务有效提升。

【信访宣传】 2017 年，区委群工部印制《依法有序、文明信访宣传手册》《信访法规政策摘要》《逐级上访宣传漫画》等宣传资料 1 万余份，积极参加全区组织的“法制宣传月”“处置非法集资”“法制文艺进万家”和“12 • 4”宪法宣传日等活动，到乡镇（街道）进行信访法制宣传；通过在区信访群众接待中心 LED 电子显示屏滚动播放《信访条例》和《公安部关于公安机关处置信访活动中违法犯罪行为适用法律的指导意见》等方式，引导群众依法有序表达利益诉求。

【工作成效】 2017 年，彭山区历经元旦、春节、省“两会”、全国“两会”、省党代会、中央环保督察、党的十九大召开、第八届（眉山）东坡文化节等十余个重要会事和重大敏感节点，确保了“零进京、零到省、不出事”的信访工作目标。2017 年，彭山区区级共受理群众走访、信访、网访 2081 批（件）次，比 2016 年增加 591 批（件）。其中，群众来信增加 131 件，同比增长 114%；网上信访增加 297 件，同比增长 34. 9%；群众更加相信一封信或一个电话就办好所有事。在走访、信访、网访中，2017 年被纳入满意度评价范围的信访事项共 47 件，已办结 42 件（其余 5 件正在办理中），群众参与评价 27 件，参评率为 64. 2%，群众对信访部门和责任部门办理评价分别为 100% 和 88. 8%，与 2016 年相比增加 35 件，是 2016 年的 5 倍。2017 年，区委群工部被四川省信访局评为 2016 年度创建“三无”活动先进集体，被四川省人力资源和社会保障厅和四川省信访局评为全省信访系统“三查三促三争当”活动先进集体。

（文　艺）

党史地方志

【党史研究】 2017 年，眉山市彭山区党史地方志办公室（以下简称“区史志办”）启动《中国共产党彭山历史（1999—2018）》编撰工作。以区委办名义印发《中国共产党彭山历史（1999—2018）编撰出版工作方案》，成立以区委书记任主任，区长、区人大常委会主任、区政协主席、区委副书记任副主任的编撰委员会，并印发资料征集通知。邀请省委党史研究室三处处长谢海彬到彭山，为彭山区党史三卷资料收集培训授课；初拟党史第三卷编撰大纲，邀请时任彭山老领导召开座谈会，征求意见、建议。完成《中国共产党彭山执政实录（2016）》编纂，全书 51. 5 万字，收录 2016 年彭山区大事记、重要会议、重要文件、重要讲话、执政实践、乡镇工作、专题资料、组织史资料八个部分。形成《强化党史宣教工作　促进彭山更好发展》资政报告。与区委宣传部、直机关工委、团区委联合发文《关于认真组织观看重大革命历史题材纪录片〈红旗漫卷西风〉的通知》。

【地方志工作】 2017 年，区史志办完成 52. 7 万字《彭山年鉴（2017）》的资料收集、整理、编写、校核、送审及公开出版等工作。完成省、市年鉴的供稿任务。组织编写和报送《四川年鉴（2017）》《眉山年鉴（2017）》

彭山部分的年鉴文字资料和宣传图片。完成《眉山市志》《眉山市乡镇简志》彭山区资料的编写报送工作。历经五年，对清·乾隆版《彭山县志》孤残手抄本进行补缺、校勘、标点加注校和重印，于2017年年底完成清·乾隆版《彭山县志》重印工作。该部旧志共7卷，设地理、建置、沟洫、风俗、官师、人物、艺文七分志，共四十五门。积极学习贯彻《地方志工作条例》《四川省地方志工作条例》，与“依法治区”和“七五普法”相结合，翻印《地方志工作法规资料汇编》1000余册，发放到各乡镇（街道）广大群众手中。指导乡镇（部门）志编修工作，加强对全区地方志工作的组织、指导、督促与检查，执法检查13个乡镇第二轮修志工作。积极开展历史文化名镇志编纂工作，在区委常委、区委组织部部长袁利民的指导下，组织有编纂任务的江口镇、黄丰镇、保胜乡龙安村召开历史文化名镇（村、社区）志编纂工作部署会，形成编纂方案并积极收集资料，历史文化名镇（村、社区）志编纂工作有序推进。鼓励和支持村志的编纂，完成观音镇《果园村志》的指导和审校工作。

【史志资源开发利用】 2017年，区史志办积极配合眉山市岷江现代农业公园创建国家AAAA级旅游景区、眉山市农业嘉年华园区和彭祖山风景名胜区总规等项目，查阅、借阅相关地情资料。全年接待区内外各界人士来电咨询、来访、来查90余人次，并提供优质的咨询、查阅服务。利用彭山地情资料编印“彭山人知彭山 懂彭山 讲彭山”系列宣传册，完成《彭山——一个不老的地方》一书的前期准备工作。编制动态信息21期，向市地方志办报送信息11篇，向市委党史研究室报送信息简报10条。其中被省委党史研究室网站“四川党史文献网”采用4篇。

【史志服务】 2017年，及时更新党政网网页、互联网网站信息30条，为彭山区政府门户网站“走进彭山”等栏目提供内容，及时更新“历史文化”“人文地理”“大事记”等内容。抓住彭山建规划馆、档案馆、图书馆、文化馆契机，编写《关于建设彭山区方志馆的请示》，得到区人民政府领导批示：“方志馆应同‘四馆’整合功能，不再新建独立建筑，待“四馆”建成后，统筹考虑。”区史志办领导凤鸣镇东红社区参加社区党支部组织生活会，并为社区100余名党员作题为《牢记历史 不忘初心 砥砺前行 做一名合格党员》的讲话。积极参与全区“科技、文化、卫生三下乡”活动，为群众免费赠送《全国地方志十三五规划》《地方志工作法规资料》《眉山地方志》及《志说彭山》等史志资料4000余册，并携带《彭山县志》《彭山年鉴（2015）》等提供群众现场查阅和咨询。

（张　凤）

老干部管理与服务

【学习贯彻《意见》】 2017年，中共眉山市彭山区委老干部局（以下简称“区委老干局”）认真贯彻落实中央、省、市《关于进一步加强和改进离退休干部工作的实施意见》（以下简称“《意见》”），大力宣传《意见》精神实质和主要内容，通过专题培训、发放学习提纲、邀请市委老干部局领导宣讲等方式，组织全区离退休干部工作者和离退休干部原原本本学习《意见》，并注重结合有关新闻稿、《中组部负责人答记者问》，在学深学透和领悟文件的精神实质和主要内容上下功夫；利用彭山老干部网、《老干部工作信息》《彭山报》等平台进行广泛宣传，重点解读《意见》的意义和要求，讲深讲透对老同志的新保障、新期待、新要求。在全市各区县率先印发《关于进一步加强和改进离退休干部工作的实施意见》（眉彭委办〔2017〕2号），对全区离退休干部工作提出具体要求。加强离退休干部工作的组织领导，调整充实以区委副书记为组长，组织部部长、常务副区长为副组长的区离退休干部工作领导小组。积极筹建离退休干部党工委，学习成都市郫都区委老干部局离退休干部党建工作先进经验，为筹建工作提供借鉴。

【政治建设】 2017年，区委老干局加强离退休干部政治建设。引导离退休干部牢固树立“四个意识”，坚决维护以习近平同志为核心的党中央权威和集中统一领导，在思想上、政治上、行动上同以习近平同志为核心的党中央保持高度一致。加强离退休干部思想建设。坚持每月1次集中学习、每季度1次专题讲座，组织离退休干部政治理论学习和党性修养培育，引导离退休干部不忘革命初心，永葆政治本色。加强离退休干部党组织建设，加快组建区离退休干部党工委，以提升离退休干部党组织政治功能和组织力为着力点，加强对全区离退休干部党组织的指导和监督。

【服务保障】 2017年，区委老干局认真落实离退休干部政治待遇，始终坚持离退休干部阅读文件、参加重要会议和重大活动、通报重要情况、参观学习、走访慰问等制度。组织离退休干部集中学习10次，参加区委、区政府重要会议和重大活动120人次、省内外参观考察200人次。全面保障离退休干部生活待遇，认真执行各级有关离退休干部生活待遇政策，坚持离休费、医疗费无拖欠，确保生活补贴及时足额发放。做好离退休干部医药费报销、健康体检、健康疗养、困难帮扶、来信来访等工作。

【老干部活动】 2017年，区委老干局巩固离退休干部学习活动阵地建设成果，以“修身修为行动、时代老人行动、志愿服务行动、老干之声行动”为载体，开展“寿乡夕阳红、传播正能量”系列主题活动；组织全区离退休干部开展讴歌新变化、建言金点子、传承好家风、助力脱贫攻坚等活动。培树先进典型，表扬“正能量·好榜样”先进个人96名和“最美老干部”10名，在全社会形成学先进、赶先进、当先进的良好风尚。打造活动品牌，积极创建“寿乡夕阳红”正能量活动品牌，以弘扬彭山忠孝文化、长寿文化、江口沉银文化等传统文化为切入点，把地方特色文化与正能量活动有机结合起来，增强正能量活动的感召力和吸引力。省委老干部局创办的《晚霞杂志》两次刊登彭山离退休干部正能量活动开展情况。

【信息调研】 2017年，区委老干局撰写调研报告2篇、专题报告4篇，编发《老干部工作信息》33期，被多家主流媒体转载刊登30余篇次。

（钟　薇）

党校工作

【党员干部培训】 2017年，中共眉山市彭山区委党校（以下简称“区委党校”）委托知名高校办学，让党员干部“走出去”开拓视野。委托浙江大学、都江堰市委党校、西南财经大学，举办彭山区深化农村改革与现代农业发展、村（社区）支书主任培训班、遴选递进培养年轻干部人才暨换届后新任科级领导干部培训班3期。党校与相关单位联合，依托彭山“锦江大讲堂”，邀请省委党校、成都市委党校、成都村政学院以及成都知名高校专家教授到彭山授课，开启主体班“大课”模式，成功将党员干部培训资源用活、用足。坚持“流动党校”、“农民夜校”送课下基层，大规模培训党员干部。

【党校教师培训】 2017年，区委党校采取“送出去”培养和“请进来”讲课相结合、带班服务和跟班学习相结合的方式，对党校教师进行培训，同步更新理论知识。4月，选派常务副校长王海英带班，参加为期6天的浙江大学彭山区农村改革与现代农业发展培训班。8月，派送王海英、正正江、刘先清、许皓、张莉、官为桥、李晓红等人，分段随班参加西南财大举办的为期1个月的“2017年度遴选递进培养年轻干部人才暨新任科级领导干部专题培训班”。9月，由市委党校安排，选派王海英参加为期1个月的全省第27期党校、行政学院（校）师资培训班。11月，选派骨干教师刘先清参加由四川省委党校举办的网络安全和信息化建设培训。充分利用校地共建和“锦江大讲堂”，组织党校所有教师参加锦江学院、区委宣传部、区委组织部举办的全国著名专家、教授的专题讲座5次。

【宣传调研】 2017年，区委党校加大内宣、外宣和网宣报送力度，向区委办报送信息10余条，网评文章被采用1条，提前超额完成内宣和网宣信息任务。编写《干训特刊》3期，分送区级相关领导和主体班学员，加大党校工作、培训心得的宣传和交流，进一步提升党校形象；通过“寿乡微党校”微信公众号推送宣传信息20余期；向《彭山》报、《眉山日报》、“人民网”等媒体提供信息10余条，其中《四川彭山：采用“1+1+1”套训模式 干部培训呈现三大特点》等2条信息分别被人民网、四川干部教育培训网、中国农村网、中国网·锦绣天府等10余个网站采用。全年共撰写调研文章5篇，其中：完成市社科联课题申报、立项、结项1篇——《农村基层党组织学习能力研究》，获市、区社科联的肯定；完成市委党校系统课题申报、立项、结项工作1篇——《基层党员素质与党校干训调查与研究》，被市委党校评为优秀调研课题；1篇理论文章获得全区二等奖。

【基础设施建设】 2017年，区委党校投资6万余元对部分教学设施设备进行更新和维护，更换灯具60余盏、桌椅板凳50余套、台式空调2台、办公椅子11个。

【创新培训模式】 2017年，区委党校采用“1+1+1”套训模式开展干部培训，培训规模大、效果好、质量高。“1+1+1”套训模式指“1月+1周+1天”三训合一：即一个“1月”主体班为基础，调训一批干部，以“周”为单位分四大专题安排课程；以“1周”为单位针对当周专题，增训相关岗位干部；以“1天”或“1堂课”为单位针对某专题，增训某个行业系统干部。2017年7月31至8月25日，区委组织部、区委党校委托西南财经大学举办“遴选递进培养年轻干部人才暨换届后新任科级领导干部专题培训班”采用了该模式。累计培训303人次，使原有111名的培训规模增加近2倍，实现培训对象的叠加质的提升，既整合教育培训资源，又呈现出培训规模大、培训质量高、培训影响好三大特点。该次培训信息分别被人民网、四川干部教育培训网、农村网、中国网·锦绣天府等10余个网站采用，做法得到省委组织部领导认可和好评，并被其他区县借鉴。依托“锦江大讲堂”给主体班上“大课”，培训规模和层次实现“双提升”。2017年11月14日至17日，区委组织部、直机关工委、党校组织和举办为期4天的培训，250余名乡镇、部门和园区党委（党组）书记、分管党建工作的领导和党务工作者参加大课学习2堂，邀请省委党校副教授马锦燕和都江堰市委党校高级讲师邓蓉作《中国共产党新时代的宣言——十九大精神学习》《新形势下基层党组织提升党建能力的途径控索》专题讲座，节约干训成本，扩大干训规模和层次，得到学员们一致好评。坚持“流动党校”“农民夜校”送课下基层，大规模培训党员干部。通过“流动党校”“农民夜校”，组建宣讲团，深入宣讲党的十八大、十九大精神和省委第十一次党代会、慕新海书记讲话、区委党代会等精神，宣传党的方针政策。全年，共开展“流动党校”“农民夜校”送课下基层宣讲50余场次，培训党员干部1.5万余人次。

（官为桥）

眉山市彭山区人民代表大会常务委员会

The standing committee of the people's congress of pengshan district in meishan unicipality

人大重要会议

【人民代表大会会议】 2017年2月13日至2月14日，眉山市彭山区第二届人民代表大会第二次会议在区委会议中心召开。大会听取和审查了区人民政府工作报告、区人大常委会工作报告、区人民法院工作报告和区人民检察院工作报告；听取了区人民政府关于代表建议批评意见办理情况的报告（书面）；审查和批准区人民政府关于2016年国民经济和社会发展计划执行情况及2017年计划草案的报告（书面）、区人民政府关于2016年财政预算执行情况和2017年财政预算草案的报告（书面）。第一次全体会议由区委书记梁磊主持，第二次全体会议由区人大常委会主任钟建成主持。

【人大常委会会议】 2017年，眉山市彭山区第二届人大常委会共召开常委会会议14次。听取和审议"七五"普法工作、拆迁安置工作、城乡社区事务支出、禁毒工作、财政预算执行等专题报告28项次；会议对城乡规划法、基本公共卫生服务工作、代表建议批评意见、拆迁安置工作、审计工作、2016年城乡社区事务费支出、环境保护法、禁毒工作等12项审议意见的落实情况进行满意度测评；依法对11项重大事项作出决定决议，对13项工作提出审议意见；依法决定了有关人事任免事项和其他重要事项。

人大工作

【概况】 2017年，彭山区人民代表大会常务委员会（以下简称"区人大"）先后组织召开常委会会议14次、主任会议22次，组织和配合上级人大开展执法检查、调研视察30余次。促进区法院解决"执行难"等3项工作得到省人大常委会领导的肯定性批示，推进区乡人大代表履职监督和推动大气、水、农用地污染防治工作分别在省、市人大作经验交流。

【依法行权】 2017年，区人大坚持依法决定，重大事项逐一落实。区人大常委会坚持把区委作出的重大战略部署和涉及人民群众切身利益的重大事项，通过法定程序作出决定决议，并依法督促落实。先后对2016年本级财政决算、2017年地方政府债务限额等事项作出决定。坚持依法监督，履职实效不断提高。

促进依法行政、公正司法。组织开展专题调研、执法检查，听取和审议区政府贯彻实施环境保护法、安全生产法等法律法规的情况汇报。推动区人民法院着力解决“执行难”工作。依法对“一府两院”、乡镇人大主席团提交的38件规范性文件进行备案审查，对区委交办的10件规范性文件提出合法性审查建议，向市人大常委会报送18件规范性文件。听取和审议区人民政府关于国民经济计划、预算执行及审计工作和预算收支部分调整变动等情况的汇报，并提出审议审查和批准意见。促进民生改善、社会和谐。对区文旅广新局、区人民法院进行工作评议；对食品安全、饮水安全、义务教育等工作开展执法检查；听取和审议推进医药卫生体制改革、学校布局调整、扶贫和移民等工作的情况汇报，推动民生改善、社会和谐。坚持依法任免，实现组织意图和人民意愿的高度统一。区人大及其常委会始终坚持党管干部和人大依法任免的有机统一，促进被任命的国家机关工作人员恪守承诺，认真履职。全年共补选9名区人大代表，先后决定任免“一府两院”国家机关工作人员40人次，任免人大干部9人次。

2017年7月5日，区人大常委会领导、部分人大代表调研重点项目和2017国民经济计划执行情况

【代表工作】　2017年，区二届二次人代会收到的代表建议、批评、意见63件，已全部限时办理，办结率、办成率和满意率进一步提高，激发人大代表反应民意、行使权利的工作热情。常委会审议通过《区乡人大代表向选民述职制度》《区乡人大代表履职情况登记公开及履职效果评价制度》，完善常委会组成人员联系代表、代表联系选民制度，确保代表与群众的联系更直接、更广泛。不断加强培训工作，提升履职能力，组织区乡人大代表、人大干部300余人次参加全国、省、市、区各级培训；先后组织、邀请人大代表400余人次参与调研、视察、列席常委会和“一府两院”有关会议。

【联系工作】　2017年，区人大积极主动推进区委安排的重点工作、重点项目，自觉接受上级人大常委会指导和监督，加强对贯彻落实区委重大决策部署情况的监督。重点对区政府及其工作部门贯彻落实区委改革创新开放融入、构建国家中心城市彭山新坐标等重要部署，打造全省最优营商环境、实施乡村振兴战略等重点工作，征地拆迁安置、环天府新区规划建设、水郡未来城、中法科技农业园等重大项目的推进情况进行调研视察、监督检查，推动区委决策部署落地落实。

【宣传信息】　2017年，区人大切实做好区级部门、乡镇和人大代表征订《中国人大》《人民权力报》和《民主与法制》工作，推动全区民主法制建设进程。刊发《彭山人大》信息，及时做好人大网站动态信息的数据更新工作，全年共上传各类新闻、报告、制度建设等内容共40余条次。

【信访工作】 2017年，区人大加强信访接待、办理、督察督办和综合分析工作。认真做好信访工作，共受理群众来信、来访35件次，做到件件有回复、事事有交代。

人大办公室工作

【协调服务】 2017年，彭山区人大常委会办公室（以下简称“区人大办”）统筹和协调与机关各委室、区级相关部门和乡镇人大主席团，围绕区委中心工作和重大事项，主动调研，当好常委会的参谋助手，确保区委、区人大常委会各项决策事项和重点工作的贯彻落实。先后协调和组织参与常委会会议12次、主任会议20次和人大代表视察、执法检查和工作调研21次的服务筹备工作。牵头或配合筹备区第二届人代会第二次会议。在换届选举工作中，坚持注重与相关部门的统筹衔接，认真及时做好方案制定、表册设计、文件印发、数据统计等各项工作。积极做好常委会联系工作的服务，协调常委会领导牵头负责的重点工作和重点项目以及村（社区）的联系。全面加强机关政治思想、组织、作风、廉政建设、依法治理、精神文明建设以及档案、保密、统计、老龄等工作。全面并超额完成党报党刊、人大“一报两刊”以及其他报刊征订任务。

【文秘工作】 2017年，区人大办及时登记传阅上级有关重大事项的文件，并按要求认真组织落实，确保机关政令畅通。按要求组织起草以人大常委会党组、常委会、办公室名义的各类文件，形成会议纪要32期；积极组织向上级人大刊物编报录用的各类信息和调研材料，宣传人大工作动态，展现人大形象。

【后勤保障】 2017年，区人大办坚持把机关运行有序、保障有力和安全生产放在办公室工作的首位，切实加强机关效能建设，为机关干部职工尽力创造条件，营造良好的工作环境。积极配合和认真落实公务车辆改革，严格执行公车使用规定。坚持日常巡查和节假日值班制度，加强门卫管理。完善车辆维护报告、运行费用登记和国有资产管理责任制。加强安全用电、用水、用气的管理，加强外来人员的进出管理，保证全年无安全事故发生，巩固市级卫生单位成果。

（刘　莉　赵俊林）

眉山市彭山区人民政府

Pengshan district in meishan municipality People's Government

重要会议

【区政府全体会议】 2017年8月3日，彭山区人民政府第二次全体（扩大）会议在区政府礼堂召开，会议总结了上半年区政府工作，安排部署了下半年工作。区长罗万东，区领导李洪强、周惠、王鹏、王松、梁兰出席会议。罗万东通报了市委书记慕新海到彭山调研时的讲话精神，强调要围绕“营造四个环境”要求，科学谋划今后工作，营造良好的政商服务环境，优化发展软环境，把彭山发展建设好。

【区政府常务会议】 2017年，区政府召开常务会议15次，审议议定事项主要有：眉山市彭山区贯彻落实《关于全面推行河长制的意见》实施方案、关于进一步加强和完善内部审计工作的实施意见、关于进一步改进作风提升效能加强政府自身建设的十三条措施、关于进一步加强个人所得税全员全额扣缴申报管理相关工作的通知、眉山市彭山区2017年竹编产业“双百”工程推进实施方案、眉山市彭山区土地管理招商引资和项目建设等工作的负面清单、关于大力实施2017年十大民生工程及20件民生大事的通知、关于审定新一中建设新增工程量的请示、关于设立眉山市彭山区严重精神障碍患者救治救助基金的请示、关于报送2017（P）－1号国有建设用地使用权拍卖出让方案的请示、关于回购华西德顿塑料管道有限公司部分国有土地使用权相关事宜的请示、关于环境保护突出问题整改进度的报告、关于进一步加强文物工作的实施意见、关于启动岷江现代农业嘉年华国家AAAA级旅游景区创建工作的请示、眉山市彭山区杆管线管理实施意见、关于确定岷东大道成彭段公路建设工程新增工程量的请示、战略合作框架协议书、眉山市彭山区事业单位政府购买服务改革工作方案、关于兑现2016年度企业扶持政策奖励的请示、彭山区阿里巴巴农村电子商务合作协议、关于审定城市生活污水处理厂提标升级改造工程PPP项目采购招标文件主要内容的请示、关于取消青龙镇城镇集中式饮用水水源保护区的请示、彭山产业新城PPP项目结算和资金支付的管理办法（试行）等共275个议题。

【专题会议】 2017年，召开机关事业单位工资个人所得税代扣代缴工作推进会、消防工作会、农村土地承包经营权证颁发工作会、环保督察突出问题整改工作推进会、关爱农村困境儿童和留守儿童工作会、今冬明春森林防火防控工作会、家政服务业提升拓展工作会议、党政服务网络平台试运行培训会、PPP城市品质提升项目推进工作会议、彭山火车站前广场项目推进工作会、岷江彭山尖子山航电项目推进会、推进全区污水处理设施项目建设会、嘉年华项目建设推进会、彭山仙女湖康旅养生基地项目会、全区交通重点项目推进会议等专题性会议195次。

政府办公室工作

【文秘工作】 2017年，彭山区人民政府办公室（以下简称“区政府办”）创新办文机制，进一步规范文件办理流程；修改完善公文处理方式，提升公文处理质量，牢固树立精品意识。认真组织筹备每一次区政府常务会、区长碰头会等会议及重要接待、重大活动。全年制发政府各类文件332份，办理上级来文878件、下级来文650份；筹备中国美商会走进彭山投资推介会、中法农业科技园项目签约仪式等重大活动6次。

【督察工作】 2017年，区政府办对政府工作报告、政府常务会、区长办公会议定事项的落实情况、“学先进找差距添措施”活动开展情况以及重点项目、招商引资项目、集中开工项目、环保督察问题整改情况等进行一月一督察；对全区98项重点工作进展情况实行季通报。全年开展专项督察14次，制发督察专报14期。

【信息工作】 2017年，区政府办收集各类新政新规、各地先进经验做法等，编发《信息参阅》，为政府领导科学决策和工作推动搭建信息库、资料库。创新实行信息采编报制度，进一步提高信息报送数量及质量。全年共编发《政务信息》24期、《信息参阅》27期。被《国办专报》《川政晨讯》《政务交流》采用10条。

【法制办工作】 2017年，区政府法制办紧紧围绕《眉山市彭山区人民政府2017年度法治政府建设工作安排》，有力推进法治政府建设。对区政府150余项行政决策事项进行合法性审查，提出建议、意见300余条；对9个以区政府或区政府办名义出台的规范性文件进行合法性审查。清理全区行政规范性文件110件，继续有效63件、废止25件、宣布失效4件、拟修改5件、修改后继续有效13件。审查恒大童世界等各类招商引资项目、政府性投资合同156份，提供修改建议、意见1900余条。成功搭建“两法衔接”平台，录入案件23件，其中20件由公安机关作为刑事案件立案。完成部门及乡镇权力清单调整事项366项，会审通过行政权力实施清单事项9311项。依法受理行政复议申请5件，办结率100%。

【依法行政】 2017年，区政府办完成部门及乡镇权力清单调整事项366项，会审通过行政权力实施清单事项9311项。

【应急管理】 2017年，彭山区开展各类应急演练19次，参与人数3.31万人次。四川省2017年省级抗震救灾综合演练在彭山区成功举办。全年对区级单位、部门，各乡镇（街道）进行应急检查30余次，协助区领导处理应急突发事件10余次，督促指导修订各类应急预案3次，全年无重大应急事故发生。

【防震减灾】 2017年，区政府办积极开展防震减灾科普宣传活动，创建市级科普示范学校2所、示范基地2个。

（陈 婷）

人力资源和社会保障

【机构变更】 2017年，彭山区社会保险事业管理局更名为彭山区社会保险中心，撤销彭山区城乡居民社会养老保险事业管理中心，其人员、职能整合并入彭山区社会保险中心；彭山区医疗保险管理局更名为彭山区医疗保险中心，撤销彭山区新型农村合作医疗管理委会办公室，其人员、职能整合并入彭山区医疗保险中心。

【公务员管理】 2017年，彭山区人力资源和社会保障局（以下简称“区人社局”）按时完成2017年度区、乡行政公务员（参公）统计上报工作。在全区开展“加强职业道德建设，做人民满意公务员”为主题的网络培训，培训课时为50课时，培训公务员（参公）1038人。进一步做好61名企业军转干部解困维稳工作。接收军队转业干部2人（其中，技术职务十级1名、连职1名），分别安置在交通、住建部门工作；接收管理自主择业军转干部4人。做好54名自主择业军转干部的退役金核算上报及医疗费纳入财政预算工作，代办医疗卡，落实好相关体检等工作。完成省、市统一公开招考的15名（公务员10名、参公5名）公务员（参公人员）考核、审批工作。做好2016年度23名公招试用期公务员的考核转正工作，并对其进行公务员（参公人员）身份登记。完成全区2018年88名公务员（参公人员）公招计划收集、整理工作，并完成审查报批工作。代政府起草提交人大任免职务7人，其中：任命副县级1人、正科级3人，免正科级3人；代政府起草任免的领导职务80人，其中正科级任命8人、免7人，副科级任命43人、免22人。进行区内公开遴选机关事业单位工作人员工作2次，遴选34人（其中公务员7人、参公1人、全额事业 26人）。交流、调配干部198人，其中区内交流、调动112人，调动入区7人，调动出区17人。做好全区行政单位公务员2017年度考核工作，参加考核1112人，其中优秀（嘉奖）244人；推荐先进集体1个、三等功8人（公安局文物破案）；连续三年考核优秀记三等功36人。

【事业人员管理】 2017年，区人社局开展全区事业单位的岗位设置工作，重新上报审批岗位设置方案32个，乡镇一线事业单位提高岗位比例；全年共审批晋升岗位人员560余人，重新确定岗位120余人；审批初级职务任职资格190余人，向市中级评审委员会推荐晋升中级职称150余人，向省、市高评委推荐晋升高级职称75人。完成2017年度全区机关事业单位98名技术工人的报名初审工作和合格人员的证书发放及工资晋升审核工作；完成全区机关事业单位临聘人员的审批工作，共审批临聘人员76人。组织继续教育培训，培训专业技术人员5314人。完成事业单位聘用制工作，全年新签和续签聘用合同186人。完成2017年全区事业单位工作人员年度考核工作。参加考核4830人，其中优秀680人、合格4138人、不合格12人。

【培训考试】　2017年，面向社会发布全区事业单位公开考试招聘公告3批次，共提供招聘岗位38个，其中综合类11名、卫生类9名、教育类16名、定向类2名。共有800余名考生参加笔试，通过笔试，聘用综合类人才10名、卫生专业技术人才8名、教育类专业技术人才13名、定向类工作人员2名。完成3批次高层次人才的招聘工作，引进高层次和紧缺人才19人，分别为招聘综合类14名、招聘教育类4人、卫生类1人。配合区委组织部和区人才办完成寿乡育才计划的拟稿和修改。完成2017年度大学生村官的考核招聘工作，为基层事业单位补充有经验的工作人员11名。考核招聘卫生类专业技术人才11名。

【工资福利退休工作】　2017年，区人社局集中开展机关事业单位养老保险视同缴费年限核定工作，对全区4083名职工进行视同缴费年限的确认核定工作。完成机关、事业单位工作人员正常晋升工资工作。其中：公务员（参公人员）晋升级别248人，月增资10416元；晋升档次178人，月增资13350元；机关工人晋升岗位工资档次2人，月增资141元；事业单位晋升4303人，月增资142032元。做好机关事业单位晋升职务（职称/考工晋级）增资工资和日常业务审批工作。完成全区177人晋升职务（职称）增资工作，其中，机关职务变动54人，月增资14295元；事业职务变动13人，月增资2800元；专业技术人员岗级变动103人，月增资16372元；工人考工晋级107人，月增资13436元。为94名新进、调动人员核定工资标准，其中考调7人、公务员（参公）公招22人、事业公招（考核招聘）51人、军队转业安置14人。为121人办理连续工龄审批手续并重新确定工资标准，为95人办理转正定级手续，为104人办理退休手续并核定了工资标准。对10名受处分（刑事处罚）人员及时办理停止工资供给关系手续。严格做好乡镇工作补贴、公务交通补贴、纪检办案补贴、政法委机关工作补贴、司法助理补贴、公安警衔津贴、法检两院办案津贴、环保津贴等各类津补贴的审批工作。为54名机关事业单位死亡职工核发死亡一次性丧葬费和抚恤金，并对符合条件的办理遗属生活困难补助手续。完成全区机关单位2016年年终一次性奖金审批工作、事业单位奖励性绩效工资审批工作以及目标奖审核工作。指导各单位完成工资软件改版工作，建立比较科学完整的工资管理数据库。

【就业创业】　2017年，彭山区实现城镇新增就业4457人，城镇失业人员再就业813人，帮助就业困难对象实现再就业392人，城镇登记失业率控制在4.3%以内。全年共发放创业担保贷款619万元，完成创业培训959人、青年劳动者技能培训405人。落实失业动态监测企业15户，就业失业登记数据入库8.15万条。农村劳动力资源调查登记入库和动态管理11.32万人。失业保险基金征缴991.32万元，参保人员1.91万人。抓好藏区学生就业促进工作，2014级藏区毕业生实现就业61人，就业率达到100%。促进高校毕业生实现创业45人，新增高校毕业生就业见习基地1个，累计达到9个。深化孵化园建设，孵化园总计孵化服务企业83家，带动创业就业600余人。引进世界五百强企业建立“甲骨文”高端技术人才创新创业基地，首批入驻项目30个，培训学校培训学员二期105人。发放创业担保贷款619万元，直接扶持自主创业96名。全区公益性岗位481个，发放岗位补贴和社保补贴1119.85万元；落实就业扶持政策，为787名“4050”（40岁女性，50岁男性）灵活就业人员发放社保补贴436.84万元。鼓励大学生创新创业，新建高校毕业生见习基地1个，达到9个，为45名实现创业的高校毕业生发放高校毕业生创业补贴45万元、为32名大学生发放见习补贴16.32万元。完成青年劳动者技能培训405人，开展在校大学生创业培训32期、共959人，开展农民工品牌培训400人，印发农民工就业创业手册9500本。

【劳动争议仲裁】 2017年，劳动争议仲裁、行政调解立案174件，处理结案174件，涉及职工人数482人，标的金额2106万余元；工伤受理102件，调查取证结案102件；劳动能力鉴定受理59件，已鉴定59人；监察处理案件43件，涉及人数344人，标的金额786.39万元，监察企业30余家。信访受理案件15件，已处理15件；劳动保障法律、法规宣传4次，发放宣传资料1500余册。行政许可审批17件，其中，劳务派遣审批7件，换证审批4件。综合计算和不定时工时制审批5件，办理人力资源服务许可证1件，接待来访群众、职工政策咨询解答2200余人次。

【社会保险】 2017年，企业养老保险实际参保人数6.09万人，征收养老保险费13.05亿元，企业养老保险待遇支出74233万元。机关事业单位养老保险实际参保人数5906人，征收机关事业单位养老保险费10533万元，职业年金收入2045万元，机关养老保险支出1.71亿元。全区职工基本医疗保险参保人数2.48万人，征收职工基本医疗保险基金1.17亿元。工伤保险实际参保人数21033人，征收工伤保险费1560万元。生育保险参保人数21033人，征收生育保险费421万元。失业保险实际参保人数19063人，征收失业保险费1032万元。城乡居民社会养老保险参保覆盖人数12.79万人，新增参保人数1479人，银行代扣缴费金额合计1884.54万元。全年全区应认证离退休人员38579人，38428人进行养老金领取资格认证，认证率达99.6%。为全区44494名离退休人员发放离退休费9.09亿元（其中企业职工发放养老金7.39亿元、机关事业单位人员发放养老金1.7亿元）。全年为全区40703名城乡居民社会养老保险到龄人员发放养老金4196万元。为38579名企业离退休人员、3468名机关事业单位离退休人员调整养老金，共补发调资养老金3260万元，人均增长129.22元。对全区402名机关事业退休“中人”的相关信息进行数据采集。入户走访新申请登记参保企业42户，发《企业欠费限期补缴通知》52份，发《强制征缴决定书》25份，查询欠费企业银行账户29户，追缴回同庆公司、佳宜砖厂、先锋鑫化工、蓉兴化工、正源房产等8户企业欠缴社保费共计542.47万元。

【医疗保险】 2017年，全区城乡居民基本医疗保险参保265780人，参保率97%；全区建档立卡贫困人口参保11378人，参保率100%；城乡居民基本医疗保险参保人员大病保险实现全覆盖。基本医保基金收入27485万元；医保基金支出16797万元。城乡居民基本医疗保险享受待遇情况：住院报销52792人次，报销医疗费8249万元；普通门诊报销208527人次，报销医疗费705万元；特殊疾病门诊报销29565人次，报销医疗费230万元，重大疾病门诊报销1253人次，报销医疗费561万元；一般诊疗费、县级公立医院门诊诊查费报销892936人次，包干补助医疗费660万元。职工医保享受待遇情况：住院报销4794人次，报销医疗费1821万元；普通门急诊报销136410人次，报销医疗费1058万元；特殊疾病门诊报销22056人次，报销医疗费356万元，重大疾病门诊报销706人次，报销医疗费123万元；定点药店个人刷卡271024人次，报销医疗费2098万元。工伤保险享受待遇情况：报销130人次，工伤医疗待遇支出76万元，伤残待遇支出178万元，工亡待遇支出104万元。生育保险享受待遇情况：报销265人次，生育保险津贴支出471万元，生育医疗费支出107万元。现场检查定点医疗机构31家，抽查病历190份，检查定点零售药店108家，对18家违反医疗服务协议行为的定点医疗机构扣除违约费用及收取违约金100.49万元，对13家存在问题的定点零售药店进行戒勉谈话，要求整改。积极运用医保智能审核系统，对31家定点医疗机构智能审核扣款4.35万元。积极做好社会保障卡制作发放工作，累计采集信息33.4万人，累计制作并发放社保卡32.8万张。

（刘志林）

民　政

【概况】　2017年，全区民政工作切实履行改善民生、落实民权、维护民利的基本职责，解放思想，深化改革，实现民政事业新发展。彭山区被市委、市政府、市军分区表彰为“双拥模范区”，彭山区敬老院管理中心被评为第二届“全国敬老文明号”，谢家场社区被评为全国综合减灾示范社区。

【殡葬工作】　2017年，彭山区按照全域推行绿色殡葬的要求，积极推进全域绿色殡葬工作，加快完善现有公墓节地生态殡葬设施，积极协调“义和天寿生态纪念园”建设。先后完成业主单位变更、省林业厅审批、集体土地指标调整等工作，为正兴公司进场施工创造条件。加大对公墓检查力度，对全区公墓实行季度巡查，杜绝新建非法公墓，对已有非法公墓的乡镇，坚决关停。全面实行城乡居民基本丧葬费的免除，全年共减免2002人，减免金额160余万元，有力推动火化率的提升；全年火化遗体2174具，火化率达89%。

【社会保障扶贫】　2017年，区民政局制定《彭山区2017年社会保障扶贫实施方案》和《彭山区民政局长效兜底补差工作实施方案》，进一步完善农村最低生活保障制度，加强与扶贫开发政策的有效衔接，充分发挥低保政策在脱贫攻坚中的兜底救助保障功能。调整低保保障低限，从2017年1月起，全区农村最低生活保障标准低限由3300元/年提高到3500元/年，不低于全省农村最低生活保障标准低限，实现扶贫线与低保线“两线合一”。对临界贫困户按照年人均纯收入3500元的标准，对确定的临界贫困户按照差多少补多少的标准执行。全年发放兜底补差资金92户、13.80万元。按区扶贫移民局审定名单，区民政局通过银行将补差资金打卡发放到贫困户卡中。要求各乡镇（街道）将临界贫困户人员名单、领取金额情况在乡镇（街道）政务、村务公开栏中进行公示，接受群众监督。

【基层政权和区划地名工作】 2017年，区民政局配合区委组织部完成第十届村（居）民委员会书记、主任的培训工作。进一步完善基层民主自治机制，加强村（居）务公开监督工作。青龙镇龙都社区创建为法律进社区省级示范社区。全区完成第二次全国地名普查整理编写验收阶段的质量评价体系资料和质量评价体系，共采集到外业词条3800余条，编纂地名词条32条；稳妥推进行政区划调整，加强行政区域界线管理。按照区政府“公安编码、民政认可”要求，制作和安装凤鸣、彭溪街道城区临街门牌1.46万个，新增、更换中英文路牌103个，安装全区楼栋牌650个、单元牌1246个、城乡居民户牌7.84万个。

【养老服务体系】 2017年，区民政局着力构建以“居家为基础、社区为依托、机构为支撑，功能完善、规模适度、覆盖城乡”的养老服务体系。大力推进养老服务设施建设，新增民办养老机构2个，新增床位96张，改造公办养老床位200张，建设城乡社区日间照料中心6个。完善居家养老服务补贴制度，通过政府购买服务，为9700名困难家庭失能老人和80周岁以上老人提供居家养老服务。公义敬老院改扩建工程进入施工阶段，项目建成后彭山区将实现失能、半失能特困人员集中供养机构“零”的突破。

【社会救助】 2017年，发放城乡低保资金2328.07万元；困难残疾人生活补贴资金按每人每月70元的标准发放，发放资金214.28万元。新增城镇低保51户、61人，取消650户、791人；农村低保新增187户、211人，取消879户、1079人。全额资助城乡特困人员、城乡低保人员参保参合资金，通过区扶贫移民局、卫计局、残联统计，需要区民政局为其购买城乡居民基本医疗保险的有3846人、88.46万元。全年累计医疗救助5628人次，救助资金441.12万元。其中建档立卡人员救助660人次、24.03万元。按照省、市要求全面完成彭山区特困人员精准认定工作，全部将特困人员信息录入系统。区级民政部门和乡镇（街道）均都建立特困人员详细电子档案和纸质档案，对完全或者部分丧失生活自理能力的，优先提供集中供养服务，并全面建立特困人员分类管理档案。及时做好困难群众的冬令、春荒救助和灾后重建工作，全年共下拨自然灾害救助资金99.6万元，救助受灾困难群众3818户11254人次。下拨7户农户的灾后重建资金18.5万元。

【救助体系】 2017年，区民政局为完善救助体系，实现救助精准、全面的目标，充分整合全区体制内救助政策资源，建立了党委和政府的职能部门救助政策无缝衔接、全面覆盖的体系。让困难群众“求助有门、受助及时”，通过“一门受理”和“协同办理”，实现救助无盲区，困难群众得到精准和全方位的救助。制订《眉山市彭山区关于建立大救助体系对困难群众实施精准和全方位救助的工作方案》，印制《彭山区社会救助政策汇编》1500份，制作13个乡镇（街道）社会救助站工作牌和108个村（社区）救助窗口牌。

【优抚双拥】 2017年，区民政局认真落实抚恤优待工作，为各类优抚对象及时足额发放定期抚恤补助资金。发放医疗补助金102万元。被市委、市政府、市军分区表彰为“双拥模范区”。全年共发放抚恤定补金1750万元，大学生一次性奖励金86人147.6万元，重点优抚对象医疗补助292人、39.59万元。为56名1～6级伤残军人购买城镇职工医疗保险21.68万元，为1847名重点优抚对象参保补助36.94万元。元旦、春节、“八一”，解决重点优抚对象生活、医疗困难304人、15.2万元。临时救助8人、2.3万元。发放2016年秋冬季退役士兵一次性自主就业金164人、439.48万元。继续做好退伍安置工作，完成退役士兵档案的接收、审查、登记及办理退役士兵落户手续等工作，共接收退役士兵164人，发放164人自谋职业金、自主就业金439.48万元。为符合政府安置工作条件转业士官14人安置工作。委托培训学校对退役士兵进行免费技能培训和创业培训，培训率达100%。稳妥做好涉军信访维稳工作。实事求是地回应上访人员诉求，成功截返一起进京上访人员，圆满完成稳控任务。

【社会事务管理】 2017年，区民政局全面开展社会组织年检工作，积极做好社会组织脱钩及专项治理工作，规范完善内部治理及财务管理。规范婚姻收养，全年依法完成结婚登记2717对、离婚登记1472对、补领婚姻证件2005本，登记合格率100%。年内，为全区37名孤儿发放供养金36.04万元。

（罗红梅）

扶贫和移民工作

【机构设置】 2017年9月20日，根据中共彭山区委机构编制委员会《关于区扶贫和移民工作局承担行政职能事业单位试点实施方案的批复》（眉彭编发〔2017〕33号）文件精神，彭山区扶贫和移民工作局为政府工作部门，具有行政职能。

【扶贫工作】 2017年，做好脱贫攻坚巩固提升工作，完成全区2016年已脱贫35个市县级贫困村和3956户11476人农村贫困人口实现巩固提升，稳定达到退出的标准。开展全覆盖精准识别动态调整工作，新增贫困人员566人，清退1054人，全区于7月锁定贫困人口3956户11476人。扎实开展“回头看”核查；对涉及收入、饮水、住房等存在脱贫不稳定因素的72户贫困户，列出“回头帮”清单；按照“缺啥补啥”的原则，及时对标补短。2017年，财政扶贫项目专项项目资金616万元，为3940户贫困户发展种植业、家禽（畜）养殖。硬化道路建设6.14公里，沟渠0.19公里。全面完成易地搬迁任务925人，分散安置的285户766人，四个集中安置点54户159人已100%完成搬迁入住。配合金融办做好扶贫小额信贷工作，为符合条件的267户建档立卡贫困户累计发放小额贷款567万元，贴息8.9万元。做好光伏扶贫试点推广，在公义镇、江口镇、锦江乡引导近100户贫困户进行试点，实现并网发电产生收益。对吸纳37名贫困人员就业1年以上的14家企业兑现奖补金3.7万元。动员贫困户参加“扶贫保”工作，年内补贴资金18余万元为3849贫困户购买“扶贫保”。落实“雨露计划”政策，为23名在职中、职高、高职院校、技术院校等就学的贫困人口提供3.45万元（1500元／人）的教育补助。组织开展“栋梁工程”捐资助学、圆梦大学和“10•17”国家扶贫日彭山区公益活动，共募集捐赠资金92万余元，先后对25位贫困大学生颁发助学金共14.1万元、36位品学兼优的高中生颁了助学金共3.6万元，对全区45个贫困村、社定向发放扶贫资金30万余元。

【机制创新】 2017年，区扶贫移民局创新开展“月巡查”。从2017年7月起，在每月下旬组织13个部门派出16名骨干力量随机组成4个组，随机抽取8个乡镇针对脱贫攻坚重点工作、阶段性任务完成情况开展精准巡查，督促机关各部门、各乡镇（街道）加强对脱贫攻坚工作的组织领导，将工作责任及政策措施落实到位。创新开展“走基层、抓脱贫”行动，督促各级联系部门（单位）扎实开展帮扶工作，切实解决实际问题，确保贫困村、贫困户稳定脱贫经得起检验。创新使用“二维码”平台，将全区3956户建档立卡贫困户信息纳入二维码平台，只需使用手机“扫一扫”，驻村干部即时更新帮扶动态，督察人员即时查看帮扶情况，帮扶干部再根据贫困户实时全面信息，因户精准施策。创新使用“两卡一册”，创新制作贫困户“感恩奋进明白卡”和“帮扶干部走访登记卡”以及扶贫手册。做到情况明、数据清，培养贫困户“感恩的心”。创新抓好痕迹管理，坚持以省、市工作要求和资料清单为唯一标准，先后开展2轮培训，所有档案均做到统一规范。

【移民工作】 2017年，彭山区扎实实施移民后扶项目，整治渠道项目0.68公里，安置区内部道路硬化项目3448平方公里，硬化道路项目5.14公里，休闲健身广场改造项目300平方米，并添置健身器材，道路加宽项目2.28公里，实现项目总投资260万元。抓好移民监测评估和移民培训，完成2017年度大中型水库水电移民生产生活监测评估工作和移民生产技能、移民干部培训130人。及时拨付移民直发直补资金，全年移民直发直补资金57.98万元，受益移民11595人次。妥善处理“瀑电”移民集访，2017年6月，凤鸣、彭溪、谢家、义和等“瀑电”移民受外地移民的影响影响，到眉山市集体上访。集访事件发生后，区委、区政府专题召开移民集访处置工作会议，按照属地管理原则，抽调精干力量，宣传政策，化解矛盾，确保移民群体的社会稳定。全面完成龚家堰水库扩建工程年度工作任务，完成移民安置点搬迁和搬迁补偿补助发放工作，完成4座小型提灌站复建水泵房及值班室等工作，完成彭山区江口镇凯旋、白蜡、石龙和黄丰镇共和村复垦以及库底卫生清理工作，完成搬迁安置人口移民后期扶持报送审批工作。

（冯建梅）

党务政务服务

【概况】 2017年，彭山区党务政务服务中心（以下简称“区政务中心”）加强党务政务服务中心建设，推进行政权力网上运行，完善线上线下服务体系，让群众“进一扇门，办所有事”。进一步理顺大厅运行管理机制，着力优化线上线下办事流程，努力提升服务质量和效率。全年受理各类行政许可和公共服务事项10.3万余件，办结10.3万余件，办结率100%。其中，当日办结件9万余件，当日办结率87%；办理党务、群团服务事项 900件次，群众满意率达99%。

【项目建设】 2017年，政务中心承担了区委、区政府交给的“加快党务政务服务中心建设”和“互联网+党务政务服务”的重点项目。截至年底，新党务政务服务中心建设已经完成规划方案调整，并获得市规委会批复；完成施工图修改；完成项目工程招标并开工建设。互联网+党务政务服务网络平台建设完成软件开发；12月28日，全区启动试运行；全面完成与平台建设配套的7个配套文件撰写及送审、10项行政许可流程优化、981项公共服务事项清理规范，编撰形成首份《彭山区公共服务事项白皮书（2017）》；建成综合接件大厅，新增适应网上办事的排号系统和自助服务设备。

【服务大厅管理】 2017年，区政务中心围绕“打造一流营商环境”目标，修订、完善《党务政务服务中心大厅运行管理细则》，制定《彭山区党务政务服务中心管理标准体系》和《党务政务服务中心大厅巡查制度》。聘请软件公司开发大厅巡查考核软件，实现对大厅工作人员的考核考勤常态化、规范化、电子化和全程可追溯。通过进行4次定时巡查和2次不定时巡查，工作人员个人工作状态数据记录达到1300余份/年•人，每月评选出“最美窗口”和“服务明星”，让管理更加精细规范。完成行政效能视频监察系统升级改造工作，新增360°旋转摄像头2个。继续做好大厅公务人员平时考核工作，坚持做到周工作记实和月工作晒账。聘请香港现场管理学会对区党务政务服务中心大厅、社保服务大厅、不动产登记大厅、民政服务大厅、出入境服务大厅、交警车管服务大厅和水、电、气服务大厅进行现场评估，累计指出问题上百条，为下一步全面提升全区党务政务服务水平找准方向。先后组织人员到浙江省杭州市、绍兴市、湖州市、嘉兴市学习“互联网+政务”、行政审批制度改革；到湖北省巴东县现场学习“农民办事不出村”智慧服务平台；到省内新津县、乐山市学习行政审批；到成都市、巴中市、江油市、市内的东坡区、丹棱县开展业务学习，开阔眼界和思维。

【政务服务】 2017年，区政务中心切实履行好党务政务服务牵头单位的职责，与区工商质监局一起创新工商预核名方式，在全市率先颁发20证合一营业执照；与区发改局、区住建局、区环保局、区工商质监局、区国税局合作，大力推进网上办事，实现投资项目网上备案，施工许可证、排污许可证和营业执照网上申请，涉税业务网上申报和税票自主领取；与10家银行金融机构合作，做实金融服务窗口，实现全区金融机构信贷产品网上查询和贷款需求网上登记；与区依法治区办、区普法办合作，聘请执业律师入驻中心，为办事群众提供免费法律咨询和大厅办事纠纷调处服务；与不动产登记中心、房地产服务中心、区地税局合作，实现窗口设置整合、申请信息共认和办理时限缩短；与13个乡镇（街道）合作，统一全区便民服务中心办事流程、办事指南。

【热线服务】 2017年，区政务中心坚持“有呼必应”工作标准，做到“12345”热线工单交办率、办结率、回访率3个100%，全年累计办理热线工单3265件，满意率达到96.46%，切切实实为群众解决或解答3000余个难题、问题。在工单办理上创新“领导负责制”“包案办理制”“分级办理制”“定期分析制”等全市领先的工作方法，让全区热线服务工作走上制度化、规范化、不可逆的轨道。全年累计撰写分析报告12期，在农村饮水安全、农村畜禽养殖污染、店铺噪音扰民和小区住宅住改商等带有普遍性的突出问题上都进行探索并形成一定的制度化安排。“水印长滩住改商麻将馆噪音扰民”处理方法被市热线中心推荐为全市处理小区住改商的典型范例。涉国企投诉处理、住宅小区违章搭建处理成为全市样板。

【基层便民专业化服务工作】 2017年，区政务中心继续推动基层便民专业化服务队建设和三级政务服务体系常态化运行，集中开展专题宣传活动5次，分散活动200余次，共发放宣传资料 5万余份，服务企业、群众达5万余人次。做好对乡镇便民服务中心的指导和每月办件通报，乡镇便民服务中心累计受理事件22.53万件，办结2.25万件，咨询服务25.34万件。村组站点累计受理27.61万件，办结27.67万件，咨询服务38.78万件。

【创新服务】 2017年，区政务中心完善党务政务服务微信公众号功能，新增办事指南查询、网上平台受理、不定时预约办事、免费Wi-Fi等栏目，将176项行政许可项目的办事指南全部上传公布，办事群众只需访问微信公众号，即可查询办事流程、办理地点、准备材料、是否收费和承诺办结时限等内容，为企业和群众提供贴心服务。从2017年8月1日起，中心法律咨询窗口将有律所执业律师长期提供免费法律咨询服务，为亟需援助的群众提供便利快捷的法律服务。实行不定时工作制，群众可通过电话、微信公众号在工作日预约工作日下班时间或周六办事。提供“延时服务”“绿色通道”等特色服务。创建全民健康生活方式示范单位。中心在大厅建设便民自助健康小屋，通过自助健康监测服务，提高群众健康意识；中心进驻一位中医实习生，为办事群众和窗口工作人员提供免费义诊和按摩仪。国税局窗口推出网上办税为主、自助办税为辅的办税服务，全年网上办税5754户次、38.56万本；自助购票1.45万户次、9.73万份。加快推进“互联网+工商登记”工作，工商质监局窗颁发了我区首张“全程电子化营业执照”和首张“二十证合一”营业执照。联合人民银行、金融办及9家商业银行做实服务中心金融窗口，为小微企业和个人提供一站式贷款咨询、登记、发布、对接服务，变企业挨家找银行为银行主动对接有融资需求的企业。

（周建平）

外事侨务

【外事侨务管理】 2017年，彭山区外事侨务台湾工作办公室（以下简称“区外侨台办”）按照中央、省、市有关要求，严格控制彭山区党政领导干部因公出国（境）人数，按规定上报眉山市彭山区因公出国（境）计划，积极与市外侨台办协调，组团赴法国、德国招商引资工作。全年因公出国（境）无违规违、纪事件发生。申报的第三期省友协中日绿化造林工程——谢家镇邓庙村绿化造林项目第三期实施计划，已顺利通过。项目款12.07万元划拨完成。作为彭山区禁毒领导小组和反恐领导小组成员单位，在2017年各种敏感时期，加强排查，发现问题及时上报处理。是年，彭山区无境外非政府组织在彭山活动。

【外事侨务接待】 2017年1月24日至1月26日，法中交流促进会会长亚丁一行到彭山考察锦江乡项目选址地；4月28日，区外侨台办办积极参加“走进彭山 共谋发展”彭山区位优势产业投资推介会，并为大会请英语翻译，推介会取得圆满成功；5月12日，东坡区外侨台办一行参观考察彭山区绿森林农业科技园和明都花卉园；7月4日，到眉山市参加“瓦屋山杯·中国国际友好城市青少年足球邀请赛”的乌拉圭拉瓦叶哈省议员及国际足球教育研讨会成员一行到彭山区果怡农业有限公司葡萄种植基地参观考察；7月7日，以色列财团与经济部政要一行到果怡农业有限公司葡萄种植基地参观考察；8月8日，泰国领事馆领事祝塔蓬、实习官员坤波在省友协国际部工作人员苗琳、区委常委蒋会强的陪同下，到观音镇参加第八届中国彭山葡萄节开幕仪式；10月14日，白俄罗斯、格鲁吉亚、哈萨克斯坦等欧亚9国记者及省外侨台办、市委宣传部、市外侨台办领导一行人到青龙开发区和眉山农业嘉年华进行参观采访；11月21日，协助有关部门在恒大酒店举办欧商会西南分会以“走进彭山·共谋发展”为主题的活动；11月23日，联合国教科文组织多琳一行到江口镇参观汉崖墓博物馆；11月24日，第八届东坡文化节暨首届四川音乐周外国媒体记者一行人参观眉山农业嘉年华；11月25日，出席第八届东坡文化节的俄罗斯鞑靼斯坦共和国下卡姆斯克市代表团到彭山区观音镇的眉山市万佳包装有限公司进行参观考察；12月8日，出席第四届中日农业交流合作研讨会的日本经团联审议员会副议长、经济外交委员会委员长片野坂真哉、日本经团联经济外交委员会企划部会长清水祥之等一行到彭山物流中心和农业嘉年华参观考察。

（黄茂玥）

台湾事务

【台湾事务接待】 2017年10月26日，台湾大学农学院参访团一行到彭山参观农业嘉年华；12月28日，台资企业上市公司委员会代表和中国台企联驻会常务副会长兼秘书长程金中、中国台企联常务副会长、黄石市台协会长、黄石沪士电子有限公司董事李明贵一行到彭山，参观“海峡两岸产业合作区”青龙区域和眉山农业嘉年华。

【宣传服务】 2017年，区外台侨办结合“三下乡”“三月法治宣传月”等系列活动，到牧马镇开展涉台法律、法规宣传活动，免费向群众发放由台办整理制作的《涉台法律法规宣传手册》《反分裂国家法》《领事知识手册》等汇编手册5000余本，并就涉台涉侨等关系向群众介绍、讲解相关政策。开展“服务台商大走访”活动，走访侨台投资企业12余家次，深入到侨台资企业了解企业的生产经营情况，尽力帮助企业解决生产、经营中遇到的各种困难。全年，共接待到彭山考察、探亲侨、台胞（属）、台商130余人次。

【援助资金管理】 2017年，区外侨台办积极向市外侨台办争取2017年华侨事务专项经费1.48万元，对彭山区困难侨属开展帮扶；争取台湾中航伟联集团董事长彭荫刚资助贫困学生3000元，及时足额发放到学生手中。

【投资促进工作】 2017年，区外侨台办提供投资信息2条，储备追踪项目1个，拜访侨台资企业12余家次，主动联系3家彭山地区外资企业，为企业提供服务。积极与市外侨台办协调，做好组团赴法国、德国招商引资工作和组团赴台湾开展经贸交流活动的相关事宜。是年10月20日，国台办经济局局长张世宏率商务部、发改委等有关国家部委相关司局同志到彭山，现场调研和论证天府新区青龙区域申报“四川海峡两岸产业合作示范区”工作；12月27日，“海峡两岸产业合作区”在成都锦江宾馆顺利授牌。11月1日至5日，赴广西省崇左市、广东省东莞市、江苏省昆山市学习“海峡两岸产业合作区”建设的工作经验。编制繁体字版宣传册1万余本，邮寄到有关省、市台商协会和台湾有关商协会，请他们帮助对外宣传。12月3日至9日，由彭山区政府副区长段永勤带领区有关部门和乡镇14人赴台湾进行交流推介。

（黄茂玥）

网格化服务管理

【机构设置】 眉山市彭山区网格化服务中心为中共眉山市彭山区委办公室下属公益一类正科级全额拨款事业单位。核定编制5名，其中，主任1名、副主任1名。

【工作职责】 贯彻区委、区政府关于网格化服务工作的决策部署，落实中央、省、市关于网格化服务的各项工作任务；统筹协调全区网格化服务工作；对分流指派给街道（乡镇）、行政主管部门、公共服务单位的办理事项进行跟踪督办、考核问效；建立、健全信息收集、分流指派、限时办结等工作制度，并组织实施；对重大事项上报区委、区政府；组织开展网格化服务工作调查研究，总结推广经验，探索创新举措；负责网格化服务信息系统的建设工作；承办区网格化服务领导小组交办的其他事项。

【概况】 2017年，全区网格账号活跃度为91%，超出眉山市定目标6个百分点以上。四川省平安建设群众满意度测评（电访）中，群众对辖区网格管理员工作的评价得分居全市第一；全市首届网格员技能大比武中，彭山区荣获二等奖。

【网格事件办理】 2017年，区网格化服务中心共办理网格事件4.33万件，人均月办件17.87件，完成市定目标的149%。其中，民生事件1.56万件，化解矛盾纠纷2255件，参与治安防控5982次，收集各类社情民意6548件，参与政策、法规宣传7746次，服务特殊人群3179次，报告各类突发事件310件。

【三项重点工作】 2017年，区网格化服务中心出租房屋信息完善、到期出租房走访达到100%；走访吸毒人员8698人次、严重精神病患者21043人次、社区服刑人员7250人次、刑释人员7517人次；发现、报送治安隐患1285件。

【网格化服务管理】 2017年，区网格化服务中心与彭山区法院签订《执行暨家事审判网格化协作机制协议》，为彭山区法院提供被执行人线索39件、成功送达法律文书91件。参与秸秆禁烧巡查1536次，开展环保宣传2459次，发放各类环保宣传资料5.66万余份。组织网格管理员“为民服务年”活动。开展“学雷锋志愿服务圆梦活动”，为贫困群众、孤寡老人等特殊人群实现“微心愿”45个；开展“争做环境卫士”活动，组织网格管理员对脏乱、死角、墙面牛皮癣及岷江河段垃圾进行整治；开展“创建平安建设县宣传”活动，参与治安防控5436件次，服务帮教特殊人群2818件次，劝解矛盾纠纷2046件次，参与禁毒宣传114次，发放各类宣传资料18335份。

【外宣工作】 2017年，省、市、区各级报刊、媒体采用彭山稿件199篇，其中，内宣4篇（《眉山要情》1篇、彭山信息3篇）；外宣195篇，其中省级刊物16篇、市级刊物119篇、“四川网格化服务管理”微信公众号34篇、区级刊物26篇。

（汪利红）

中国人民政治协商会议彭山区委员会

The Pengshan district Committee of the Chinese People's Political Consultative Conference

政协会议

【全体会议】　2017年2月13日至14日，中国人民政治协商会议眉山市彭山区第二届委员会第二次会议在区委会议中心召开。会议听取并讨论了区政府工作报告及2017年计划、预算报告；审议并批准政协眉山市彭山区第二届委员会常务委员会工作报告；听取并讨论了区人民法院工作报告、区人民检察院工作报告；审议并通过了大会决议。2016年，在中共眉山市彭山区委的正确领导下，全区上下团结一心，攻坚克难，奋力拼搏，圆满完成年初确定的各项目标任务，成功实现“十三五”规划开门红。荣获全市主动作为创一流综合目标考核第一名，多项经济指标居全市第一，县域经济发展跻身全省第十五位，县级经济综合评价提升4位，财政收入首次突破15亿元大关，全面深化改革实现历史性突破，社会民生显著改善。会议强调，2017年是全区实施“十三五”规划的重要一年，是推进供给侧结构性改革的深化之年，也是建设天府新区增长极、大都市区新高地的关键之年，更是在全省率先建成全面小康社会的决胜之年，尤其需要凝心聚力、团结实干。会议要求，区政协及各参加单位和广大政协委员要高举中国特色社会主义理论伟大旗帜，不断增强“四个意识”，坚定“四个自信”，筑牢不忘初心、继续前进的思想政治共识。要紧扣发展第一要务，聚焦大工业、大农业、大三产和新型城镇化，开展调研视察，建言献策。要坚持以人民为中心的发展思想，围绕群众普遍关心的热点、难点问题开展调研协商、专题议政、提案办理、个案监督、反映社情民意等活动，切实提升民主监督质效。协力做好团结各界、凝聚共识、促进和谐的工作。持续深入开展“我为脱贫攻坚做件事”活动，助力决胜全面小康。要在助推生态文化建设上积极作为，围绕品质发展、生态宜居，深入开展调查研究，建言、鼓劲。要不断推进协商民主进程，将 “四个坚持”贯穿于政协协商民主的全过程，提升协商实效。要从实改进作风，加强委员和机关干部队伍建设，不断提高政治把握、调查研究、联系群众、合作共事和廉洁自律能力，全面提升履职服务水平。会议号召，区政协及各参加单位和广大政协委员，要更加紧密地团结在以习近平同志为核心的中共中央周围，在中共眉山市彭山区委的坚强领导下，不忘初心，携手同行，持续奋进，为助力彭山争当建设大都市区新高地、天府新区增长极排头兵再作新贡献，以出色的成绩迎接中共十九大和省第十一次党代会召开。

【常委会议】 2017年，召开区政协二届常委会议5次。2月8日，区政协二届二次常委会在区委会议室召开，该次会议学习《中国共产党第十八届中央委员会第六次全体会议公报》；传达市政协四届一次全会精神和主席王影聪在市政协党组中心组（扩大）学习会上的讲话精神；审议并通过《政协眉山市彭山区委员会2017年工作要点》《关于区政协二届一次会议提案审查委员会委员转入区政协第二届提案委组成人员的请示》；通报《政协眉山市彭山区委员会各专委会对口协商部门安排》《政协眉山市彭山区第二届委员会主席会成员分工安排》；经协商表决，全体到会常委会成员一致同意增补何勇来为区政协第二届委员会委员；审议有关人事任免。2月13日，区政协二届三次常委会在区委会议室召开，该次会议协商眉山市彭山区党代会工作报告和眉山市彭山区政府工作报告；审议并通过《中国人民政治协商会议眉山市彭山区第二届委员会第二次会议议程（草案）》《中国人民政治协商会议眉山市彭山区第二届委员会第二次会议日程》《中国人民政治协商会议眉山市彭山区第二届委员会第二次会议列席人员范围》《中国人民政治协商会议眉山市彭山区第二届委员会常务委员会工作报告》。7月31日，区政协二届四次常委会在区委会议室召开，该次会议听取各小组分组讨论情况，七个讨论小组第一召集人分别就各组对区政府工作报告及计划、财政报告，区政协常委会工作报告，区人民法院、区人民检察院工作报告的讨论情况进行汇报，共收集意见建议58条，涉及工业、农业、交通、旅游三产、城市建设、民生工程、生态环境等多个方面；审议通过《政协眉山市彭山区第二届委员会第二次会议决议（草案）》。9月9日，区政协二届五次会议在区委会议室召开，该次会议学习了省第十一次党代会精神、市政协四届二次常委会会议精神、市委书记慕新海赴彭调研座谈会精神；听取区政府副区长周惠代表区政府就彭山区上半年经济社会发展所作的情况通报；审议并通过《政协眉山市彭山区委员会关于我区非物质文化遗产保护、传承与发展情况的调研报告》《政协眉山市彭山区委员会关于深化农村改革专题议政的报告》《〈政协眉山市彭山区委员会委员管理办法（试行）〉的补充规定》；听取区政协即将在全区大党建、经济工作会上作的题为《深入开展"六个专项治理"为建设美丽繁荣和谐彭山而努力》的报告，并对报告进行协商。12月28日，区政协二届六次会议在区委会议室召开，该次会议学习、传达市政协《关于进一步助推全面创新改革试验工作的意见》、省领导在全省政协系统助推全面创新改革试验半年工作情况报告上的批示；听取区政协主席谭福轩传达的全市政协系统助推全创工作专题培训会精神和市政协四届三次常委会关于眉山如何率先实现次级突破的专题议政会议精神；听取区政府副区长梁兰《关于办理2017年区政协提案工作情况的通报》；审议《政协眉山市彭山区委员会关于我区校园安全治理情况的调研报告》

《政协眉山市彭山区委员会关于小微企业发展环境的调研报告》；审议并通过《政协眉山市彭山区委员会关于我区留守儿童权益保障工作的调研报告》；审议增补余利平、万里行、杨文祥为区政协二届委员会委员；听取了部分区政协常委、委员反映的社情民意。

【主席会议】 2017年，召开区政协二届主席会议9次。1月9日，区政协二届二次主席会召开，会议传达市政协四届一次全会精神；协商并通过《政协眉山市彭山区委员会2017年工作要点（讨论稿）》，决定提交区政协二届一次常委会会议审议；审议并通过《区政协工作制度》；通报了区委关于调整区政协第二届委员会党组成员的批复；审议并通过区政协党组关于何勇来等5位同志职务任免的建议、区委统战部关于区政协第二届委员会委员增补的建议、《政协眉山市彭山区委员会第二届第一次常委会会议程（草案）》。2月4日，区政协二届三次主席会召开，会议传达省政协十一届五次全会精神和全区环境保护工作推进会精神；协商通过《政协眉山市彭山区第二届委员会第二次会议筹备工作方案》；审议并通过区政协二届二次全会会议议程、日程、列席人员范围（草案）；审议并通过《政协眉山市彭山区第二届委员会第二次常委会会议议程（草案）》，决定于2月7日召开区政协二届二次常委会会议。3月7日，区政协二届四次主席会召开，会议审议《关于提请交办区政协二届委员会第一次、二次会议征集提案的函》《政协眉山市彭山区二届委员会第一次、二次会议重点提案及督办建议》；审议通过由区政协提案委提请审议的《关于尽快对区党务政务中心扩改建或新建的建议》《关于搬迁龚家堰库区取水源头农户的建议》《关于进一步建设和整合视频资源 建立视频共享平台的建议》《关于进一步规范我区农村小型公共基础设施村民自建的建议》和《关于加强我区农村垃圾池管理的建议》等5件提案作为2017年重点督办提案，并决定将《关于搬迁龚家堰库区取水源头农户的建议》提案由区政府副区长王松、区政协副主席喻旭牵头督办，其余提案由区政协领导督办。6月5日，区政协二届五次主席会召开，会议讨论并通过《关于赴南充市高坪区、泸州市纳溪区政协学习考察报告》；讨论并原则通过《秸秆禁烧工作专项视察报告》《关于文化小城镇建设工作的视察报告》《视察“治理超载超限”专项工作情况报告》；审议《关于张丽同志辞去区政协二届委员会委员的申请》。7月8日，区政协二届六次主席会召开，会议传达学习市政协四届二次常委会会议精神、传达区委常委会精神；协商并通过《关于我区非物质文化遗产保护、传承与发展情况的调研报告》《深入开展“六个专项治理” 为建设美丽繁荣和谐彭山而努力》《关于对我区脱贫攻坚长效机制建立和实施情况开展个案监督的工作方案》《关于深化农村改革专题议政的报告》；协商《关于小微企业发展环境的调研报告》；审议并通过《政协眉山市彭山区第二届委员会四次常委会议议程（草案）》。7月26日，区政协二届七次主席会召开，会议传达贯彻全区迎接中央环保督查动员会精神；协商了《政协眉山市彭山区委员会办公室关于强化区政协委员（常委）管理的通知》；协商了对彭山区脱贫攻坚长效机制建立和实施情况开展个案监督相关工作。9月21日，区政协二届八次主席会召开，会议协商并原则通过《政协眉山市彭山区委员会关于小微企业发展环境的调研报告》《政协眉山市彭山区委员会关于我区留守儿童权益保障工作的调研报告》；审议并原则通过《政协眉山市彭山区委员会关于进一步助推全面创新改革试验工作的实施方案（草案）》；审议了人事事项。10月30日，区政协二届九次主席会召开，会议协商并通过《政协眉山市彭山区委员会关于建立政府采购社会服务机制专题议政的报告》《政协眉山市彭山区委员会关于“治污”专项行动的视察报告》《政协眉山市彭山区委员会关于整合卫生资源优化城区医疗机构布局的视察报告》《政协眉山市彭山区委员会关于农村道路交通安全的视察报告》《政协眉山市彭山区委员会关于龚家堰水库扩建工程推进情况的视察报告》《政协眉山市彭山区委员会关于脱贫攻坚长效机制建立和实施情况的个案监督报告》《政协眉山市彭山区委员会关于“城乡环境综合治理”和“治乱”工作的视察报告》《政协眉山市彭山区委员会关于视察建立农村集中安置区、城市老居民院落管理机制情况报告》。12月27日，区政协二届十次主席会召开，会议讨论了《政协眉山市彭山区委员会2017年度工作总结（讨论稿）》；协商并通过《政协眉山市彭山区委员会2018年工作要点（讨论稿）》《政协眉山市彭山区委员会关于“千亿交通大会战” 重点项目推进情况的视察报告》《政协眉山市彭山区委员会关于我区智慧城市大数据信息化建设工作的视察报告》《政协眉山市彭山区委员会关于我区“治砂”工作专项视察的报告》；审议通过《政协眉山市彭山区第二届委员会第三次会议筹备工作方案》《政协眉山市彭山区委员会“学报告、读党章、守初心、谋发展”活动实施方案（讨论稿）》《政协眉山市彭山区第二届委员会六次常委会议议程（草案）》；会议审议了人事事项。

政协常委会工作

【概况】 2017年，彭山区政协组织调研视察26次、专题议政3次、个案监督1次，收集提案、建议297件，编报《社情民意》33期；政协工作先后6次受到省、市政协表彰，12项工作受到区委、区政府表扬，彭山的经验材料、调研报告先后得到全国政协副主席刘晓峰和省政协副主席赵振铣、罗布江村的肯定。

【民主协调】 2017年，区政协全力推进政协协商民主，不断拓展协商内容，丰富协商形式，增加协商密度。全年，召开常委会5次、主席会9次、党组会7次、专题协商会3次、对口协商会9次。对党代会、人代会工作报告以及区纪委、区人民法院、区人民检察院的工作报告进行会前协商。在区政协二届二次会议期间，委员们围绕全区经济建设、民生事业等方面的问题进行协商议政，提出9个方面、79条建议意见，整理后形成专报报区委、区政府参考。在闭会期间，委员们围绕“建立政府采购社会服务机制”“深化农村改革”“创新融资方式和推动国有公司规范管理壮大上市”等方面开展专题议政，形成专题报告为区委、区政府的决策提供帮助。根据市委及市政协要求，区政协组织开展了“如何把绿水青山变成金山银山”“如何率先实现次级突破”“贯彻十九大精神 眉山怎么办”“弘扬东坡文化、繁荣文化产业”专题调研和协商，形成专题报告报市政协。在市委召开的座谈会上，区政协围绕园区建设和企业发展的议政建言。

【调研视察】 2017年，区政协按照“党委中心工作推进到哪里，政协履职就跟进到哪里”的要求，主动融入到“四城”建设、品质发展的主战场。紧扣党委政府重点工作和民生事业深入开展调研视察。全年，共组织开展小微企业发展、城乡环境综合治理、社会诚信体系建设等调研、视察26次，形成调研报告26篇，提出工作建议116条，不少建议、意见被区委、区政府和相关部门采纳。围绕环境治理开展的“治尘”“治污”“治乱”“治砂”“治超”“秸秆禁烧”“城乡环境综合治理”等专项视察，助推了全区环境质量的提升，并顺利通过中央环保督察组的专项检查；围绕全面创新改革开展专项调研视察7次，为助推彭山实现“弯道超越”贡献政协力量。直接参与重点工作和重点项目，推动城乡发展。区政协领导班子成员率领机关干部分别牵头参与“六治”专项行动、社会诚信体系建设、河长制工作以及东山彩林、岷江现代农业园区西部道路、仙女湖森林公园、城市长寿绿道等重点工作和重点项目，较好地完成工作目标任务。

【个案监督】 2017年，区政协围绕脱贫攻坚长效机制的建立与落实开展个案监督。由主席、副主席带队深入全区6个乡镇6个村，走访群众128户，针对监督中发现的问题并结合外出学习考察的经验，提出8个方面的建议、意见，为巩固脱贫成果提供帮助。

【提案办理】 2017年，区政协二届一次、二次全会期间征集到提案118件，立案99件。政协提案委及时会同区委办、区政府办进行提案交办。加强提案督办工作，对区党务政务服务中心、区水务局等单位承办的5件重点提案由主席、副主席分别挂帅督办，对区住建局、区园林局等单位承办的30余件提案进行集中视察督办，提高提案办理实效，提案办理率、委员满意率和基本满意率均达到100%。

【社情民意】 2017年，区政协积极做好搭建平台、畅通渠道、鼓励“发声”、协调追踪、反馈沟通工作，全年共编报《社情民意》33期，促使一批关系群众现实利益的问题得到解决。区委书记梁磊在区政协《2017年1—9月〈社情民意〉办复情况的通报》上作了“很好！政协要跟踪重点问题落实情况、推动解决”的肯定批示。

【扶助贫困】 2017年，区政协机关联系6个贫困村、95户贫困户，直接资助联系村30万余元、协调资金200万元，帮助联系村开展基础设施建设，资助贫困户资金5.7万元，解决具体问题15个；参与发起并组织实施的“脱贫攻坚·暖冬行动”，成为全市“暖冬行动”启动标志，被《光明日报》、民主与法制网等报刊网站报道。175名政协委员通过个人结对和组织安排等方式联系贫困户245户，捐资捐物268万余元。在2017年7月全省政协系统“我为脱贫攻坚做件事”专项督察中，得到省政协督察组的高度评价。

【对外交流】 2017年，区政协加强对外联系、交流合作，先后接待各地政协到彭山考察学习28批次；接待省、市政协领导到彭山调研视察13批次。省政协副主席赵振铣到彭山调研，对彭山区在加强司法行政监督、推进依法治区、解决执行难问题上取得的成绩给予了表扬。组织政协委员和机关干部外出考察学习，先后到黑龙江、江苏、湖北、云南及省内成都、南充、泸州、宜宾、广安、雅安等地学习考察9批次，学习社会诚信体系建设、国有公司管理、脱贫攻坚和政协委员联络管理等方面的经验。加强对外宣传，全年在报纸、电视台、网站等媒体上宣传政协工作100余次。其中，被省政协报刊载23篇、省政协网刊登26篇、市政协网刊登41篇，被省政协办公厅评为“2017年度新闻宣传先进单位”。积极助推文化传承，挖掘、抢救、保护地方文化资源，编辑出版《彭山民风民俗》，被市政协主席王影聪赞为“不忘本来、吸收外来、面向未来”的最好体现。积极参加“庆祝眉山政协成立20周年”征文活动，被市政协评为先进集体。

区政协办公室工作

【概况】 2017年，区政协办公室在区政协党组、主席会的领导和市政协办公室的指导下，切实履职，主动作为，全面完成各项工作任务，先后被省政协评为2017年度新闻宣传先进单位，被市政协评为川南“7+3”城市政协生态绿色发展调研座谈会议筹办工作先进单位、政协第四届眉山市委员会第二次会议会务工作先进单位、眉山政协20年座谈会会务工作先进单位。

【对外宣传】 2017年，区政协办抓好党报党刊和政协机关各类报刊杂志的征订工作，完成征订任务为机关干部职工提供精神食粮。制订新闻宣传奖励政策，凡是在中央、省、市、区级媒体上发表宣传稿件，对政协工作进行宣传报道的一律按标准进行奖励，鼓励机关干部积极写稿投稿，力争把机关干部培养成工作能手和宣传好手，做到既会干，又能说，更能写。全年在各级报刊、杂志、网络、电台等媒体用稿100余篇，超额完成省、市、区下达的宣传任务，被省政协评为“全省政协系统外宣先进单位”，许德英被省政协办公厅评为先进个人。

【组织调研】 2017年，区政协办加大政协委员调研视察总结提炼，扩大和提高政协的影响力。全年组织专题调研视察26次，形成调研视察报告26篇，涉及校园安全治理、创新创业工作、小微企业发展、脱贫攻坚推进、农村道路交通安全、城乡环境综合治理、非物质文化遗产保护传承与发展、深化农村改革、千亿交通大会战重点项目推进、社会诚信体系建设、智慧城市大数据信息化建设、卫生资源整合、留守儿童权益保障、农村集中安置区管理、环境保护、文化小城建设等方面，提出工作建议116条。

【会务工作】 2017年，区政协办做好了政协二届三次会议的会务工作。政协全会是政协最重要的一次盛会，为保证全会的顺利召开，政协办在政协的领导下，积极做好全会的筹备工作，成立全会筹备工作领导小组，由政协秘书长罗建斌负责牵头筹备会议各项工作。制定筹备工作方案，将机关干部分成五个小组，各司其责，共同完成会议的准备工作。全会期间，办公室认真做好会务和政协委员的接待工作，照顾好每一位政协委员，吃、住、行都有专人负责，保证会议的顺利召开。

【自身建设】 2017年，区政协办健全机关管理制度，完善机关内部管理。修订、完善《政协眉山市彭山区委员会机关目标考核管理办法》，成立由政协主席牵头的目标考核工作领导小组，负责考核工作，将全体机关干部纳入考核对象，从机关学习、培训活动、委室工作开展情况和区委、区政府交办工作完成情况等方面进行全面考核。考核办法经主席会议通过后实施。目标考核做到奖勤罚懒，调动了机关干部的工作积极性，使机关管理更加规范化、制度化、科学化。积极组织开展丰富多彩的职工文化娱乐活动，安排活动经费3万余元，组织机关干部参加区篮球赛、植树活动、职工工会活动，读书活动等。同时支持退休党支部8000元，用于政协机关退休职工开展健康向上的文娱体育活动。

（梅智勇）

纪检·监察

Discipline inspection and supervision

重要会议

【区纪委二届二次全会】 2017 年 2 月 21 日，区纪委第二届纪律委员会第二次全会在区委会议中心二楼大会议室召开。会议传达贯彻了十八届中央纪委七次全会精神、省纪委十届六次全会精神和市纪委四届二次全会精神，总结了 2016 年党风廉政建设和反腐败工作，安排部署了 2017 年工作。大会听取了区委常委、区纪委书记李勇刚作的题为《纵深推进全面从严治党　巩固发展良好政治生态》的工作报告。区委书记梁磊强调：统一思想，突出重点，以上率下全面推进从严治党。

2017 年 12 月 27 日，彭山区召开党风廉政建设警示教育大会

【党风廉政建设教育大会】 2017 年 12 月 27 日，彭山区召开党风廉政建设警示教育大会。

正风肃纪

【一线监督】 2017 年，区纪委组建“媒体 + 纪检干部 + 特邀监督员”工作组，深入单位、景区、项目建设现场等一线，采取模拟办事、录音摄像等方式督察干部作风，推动整改问题 26 个、问责处理 5 人。充分运用“庸懒散浮拖”问题监督平台，高频率、无缝隙、全覆盖开展明查暗访，严查不作为、慢作为、乱作为行为，发现并督促整改问题 38 个、通报批评 3 人、问责处理 16 人。

【舆论监督】 2017 年，彭山区举办全市“阳光问廉”全媒体直播节目彭山专场，主动揭短亮丑，曝光党员干部公款旅游、公车私用、扣押粮食直补卡等 5 个方面问题，以实际行动整治群众身边的不正之风，推动解决一批群众关注的热点问题。通过“阳光问廉”，共整改问题 41 个、诫勉和提醒谈话 16 人、组织处理 1 人、纪律处分 8 人。

【满意度调查】 2017年，区纪委聚焦民生领域，委托第三方调查机构开展满意度调查，以问题整改推动政风行风转变。现已完成纪检监察、食药监、教体、环保、卫计等系统满意度调查，收集并整改问题87个。出台《政风行风暨发展软环境测评结果运用办法(试行)》，把测评结果纳入年终目标绩效考核，作为党风廉政建设先进评选、正风肃纪改进服务、问责查处的依据，并向社会公开。

执纪审查

【整治腐败】 2017年，全区纪检监察机关共立案151件，同比上升54.64%；结案152件，纪律处分152人，移送司法机关7人，重点查处了教育、畜牧系统性腐败案件，狠刹行业协会、征地拆迁领域中的歪风。全面践行监督执纪“四种形态”，约谈提醒诫勉、轻处分或组织处理、重处分或重大职务调整、开除党籍并移送司法机关“四种形态”所占比例分别为39%、52%、3%、6%。聚焦农业、水务、林业、畜牧和教育、行业协会等民生重点领域，系统开展监督执纪，着力整治基层“微腐败”。省纪委《廉洁四川》电视栏目以《三重过滤堵漏洞》为题，专题报道彭山区运用大数据的理念和方法整治惠民政策执行中“微腐败”的经验做法，全市系统治理工作现场会在彭山召开。

【畅通监督举报渠道】 2017年，彭山区通过公开信、公示墙、电视、报纸、微信公众号等渠道，把“五位一体”的监督举报方式宣传到千家万户。常态化、全覆盖开展乡村干部“进万家”、纪检干部“进百村”大走访、坐诊接访、信访举报集中回访、明察暗访等活动，“零放过”损害群众利益问题。

【规范权力运行】 2017年，区纪委建立惠民资金大数据监督系统，将全区所有涉农工程项目、直补资金、补助资金一律纳入监督平台，实现对惠民政策执行的全程化、常态化、智能化监督。出台《眉山市彭山区涉农惠民工程项目监管办法（试行）》《眉山市彭山区涉农惠民补助项目监管办法（试行）》等制度，完善涉农项目申报、资金发放流程图，全程监督惠民政策执行。

预防腐败

【廉洁教育】 2017年，区纪委围绕“推进全面从严治党、巩固发展良好政治生态”“监督执纪‘四种形态’”，开展两轮全覆盖宣讲，进一步统一思想、明晰责任，让纪律规矩入脑入心。召开全区警示教育大会、编写《案件警示录Ⅰ》、拍摄警示教育片《考验》、组织19个单位925人次到眉州监狱接受警示教育；分两轮组织115名副科级领导干部到法院旁听职务犯罪庭审；实名通报曝光典型案例7起、21人，推动警示教育常态化、制度化。

【严肃党内政治生活】 2017年，全区定期约谈6000余人次、谈话函询47人次、诫勉谈话21人次。全面推行向纪委全会述责述廉制度，28名区委委员向区纪委进行书面述责述廉，区委委员、乡镇（街道）党政和区级部门主要责任人、纪检干部共计8人作了大会述责述廉，并接受质询和评议。深入开展领导干部违规经商办企业专项清理，责令16人予以清退，提醒谈话10人。

【开展弘扬三苏好家风系列活动】 2017年，区纪委评选“彭山好家规”“最美家庭”，开展“传家风、立家规、树新风”演讲比赛，组织党员干部到三苏廉政教育基地参观学习，开展“从家教到家风——‘清廉东坡’文化遗产”专题讲座，举办“清风扬眉—眉山市弘扬三苏好家风文艺巡演（彭山专场）”，组织观看《苏门三父子 情操昭千秋》专题片，教育引导干部群众传承和弘扬三苏家风精髓，以家风建设助力作风涵养。

【廉政风险防控】 2017年，区纪委坚持台账管理，对惩防体系建设情况进行督察评估，五年规划任务全面完成。制定《关于纵深推进廉政风险防控工作的实施意见》，落实八大防控工作措施。深化廉政风险防控工作，督促指导各单位查找廉政风险岗位3385个。开展一级廉政风险岗位抽查审计，抽查审计4个单位、整改问题13个。狠抓行权平台运行监察，开展监督检查5次、平台督办571件，通报单位2个、约谈5人、纪律处分2人。

巡视督察

【巡视监督】 2017年，区纪委全面开展巡察监督，选优配强巡察机构人员，成为全市唯一的省委巡察工作联系点。制定任期内对全区全覆盖巡察规划，分三轮巡察12个单位，发现并督促整改问题116个，建立、完善制度规定44个，移送问题线索44条，2条巡察经验被省委巡视办采用推广。

【“挂图监督”】 2017年，区纪委围绕全区20大项99个子项的重点项目“作战图”，实施“挂旗监督”，做到一月一督察，一月一挂旗，季度一通报，督促责任领导、牵头部门强力推进项目建设。全年开展督察12次，发出督察通报3期。

【环保督察追责问责】 2017年，牵头开展中央环保督查组交办件的追责问责和督察工作，调查处理交办件39件，对涉及环境执法监管力度不够、失职渎职、以权谋私等问题的12人进行追责，其中移送司法机关1人。

【重点工作监督】 2017年，区纪委开展安全生产隐患集中整治督察督办，督促整改问题9个，督促整改安全隐患186个；开展区货币化安置和项目拆迁补偿复核工作，清退违规享受货币化安置补偿金96万元的6名公职人员；围绕脱贫攻坚开展监督检查201次，发现整改问题37个，党政纪处分2人。

党风廉政建设

【“信息化”监督】 2017年，由区委主体办和区纪委分别牵头负责主体责任和监督责任的安排部署和督察考核，推进反腐倡廉与经济建设等工作同步开展。着力运用互联网现代信息技术，建立“两个责任”落实信息化监督系统，对“两个责任”落实情况进行自动化监控、预警式管理。

【“项目化”部署】 2017年，区纪委按照岗位职责和廉政风险点，分区、乡、村三个层面，建立个性化主体责任和监督责任清单，把“两个责任”细化落实到党委（党组）班子及班子成员，层层签字背书，层层传导压力。

【“两个责任同步推进”】 2017年，坚持区委常委会专题听取区委班子成员落实主体责任制度，先后专题研讨党风廉政、反腐败工作12次。坚持廉政工作会制度，每季度集中研究重要案件查办、重点工作推进和分析党风廉政建设和反腐败工作中苗头性、倾向性问题，针对性提出解决措施。全年召开廉政工作会4次，研究解决问题31个。

【“清单制”考核】 2017年，对2017年度全区各单位领导班子及其成员履行党风廉政建设主体责任情况进行督察，发现5大类主体责任落实不到位问题并已及时整改。将党建主体责任与社会经济发展实行“双百分制”同比重考核，党风廉政建设考核分值占整个目标考核的12.5%。对主体责任落实不力的区级领导和部门党委（党组）书记，予以约谈提醒或问责追究。全年共实施党风廉政建设责任追究6人。

纪检监察队伍建设

【纪律检查体制改革】 2017年，区纪委聚焦人员转隶、班子配备、机构组建、基础保障等重点，推进监察体制改革。明确力量配备、职责分工、工作阵地、业务运行、经费保障、队伍建设“六项标准”，推行乡镇纪委标准化建设，确保执纪审查安全无死角。该项工作被中央纪委《案件监督管理情况》肯定推广。

【强化教育】 2017年，依托“纪检大讲堂”，开展轮流讲课、以案说纪、警示教育。坚持“每天1小时自学”制度，提升学习钻研的主动性。以“老带新师代徒”“跟班培养”“轮岗交流”“上挂下派”为重点，多形式开展大练兵、大提能活动，培养业务过硬的复合型人才。

【畅通举报渠道】 2017年，彭山区设立“五位一体”举报平台，畅通纪检监察干部违纪问题举报渠道。组建特邀监督员队伍，开展随机暗访监督。实施开门评风，委托第三方调查机构，对全区纪检监察工作及纪检监察干部进行满意度测评。突出问题整治，以“零容忍”态度清除自身腐败，坚决防止“灯下黑”。全年组织处理1人，纪律处分3人，其中移送司法1人。

（张驰程）

民主党派

Democratic Parties

中国民主同盟会眉山市彭山区总支委员会

【概况】 2017年，中国民主同盟会眉山市彭山区总支委员会（以下简称“民盟彭山总支”）积极开展“坚持和发展中国特色社会主义”学习实践活动，在组织建设、参政议政、服务民生等方面取得显著成绩，“民盟彭山总支陈列室”申报创建成功，被市委统战部命名为“眉山统一战线中国特色社会主义教育基地”。

【思想政治建设】 2017年，民盟彭山总支扎实开展学习活动，坚持每季度开展一次专题学习活动，每两月召开总支委扩大会，把学习与盟员活动相结合，进一步丰富学习内容。认真学习中共十九大报告精神，召开座谈会，盟员积极发言谈体会、谈感受，用精神引领工作；扎实学习中共四川省委第十一次会议、民盟四川省委第十三次代表大会和政协眉山市九届会议精神，进一步提升参政议政的能力；专题学习区委书记梁磊在区二届党代会的“思想大解放，彭山大超越”为主题的讲话精神，进一步激励盟员为彭山做贡献的斗志；邀请主委杨常沙到彭山进行“东坡文化”的专题宣讲，让盟员接受东坡文化熏陶，进一步提升传统文化修养；积极参加盟市委专题学习活动，先后参加参政议政培训1次和学习活动4次；组织盟员到保胜乡李密故里，重温忠孝文化，让盟员懂得感恩社会，努力回报社会；组织盟员赴巴中市南江县认真开展政治交接学教活动，以革命先烈的鲜活事迹激励盟员在未来道路上发扬钻研业务、精益求精的精神；盟总支为每位在职盟员征订《群言》书籍，为大家提供精神食粮。

【组织建设】 2017年，民盟彭山总支10名盟员被监察、司法和政府部门聘任为特约人员。9月，成立财务监督委员会，进一步健全财务管理制度，规范财务工作。年内共发展新盟员3名，分别为凤鸣街道办的信访办干部周骏玮、区食药监局办公室干部王瑞恒和区政府办公室干部邹依然。盟总支盟员刻苦钻研，不断加强自身能力建设，在各自工作岗位上发光发彩。盟员王娜当选为民盟省委学习文史工作委员会委员，撰写的《关于加强司法行政监督 助推“法治彭山”建设的情况报告》获得省政协副主席、民盟四川省主委赵振铣的批示。盟员周建伟在眉山建市20周年征文活动中撰写的文章《大美眉山》在《眉山日报》上发表。盟员唐建超当选为民盟省委生态环境与城乡建设工作委员会委员，参与撰写的彭山区发展民营经济的汇报材料。盟员任继超被区政府授予“寿乡十佳人才”称号，被市教体局授予“眉山市任继超名师工作室主持人”称号，被评选为四川省特级教师；参加统战部组织的党外人士座谈会进行交流发言；主办的“任继超名师工作室”受到副省长杨兴平和眉山市副市长曹晖的好评；接受四川电视台科教频道“名师风采”栏目组专访。盟员谢廷洪当选眉山市律师协会监事长、眉山市法学会法治宣传研究会副会长。盟员张艳被区政府评为“寿乡最美教师”，被校评为优秀教研组长和优秀班主任，区骨干教师考核获优秀；文章《如何提高历史课堂教学实效探讨》发表在国家级刊物《当代教学科研杂志》。盟员倪文萍任眉山市彭山区人民医院副院长，被评为全市“十佳医生”，先进事迹被《眉山日报》等媒体专题报道。盟员文志海被区委统战部特聘为新社会阶层联谊会常务理事。盟员李桂珍被评为全国和省级优秀指导老师。盟员张宇梅成功参与组织在彭山举行的2017年全国特奥轮滑比赛运动员健康教育计划项目。盟员徐渝嘉和邹依然参加区委组织部组织的为期4周的遴选递进培养年轻干部人才暨新任科级领导干部培训，并就教育体制改革和为彭山发展建言献策进行交流发言。

【社会服务】 2017年，民盟彭山总支扎实开展农村教育“烛光行动”，不断创新活动方式，通过多方筹资，深入教育调查走访，活动对象由边远的两所学校拓展至四所学校，积极为农村教育贡献力量。是年，分别到武阳中学、谢家中学、黄丰中学、义和中学开展活动，先后向四所学校前10名初三优秀学生共40人发放由盟员周建伟和盟总支共同出资赞助的奖学金1.6万元；盟员杨静和李清川分别在四个学校开展励志演讲，为广大的农村学生提供精神食粮。“爱心圆梦” 教育帮扶行动：2017年6月1日，盟总支组织盟员筹资1.2万元，分别为锦江乡净皇学校捐赠乒乓球桌3套、保胜乡中心小学捐赠图书1000套，为贫困学校实现愿望。8月，积极投身到九寨沟地震抗震救灾，为灾区捐助6200元现金。认真开展“脱贫攻坚”帮扶活动，分别帮扶义和乡活桥村道路建设1万元、江口镇双合村道路建设5万元，解决资金缺口问题。结合工作实际，各盟员认真投身到社会服务中，为彭山社会事业发展做出积极贡献。盟员王娜为义和乡活桥村争取1万元资金用于贫困户帮扶、为彭溪镇龙门桥村争取2万元资金用于村阵地建设；盟员周建伟为高考本科上线的共计560名学子每人赠送一个抽杆箱，总价值15万元；盟员唐建超在谢家镇石山村探索开展农村垃圾分类减量试点工作，获得省治理办通报表扬；盟员任继超主研指导的课题《农村寄宿制初中以活动促发展的实践研究》被立项为四川省教科研资助金项目课题；盟员李晓鸣到金川县观音桥镇开展义诊活动，为当地藏民送医送健康；盟员黄杰牵头启动环天府新区战略和空间规划研究，不断完善彭山“一城双核”城市功能，更好发挥眉山融入成都桥头堡作用。

【参政议政】 2017年，民盟彭山总支提交区级社情民意2条、区政协提案个人和集体10个、市政协提案4个。盟员唐建超提交的《关于加快生活垃圾减量化资源化处理的建议》被确定为市政协大会发言提案。

【信息调研】 2017年，民盟彭山总支组织盟员开展加强青少年传统文化教育工作的调研，撰写名称为《以文化人、文化立人，传统文化在青少年中的弘扬与传播》的调研文章1篇；协助民盟四川省委到学校开展加强学校信息化建设的调研。盟总支不断强化信息交流和对外宣传，全年共上报各级信息16条。

（刘红玉）

中国民主建国会彭山区总支委员会

【概况】 2017年，中国民主建国会彭山区总支委员会（以下简称“民建彭山总支”）中国民主建国会彭山区总支委员会（以下简称“民建彭山总支”）共有会员 42人，下设两个基层支部。会员中60岁以上8人，女会员13人，副科级以上5人，大专以上文化程度32人 ，市人大代表、市政协委员6人，区人大代表、区政协委员21人，企业界人士13人，特约监督员9人。紧紧围绕区委、区政府的中心工作，认真履行民主监督、参政议政、参加中国共产党领导的政治协商职能。

【培训学习】 2017年，民建彭山总支组织会员18人次参加市委统战部组织的同心大讲堂学习活动3次；组织22人参加省委会副主委刘汉元到眉山进行的第十一次党代会宣讲；组织80余人次参加民建眉山市委组织的学习活动。涉及内容有中共十九大精神、重庆民建成立馆、会章会史、民建省委第九次代表大会学习教育活动等。班子成员随区委统战部到泸州纳溪区、成都武侯区学习。

在总支和支部会上及时传达区委、区政府关于发展的会议精神。开展“喜迎十九大、共筑同心圆”有奖知识竞赛。组织班子成员、骨干会员撰写体会文章。会员在“两学一做”活动中撰写“不忘初心、携手前行”的体会文章8篇，并在眉山民建刊物登载。其中，张丹所写的文稿在四川民讯上刊登。眉山设区建市20周年时撰写纪念文章3篇。中共十九大召开后，撰写学习中共十九大体会文章8篇。骨干会员参加省级以上培训：会员周惠参加省委统战部组织的全省党外县处级中青年干部培训；何锋、许鸣、周宇、张怡4人参加民建省委青年会员培训；伍宏伟、许鸣参加民建省委在江油举办的青年会员思想教育培训；会员干志林、周宇分别参加民建中央举办的“2017中国风险投资论坛”和省委统战部举办的“四川省社院新阶层培训班”学习。通过学习活动，进一步提高会员、特别是班子成员、骨干会员的政策理论水平，坚定接受中国共产党领导的自觉性和坚定性，为履职打下坚实的思想基础。

【组织建设】 2017年，民建彭山总支认真考核、严格把关，考察徐惠（区法院）、张泽均（泽均汽修厂）、马万军（仁和公司）3名会员，并被民建眉山市委批准吸收为正式会员，经济界特色鲜明，会员结构不断优化。川娃子公司负责人唐磊已被列入考察对象。积极推荐优秀会员进入区委党外后备干部及党外干部人才库，着力加大年轻会员的培养力度。加强与会员单位党组织的联系和沟通，为会员的成长进步创造条件。两个基层支部认真按照两月一次开展组织生活，加强支部的自身建设，加强学习调研，凝聚广大会员。

【参政议政】 2017年，在市、区两级人大、政协全会上，彭山民建会员共撰写提案25件。会员何锋、许鸣分别牵头完成《建设天府新区增长极、大都市区新高地》和《关于我市创新“四种模式”加快“四个转变”相关情况的调研报告》的调研文稿。年内，会员共撰写社情民意4篇。9位会员被区委安排为特约员，为会员进一步履行民主监督职能搭建平台。

【社会服务】 2017年，民建彭山总支依托会员企业发展经济、热心公益事业。13名会员企业家在经济下行的大背景下，认真分析市场行情，抢抓发展机遇，在发展生产、提供就业、缴纳税收等方面作出积极贡献。会员企业家力所能及地热心社会公益事业：会员企业泽均汽修厂免费为环卫工人提供清凉解暑的慰问品；伟业公司免费为残疾人提供培训活动基地；亨达实业有限公司为周边百姓解决养老医疗费用、为扶贫日捐款；仁和公司为全区公益性助学金捐款、为扶贫日捐款、为联系的凯旋村捐款等，体现民建会员的社会担当。会员积极开展脱贫帮扶工作。体制内会员以及会员中的人大代表、政协委员多次到贫困村、贫困户，给予关怀帮助，为10余户贫困户提供资金、信息、技术、物资等帮助，鼓励其树立发展生产、提高生活水平的信心。对区残疾人日间照料中心开展联络关爱工作，赠送米、油、蔬菜、水果等生活物资，切实增强会员对社会主义制度优越性的理解和认识。

【联络工作】 2017年，民建彭山总支开展老会员座谈慰问活动，听取总支60岁以上老会员对工作的建议、意见；召集会员开展庆中秋、迎国庆座谈会；与广安市第三支部建立友好合作支部。进一步学习先进区县的好经验和做法，增强会员之间相互联系；与武侯区民建进行友好互访，吸取经验，初步达成联合开展活动的共识；对太平洋服饰、君澜酒店、潮汕牛肉、泽均汽修、楠木林种植、莲花公墓、润丰农资、伟业公司等8家会员企业进行走访，了解其经营中的困难和问题，并积极为企业解决问题4件。

【信息宣传】 2017年，民建彭山总支落实信息员制度，向市、区两级报送宣传信息16篇。组织和动员会员积极向各级部门报送《好家规背后必有好故事》《进军荒山野岭 谱写工商资本下乡新篇章》《在治蜀兴川的新阶段民建人的变与不变》《找出人生坐标 明确人生定位和目标》《耕耘收获何须问 春华秋实定有时》等理论文稿。7名会员因为工作突出分别获得市区两级党委、政府的表扬。

（陈永华）

中国民主促进会眉山市彭山区总支委员会

【概况】 2017年，中国民主促进会眉山市彭山区总支委员会（以下简称“民进彭山总支”）发展新会员2名，储备会员2名。年内，总支设立两个支部，会员32名。总支推荐1名会员参加民进高职院支部成立大会；选举1名会员代表参加民进省委会换届大会；选派3名会员参加区委统战部组织的赴泸州纲溪区和成都武侯区考察学习；12名会员担任特约员，在不同的部门开始履行职责；会员张梅还被民进省委表彰为主题活动先进个人。

【参政议政】 2017年，民进彭山总支组织会员中的代表、委员积极参加两会，在市政协会上提交个人提案1件；在区政协会上提出集体提案1件（《关于进一步建设和整合视频资源　建立视频共享平台的建议》）、个人提案12件（《建立我区农村老人关爱服务体系的建议》《关于凤鸣公园内空气污染和噪音污染应实行管控，科普宣传长廊应配套的建议》等）。提案主要围绕社会民生、环境整治、关爱帮扶等方面。

【宣传调研】 2017年，民进彭山总支及时宣传报道，提高党派的社会影响力，共向市委会和区委统战部报送会务信息10篇次，报送专题意见、建议3篇次。总支将专题调研作为参政议政的重头戏，年初召开选题落实会，讨论形成全年的调研课题，并落实专人负责，经过认真考察和调研活动，共形成调研报告3篇。撰写建市20周年专题征文2篇；撰写学习习近平总书记统战工作新思想专题征文1篇。组织会员赴黄丰镇围绕柑橘产业优化发展进行专题调研。

【服务社会】 2017年，民进彭山总支秉承关注民生、量力而行的服务思路，开展一些力所能及的社会服务工作，极大的增强民进总支在社会上的影响力。看望慰问孤寡老人及留守孩子。在“六一”前夕，总支为城东社区5名留守儿童送去学习用品和慰问金2400元；总支一直关注残疾学生的成长，连续6年组织会员到特殊教育学校看望孩子们，送去价值2700元的生活用品；在重阳节前夕，组织会员们到中心敬老院，为老人们送去11.2万元生活用品，并组织中医院的骨干医生为老人们提供义诊服务；坚持看望慰问彭溪镇的困难群众4户，为他们送去价值2000元的慰问金。会员袁琼积极帮扶黄丰镇困难群众徐华（患帕金森病多年），为其协调捐款6000余元，及后期500元/月的生病就医费用；会员苏永红为困难群众王建华提供就业岗位，助其脱贫实现年收入1.2万元。在重阳节看望江口镇茶场村5组70岁以上老人50名，赠送价值3000余元的生态猪肉、土特产和蜂蜜。积极参与看望慰问抗战老兵活动。开展党派联村活动。总支参照泸州纳溪区统战工作的先进做法，把公义镇新桥村作为联系村。全年，组织会员到新桥村开展活动3次，提供阵地建设帮扶资金2万元；看望慰问新桥会的困难群众3名。

【取得成绩】 2017年，民进彭山总支会员们爱岗敬业，在本职岗位上做出突出业绩。会员蒋洋、阳朋军被表彰为区政协工作先进个人；会员倪兴国被评为彭山区最美老干部，撰写的论文《江口沉银的发掘》填补了明末清初一段历史的空白，获区委宣传部“辉煌二十年”征文二等奖。会员徐定雄撰写的论文《针对中学生试题讲评策略初探》在全市指定交流发言；课题《求空间几何体表面积和体积》在学校作为示范课。会员陈群撰写的《写在灵魂上的风景》等4篇散文和诗歌《莲》《避雨》发表在彭祖山文学；撰写的散文《蒜辣》《银杏》及诗歌《信》发表在《彭山报》；诗歌《象耳寺》发表在《东坡光影里的山水》。会员邓大联辅导学生钱萧参加眉山市第九届中职生综合素质演讲比赛获二等奖。会员阳朋军被区委表彰为残疾人工作先进个人，负责的康复工作获全省通报表彰，并受邀在省残联作康复工作专题讲座。会员张梅被民进四川省委表彰为坚持和发展中国特色社会主义实践活动先进个人；被区委表彰为改革创新工作、区委统战工作先进个人。会员刘新被评为校级优秀教师。会员罗秀勤成功晋升为副主任医师。会员莫蔚被中国英语写作教学研究会和全国奥林匹克英语作文大赛组委会授予国家级指导一等奖称号。

（张　梅）

群众团体

Mass Organizations

彭山区总工会

【概况】 2017年，彭山区总工会着力抓好工会基础工作，发挥工会优势，组织动员全区广大职工群众为彭山建设“天府新区增长极大都市区新高地”的发展目标贡献力量。彭山区同庆南风有限公司被评为全国厂务公开民主管理示范单位，并荣获四川省“五一劳动奖状”；联合利华（四川）有限公司荣获四川省“工人先锋号”荣誉称号；根据中华全国总工会《关于表彰2017年全国五一劳动奖和全国工人先锋号的决定》（总工发〔2017〕7号）文件精神，彭山区职工雷宇荣获全国五一劳动奖章，全市唯一。这也是彭山金融行业职工首次获此殊荣。

【换届选举】 2017年，区总工会召开眉山市彭山区工会第二次代表大会，增加来自企业一线职工比例，11名常委中一线职工2名，选举产生区总工会新一届领导班子，企业一线职工首次当选为彭山区总工会副主席（兼职），且分管具体工作。区总工会将“组织宣传部”和“经济法律保障部”合并为“组织宣传和经济法律保障部”，主要负责全区工会组织建设、宣传教育、法律维权、经济保障等，通过精简机构设置旨在强化工会职能建设，腾出更多的人员充实基层、园区工会队伍，在源头上加强产业、行业工会组建。

【工会改革】 2017年，为全面落实省、市创新事业单位民主管理制度改革要求，继续深入开展“互动化公开、交流促民主”活动，区总工会制定《彭山区创新企事业单位民主管理制度改革方案的实施意见》（眉彭委办〔2017〕19号），形成一批制度健全、运作规范、示范性强、特色鲜明的先进典型。四川同庆南风有限责任公司被评为全国厂务公开民主管理工作示范企业，全市唯一；彭山区四川思念食品有限公司、中纺粮油（四川）有限公司等11个企业被上级工会分别评为厂务公开民主管理工作示范单位、先进单位、示范班组。

【工会会员服务工作】 2017年，为构建完善的服务职工工作体系，进一步优化“互联网+”服务模式、深化服务内涵，为全区广大会员职工提供高效优质的普惠性服务，区总工会在全区开展工会会员实名信息登记工作，录入全省工会会员信息管理系统251家单位、2万余人。联合邮政、邮储等部门召开全区工会会员普惠性服务工作动员会，并签署合作协议，下发《彭山区工会普惠性服务工作方案》（眉彭工发〔2017〕63号），签约商家已达32家，并为120家单位办理了工会会员5372张。

【职工竞技比赛】 2017年，区总工会围绕区委“大都市区新高地，天府新区增长极”目标，在全区开展“凝心聚力谋创新，建功立业共发展”为主题的劳动竞赛和“安康杯”竞赛12次。在劳动竞赛中，全区各级工会着眼创新驱动，深入开展提合理化建议、技术攻关和科技成果转化，在2017年眉山市优秀职工提案中，彭山区共有3项涉及企业管理以及职工生产、生活的提案受到市总工表扬奖励。为进一步提高职工的职业技能水平，举办彭山区第三届职工职业技能大赛，涵盖计算机办公应用、餐饮厨艺、美发（晚妆）、焊工四个比赛项目。区总工会积极会同相关部门组队参加市职工技能大赛，获团体总分第二名的成绩。

【文体活动】 2017年，区总工会组织开展“快乐健康·你我同行”系列职工文体活动16次，覆盖职工人数达5.8万人次。其中，全区首届妇女体育健身运动会、庆“五一”迎“五四”文艺晚会、“书香彭山人·相约读起来”区首届职工读书比赛活动、职工篮球赛、羽毛球赛等区级职工文体活动规模大、影响大、社会反响好，充分展现全区广大职工良好的精神风貌，丰富了职工群众文体生活。

【工资集体协商】 2017年，区总工会大力开展工资集体协商和厂务公开民主管理工作，全区各类企业签订综合集体合同356份，覆盖企业759家、职工34826人。签订劳动安全专项集体合同10份，覆盖企业10家、职工2676人。签订女职工特殊权益保护专项集体合同356份，覆盖企业759家、女职工12158人。彭山区餐饮行业工会联合会职工代表大会暨工资集体协商会成功召开，协商工作被《中国商报》、凤凰新闻、搜狐新闻等媒体刊登。

【“四送”工作】 2017年3月，区总工联合区人社局开展“春送岗位”活动，组织彭山、新津等区县102家企业在彭祖广场进行现场招聘，提供6200余个岗位，意向招聘2700余人。共组织技能培训5场次，涉及餐饮、种植、电商等行业，共培训下岗职工680人，农民工500人。举办彭山区首场“散乱污”关停企业下岗职工（农民工）就业推荐会，组织33家企业前来招聘，共计提供岗位500余个，求职登记780人次，达成用工意向协议382人，有力地解决“散乱污”关停企业下岗人员的就业生计。7—8月，区总工会组织开始“夏送清凉”活动，共走访慰问同庆南风、中纺粮油、龙腾铁路、思念食品、区交警大队等企事业单位18个，慰问职工3500人次，发放防暑降温用品33.63万元。全年，“秋送助学”活动共计资助困难学生371人次，资助金额41.2万元。大学新生圆梦计划共资助困难大学生66人次，发放助学金20.95万元。资助贫困中学生125人次，救助资金12.5万元；困难小学生155人，救助资金7.75万元。组织“冬送温暖”活动，开展区级部门“一帮一”

慰问活动、绿色通道救助大病困难职工 782 人，资金 83.9 万；慰问救助省、市困难劳模 62 人，发放慰问金 31.83 万元。全年办理女工大病保险 784 人，涉及金额 11.79 万元。

【职工维权】 2017 年，区总工会法律援助接受免费法律咨询 90 起，涉及职工 150 余人；共受理维权案件 13 件（办结 11 件），仲裁结案 9 件（含仲裁前置），诉讼结案 8 件；涉及职工 30 人，金额 314.35 万元。“工会阳光·法律援助维权益”行动先后在观音、青龙、谢家、锦江等地开展法律维权益活动 5 次，制作并发放维权手册 2800 余份，直接受益群众达 6300 余人。在 2017 年四川省首届“争当优秀调节员 争做优秀法律援助工作者”工作总结表彰大会上，区总工会法律援助工作者方秀莲荣获工作竞赛先进个人荣誉称号。

【基层组织建设】 2017 年，全区共建工会组织 683 个，会员 6.49 万人，组织机制以及职工入会覆盖率 100%。新建非公企业工会 5 家，新入会会员 376 人。彭山区是省级基层工会组织建设和顾村经验推广试点县，全市唯一。

【互联网 + 工会工作】 2017 年，区总工会成功创建为市级文明单位。积极探索网上工会工作载体，推进“互联网 +”工会工作新模式，开通工会微信公众号，智慧工会服务云平台正在筹建当中，进一步加强工会官方网站、微博、微视等新兴媒体建设，将工会工作拓展到网上和移动终端。

【大群团协调工作】 2017 年，区总工会牵头全区大群团协调工作，负责区群团组织党工委日常工作，代拟了《充分发挥群团组织优势助力脱贫攻坚方案》；拟定了《眉山市彭山区群团改革方案》。2017 年 10 月，区委书记梁磊在全省群团改革工作会上做经验交流发言，全省唯一。

（任 艳）

共青团眉山市彭山区委

【共青团组织建设】 2017 年，共青团眉山市彭山区委（以下简称“团区委”）扎实开展共青团“学习总书记讲话、做合格共青团员”活动，指导全区各级团组织积极行动，广泛开展入团仪式、交流讨论、故事讲述、征文演讲、志愿服务等形式多样的主题活动；指导全区中学广泛开展“不忘初心跟党走，我为团员上团课”主题团课活动；指导、推报区一中主题团课参与全省团课比赛，获高中组三等奖；指导参与“医者朗读”沙龙、三中团委“感恩”主题团日展评等系列活动。指导全区各级团组织开展“践行新思想 拥抱新时代”组织生活会和“新时代 新青年 新形象 新作为”主题团日活动。推报区职中团委等 3 个集体、汪金秀等 4 名个人获 2016 年度四川省优秀共青团员、优秀共青团干部、五四红旗团委、五四红旗团总支。严格落实共青团“三会两制一课”制度，印发实施细则，专门订购并印发《团支部工作实用指南》和《共青团支部工作手册》，规范工作流程。积极探索在新兴领域建立团组织，在教育系统、成眉石化园区、“天使之爱”公益组织、区社会治安志愿者协会、猕猴桃专业合作社、硕仙农业、大学生创业孵化园等行业协会新建团组织7个，扩大团组织的覆盖面。以共青团改革为契机，启动村（社区）团支部集中换届工作，严把“人选关”“程序关”“纪律关”“交接关”。采用“三三模式”严控团员发展，严把“3关”（质量关、数量关、入口关），采用“3加”模式（即：团学比摸排＋基层上报需求＋团区委统筹分配），科学调控“团青”比例，全年发展团员684名，初中团学比18.35%，高中毕业班团学比58.6%。加强团干部队伍建设，贯彻落实“1+100”制度，全区专兼职团干部直接联系青年2133人，团干部绑定率100%，团干部平均积分103.8分，超过100分的目标任务。全年专题培训4次，其中，邀请省团校老师开展“从严治团，不忘初心跟党走”专题培训；邀请区委常委开展中共十九大专题培训；聘请专业机构开展拓展训练，近500人次团干部、少先队大队辅导员、西部计划志愿者参训。

【青少年活动】 2017年，团区委组织30余名团员青年志愿者开展“青春志愿行·温暖回家路”2017春运志愿服务。3月，号召全区青少年开展“弘扬雷锋精神 引领青年风尚”主题活动；组织25名志愿者参加全区义务植树活动，并发文倡议全区青少年义务植树，20余个机关单位团组织200人参与活动。4月，围绕“绿化彭山 助力‘四城’建设”向全区群众发出绿色环保倡议，共发放倡议书1000余份。清明节，开展祭奠革命先烈活动，1500余名青少年参加。5月，组织全团开展“青春喜迎十九大·不忘初心跟党走”主题系列活动，举办大型迎五四晚会。在全国第九个“防灾减灾日”和汶川特大地震9周年，组织20名青年志愿者参与省级防震救灾综合演练。

【主题教育活动】 2017年，团区委指导全区各学校开展“喜迎十九大·我向习爷爷说句心里话”系列活动，共计15次。6月1日，在区二小举办“喜迎十九大·红领巾飘起来——庆六一体育艺术秀”活动。搭建少年儿童展示平台，经过海选、网络投票等激烈角逐，联合区教体局、区青少年宫举办第三届“眉山故事少年说”讲说比赛彭山区复赛，推报的总决赛参赛选手荣获市三等奖。通过购买社会服务的方式，组织青年志愿者每周末在红绿灯路口、人行天桥、十字路口等人员聚集地，对不文明行为进行集中劝导。在区青少年社会实践基地开展丰富多彩的培训活动，全年共培训23期、4068人次。

【宣传教育】 2017年，团区委大力推进“网上共青团”，全力推动共青团微博、微信、“青年之声”建设，增强活动的时代性，提高共青团新媒体影响力。彭山共青团微博突破两个“百万”：话题阅读量突破百万、月平均阅读数突破百万。开通微信线上服务，实现与青少年沟通交流“24小时、零距离”。开创《青FM》《彭山朗读者》《青年志》网上栏目，全面弘扬青春主旋律。及时制作中共十九大学习专栏，微信发布中共十九大贴文23篇、微博30余条，原创被《四川共青团》采用、转发3条。创新开展“青春朗读十九大”活动，引导广大青少年学原文，悟原理，引起彭山各级团组织关注和参与。其中，开展的“青春志愿行·温暖回家路”、农业嘉年华志愿服务、保护母亲河、快乐学校、暖冬行动等6条相关信息，被团省委“四川共青团”微信公众号采用刊发；关爱青少年公益宣传片、五四活动等活动信息，被“微彭山”采用。各类活动信息被《今日头条》、中国文明网、四川在线、四川新闻网等各大媒体平台刊登。关爱工作、青年创新创业等受到《关爱明天》杂志社专题报道、省广播电视台新闻频率专题采访，扩大了彭山共青团的影响力。

【青少年活动阵地建设】 2017年，团区委打造青少年活动关爱阵地，积极向上争取资金40万元，建成莲池村青少年综合服务中心。通过整合资源、转型升级、新建等方式，完成全区第一批15个“青年之家”阵地的打造建设和挂牌；新建关爱青少年活动室4个；与区妇联共同打造青少年保护中心，分别在凤鸣花谷和眉山岷江农业嘉年华成功挂牌青少年社会实践基地。

【青少年帮扶】 2017年，团区委向上争取团省委“童伴计划”试点项目，并落户公义场社区，聘用“童伴妈妈”，长期对公义困境留守青少年开展关爱帮扶。采用购买社会服务的形式，购买四川大学锦江学院青年志愿者协会服务，在青龙镇实施“青心相伴”项目，每周末组织青年志愿者到青龙镇莲池村开展丰富多彩的活动，对留守儿童进行长期、持续的关爱，做到周周有行动、月月有主题、季度有实效、年度有计划。继续开展“与党同心·与党同行”结对帮扶活动，组织全区西部计划志愿者、“校地共建”大学生与重点青少年进行一对一结对帮扶。联合区关工委开展“助学成才 放飞梦想”救助活动，为全区122名学生发放助学金24.6万元。承办全市“绿色发展 健康成长”青少年夏令营主营暨彭山分营开营仪式，100名来自青龙二小的农村学生、留守儿童参加该次活动。通过积极向上对接，为彭山区3名贫困大学新生争取到省青少年发展基金会“我要上大学”2017年希望工程助困入学关爱行动中“国酒茅台·国之栋梁”助学项目，每人5000元。为满足贫困学生读书愿望，号召爱心企业和社会组织为区四小捐赠2万元的书籍，共1000余册。投入资金18万余元，实施“同样的冬天·别样的温暖”2018脱贫攻坚彭山暖冬公益行动，通过心愿的“收集—宣传—认领—实现”环节，采用线上线下相结合的模式，一对一为880个贫困青少年实现暖冬新年心愿。多次组织机关党员干部、青年志愿者、公益组织前往武阳镇江渎村开展帮扶活动，为联系村提供帮扶资金5万元。救助刘心雨等重病重困青少年3名，资金6000元。

【青少年合法权益维护】 2017年，团区委结合时间节点开展“两法一例”、安全自护、禁毒防艾等宣传教育。每月动态更新重点青少年台账，协同西南交通大学、四川农业大学、四川大学锦江学院、成都纺织高等专科学校等高校，在全区13个乡镇开办“快乐学校”，为农村留守儿童提供学业辅导、亲情陪伴、心理辅导、自护教育、爱心捐赠等志愿服务。

【青年创新创业】 2017年4月，团区委组织全区45名创业青年参加市第二届青年创新创业大赛，指导推报的《创新新能源项目》获得大赛金奖（全市第一），奖金3万元，《神笔设计》和《叮叮驾考》分别获优胜奖和创业奖，奖金5000元。“五四”期间，与区总工会举办眉山市彭山区第三届职工职业技能大赛计算机办公应用比赛，166名来自机关企事业单位的青年积极报名参加。在“全国大众创业万众创新活动周”，团区委与区委统战部和区关工委，举办了“奋斗青春，创享未来”2017年第二届彭山青年创客训练营，全区50余名来自不同领域的创业青年参加了该次培训。继续做好青年创业SYE贷款申报工作，及时为青年提供贷款讯息，指导、帮助3名创业青年申报贷款。结合区2017年竹编产业“双百”工程，在谢家镇针对青年进行竹编技术培训，120人次参加。

【环境保护】 2017年4月，团区委开展“青春•1元助绿行动”公益植树活动，组织200余名团员青年栽植彭山区首个共青林。开展“五湖四海”文明劝导志愿服务活动，对不文明行为进行文明劝导，宣传环保相关政策和管理规定。建立“团青河长”巡河制度，联合区社会治安志愿者协会开展“保护母亲河——我们在行动”的公益活动，80余名青年志愿者、团青河长清理河边垃圾，发放环保宣传资料。联合青龙镇、电子科技大学公益团队，组织40余名青年志愿者开展环保公益活动，进行环保宣传、河道整治和植树行动，在湄洲河两侧栽植香樟树20株、月季苗300余株。

【改革创新工作】 2017年，彭山共青团工作获区级及以上领导肯定性批示21次。多次在团中央、省、市座谈会上做经验交流发言。其中，区委书记梁磊在全省群团改革工作会上做经验交流发言，全省唯一；区委常委蒋会强在团中央调研会上作交流发言，全市唯一；团区委书记分别在团中央赴川调研会和省委群团改革调研会上作经验交流发言，全市唯一。创新工作保障机制。构建大群团工作格局，强化党建引领，首次创新建立群团组织党工委，党工委书记由区委常委分管群团领导担任。在13个乡镇（街道）全部成立群团组织社会服务中心，配备13名公益性岗位工作人员。在区党务政务服务中心成立群团服务窗口，落实2名专职人员。党委每年召开一次群团工作会议，政府每年召开一次群团联席会议，团区委书记列席区委常委会议，全年常委会研究共青团工作2次，确保改革有力推进。2017年4月，率先在全市建立教育团工委。区教育团工委书记1名，由区教体局党组成员兼任；副书记3名，由教体局和团区委中层干部担任；委员2名。探索建立“2D”管理考核机制，即2个双重（Double）管理，按照“属地联系+条块管理”的思路，实行由团区委和区教体局双重领导、双重考核模式。率先实现学校团、队干部岗位专设，且全部纳入学校中层管理和考核。率先培育“立家训、传家风”创新案例。彭山区鹏利小学关工委创新案例《立家训，传家风，弘扬核心价值观》，在2017年国家教育部关工委召开的“全国教育关工委创新案例交流会”上被评为全国教育关工委“十佳创新案例”。联合区关工委划拨经费3.6万元，专项用于家训牌匾制作，并召开“树新风，迎新年”家训牌匾赠送仪式。创新机制深化校地共建。首次探索创新管理模式，锦江学院将参加“校地共建”纳入学生社会实践课程学分进行管理。2017年度暑期“逐梦计划”“校地共建”活动，采用“双向选择”，选派104优秀大学生到25个区级部门、13个乡镇（街道）开展社会实践活动。团区委建立跟踪回访机制，进行满意度测评和“加强校地合作，共谋人才发展”调研，为区委人才发展建言、献策。大胆调整评先选优制度。严控“选优项目”，由以往一年两次评优改成一次，着重凸显“五四”评优；削减“评优数量”，团组织、团干部、团员评优数由以往20个、30个、40个名额，分别缩减为8个、10个、15个；透亮“评优环节”，首次结合“公众投票”模式，公开、公平、公正、透明评选出大众心目中的优秀团员；凸显“评优表扬”，首次在彭祖广场以区委名义，举办五四评优表扬，团市委书记和区级党政领导为优秀团组织和优秀个人颁奖，进一步增强团组织和团干部、共青团员荣誉感、自豪感。成功承接市夏令营活动。

（阙欣琦）

彭山区妇女联合会

【妇联改革】 2017年，彭山区妇女联合会（以下简称“区妇联”）全面完成108个村（社区）妇代会改建妇联工作（简称“会改联”），共选举产生756名妇联执委、108名妇联主席、256名副主席，16名女性支部书记或村（社区）主任被推选为妇联主席。探索产业型、联合型和功能型三种执委模式，建立“三联一对接”搜集民意制度、执委月会解决问题制度和“一诺双评”考核实绩机制，形成“三三模式”。工作经验获得省妇联党组书记、主席吴旭签批：“眉山妇联彭山区全面完成村级组织“会改联”工作，值得肯定和表扬，希望眉山妇联强力推进其他县区“会改联”工作，做全省的表率。”2017年4月26日，《中国妇女报》刊载的“四川妇联‘会改联’强基增能”文章中引用彭山“会改联”成果；先后接受省妇联副主席黄莉一行、西藏妇联代表团等的考察调研。率先完成乡镇（街道）妇联区域化建设改革工作。2017年8月，启动乡镇（街道）妇联区域化改革工作；10月27日，在彭溪街道试点并召开乡镇（街道）妇联区域化改革推进现场会；13个乡镇（街道）妇联全部完成区域化改革工作；共产生乡镇（街道）妇联主席13名（其中，12名由乡镇（街道）领导班子中的女性担任），专职副主席13名，兼职副主席80名，执委351名，皆由各乡镇（街道）区域内各行各业优秀代表担任。

【妇联干部培训】 2017年，区妇联组织108个村（社区）妇联主席、13个乡镇（街道）妇联主席、9个机关事业妇委会主任，围绕幸福家庭、权益维护、基层妇联主席职责及工作方法等，邀请专业培训讲师唐俩、华曙事务所律师以及基层一线妇联干部授课，印发《应知应会小手册》，实地参观硕仙农业“双基地”（女学生创业就业实践基地、妇女居家灵活就业示范基地）、东坡区金光村妇女儿童之家及好味稻农业合作社，进一步提高新任妇联干部的业务水平，更好地促进改建后的妇联组织发挥整体优势。

【基层阵地建设】 2017年，区妇联投入16万元打造彭溪街道兴崇村、蔡山社区等妇女儿童之家示范点8个，投入9万元为同乐村、马林村、兴崇村、蔡山社区购买“益家亲”社会组织服务；举办关爱妇女儿童活动80期，受益妇女儿童达2700余人次；指导13个乡镇和108个村（社区）妇联主席加入妇联通，督导基层妇联组织建立妇女工作QQ群、微信群；利用区妇联微信公众号“寿乡女性”，发布各类信息122条，构建联系网、服务网、工作网三网合一的“互联网+妇联”工作新格局。

【家庭建设】 2017年，区妇联联合总工会、教体局举行“彭山区首届妇女健身运动会”，全区1200余名妇女参加拔河、跳绳、踢毽等项目。与总工会联合举办女职工健康知识讲座，普及女性健康知识，促进女职工的身心健康。开展“最美家庭”评选活动，通过网上投票、公众代表投票方式评选出10户彭山区“最美家庭”，并纳入区委“最美彭山人”表彰；向市妇联择优推荐3户，并获得全市“最美家庭”的称号。推荐1名乡镇妇联主席参加全省“幸福使者·母亲课堂”培训；组织讲师开展以“孝爱亲和廉”为主的“幸福使者·母亲课堂”讲座102期，培训4000余人次。推进好家风家规，打造鹏利小学“家风家训”示范基地。2017年6月，鹏利小学的《立家训，传家风，弘扬核心价值观》被教育部关工委评为全国教育关工委“十佳创新案例”。开设家庭教育“空中课堂”和“家风家训微课堂”，不定期发送家教知识。与区直机关工委、文明办联合举办“眉山市彭山区‘传家风、立家规、树新风’演讲比赛”“彭山好家规”等评选活动，进一步倡导培育优良家风。

【巾帼脱贫工作】 2017年，区妇联通过发文组织28个妇女儿童工作委员会办公室成员单位结对帮扶贫困母亲170名，共发放救助资金7万余元。投入资金1.8万元，为保胜、青龙等6个乡镇450名贫困母亲购买女性安康保险。“六一”儿童期间，开展关爱留守儿童活动，为10名贫困留守儿童赠送玩具、书包等，发放慰问金1万元。开展种养殖、乡村旅游、家政服务等妇女居家灵活就业培训21期，培训妇女640人次。协助卫计局在6个乡镇开展“两癌”（宫颈癌和乳腺癌）免费筛查，共投入资金48.8万元，筛查8000余人。争取农村贫困妇女“两癌”专项救助资金22万元，救助22名符合条件的“两癌”患病妇女。向就业局担保公司推荐148名符合创业条件的妇女，其中，43人获贷，金额279万元。

【巾帼创新创业】 2017年，区妇联投入资金4万元，完善硕仙农业“双基地”，建立电商销售室和产品展示厅。依托“双基地”举办种植技术培训2期160人次参与，带动周围70名妇女实现就业，为15名大学生提供实习机会，为3名提供就业岗位。硕仙农业技术服务有限公司获评“全国巾帼文明岗”称号。

【妇女儿童维权工作】 2017年，区妇联投入资金4万元，依托区福利院，建立反家暴庇护站，联合民政局、公安分局、司法局等部门建立反家暴联动机制。投入资金2万元，建立法律援助中心，为2名贫困妇女提供免费法律援助。建立“彭山区家事调解委员会”，招募志愿者组建家事调解员库，设置家事纠纷调解前置程序，对家事纠纷进行先行调解。

【法律宣传】 2017年，区妇联邀请专业律师，结合自身多年的办案经验，为130名妇联干部授法律知识课。联合区法院、华曙律师事务所在公义镇公义场社区开展“模拟法庭进社区”活动，通过模拟审判场景、群众现场观摩、法官点评案例等形式，引导现场的100余名群众学法、懂法、知法、用法。参与各类法律、法规宣传活动6次，发放《中华人民共和国反家庭暴力法》等宣传资料2000余份。

【妇女信访】 2017年，区妇联共接待妇女群众和来信、来访39件，其中，家暴15件，困难求助8件，子女抚养纠纷10件，邻里及家庭纠纷6件，结案率为100%，积极将矛盾化解在基层，没有出现一起越级访。

（刘琪珂）

科学技术协会

【银会合作】 2017年，彭山区科学技术协会（以下简称“区科协”）紧紧围绕农业供给侧结构性改革，积极探索农村金融服务新渠道，健全、完善“科协+银行+协会”合作机制，搭建资源信息共享平台、工作联系沟通平台、培训宣传合作平台、科普阵地共建共享平台，推行银行简化贷款手续、延长贷款期限、提高贷款额度等一系列优惠政策和举措，全年新发放银会合作贷款172笔、8287万元，超额完成市定目标任务；争取下发贴息资金54万元。“银会合作”纳入市委、市政府《关于实施“六大攻坚”决胜“两个率先”的决定》以及全面创新改革的重要举措。

【保会合作】 2017年，区科协联合中国人民保险公司，探索利用保险公司险资直贷试点，先期试点“保险+协会”合作（简称“保会合作”），积极发挥“险资直贷+农业保险”准入低、利率低和抗风险高的优势，解决农村群众特别是贫困群众融资难的问题，共贷款融资14笔336万元、贴息1.74万元。

【新品种、新技术示范推广】 2017年，区科协争取国家基层科普行动计划专项资金19万元，依托农技协和科普示范基地，紧扣区委农业供给侧结构性改革，实施5个涉及柑橘、葡萄、核桃、李子等新技术、新品种引进、实验、示范和推广项目，挖掘农技协、科普示范基地的科技创新源动力，激发基层自主创新意识，拓展农村科普工作新渠道，进而助力全区农业供给侧结构性改革中科技创新改革。

【科普活动】 2017年，区科协以科普宣传月、科技活动周等为主题，深入开展全民科学素质提升活动。共牵头组织区级30个成员单位和13个乡镇（街道）的400余名干部、科技人员参加科技下乡、科普大篷车进校园等科普活动32场次，受益群众8万余人次。通过科普赶场、展出展板、展出挂图、发放科普书籍和资料6.2万册（份），环保袋、围裙3000余个，提升公民科学素质。

【青少年创新】 2017年，区科协组织参加眉山市第16届青少年科技创新大赛，获一等奖7个、二等奖30个、三等奖44个；组团参加第32届四川省青少年科技创新大赛，获得一等奖1个、二等奖1个、三等奖9个。

【互联网+】 2017年，区科协积极推进“互联网+科普”活动。完成“科普e站”建设6个，其中，“校园e站”2个、“乡村e站”2个、“协会（基地）e站”2个。创新增设“寿乡风采”版块，搭建科普精准推送服务平台。全年开展电商培训8期，每期50人，培训人数达400人次。

【科普惠农】 2017年，区科协向上争取省级基层科普行动计划专项资金10万元、省级科普经费30万元。彭山硕仙农业有限公司总经理贾强代表眉山市出席首届四川省人才大赛获金奖，获得创业奖金1.5万元，是全市唯一。

【金桥工程】 2017年，区科协实施金桥工程促进科技成果转化，申报18万吨/年混凝土减水剂、2万吨/年砂浆外加剂生产项目，年产1.5万吨电磁线生产线项目，一种大口径给水管材专用柔承承口装置实施项目，一种兽用中药超微粉的制备方法（专利号：ZL201310355495.5），优质特色水果引种、筛选及配套栽培技术研究与集成示范项目5个项目，全部被列为省、市金桥工程项目。

（彭　佳）

工商业联合会

【参政议政】 2017年，彭山区工商业联合会（以下简称“区工商联”）积极引导商会会员中的人大代表、政协委员撰写建议、提案，发动基层商会围绕区委、区政府中心工作和重大决策，开展走访调研，反映社情民意，合法表达利益诉求。共提交软环境建设建议18条、提案6篇、环保工作建议11条。

【公益事业】 2017年，区工商联依托商会会员资金、技术、信息优势，引导会员企业树立“义利兼顾、以义为先”的理念，积极参与工商资本下乡、百企联百村、精准扶贫、光彩事业等活动。成立区“百企联百村”暨工商资本下乡工作领导小组，建立联席会议制度和联络员制度，先后召开“百企联百村”暨工商资本下乡工作推进会及联络员培训会，实现“百企联百村”全覆盖。共引导498户企业参与工商资本下乡活动，参与现代农业项目8个，工商资本投资额达2.05亿元；建立凤鸣花谷、农业嘉年华两个“百企联百村”示范点；全年“百企联百村”实施产业带动、基础设施建设、扶贫助困、捐资助学、解决贫困人员就业等各类项目20余个，开展就业创业培训6期，提供就业岗位389个，投入资金512.8万元；组织副主席企业捐款27万元，用于江口镇市级贫困村石龙村、双合村村道改扩建及贫困户帮扶；组织会员企业为区扶贫协会捐款26.5万元，为教育事业捐款160万元。

【信贷融资】 2017年，区工商联搭建融资担保服务平台，缓解会员企业融资困难。强化与金融部门的合作联系，向金融机构推荐项目22个，为有发展潜力但资金短缺的企业解决融资瓶颈。与区科技局、区金融办、区人社局、区经信局分别在彭山兴铁宾馆和区小微企业孵化园联合主办银企对接暨企业上市培训、“助力实体经济发展，优化企业融资环境，推动银企交流与合作”首届“双创”银企融资峰会，筛选48家会员企业参加，共对接建设银行、九鼎投资等7家银行和投融资机构，对接资金3.6亿元。

【维权服务】 2017年，区工商联搭建维权服务平台，积极回应会员诉求。深入企业走访调研，关心企业生产经营状况，收集企业发展过程中遇到的困难和问题，多方联动化解涉企矛盾，切实维护商会会员的合法权益。先后协调处理矛盾纠纷8件。

【经贸合作】 2017年，区工商联密切与上级工商联和省内外工商联（商会）的联络。先后与贵州省湄潭县工商联、成都市郫都区工商联、双流区工商联、天府新区华阳商会、成都市台商协会、眉山浙江商会、眉山市丹棱县工商联、青神县工商联、东坡区工商联等建立友好关系。组织20名会员企业负责人到成都华建集团学习考察企业发展、文化先进理念；组织基层商会代表到广元市福建商会分会和宝轮镇商会、眉山市浙江商会、丹棱扶贫协会学习省级“四好”基层商会建设先进经验；组织机关干部到青神工商联学习全国“五好”县级工商联先进工作经验；组织30名非公经济代表人士到成都市双流区和天府新区参观学习成都蛟龙港展示中心、川开实业集团有限公司、天府新区成都科学城的先进建设理念；邀请成都睿鑫企业管理咨询有限公司在牧马镇恒大酒店会议中心对会员企业代表开展阿米巴经营模式专题培训。

【信息宣传】 2017年，区工商联搭建信息交流平台，实现信息共享。完善商会宣传网络，建立微信公众平台和微官网，分层、分类建立机关干部微信群、主席微信群、执委群、商会秘书长群和基层商会会员微信群，向会员广泛宣传中共十九大、习总书记重要讲话精神，国家政策、法律法规及商会工作动态、经济信息。全年，区工商联微信公众平台编发信息简报90篇，经济政策15条，其中，被省工商联采用47篇。

【商会规范化建设】 2017年，区工商联制定基层商会换届选举方案，创新换届选举程序。共有7个基层商会和1个行业商会召开会员大会，产生新一届班子，为促进商会发展奠定坚实的组织基础。加强会员队伍建设，提高整体素质。坚持入会条件吸纳会员，完善执委数据库和会员数据库，建立、健全会员队伍进出机制，保证会员队伍的整体素质。全新发展会员106名，清除“僵尸”会员42名。完善党组会、执委会、主席办公会、轮值主席会议等议事制度，制定领导班子分片联系和重点区域联系制度；规范基层商会组织建设和阵地建设，完善会长、副会长、秘书长岗位职责等各项制度；建立“四好”基层商会创建示范点2个；出台基层商会目标考核办法，营造创先争优的商会氛围。

【教育培训】 2017年，区工商联结合基层商会换届选举工作，采取集中宣讲、座谈交流、微信互动等方式，在基层商会学习宣传习总书记在民建、工商联界别联组会上重要讲话精神，《中共中央国务院关于营造企业家健康成长环境弘扬优秀企业家精神更好发挥企业家作用的意见》和中共十九大报告精神；组织

28名会员企业负责人参加市工商联主办的“非公有制经济组织负责人‘四信’教育专题培训班”；举办“奋力拼搏，合作共赢”为主题的首届商会运动会；组织40余名会员企业家参加区委书记梁磊题为《践行“四讲四有”，争做有情怀有境界的红色企业家》的党课；组织20名会员企业代表参加区委“喜迎党的十九大，发挥企业家精神”交流发言座谈会；组织区工商联企业家、副主席参加2期“锦江大讲堂”培训学习。

（易昌明）

彭山区残疾人联合会

【“精准量服”工作】 2017年，彭山区残疾人联合会（以下简称“区残联”）扎实开展“精准量服”工作。为持证残疾人提供一人一策服务，服务残疾人达1.14万人。

【残疾人康复】 2017年，区残联为172名贫困白内障残疾人实施复明手术；为757名精神病患者提供医疗救助；为27名脑瘫儿童开展康复手术和康复训练；为19名截肢残疾人安装假肢；为7名听力残疾人儿童免费安装助听器和聋儿语训；为6名智力残疾儿童提供康复训练服务；为484名残疾人提供辅助器具；为71户残疾人家庭提供无障碍设施改造；家庭医生签约率达95%以上。

【残疾人教育】 2017年，区残联对特殊教育学校和随班就读的残疾学生130人资助资金22万余元；为320名残疾人发放体育健身器材。

【残疾人就业工作】 2017年，区残联帮助3824名城乡残疾人实现灵活就业和幸福创业；对255名残疾人发放居家灵活就业创业直补25.5万元；共安置150名残疾人到单位、企业就业，征收残疾人就业保障金536万元。

【残疾人扶助】 2017年，区残联扶助717名贫困残疾人发展生产，为50名残疾人精准扶贫对象补差。

【阳光家园计划】 2017年，区残联持续实施阳光家园计划，为45名残疾人提供日间照料服务，为55名精神残疾人提供集中托养服务，为322名残疾人提供居家托养服务。

【残疾人服务体系建设】 2017年，区残联加强残疾人服务体系和保障体系建设，对2998名重度残疾人发放护理补贴，对2762名贫困残疾人发放生活补贴，为3602名重度残疾人和贫困残疾人购买城乡医疗保险。

【全国特奥轮滑比赛】 2017年10月26日至31日，由中国残联和中国特奥委员会主办，眉山市残联和彭山区政府承办的2017全国特奥轮滑比赛在彭山区刚落成的四川省残疾人体训中心举行。该次赛事是历届参赛人数最多、规模最大的一次全国特奥轮滑比赛，四川、上海、天津等24个省、市的182名残障运动员和134名裁判员、领队参加，共设45个大项。赛事期间，24名公安干警、8名医护人员、8名食品药品监督局工作人员、130名志愿者、60名各类工作人员全程参与赛事，残疾人和群众代表近1.5万人观看赛事。收到23个代表团感谢信32封。彭山区特校学生何钰佳、杨佳钰取得一金三银三铜的好成绩。是眉山市和彭山区承办的第一次全国性特奥比赛，该次比赛受到中残联、省、市和社会各界的好评。

【亮点工作】 2017年，区残联被省政府残工委、省人社厅授予全省残疾人先进工作单位。5月21日，区残联、区教育体育局、区精神文明建设办公室、中国狮子联会四川狮爱寿乡服务队、彭山友仁自愿者联盟一起在长寿广场举办主题为“携手助残、共奔小康”的助残日活动，通过文艺演出、义卖等活动倡导全社会重视、关爱残障群体。全天现场义卖现金和捐赠物资总额达4.86万元。彭山区残疾人日间照料中心运行管理工作在全省做经验交流。

（徐建华）

红十字会

【红十字宣传】 2017年，彭山区红十字会组织城区7个医疗卫生会员单位和70名红十字志愿者，在区政府大门设立“5•8”红十字宣传服务点，为广大群众义诊义检、健康咨询，向社会普及传播红十字运动基本原则，大力宣传新修订的《中华人民共和国红十字会法》和造血干细胞捐献，现场发放宣传资料2万余份；组织30名红十字志愿者在区岷江河畔游泳基地参加2017年省级抗震救灾综合演练；组织60名志愿者在彭祖广场开展以“急救与家庭意外伤害”为主题，传播“人人学急救、急救为人人”的主题宣传活动，现场发放急救宣传单共2000余份。

【红十字知识进乡镇】 2017年，区红十字会为进一步做好乡镇安全社区创建工作，提升彭山区广大群众的自救互救能力，分别在凤鸣街道办、公义镇和保胜乡开展红十字知识宣传，发放宣传资料2000余份；举办初级卫生救护培训班6期，培训内容包括创伤急救、逃生避险、止血包扎和逃生演练等急救方面知识，以理论授课、技能操作、实战演练等方式进行，培训人数达320人，其中270人通过理论和技能考核取得“中国红十字会急救员证”。

【红十字青少年活动】 2017年，区红十字会在区青少年社会实践基地开展“红十字应急救护知识进校园”活动，培训人数100人，发放宣传资料400余份。

【志愿者活动】 2017年，区红十字会组织红星社区红十字志愿者20人在彭祖广场开展“学雷锋”志愿服务活动，现场发放宣传资料800余份；组织红十字医疗志愿者和红星社区红十字志愿者共40人在江口镇敬老院开展“学雷锋”志愿服务活动，为老人们送去猪肉、食用油和大米等慰问品，现场发放宣传资料200余份。

【扶困济贫】 2017年，区红十字会坚持“公开、公正、公平、透明”的原则，及时将中国红十字会和四川省红十字会援助的棉衣、棉被、大米和食用油等价值1.87万元的物资分别发放到全区13个乡镇中75户大病、特困、残疾群众手中，发放慰问金5000元；争取到中国红十字基金会“小天使”救助基金

6万元，用于救助观音镇曾家村5组白血病患儿卓诚志和保胜乡连桥村7组白血病患儿陈子馨；向企业（四川保罗包装有限公司）募集到非定向爱心捐款2万元，分别救助全区5个乡镇中因贫困、重大疾病和残疾的6户困难群众。

【项目工作】 2017年，区红十字会继续巩固凤鸣街道城中社区和红星社区“博爱家园”项目成果，保证生计基金的安全使用；全面完成观音镇果园村和谢家镇汉安村“博爱家园”项目工作；全面通过省审计厅对区红十字会“博爱家园”项目及相关业务工作的审计。

【组织建设】 2017年1月16日，彭山区红十字会第三届理事会第三次会议召开，并完成理事选举工作。

（汪 泳）

法治·军事

Rule of Law • Military

政法委及综治

【维稳工作】 2017 年，彭山区委、区政府将维稳信访工作列入区委党委会、政府常务会、区重大工作统筹会、区委大党建工作会进行研究部署。坚持每月一督察一通报、每期督察通报送区纪委和区委组织部等工作制度，进一步压实工作责任。责令 2 名因信访维稳工作不力的乡镇（街道）党委书记向区委常委会检讨，1 名村支部书记给予警告处分。区委维稳办有效整合全区涉稳信息和应急处置资源，探索出“指挥统一、反映灵敏、协调有力、应急高效”的快速处置涉稳问题机制，取得明显成效。年内，快速处置各类突发性涉稳问题 48 件。准确及时发出各类预警性信息 12 起，有效地防止了涉稳事件的发生，实现了市委、市政府提出的“四零”目标及区委提出的“三个决不发生”工作目标。

【稳定风险评估】 2017 年，全区共开展社会稳定风险评估 34 个，对评估出的 203 个风险点进行提前研判、落实化解责任，均得到有效化解；“维稳跟着项目走”直接联系服务单位及责任人，分别对市、区重点项目建设情况进行跟踪服务 396 余次，当场解决各类矛盾纠纷 248 件，为企业提供法律咨询 248 余次，排查和化解不稳定因素 135 件。

【信访事项】 2017 年，彭山区狠抓“互联网 + 信访”，稳步推进了“阳光信访”。全年受理群众走访、信访、网访 1893 批（件）次，其中：接待群众走访 697 批 2259 人次，受理群众来信 1196 件（其中网上信访事件 1020 件），初信初访办结率达 100%。与往年同期相比，走访量逐年减少，网上信访量逐年增加。狠抓责任落实，参与接访的区领导 182 人次，接待群众 182 批 319 人次，解决问题 170 个；落实领导包案 82 件，办结 61 件，息访 33 件。其中：省级信访突出问题 1 件、市级信访突出问题 27 件、市级领导接待群众交办件 4 件，区级梳理排查重大信访突出问题 50 件。主动牵头召开信访协商会 24 次，召开信访听证会 1 次，参与部门 42 个，解决问题 20 个。共受理复查复核申请 8 件，经审核，4 件交由乡镇重新调查处理，4 件不予受理。年内，彭山区成功实现“六个不发生”和重大会事期间、重要敏感时段“零进京、少到省、不出事”的工作目标。

【综治重点项目建设】 2017年，彭山区以公共安全视频图像信息共享为核心，以网格化管理服务为基础平台、信息化手段为支撑、联动融合为关键，积极推进综治中心规范化建设工作，以区委办、区政府办的名义印发《眉山市彭山区综治中心规范化建设实施方案》（眉彭委办〔2017〕133号），明确建设任务、建设标准、建设时限。13个乡镇（街道）综治中心，彭溪街道、凤鸣街道21个村（社区）综治中心按照相关规范和要求建成，并投入使用。彭山区强力推进“雪亮”工程建设。该工程于2016年8月启动，按照资源整合、高效实用、标准统一、先急后缓的原则，确定首批“雪亮”工程项目，在10个乡镇（街道）、28个村新建150个高清摄像头前端点位和1个区级平台、9个派出所平台、10个乡镇（街道）平台、28个村级平台，“雪亮”一期工程于2017年10月验收合格，并投入使用。

【平安建设】 2017年，彭山区推进全区诚信体系建设工作。对照目标任务初步拟定彭山区诚信体系建设平台建设方案，协调公安、工商完善个人诚信体系、企业诚信体系建设方案。坚持社会治安形势分析研判。每月组织社会治安形势分析研判，强化研判结果运用，对分析研判发现的问题及时落实单位，限时整改，确保问题及时有效解决。加强社会治安突出问题整治。年初，在全区开展为期两个月的“大排查、大整治、大巡防”活动，排查化解各类矛盾纠纷50余起，破获盗、抢、骗案件7起，打掉凌某盗窃企业物资团伙，抓获犯罪嫌疑人7名，追回被盗财物67件，涉案金额30万余元；抓获涉嫌信用卡诈骗的网上逃犯1人，查处行政案件5起，酒驾2起，行政拘留8人。强化校园周边环境综合整治。依托校地共建，由区综治办和锦江大学保卫处牵头，“彭山区—四川大学锦江学院”平安校园专项工作组定期召开联席会议，在学校周边治安环境综合治理上深入合作；常年借助城管、工商、公安等执法力量，及时发现并清除安全隐患，维护了校园良好环境。同时由区教体局、区公安分局具体负责，定期开展中小学、幼儿园等校园周边安全整治检查，交、巡警在学生上放学期间到岗、到位，严格落实见警察、见警车、见警灯“三见警”和双签到制度。

【网格化管理】 2017年，彭山区抓实网格事件办理，切实为民服务。年内，通过网格化信息平台办理网格事件4.33万件（其中民生事件1.56万件），化解矛盾纠纷2255件，参与治安防控5982次，收集各类社情民意6548件，参与政策法规宣传7746次，服务特殊人群3179次，报告各类突发事件310件。抓好“三项重点”工作，把摸排流动人口、服务特殊人群、排查治安隐患作为网格管理员重点工作内容，年内全区网格管理员100%完善了出租房屋信息、每月100%走访到期出租房，走访吸毒人员8698人次、严重精神病患者2.1万人次、社区服刑人员7250次、刑释人员7517人次，走访完成比例达100%，发现报送治安隐患1285件。

【政法委工作】 2017年，彭山区全力推进三项重点工作，提升司法公信力。①司法体制改革。严格落实“让审理者裁判”要求，建立专业法官会议讨论审判疑难问题制度，化解复杂疑难重大矛盾纠纷。刑事庭审实质化改革全面推开，构建了以繁简分流、轻刑快办为前提，以证据“排非”、证人出庭、综合认证的改革模式，开展示范庭审108件。实行人员分类定岗，健全办案组织，优化法官、检察官人力资源配置，确保不低于85%的员额法官、检察官在办案一线。②刑事诉讼涉案财物管理工作。区委政法委牵头制定任务和责任分工，并组织政法部门相关人员到温江区学习借鉴先进经验，同时开展涉案财物清查，出台规范性制度4项，建成规范性管理场3个。③全力攻坚执行难题。全年受理执行案件1651件，执结1100件，执行到位2.27亿元。以“曙光行动”“司法大拜年”“执行大会战”等涉民生专项执行活动为抓手，打响“一年内基本解决执行难”攻坚战。加大信用惩戒力度，通过媒体曝光、限制出境、限制高消费、公布失信被执行人名单等措施，有力惩治一批“老赖”，265名失信被执行人被曝光，6名被司法拘留，3人被移送公安机关。2017年3月5日，《人民日报》发表署名文章《老赖难再赖》，报道了彭山区惩治“老赖”破解执行难的经验。

【综治工作】 2017年，彭山区积极推进特殊人群服务管理改革试点工作。全年接收刑满释放人员95人，无一人重新犯罪，安置率达到98%，帮教率达到100%。完善全区严重精神障碍患者筛查机制，重型精神病人全部归口区精神卫生保健院管理，实现专业化管理和治疗；建立60万元严重精神障碍患者救治救助专项基金，第一轮核定符合“以奖代补”条件共166名。重点青少年群体教育帮抚率达到94%，青少年犯罪率明显下降，重点青少年较2016年减少167人。全区邪教重点人员稳控率达到100%，组织邪教重点人员学习170余次，反邪教警示教育覆盖面达到90%以上，群众知晓率达80%以上，教育转化痴迷顽固人员2人。

彭山区进一步完善一核多元矛盾纠纷化解工作体系。区委、区政府印发《关于完善一核多元矛盾纠纷化解工作体系的实施意见》（眉彭委〔2017〕99号），进一步完善重点领域、重点行业矛盾纠纷调解组织，同时重点打造贴近群众生产、生活的调解室。矛盾纠纷排查调处有序开展，全区共排查各类非涉稳性矛盾纠纷共3886件，化解2942件。深化普法依法治理，组织职能部门开展“1+10”主题宣传等大型活动6次，其他活动32场次，发放资料3.2万份；组织5支放映队伍到乡镇、村社开展“清凉一夏法治电影”放映活动，共放映900余场。2017年，彭山区被眉山市依法治市办评为“眉山市法治示范县（区）”，通过了省依法治省办对彭山区依法治区工作的检查考评。

（陈文涛）

公安

【概况】 2017年，眉山市公安局彭山分局（以下简称“区公安分局”）共立刑事案件1168起，同比下降25.79%；结案376起，结案率32.19%；刑事拘留219人，提请逮捕98人，起诉291人，取保候审202人，戒毒74

人。共立行政案件2754件，查处1959件，行政拘留603人。

【反恐维稳】 2017年，区公安分局建立快反防暴、武装巡逻等工作机制，开展“屯警街面、动中备勤”巡逻防范、设卡盘查和群防群治工作。完善各类应急处突预案，组建反恐防暴快反小组3支，参加实战合成演练3次，实现暴恐和个人极端案事件零发生的目标。全年搜集各类情报信息400余条（其中预警性信息288条），梳理排查各类涉稳群体8个，妥善处置公铁物流园、百意孵化园、汉源瀑电移民等引发的群体性案（事）件5起，全区没有发生大规模的非法聚集事件。圆满完成全国“两会”、樱花节、眉山农业嘉年华、全国特奥轮滑等大型会（节）活动和各类安保警卫任务92次。受理信访事项279件，办结率100%，继续保持非法上访“零进京”、集访“零到省”。注重对征地拆迁、项目建设、特殊利益群体、融资借贷等领域的矛盾纠纷排查和化解力度，全年调解各类矛盾纠纷1557起，成功率100% ，没有发生一起因矛盾纠纷排查调处工作不力引发的重特大恶性案件和群体性事件。

【刑事侦查】 2017年，区公安分局坚持对各种暴力恶性犯罪重拳出击，实现当年命案全破，快速侦破刘某故意伤害致人死亡案。打掉近年来流窜于青龙、观音和城区，针对采砂场、企业老板和个体商户进行寻衅滋事、敲诈勒索等犯罪的周某恶势力团伙，抓获团伙成员16人，破获各类案件16起。开展“大排查、大收戒、大管控”集中整治行动，破获省公安厅督办“4•16”特大制毒案等涉毒案件30起，抓获涉毒违法犯罪嫌疑人55人，强制隔离戒毒70人，缴获海洛因67克、冰毒315克、麻黄素液体3吨。4月16日，区公安分局在观音镇捣毁一个刚生产仅两天的特大制毒窝点，抓获犯罪嫌疑人15人，破获全市首起制造麻黄素案件。严打经济犯罪，破获各类经济案件15起，为企业挽回损失500万余元。侦破谢家镇土地非法转让案，抓获犯罪嫌疑人3人，追回赃款75万元。联合环保等相关部门对全区涉嫌污染环境的35家企业、作坊进行检查，先后办理环保部门移送的违法排污等污染环境案件9起，行政拘留10人。对涉黄涉赌犯罪“零容忍”，捣毁涉黄赌窝点39个，查破涉黄赌类刑事案件25起、行政案件33起。严打各类侵财犯罪，破获部督“5•19”系列高攀入室盗窃案、“2•17”技术开锁入室盗窃案和黄某系列盗窃汽车案等“盗抢骗”案件78件，打掉犯罪团伙9个，为群众追回赃款63.1万元。

【公共安全监管】 2017年，区公安分局开展道路交通安全综合整治，查处超速、超载、酒后驾驶等交通违法行为2300余起，全年发生交通事故2507起，死亡38人，受伤35人，直接经济损失63.79万元。加强重点部位消防安全管理，开展火灾隐患排查，全年发生火灾事故146起，经济损失203.4万元，同比下降9.2%。严格落实对3个涉爆企业、5个涉枪单位、15个剧毒和易制爆化学品企业、1个烟花爆竹专用仓库、3个放射源企业的日常安全监管，全年无重特大治安灾害和安全生产事故发生。查破非法制造、持有、买卖枪支弹药犯罪案件16起，收缴各类枪支41

支、子弹1330发、炮弹93枚、管制刀具127把。查处烟花爆竹违法行为31起，行政处罚13起，移交处罚18起，收缴非法生产的烟花爆竹产品5800余组（件），保持持枪犯罪和爆炸犯罪案件零发案。深化基础信息采集，全年共清理未采集的户籍人口7159人、新增实有人口9516人。

【基础建设】 2017年，区公安分局建成智能高清天网点位250个，动态人像识别系统试运行；完成3个公安350兆数字集群（PDT）通信网的基站改建任务；购置88台移动警务终端设备，实现28%配备率目标；采购4G图传设备2套。进一步完善实验室硬件建设，新配备数字影像资料存储系统、物证保全系统、档案器材／耗材管理系统等信息化管理设备。引进高校技术人才，积极参加全省现场勘查、法医等专业培训。顺利通过二级刑事技术室等级达标复核。公安业务技术用房和区应急联动指挥中心年底顺利投入使用，有效提升了应急联动工作的快速反应和智能化水平，实现全区视频一张网和非警务类警情的联动处置。完成分局机关和各办案部门执法场所升级改造，全局执法规范化建设迈上一个新台阶。

【公安改革】 2017年，区公安分局完成重大涉稳问题应急处置“三大工作规范”，建立“七大工作机制”，形成《重大涉稳问题应对处置工作规范》。构建实战指挥、情报主导、合成作战“三位一体”实战体系，实现情指对接。全年发布日研判报告229篇、周研判报告35篇、月研判报告10篇、研判指令135条。建立合成作战室，配置“公安云搜索”、“刑专平台”、大情报、SIS等信息平台权限，实现与市公安局合成作战室的对接。按照《跨区域系列团伙案件侦办工作办法》要求，落实系列团伙案件跨区域侦办责任，已录入并通过犯罪线索平台2条，其中公安部督办案件1件。抓好电信诈骗案件侦办平台的落实和运用，增加接警止付、案件办理等功能，并与资金流信息查控平台和信息流大数据研判平台对接，实现第一时间止付、案件办理足不出户等新功能，全年成功止付3笔2万余元。推进涉众型经济犯罪侦查机制试点工作，建立协作会商机制，重点抓好涉众型经济犯罪的预警监测、协作打击、维稳工作，提升打击该类犯罪的综合能力。发挥网上督察作用，不间断地对窗口部门民警在岗在位、服务群众态度等进行全面巡查，编发督察通报6期，发现办案不规范2起。制定《彭山区公安分局深化行政管理服务改革实施方案》，对行政审批类12个大项20个小项项目进行清理，完成涉及公共服务类的35个项目的目录、前置条件、流程图和办事指南的清理和编制。建立彭山区户籍制度改革工作联席会制度，统筹协调全区户籍制度改革工作，解决工作推进中存在的困难和问题，督促指导各乡镇、各有关部门积极开展相关工作。2017年1月，居住证全面推行。建立《责任区刑警中队与辖区派出所接处警工作规范》等制度，实现案件管理中心对刑事案件如实立案的全程监督。分局15个执法场所已全部改造完毕并通过市公安局验收，刑事诉讼涉案财物集中管理中心和证据保管中心已投入使用。新购执法记录仪150台、信息采集终端14台，实现基层一线民警执法记录仪配备率100%。全面落实人民警察值勤岗位津贴和加班补贴，完成省公安厅大部门、警种制改革试点工作，区政府出台规范辅警管理实施方案，新招聘的30名辅警于7月底通过岗前培训投入工作。建立、完善公安机关公用经费保障标准和公用经费正常增长机制，分局人均公用经费从2012年的2.55万元增长至2017年的3.75万元，5年增长47%。

【公安宣传】 2017年，在“平安彭山”微信、微博发布信息2500余条。其中，在“10•28”较大交通事故发生后，及时发声，主动向社会发布官方消息，避免网上传言发酵形成重大舆情。全年在省级以上媒体、网站发表稿件56篇。其中：国家级刊载21篇，省级35篇，同时有3件作品分别获得“宣传彭山好新闻”特等奖和一等奖、二等奖。

（张怀安）

检　察

【概况】 2017年，彭山区检察院（以下简称“区检察院”）紧紧围绕全区经济社会发展大局，加大法律监督力度，深化检察改革，强化队伍司法能力和作风建设，检察工作取得持续稳定发展，集体受表彰14次，个人受表彰23人次。其中：荣获省级先进1项、市级先进5项、区级先进8项。

【刑事检察】 2017年，区检察院共立案侦查贪污贿赂犯罪案件8件13人，提起公诉2人，法院已作出有罪判决1人，通过办案为国家挽回直接经济损失370万余元。

【预防职务犯罪】 2017年，区检察院加强侦防一体化建设，紧密结合执法办案开展职务犯罪预防工作。丰富预防内容，深入有关单位、企业、学校开展预防宣传9次，开展预防职务犯罪专题讲座5次，受教育人数达1000余人。受理行贿档案查询185件。

【刑事犯罪】 2017年，区检察院共受理报请逮捕各类刑事犯罪案件100件143人，依法作出批准逮捕73件102人，不批准逮捕27件41人。受理公安机关和自侦部门移送审查起诉208件149人，提起公诉185件251人，不起诉11件17人，提前介入案件3件11人，判决175件254人。认真落实认罪认罚从宽制度，受理认罪认罚从宽案件88件，法院已判决60件。

【化解社会矛盾】 2017年，区检察院依托“大调解”和检调对接机制，共受理群众来信、来访控告举报申诉案件37件，其中，贪贿类2件（经初核不属于区检察院管辖），不服法院生效判决刑事申诉1件，民事行政监督2件，其他类32件。开展与上级院视频接访4件，开展律师参与化解涉法涉诉信访案件4件。当场化解和引导来访者依法走访29件，办理刑事和解4件，办结率达100%，息诉息访率达100%，及时化解了社会矛盾，维护了社会稳定。受理法律咨询类88件，未出现错案及退查退办案件。积极开展司法救助工作，救助刑事被害人5件5人，救助金额2.5万元。

【社会管理创新】 2017年，区检察院积极参与社会管理创新，加强未成年人犯罪的教育、感化和挽救工作，开展对未成年人心理抚慰23人次，开展或指导社会调查3次，组织普法进校园1次，受教育500余人。

【诉讼监督】 2017年，区检察院强化刑事诉讼活动和侦查监督，监督应当立案而未立案4件8人，不应当立案而立案2件2人，公安机关均作相应立案或撤案处理，纠正漏捕2人，纠正漏诉人数5人，纠正侦查活动违法5件。加强刑事审判监督，纠正刑事审判活动违法2件。强化民事行政诉讼活动监督，办理民事行政申诉案件16件；加强环境领域民事、行政诉讼案件的检察监督，对破坏生态环境的违法行为，督促相关行政机关履行职责，视情提起行政或民事公益诉讼。加强刑罚执行活动监督，坚持节假日驻所检察轮流值班制度及每日巡视检察制度，建立、健全监外执行人员档案和回访制度，共纠正监管场所违法8件，纠正社区矫正执行违法19件。强化自身监督，坚持检察宣传大格局，继续深化检务公开。统一发布案件信息338条（其中重大案件信息13条），公开法律文书181份；通过微博、微信、企鹅号、“今日头条”客户端等媒介发布检察信息815条。在省级媒体发表稿件67篇、市级媒体22篇。接待律师查询案件信息81次。

【司法体制改革】 2017年，区检察院按照中央关于深入推进司法体制改革精神，认真贯彻全省司法体制改革要求，把司法责任制改革作为一项重要政治任务来开展，严格按照资格审查、笔试、民主测评、业绩考核等步骤，把握原则、统筹推进，完成了员额制改革。年末，区检察院现有员额检察官14人、检察辅助人员21人（其中检察官助理13人、书记员2人、司法警察6人）、司法行政人员6人。以人员分类定岗为基础，制定、印发《眉山市彭山区人民检察院人员定岗及办案组织设置方案》，坚持以案定员与以职定员相结合，以检察业务工作为中心确定员额和岗位，健全办案组织，优化检察人力资源配置，确保不低于85%的检察人员在办案一线。根据不同业务条线履职需要、案件类型及复杂难易程度，设置独任检察官和检察官办案组的基本办案组织。根据省院统一业务应用系统关于员额制改革的后台配置文件进行系统升级，相关系统权限配置工作也已按上级要求配置到位，对案件办理的轮案规则进行调整，即入额检察官参与轮案，未入额检察官不再轮案。依托规范司法行为专项活动、争创“四化”建设示范院、规范化建设“回头看”等活动，不断完善规范检委会议事规则，从检委会职能定位、案件讨论范围、提请程序、讨论程序入手，不断加强检委会专业化、信息化建设。严格落实《四川省检察机关完善检察委会员工作机制的意见（试行）》《四川省检察机关检察委员会工作规则（试行）》，重新修订区检察院的检委会议事规则。为了对入额检察官履职情况进行监督制约，建立了案件管理、案件质量评查等制度，通过加强流程监控、案件评查等手段，确保案件办理质量。

【干警业务技能培训】 2017年，区检察院组织参加全省基层检察干警轮训班39人次，参训率达到100%，组织全院干警参加各类学习讲座、电视电话会等。注重加强人才强检工程建设，推进青年人才培养锻炼，研究、制定《2014—2020年检察队伍建设中长期规划》，并逐项推进落实。组织开展岗位技能练兵活动4次。区检察院干警在全市组织的公诉人业务竞赛中获得第三名。通过开展中层干部竞争上岗工作，提拔1名年轻干警为刑执局副局长、提拔3名年轻干警为实职副科领导干部、增补2名年轻干警为党组成员，有效促进了年轻干警成长。

（余　倩）

法　院

【机构设置与人员】 2017年，眉山市彭山区人民法院（以下简称“区法院”）内设诉讼服务中心、立案庭、刑事审判庭、民事审判第一庭、民事审判第二庭、青龙人民法庭、行政审判庭、审判监督庭、司法技术辅助办公室、审判管理办公室、执行局（庭）、法警大队、办公室、政治处、监察科，院党总支及其下设6个支部、院妇委会、院工会。有在职干警72名。政法专项编制人员69名，工勤编制人员1名，事业编制人员2名；中共党员61名，民主促进会会员2名，民主建国会会员1人；研修生4名，大学本科58名，大学专科9名，高中1名。

【工作概况】 2017年，区法院切实履行审判职能，共受理各类案件4810件，审执结案件4573件，结案率95.07%，诉讼标的额12.09亿元，为全区“四城建设”提供了强有力的司法保障。

【刑事审判】 2017年，区法院共受理刑事案件217件，审结209件，结案率96.21%，判处犯罪分子273人。依法严惩故意伤害、抢劫等严重暴力犯罪24件35人。依法惩处贪污贿赂、渎职犯罪4件4人。打击金融领域犯罪，依法审结非法吸收公众存款、金融诈骗等犯罪9件13人。严惩滥伐林木等破坏环境资源犯罪4件5人。审结非法持枪、交通肇事、涉赌、涉黄和毒品犯罪47件65人，维护了社会秩序。对138名初犯、偶犯和未成年犯依法从轻处罚，促其改过自新。

【民事审判】 2017年，区法院共受理民商事案件2699件，审结2600件，结案率99.50%。审结人格权、交通等人身、财产侵权损害赔偿案件995件。审结民间借贷、金融借贷、工程施工等合同纠纷977件，维护市场经济秩序。服务供给侧结构性改革，受理申请破产1件，审查2件，成功重整眉山市首例涉房地产案件。

【行政审判】 2017年，区法院共受理行政案件46件，审结41件，结案率89.13%。深化行政案件相对集中管辖改革，全面推进行政首长出庭应诉工作，向东坡区发送情况通报4期。坚持促进依法行政与保护相对人合法权益并重，对征地拆迁、房屋登记等敏感性案件，积极协调当事人调解或撤诉，推动纠纷实质性化解。发布行政审判白皮书，提出四点建议和意见，助推依法行政。

【执行工作】 2017年，区法院受理执行案件1824件，执结执行案件1699件，结案率93.15%。开展“曙光行动”“司法大拜年”

等专项执行活动，执行到位2.29亿元。推动完善执行联动机制，持续加强信用惩戒力度，发布失信被执行人信息710条，促使25人自动履行义务。严厉打击拒执行为，司法拘留被执行人7名，移送涉嫌拒执罪4人。

【多元化纠纷化解】 2017年，区法院深入推进多元化纠纷解决机制“眉山经验”，加强法庭与乡镇、第三方联合调解、指导调解、法律咨询等工作，高效化解矛盾纠纷。全年，共开展诉讼辅导2509件，分流调解组织调解125件、辅导环节调解成功80件、专职调解114件、委托调解72件，司法确认60件。

【家事审判改革工作】 2017年，区法院成立家事少年案件审理合议庭加大对妇女儿童的司法保护，制定《家事案件审判操作规程（试行）》，规范家事审判流程，探索推行家事执行网格化协助送达；建立家事调查员、家事回访、冷静期等制度，与区社会管理综合治理办公室（以下简称“综治办”）联合发布《关于建立家事纠纷联动化解工作机制的实施意见》；建立联席会议、调审互动、司法救助及反家暴等新型家事纠纷综合化解机制，形成有效化解家事纠纷合力。妥善化解婚姻家庭案件491件。

【司法改革】 2017年，区法院明确入额即办案和院、庭长带头办案要求，院、庭长主动承办重大疑难复杂案件1756件，员额法官人均办案169.37件。建立专业法官会议制度，严格承办法官、合议庭审签文书制度。实行干预、过问案件全程记录，明确案件质量终身追究。刑事庭审实质化改革全面推开，以证据“排非”、证人出庭、综合认证的改革模式开展示范庭审108件，确保被告人获得公正审判。刑事涉案财物管理处置改革协同推进，通过充分运用信息化技术和健全责任追究，实现对刑事涉案财物管理处置的全程留痕、全程监控。

【民生案件审理】 2017年，区法院共接待群众咨询3623人次，依法当场立案4584件，当场立案率达97.8%。开展涉民生案件专项行动，快审、快结417件追索赡养费、抚养费、劳动报酬等涉及群众基本生活保障的案件，追回拖欠工资813.22万元。召开集中兑付大会2次，向150人现场发放执行款75.74万元。加大司法救助力度，对659件案件的当事人缓、免诉讼费53.40万元，发放司法救助金60.2万元。

【社会治理】 2017年，区法院强化特殊人群管理，与区司法局、区检察院、区公安分局联合出台《社区服刑人员监管暂行规定》，开展对判处非监禁刑和刑满释放人员教育帮助200人次。加强法治宣传，开展模拟法庭、“法律七进”等活动，营造学法懂法、信法守法的社会环境。

【接受监督】 2017年，区法院坚持主动接受人大监督，向人大常委会专题报告基本解决执行难工作，法院工作接受人大常委会评议，满意率为100%。认真办理人大代表、政协委员的意见、建议，主动邀请人大代表、政协委员视察法院、旁听庭审、参与评查、见证执行、评议作风25人次。定期向区政协通报工作，聘请人民法院特约监督员2名。依法接受检察机关诉讼监督，邀请检察长列席审委会12人次。健全、完善人民陪审员参审机制，41名陪审员全年参与陪审案件287件，占普通程序审理案件的90.5%。依托门户网站、微博、微信等新媒体公开司法信息108条，全面接受社会各界监督。

（陈　毅）

司法行政

【概况】　2017年，彭山区司法行政系统受到上级各项表彰9次，被司法部表彰为“全国司法行政先进集体”；彭山区被眉山市依法治市办评为“眉山市法治示范县（区）”；彭山区司法局被评为“眉山市学法用法示范机关（单位）”；通过省依法治省办对彭山区依法治区工作的检查考评。

【普法工作】　2017，彭山区委专题召开“七五”普法启动会，区人大常委会专题听取区政府“七五”普法情况汇报，形成《关于进一步加强法制宣传教育认真实施“七五”普法规划的决议》（眉彭人常发〔2017〕4号））。制发《2017年彭山区普法工作要点》《2017年度全区普法工作目标考核细则》等文件，对全区普法工作进行统筹规划，明确工作重点；与全区121个普法单位、“法律七进”每一“进”牵头部门、13个“法律进乡村”统筹乡镇均签订年度目标责任书，建立考核机制，落实普法责任。坚持“谁执法谁普法”原则，利用宣传日、周、月等节点，指导、组织职能部门开展“1+10”（1个宪法日：“12•4”国家宪法日暨全国法制宣传日；10个国家法定的宣传日：三月法治宣传月、三八妇女节、“3•15”国际消费者权益日、“4•15”全民国家安全教育日、五四青年节、“6•5”世界环境日、“6•26”国际禁毒日、九月法治宣传周、“10•17”国际消除贫困日、“11•9”全国消防安全宣传教育日）主题宣传活动，全年共开展大型宣传活动6次，其他活动32场次，发放资料3.2万份，提供咨询200余人次；组织全区律师以模拟法庭、法治讲座、免费咨询等形式，到乡镇村社、机关单位开展宣传活动，全年开展活动25次，家事审判模拟法庭5次。开通“彭山普法”微信公众号，推送法治信息26期，关注人数800余人；将江口沉银历史故事和司法行政工作相结合，拍摄普法微电影《沉银秘事》，在微信上积极推广，阅读转载达1万余次；与彭山区旅文广新局联合成立法治文艺宣传队，新编法治节目4个，深入乡镇、村社、学校进行演出；组织5支放映队伍到乡镇、村社开展“清凉一夏法治电影”放映活动，全年共放映900余场；打造新的法治文化阵地，配合区依法治区办打造黄丰镇团结村法治文化特色村。

【规范化建设】　2017年，区司法局积极推进全区共11个司法所完成规范化建设。其中，江口司法所因江口古镇整体打造建设计划暂时搁置，武阳司法所业务用房建设已通过区发改局正式立项。2017年7月，彭山区司法所规范化建设代表眉山市接受省司法厅的检查验收，该所规范化建设进度位列全省区县第五名。新建青龙镇同乐村司法工作站1个，全区共建村级司法工作站66个；年内，司法工作站共办理法律援助14件，提供法律咨询586人次、调解纠纷655件、开展法治宣传13场（次），受益群众1.3万余人。大力推进信息化建设，投入15万元为司法所配备高拍仪、高速扫描仪等设备，在全市率先完成信息化系统建设，实现省、市、县、乡四级互联互通。

【社区矫正】 2017年，区司法局接收社区服刑人员134名，现有在册人员234人，重新犯罪率控制在0.2%以内。联合公检法出台《眉山市彭山区社区服刑人员监管暂行规定》，实行分类化、科学化管理；创新启动新进社区服刑人员纪律教育集中宣告制度，确定每周五为集中宣告日；编制发放《社区服刑人员须知》手册500余本，定期组织背诵考核，让纪律入脑、入心；完成社区矫正中心建设并投入使用；联合眉州监狱心理专家对68名严管类社区服刑人员进行心理辅导；继续推行点验制度，共计开展月点验8次，分片区季点验4次，年点验1次。2017年，彭山区社区矫正工作代表眉山市接受省司法厅、省公安厅、省检察院的联合检查。

【安置帮教】 2017年，彭山区接收刑满释放人员95人，安置率达95%，帮教率达98%。动员家庭成员共13人进监探视，用亲情激励服刑人员积极改造，帮教效果良好；整合人社、民政等部门资源，与监狱、区人社局、区民政局等部门协调安置1名刑满释放暴力倾向精神病人；通过司法救助帮助癫痫病刑满释放人员1名。

【人民调解】 2017年，区司法局新建“彭晓红个人调解室”1个，在区妇联建立、完善“家事调解委员会”；开展人民调解与治安调解对接工作，在8个派出所建立人民调解工作室，进一步强化组织建设，拓展调解领域。开展人民调解评星定级工作，评定出区县级星级调委会62个和等级调解员101名；上报市司法局并评定出市级四星级调委会6个，一级人民调解员7名，眉山市人民调解能手8名；观音镇人民调解员、司法所所长曾定平被司法部表彰为“全国模范人民调解员”。组织调解员、司法助理员等调解骨干进行集中业务培训3次、140余人次，指导乡镇调委会分片区开展调解培训20场次、1000余人次，提升了调解能力。全年全区调解组织排查矛盾纠纷491件，调处成功491件；受理调处矛盾纠纷1350件，调处成功1346件；接受法院委托52件，调处成功41件；接受委派51件，调解成功46件。

【法律服务】 2017年，区司法局安排律师定期到群众接待中心值班接访，参与化解和代理涉法涉诉信访案件工作；与区经信局联合开展律师服务纳税“十强”企业活动，让律师以“一对一”方式为“十强”企业提供法律服务；组织律师深入区安监局、同庆南风公司、彭山经济开发区等部门单位、企业园区，以举办法律讲座、提供法律风险评估、调处企业矛盾等方式开展“送法进园区”和“外来企业大走访”活动，累计开展活动20次，培训人员1000余人次。对案件实行跟踪、回访制度，跟踪办案参与庭审旁听24余次，承办案件100%回访；为残疾人、未成年人、农民工等特殊群体开通绿色通道，实施免于经济困难审查，特殊案件先办理、再审批的援助制度；主动将法律援助与信访工作对接，成功办理8件影响较大的涉及信访稳定的援助案件；开展“法律跟着项目走”重点工作，以优质法律服务为全区重点项目保驾护航；以“法律援助便民服务分队”为载体，“走乡串户”指导和开展法律援助，全年提供法律援助咨询2668人次，办理援助案件235件。

【司法党建】 2017年，区司法局完成机关党组织换届选举工作；新成立华曙律师事务所党支部1个，该所律师赖建华被区司法局推荐评选为彭山区“十佳道德模范”，贤济律师事务所律师尹强被区司法局推荐为“寿乡四大人民卫士”。为律师下达法律援助任务，要求每名律师每年必须完成2件以上法律援助案件；全区律师队伍有1人为区党代表、4人为区政协委员，为彭山发展建言献策。

【信息化建设】 2017年，区司法局机关电子政务外网带宽达50兆，13个司法所达20兆，全部实现“OA系统”办公；建成政法专网视频会议系统，公共法律服务业务系统运行良好。全年编发《司法行政工作动态》42期，被《依法治省通报》采用1篇，《眉山要情》采用4篇。

（帅　逸）

人民武部

【思想政治建设】 2017年，中国人民解放军四川省眉山市彭山区人民武装部（以下简称“区人武部”）始终把政治建军摆在首位，坚定自觉地维护核心、听党指挥。抓好“两学一做”学习教育，通过开展民主生活会、纪念建军90周年、清明祭扫烈士、走访慰问军烈属和参加国家公祭日等一系列活动深化教育成果；开展“维护核心，听从指挥”大讨论活动，进一步深化教育效果，坚定干部职工拥护改革支持改革投身改革的决心；抓好经常性思想工作落实，坚持开展“每月一课”、法规法纪、形势政策、理想信念、战斗精神等教育活动，强化干部职工军魂意识、“四铁”意识、法纪意识、安全意识和底线思维。

【战备工作】 2017年，区人武部着眼应对复杂形势，紧紧围绕战备工作真打实备要求，认真贯彻落实《战备工作条例》。组织战备值班培训，规范日报告、周要报和月简报内容。修订完善作战方案和9类非战争军事行动预案，配齐救生衣、铁锹，并对冲锋舟4艘、操舟机6台、拖车2辆等救援器材进行了保养维护。加强战备库室规范化建设，按照编配标准，统一规范个人携行装具；按军事训练、通信指挥、水上救援、森林防火、防暴维稳、后勤保障6项工作任务，对各类器材分别存放，实行专人专管，确保无丢失、无损坏。

【军事训练】 2017年，区人武部采取“考、比、拉”等方法，着力抓好人武部机关、专武部长、基干民兵和应急分队训练。年初，派出基干民兵30人参加了军分区年度开训动员；6月，抽选2名骨干参加上级组织的集训；7月，根据年度计划，围绕基层人武部正规化建设、民兵整组、兵役工作等内容，组织专武干部业务培训；8月，收拢集结120人防汛应急队伍，开展防汛抢险训练；12月，组织395名基干民兵进行为期10天的集中军事训练，主要结合新大纲试训论证工作，开展队列、擒敌拳、森林防火、抗洪抢险等课目的训练和学习；组织395名基干民兵进行军事训练。主要进行队列、战术基础动作、简易通信、警棍盾牌术、抢险救灾和反恐维稳常识等军事科目的训练，并完成轻武器实弹射击，民兵训练合格率93.5%，优秀率达78.7%。

【国防动员建设】 2017年，区人武部在全面整组的基础上，突出抓好基干民兵队伍调整改革；深入开展国防动员潜力调查统计，组织各乡镇和国动委成员单位对综合动员、人民武装动员、经济动员、人民防空动员、交通战备动员、信息动员、政治动员7大类战争潜力进行详细地调查统计，精确掌握辖区国防动员潜力底数；紧密结合“全民国防教育日”、民兵军事训练、役前训练等时机，深入开展国防教育，全民国防意识明显增强。

【兵员征集工作】 2017年，区人武部扎实抓好征兵宣传发动和征集工作。按照“一季征兵、四季准备”要求，结合国防潜力调查和兵役登记工作要求，对各乡镇适龄青年进行摸底，全面掌握适龄青年数质量情况；组织开展全区适龄青年兵役登记工作，18岁青年兵役登记率达到100%，率先完成眉山军分区下达的兵役登记指标；严格依据征兵工作条例要求展开征兵工作，按照征兵体检、政治考核、审批定兵、役前训练、交接起运等程序征集新兵，坚持集体定兵、择优征集和廉洁征兵，年度兵员征集总体质量和大学生比例居全市前茅。

【安全稳定】 2017年，区人武部坚持把安全教育纳入政治教育计划，定期集中组织学习法律法规和条令条例。对照国防动员部《安全管理暂行规定》《部队管理工作若干问题暂行规定》和《省军区部队安全风险评估暂行办法》等规章制度，紧紧盯住“人车枪弹密、水火电钱航、酒油黄毒赌、涉外涉地方”等17个防范重点，定期开展安全形势分析，组织百日安全活动，分级明确责任，人人签订承诺书，逐项对照《安全管理检查考评暂行细则》进行排查，针对存在问题采取挂账销号式整改，确保各项安全措施落到实处。

【后勤保障】 2017年，区人武部强化党委领导，坚持对年度预算、大项经费开支等重大事项集体研究，严密论证，审慎决策。严格落实审批制度，加强经费重点投向，在经费预算中，将主要财力向战备设施建设、民兵训练、民兵整组、兵役征集、抢险救灾等重要工作倾斜，充分发挥好经费的保障效能。主动接受财务审计，确保各项经费开支合理有序，有效防范违法、违纪问题的发生。

【参建参治】 2017年，区人武部根据省军区、军分区关于精准扶贫工作的指示要求，在区委、区政府的统一安排部署下，重点帮扶黄丰镇丰华村。全年向该村拨付2万元帮扶资金，完成脱贫攻坚任务。积极开展走访慰问，元旦前结合“走基层、送温暖、助脱贫”活动，为40户困难群众、10户残疾人家庭送去米、面、油和慰问金，进一步浓厚了军民鱼水情。

【非战争军事行动】 2017年2月，根据区政府指示，迅速出动干部职工 7 人、冲锋舟 1 台，救援岷江大桥下被困群众 2 人。5 月，省级防震救灾演练在彭山区举办，区人武部组织民兵 600 余人次，完成上级赋予的水上救援、空投物资转移等科目演练。

（任　康）

人民防空

【人防工程建设】　2017 年，彭山依法推进“结建”工程，规范防空地下室审批工作。正在建设的滨江翡翠龙湾二期人防结建工程项目占地面积 1 万平方米，在建工程面积 9000 平方米。全面提高人防工程与地下空间管理能力和水平，在坚持“人员掩蔽工程大量配、物资库工程尽量压缩配”的原则下，真正做到人防为战备做准备，为经济建设服务。彭山区蔡山北路的蔡家山公园人防工程全面推行平时使用证制度，制定维管制度，加强维管检查，明确维管责任，提升维管水平，确保人民防空工程及其设备设施处于良好使用状态。

【宣传教育】　2017 年，彭山区加强人防队伍建设和培训，提高整个人防队伍的素质。以“9•18”等纪念日为契机开展形式多样的人防宣传活动，并在全区发放人防宣传资料。协调彭山区教体局在全区中小学校开展人防教育示范学校试点工作，联合开展人防知识讲座或防空教育观摩课，采用多媒体手段进行教学，通过动画、影像等方式生动有效展示传播教学，进一步提高广大中学生防空意识和国防观念。充分利用大型 LED 多媒体显示屏宣传方式，经常性开展人防知识宣传，制作人防（民防）宣传栏，发放到各社区、学校，让更多市民、学生了解人防知识，增强他们的人防意识。

【行政审批】　2017 年，彭山区人防办向住建、规划、国土等部门详细介绍人防政策法规，使行政审批工作明确主体，相互建立协作支持的工作机制。在规划和建设部门的审批过程中进行相互协调，区人防办将对办理人防手续进行严格审批制度；竣工验收前办理人防验收认可后，准予建设工程验收备案。在结建审批工作中，严格按照有关规定和人防战术技术要求，下达人防建设要求意见书，做到按标准应建、尽建；对因地质、地形等原因不能同步建设防空地下室的项目，按照相应的易地建费政策收取。配合区党政服务中心，利用好彭山区智慧服务网络平台，运用好网上在线建设工程申报工作；同时做好与省一体化服务平台的衔接工作。

【人防易地建设费征收】　2017 年，区人防办落实川改发价格〔2016〕650 号文件精神，抓好人防易地建设费征收工作，不擅自减免人防易地建设费，对检查中发现少缴漏缴易地建设费项目，积极进行追缴；做到应收尽收的原则，全年征收人防易地建设费达 1300 万余元。

（唐　嘉）

农　业

Agriculture

综　述

【概况】　2017年，彭山区认真贯彻落实省委、省政府“三农”工作部署，坚持以推进农业供给侧结构性改革为主线，以打造成都平原的农产品“中央厨房”为目标，突出全面激活市场、激活要素、激活主体，培育农业农村发展新的动能，推动全区“三农”工作的开展。完成“三农”固定资产投入7.02亿元，同比增长48.2%；一产增加值实现14.21亿元，增速4%；农民人均可支配收入实现16848元，增速9.4%。

【深化农村改革】　2017年，彭山区放活土地经营权，发展适度规模经营。进一步完善土地流转“四步机制”。相继出台《眉山市彭山区农村土地经营权流转资质审查审核办法》《眉山市彭山区农村产权交易保证金管理暂行办法》等文件，对土地流转进一步进行规范、完善。全区实现集中流转土地面积1万公顷，流转率高达62%，100～500亩的适度规模流转占全区流转的50%以上，与当地生产水平相适应。推进产权制度改革，深度激发农业农村发展潜能。全面推进确权颁证，科学奠定农村改革权能基础。全面落实农村承包地“三权”分置，稳妥推进农村土地承包经营权确权登记工作，全区农村承包土地确权登记1.6万公顷，覆盖率达100%，为有需求的规模种植业主颁发“农村土地经营权证”810本，按需确权率达100%；大力开展集体产权制度改革，发展壮大集体经济。通过“亮家底、建组织、选人才、明思路、强经营”，因地制宜，全力盘活集体“存量”资源，全面升值集体“增量”资产。自2015年推进改革至今，全区已完成村集体清产核资88个，完成率为100%；实现股份制改革35个，占全区的40%，全面消除“空壳村”现象，88个村集体经营性收入平均增长30%。推广“两权”融资成果，坚持农业发展可持续。全面推进农村“两权”抵押贷款试点。针对制约农村金融发展的五大难题，着力探索构建农村“两权”抵押贷款5大体系，实现金融下乡，破解农业农村融资难题，形成“彭山模式”。截至2017年年底，全区推出农村“两权”抵押产品16个，发放农村“两权”抵押贷款878笔、3.96亿元，年利率最高不超过5.75‰。注重学习交流，农改成果获得多方肯定。2017年，彭山区为深化农村改革与现代农业发展，在浙江大学举办专题研修班一次，邀请江苏省政府研究室顾问卢水生到彭山开展深化农村改革专题讲座1次；3月，全省农村改革推进暨农业供给侧结构性改革专题培训会在彭山召开，彭山区在大会上作经验交流发言；8月，彭山区农改工作顺利通过农村改革试验区评估专家验收。全国人大常委会副委员长吉炳轩、中央农村工作领导小组办公室副主任吴宏耀、农业部总农艺师孙中华、省人大常委会副主任张东升、省委决咨委主任赵文欣、市委书记慕新海、市长罗佳明等领导先后到彭山指导。先后接待江苏、山东、河北、西藏自治区、青海等全国各地考察学习团队100余批次。

2017年3月26日至30日，全省农村改革工作推进暨农业供给侧结构性改革培训会在彭山举行

【现代农业】　2017年，彭山区优化农业农村投资环境。以岷江现代农业园区向东、西两翼辐射，重点在岷东大道、工业大道、西山旅游环线以及特色产业园区周边大力实施高标准农田整治，全年投入3500万元，建成高标准农田2280公顷。加快东翼、西翼两条产业大道规划建设，经过多次征求意见和修改完善，完成《彭山区东山片区和西山片区农业产业道路规划》。大力扶持滴管项目。投入近2000万元用于柑橘、葡萄、柚子、猕猴桃等优势产业园区肥水一体化滴水灌溉项目，全面提升农业劳动生产率。构建新型农业经营体系。2017年，新培育新型农业经营主体185个，新增市级以上示范龙头企业3家、农民专业合作社4个、家庭农场7家、现代农业业主4个。全区新型农业经营主体已达3645个，其中，市级以上示范新型农业经营主体达105个；市级以上示范龙头企业26家、农民专业合作社31个、家庭农场27家、现代农业业主21个。配备冷链物流项目。投资800万元，启动大型农产品集配中心建设1个，包括土建工程、气调库、检测区、集配包装区、管理区，提升彭山区农产品一次性冷冻储存能力和增加农产品附加值。大力开展新型职业农民培育，成功申报全国新型职业农民专项激励计划试点，全省唯一。2017年12月6日，彭山区在青岛全国新型职业农民专项激励计划试点工作会上作题为《培育“领头羊”发展大产业　建设全国都市现代农业强区》的经验交流。

【幸福美丽新村建设】　2017年，彭山区以“四好村”创建和幸福美丽新村建设为指导，综合党建示范、廉政教育、法治教育、平安创建、旅游带动、特色产业等多种功能，打造硬件好（风貌好）、文化好（本地文化、主流文化）、党建好、科技好、法治好、旅游好（旅游接待设施）、产业好多功能综合性“七好阵地”。彭溪镇毛店村、公义镇红旗村等17个村完成“七好阵地”示范点建设。形式多样、内容丰富，加强新村精神文明建设。印发《关于开展“四好村·文明家园”建设深入推进社会主义核心价值观进农村活动实施方案》，大力开展“农民夜校”、建好管好用好农家书屋和村广播室、建设完善村文化活动室和文化活动广场、设立完善道德讲堂、设立完善志愿者服务站、设立核心价值观公益广告、设立善行义举榜、开展“星级文明户”、文明村创建活动、建立完善村规民约、开展环境综合整治等“四好村”创建与精神文明建设活动。大力开展“三苏好家风进农村”“好家风家训进四好村”“重阳节文艺演出进农村”“道德模范”“十佳民星”“十佳孝子”“玫瑰书香”等系列活动，挖掘农民群众中的先进人物，树立一批“勤劳致富、诚实守信、孝老爱亲、见义勇为、助人为乐”等先进典型，用身边人、身边事教育群众，逐步形成好风行、养成好习惯。积极争取项目资金，提高新村创建示范带动作用。成功申报“农民增收新产业新业态示范县”项目，争取资金500万余元。通过示范县项目，极大丰富彭山区新村创建的经验、举措，提高彭山区新村建设的知名度和美誉度。160万元的市级以奖代补资金和110万元的省级“四好村”奖补资金，主要用于发展新产业新业态、壮大集体经济、村级公益事业建设和各类“养成好习惯、形成好风气”活动经费。完善“四好村”创建的配套政策措施。为提高彭山区新村项目的公平性和透明度，提高资金使用效益，农工办草拟《彭山区涉农惠民工程项目管理办法》《彭山区涉农惠民补助项目管理办法》《彭山区涉农惠民直补项目管理办法》3个管理办法和流程图，以及涉农惠民项目资金“九不准”规定，并以区委办、区政府办名义印发。全年创建幸福美丽新村15个，幸福美丽新村覆盖率达90%；创建省级“四好村”13个，评选出区级“四好村”34个，推荐市级“四好村”22个。观音镇果园村被评为四川省百强名村。

【亮点工作】　2017年，彭山区围绕“休闲农业与乡村旅游、冷链物流、电子商务、土地托管服务”四大类新产业新业态，成立创建工作小组，建立联系会议制度，有序推动项目实施。探索农村集体建设用地使用模式，发展农业新业态。针对农村宅基地大量闲置得不到有效利用而日渐凋敝，但新型城镇化、现代乡村旅游发展供地严重不足的突出矛盾，彭山区在坚持“农民自愿、程序规范、总量不变、多方受益”的原则下，积极探索灵活利用农村集体建设用地支持农业新业态发展的新模式，有效释放农村活力，实现农民财产性收入增加、集体经济壮大、乡村旅游发展、农村社会繁荣。2017年，彭山区成功引进农业嘉年华、盘桓小筑、凤鸣花谷等乡村旅游项目5个，已建成投入运营3个。签约150亿元的中法农业科技园项目已全面启动。2017年7月，彭山成功申报全国农业农村发展用地保障试点。

2017年，彭山区引进四川首个农业嘉年华项目

（邓文杰、晏瑶珈）

农牧工作

【机构变更】　2017年9月26日，按照区委、区政府《关于印发〈眉山市彭山区统筹推进承担行政职能事业单位改革试点实施方案〉的通知》（眉彭委发〔2017〕10号）文件要求，原彭山区农业局和原彭山区畜牧局合并为彭山区农业和畜牧局（以下简称“区农牧局”）。

【概况】　2017年，彭山区实现土地预流转2040公顷，新增规模流转土地1559.67公顷，规模流转率68.9%。“东坡味道”销售收入126.9亿元，粮食总产量15.32万吨；水果种植7466.67公顷，实现产值6.8亿元；蔬菜4066.67公顷，产值2.9亿元；中药材2133.33公顷，产值0.95亿元；商品鱼总产量达到1.76万吨。畜牧业产值12.69亿元，出栏生猪40万头，小家禽1002万羽，培育新型农业经营主体118个，培育家庭农场和牧场16个，新改扩建畜禽标准化养殖场6个，创建省部级标准化示范场1个。打造种养结合示范点2个，建成省级种养循环示范场（区）1个、市级生态牧场4个。

【农产品质量安全】　2017年，区农牧局检查农资经营单位482个次，查处违规经营15起，受理农资纠纷3起，调解成功3起。立案调查兽医卫生违法事件4起，共处罚金2426元。完成全区兽药生产企业溯源体系建设，与农业部完成对接，可通过二维码溯源。动物卫生监督执法办案使用“智慧动监”系统，实现电子化办案。全年未发生农产品质量安全责任事件。

【动植物疫病安全】　2017年，区农牧局完成杂交水稻种子产地检疫397.6公顷，柑橘苗木产地检疫4.97公顷；动物疫病监测任务和流行病学调查任务完成率达100%；重大动物疫病强制免疫病种免疫密度达95%以上；奶牛“两病”、肉羊布病检测覆率100%；登记犬只狂犬病免疫率限养区达100%。

【农业生态安全】　2017年，区农牧局大力开展农业面源污染，实施“化肥、农药零增长行动”，化肥减量2.06%，农药减量6.02%，专业化统防统治覆盖率44.69%，绿色防控覆盖率达35.45%；秸杆统合利用率91.19%。区农牧局开展畜禽养殖污染治理，关停禁养区畜禽规模养殖场352户，完成2017年目标任务的359.1%；限养区、宜养区912户畜禽养殖户已制定一户一策整治措施，并完成整治任务。

【生产安全】　2017年，区农牧局加强生产安全监管，开展饲料加工行业安全专项整治，进行安全大检查83次，排查并督促饲料企业整改完成安全生产隐患23个。全年未发生生产安全责任事故。

【农业供给侧结构性改革】　2017年，区农牧局抓好优质产业园区建设，进一步巩固彭山西南地区最大的晚熟杂柑种植基地的地位，提升彭山农产品品质；助推已有品牌升级，打造一批以家庭农场、新型农业经营体为主的“小品牌”，创造“大价值”；以农产品产地初加工为重点，加强农产品加工体系建设，提高全区农产品初加工率；以提高农产品质量安全保障水平为突破口，全面提升消费者对农产品质量安全信心和购买意愿，切实提升全区农业供给质量。年内，新认定无公害农产品1个、绿色食品1个，认定有机食品1个、国家地理标志产品1个，推广“爱媛38”“春见”等优良品种543.11公顷。

【深化农村改革】 2017年，全区继续深化农村土地制度改革，探索“三权分置”多种实现形式，真正让农户的承包权稳下去、经营权活起来；大力开展农村金融改革，探索金融支农惠民新模式，引导全区农业产业向规模化、集约化、品牌化方向发展；积极探索金融支农新模式，借助金融机构的投资力量，推动现代农业发展。全年新增耕地流转面积1673.33公顷；全区完成确权登记面积1.69万，涉及承包农户5.31万户，颁证5.23万本；办理抵押贷款登记335笔，发放经营权流转收益保证贷款2.1亿元。

【项目资金】 2017年，区农牧局共完成向上争取项目资金9731.61万元。其中，农业产业投入6046.61万元，畜牧产业投入860万元，各类惠农政策2825万元。通过项目实施，有效提升全区农业基础设施条件与水平。

【农业产业扶贫】 2017年，彭山区打造“一村一品”，驻村农技员到位率达100%。整合相关扶贫项目资金，为全区400户建档立卡贫困户送仔猪800头，实现户均养殖纯收入达4190元。

【系统治理】 2017年，区农牧局认真排查梳理2013年以后农牧各项涉农惠民政策，梳理出27类惠农政策和85项惠农项目资金明细情况，查找出各类惠农政策、项目和工作作风等问题24条。对照问题台账，修订完善3个制度，规范惠农项目实施流程，制作项目实施流程图8个。

【基层农技推广体系改革】 2017年，区农牧局加快基层农技推广体系改革与建设，围绕主导产业，培育农业科技示范主体640个，遴选技术指导员80名，开展一对一技术服务。通过省级调训，市、区集中培训，培训农技人员105名。积极培育新型职业农民121人。

【亮点工作】 2017年，全区畜禽养殖污染治理工作成效显著，规模养殖场关停、整治工作进度名列全市第一。是年3月23日，全市禁养区畜禽养殖场关闭搬迁推进工作现场会在彭山召开，市政府副市长肖忠良主持会议。毛河流域治理工作全面完成目标任务，水质经治理后由劣Ⅴ类水变为劣Ⅳ类以下；12月22日，中央电视台针对彭山畜禽养殖污染治理和毛河流域治理工作拍摄专题宣传片。彭山区农村土地承包经营权确权登记数据在全市率先通过农业部数据库规范质量检查，完成数据汇交。稳步推进农村集体资产股份合作制改革，完成对全区13个乡（镇，街道）村集体和含集体经济成份社区的清产核资工作。农业部“险资直贷+水果产业收入保险”试点工作顺利推进。12月6日，国务院检查组到四川果怡农业科技有限公司检查质量强区工作，并给予高度评价。彭山区“两权”抵押融资工作成效明显，为全省亮点。

（熊利均）

林业工作

【概况】 2017年，全区森林面积8947公顷，林地面积9743公顷，林业产业总产值26.36亿元，其中第一产业2.38亿元、第二产业19.34亿元、第三产业4.64亿元，农民人均从林业上获得收入1478元。全年向上争取项目资金1501.28万元。全面推行森林保险，全区参保面积5196公顷，参保率100%，实现全覆盖。年内，森林覆盖率36.8%，林木覆盖率（含路旁、沟旁、渠旁、宅旁“四旁”）38.02%。

【营造林】 2017年，区林业局完成中幼龄抚育1万公顷，推进低效林改造333.33公顷，成片造林533.33公顷，新育苗香樟、臭椿、银杏等26.67公顷；完成四旁植树40万株；完成德贷项目实施和提款报账工作；完成“东山彩林”一期、二期（一阶段，二阶段）建设任务，涉及面积71.53公顷，栽植美国红枫8234株、栾树1.17万株、五角枫1.44万株、银杏6940株、鸡爪槭2565株、红叶杨1097株。

“东山彩林”建设

【资源保护】 2017年，彭山区加强森林病虫害检疫防治和森林防火工作，制发《眉山市彭山区2017年林业有害生物发生趋势预报》，建立“2017年林业有害生物防治信息辅助数据库”，完成农业嘉年华AAAA级旅游景区森林防火标准化站点建设和“智能森防”二期信息化建设，森林防火指挥中心二期工程野外远程热成像视频监控指挥系统通过政府审批，已完成安装调试，并投入使用。公义镇农乐村、锦江乡永泉村成功创建市级森林防火“二三四工程”示范村，并通过市防火办验收合格，全年未发生一起森林火灾；制定彭山区涉林企业安全生产应急预案、工作计划，强化涉林企业安全生产隐患排查及专项整治工作，未发生一起涉林企业安全事故；积极开展“守护绿川行动”“野生动物查处专项行动”“利剑行动”等各项专项行动，加强警民联动，加强林区防护，加大违法犯罪打击力度。全年侦办刑事案件7起（滥伐林木案件4起、非法狩猎案件1起、盗伐林木案件1起，移送市林业局1起），移送起诉3起，结案2起，正在处理1起；办理行政案件33件（滥伐林木案件19起、无证运输案件4起、擅自改变林地用途案件5

起、收购无证运输木材5起），行政处罚33人，罚没收入14.65万元，为国家和个人挽回经济损失80万余元。所办案件做到无退侦、无退补、无冤假错案、无提起行政诉讼和行政复议、无不合格案件、无因执法工作不规范受媒体曝光的情况、无民警违纪违法的“七无目标”；开展野生动植物保护宣传活动，以及“世界湿地日”“野生动植物保护日”“爱鸟周”宣传活动，积极开展野生动物资源保护、监测、监督和执法工作，对全区野生动物驯养繁殖经营户进行核查，缴获野生动物及其制品5只，开展野生动物救助活动，救助白腹锦鸡、夜鹭等野生动物11羽。

2017年2月27日，全省现代林业产业园区现场会在彭山召开

【绿海明珠】 “绿带”工程：完成县道绿化18公里、乡道绿化14公里、专用道路绿化5公里、岷江一桥至东坡区交汇处道路景观绿化5公里，河堤彩色混凝土铺设，完成农业观光园区道路设置标志标识20公里，农业园区内环线景观绿化5公里，完成人工种草2733.33公顷，完成岷江现代农业园区提升观光大道绿化品质，建设景观节点5个。

“绿肺”工程：完成“花漾彭山”“东门小游园”绿化工程及节点打造，渠道绿化3公里，堤防绿化1.5公里，水库周边绿化1公里；“寿乡水岸•河堤公园”绿化改造，种植三角梅2000株、蔷薇1000株、茶语湖种植水生植物翟莉1000株、紫色芦苇100株、细叶芒300株、花叶芒200株，完成建设生态停车场300个，五人制足球场1个，完成游客接待中心装修，更换标识标牌30个，安装宣传展示屏1个，宣传灯箱20个，库区环湖生态林种植绿化13.33公顷，橘花广场河道绿化600米，新建绿色基地30个，建设绿色阳台示范街道1条、绿色阳台示范单位2个、绿色阳台示范小区1个、绿色医院1个。完成公义镇“集镇拥翠”建设。完成公义镇马林村、公义镇红旗村“绿色家园”建设。建成观音果园葡萄产业公园。

【退耕还林】 2017年，全区完成4533.33公顷退耕还林的县级自查验收工作，并兑现政策补助资金。

【天然林保护】 2017年，区林业局完成天保二期工程年度建设任务，实施森林管护157.07公顷，管护率100%。严格执法《四川省天然林资源保护条例》，制定《彭山区2017年度森林管护实施方案》，利用标语、报刊、宣传车等形式加强宣传，成立管护队伍并与管护人员签订年度森林管护责任书；采取巡山护林、设卡检查等方式，防止盗伐、滥伐、偷拉盗运，防止毁林开荒和乱占林地，搞好森林防火和病虫害防治工作，保护林区内野生动物、植物。

【林业产业】 2017年，区林业局制定《彭山区2017年度现代林业产业发展资金项目实施方案》。创建现代林业产业提质增效示范区2个，彭山区竹编产业“双百工程”建设产值实现1.05亿元，带动就业人员1万余人，生态旅游产值4.55亿元。开展林业生态旅游扶贫攻坚工作，新增旅游商品经营户128户，新增经营人数256人，创建1星和2星级森林人家4个。

（徐 兵）

水务工作

【概况】 2017年，彭山区水务局坚持以民生水利、生态水利建设为重点，实施流域水环境治理、城乡污水处理、全域安全饮水等建设，向上争取各类资金7734万元。

新建的彭祖新城污水处理厂

【基础设施建设】 2017年，区水务局通过强力推进“千湖之城”建设，新增和恢复水域面积5.1平方公里。实施全域城乡生活污水处理设施建设，建成公义、武阳等生活污水处理厂（站）14座，全区污水日处理能力提升至3.73万吨。实施全域安全饮水建设，完成第二条穿岷江管道工程，新增自来水入户安装1.09万户，与2016年相比自来水普及率提高12%，城乡自来水合格率达100%。

【水资源管理】 2017年，为深入贯彻落实党中央的生态文明建设和绿色发展理念，通过修建整治渠道23.2公里，发展高效节水灌面766.67公顷，使得灌溉效益得到显著提高，年节水量达到40.1万立方米。通过重点建设联合利华、金桐化工、同庆南风3个化工行业节水示范企业，工业万元产值取水量下降到50立方米，工业用水计量设施普及率达到100%。重点建设兴铁宾馆、彭山职高2个城镇生活节水示范区，创建公共机构节水型单位10个。

【环境治理】 2017年，区水务局创新完善“河长制”工作机制，继续落实“345”模式（党政主体责任、人大政协监督和参政议政责任、监管执法和考核责任三个责任，挂图作战、联席会议、工作通报、现场会议四项制度，城镇污水处理厂建设、畜禽水产养殖污染治理、违规违法企业治理、小流域生态修复和违规违法企业治理五大工程）。全力推行流域水环境综合治理，整治河道70余公里。开展水库水产养殖污染治理，取缔水库肥水投饵养殖35座。强化河道综合执法，拆除河道棚屋26处，3800平方米，取缔非法加工砂石企业10家。全区10条流域均完成2017年水质目标任务，流域水质明显好转。

【水利扶贫】 2017年，区水务局结合《眉山市彭山区水利建设扶贫专项2017年实施方案》，实施节水型社会建设和水利发展资金项目建设，发展高效节水灌溉（喷滴灌）766.67

公顷，农田灌溉水有效利用系数逐年提高达 0.47。建成幸福美丽新村 15 个。加强联系村公义镇农乐村、鹤林村的帮扶工作，帮扶 125 户贫困户，走访 286 人次，送慰问资金、物资 3.5 万余元。

（张　文）

农机机械

【概况】　2017 年，全区农机总动力达到 28.48 万千瓦，综合机械化水平 76.74%。机收稻麦 1.81 万公顷，助农增收 3700 万余元。争取到位项目资金 1188 万元，示范推广农机新技术 1 项。实施农机购置补贴项目，确保满足农民群众购机需求，中央补贴资金结算进度达 100%。新建提灌站 32 座，维修改造提灌站 580 台 5800 千瓦。建设机耕便民道 118.7 公里。

【农机化服务】　2017 年，彭山区农机事业局（以下简称“区农机局”）组织开展机械化收耕播服务，其中，引进联合收割机跨区机收稻麦、油菜 1.81 万公顷，机耕 2.17 万公顷、机播（插秧）9760 公顷，助农增收 3700 万余元。开展农作物秸秆禁烧工作，抽调工作人员 5 人，协助联系乡镇开展秸秆禁烧宣传解释工作。督察机收作业质量，要求割桩不高于 10 厘米，排查安全隐患。

【农机化推广】　2017 年，区农机局组织参加科技“三下乡”活动，到牧马镇开展农机科技宣传，发放《农机安全生产知识读本》《农机具购买注意事项》《农机安全操作知识》，水稻、玉米生产机械化技术等农机法律法规、技术宣传资料，共出动农机技术人 5 人，当场发放资料 8000 余份，回答群众咨询 200 余人次。开展农机化新技术新产品推广工作，示范推广简易保鲜储存设备新机具、新技术 1 项。

【农机安全监管】　2017 年，区农机局开展日常农机安全监理工作，强化源头管理，与农机驾驶员逐一签订《农机安全生产责任书》《不违法载人承诺书》，签订率达 100%。规范农机上户、年检工作，逐一普查登记农机，年检拖拉机 318 台，注册登记 5 台，报废 42 台，累计换证 120 台，年检率达到 70%。逐一清理驾驶员档案资料 776 份，注销驾驶证 24 本，拖拉机档案资料 453 份，农机无违规上牌、发证事件发生。强化隐患排查，巡回乡镇村社田间地头、场院，配合公安交警、交通开展联合执法 15 次，检查拖拉机 1785 台（其中检查变型拖拉机 387 台），纠正违章 72 起，排查整改隐患 29 起。制作、发放“农机驾驶员十不准”“农机作业十不准”手册 1278 份；充分利用电信信息平台，向农机驾驶员普发农机安全知识、道路交通法律、法规信息，提示按时参加学习等信息共 7824 条。

【农机项目】　2017 年，区农机局积极向上争取项目资金，全年争取农机购置补贴项目、省级提灌站建设、乡村便民道建设、农机安全检测项目 4 个，到位资金 1188 万元。完善项目监管制度，制定“纪检跟着项目走”工作制度、农业基本建设项目管理办法、农业基本建设项目竣工验收管理制度 3 个，规范项目申报、审批、预算、财评、招投标、施工、资金管理、检查验收等行为。加强廉政风险防控，严格落实“一岗双责”廉政风险防范措施，明确项目责任领导、责任股室、责任人，制定风险流程图3个，准确评定一级廉政风险点4个，签订岗位廉政风险承诺书4份。

【基础设施建设】 2017年，区农机局继续加强提灌站建设。严格实行招投标管理，发动群众投资投劳，新建、维修、改造提灌站，组织技术人员深入村社开展技术指导、质量监督和管理服务，新建提灌站32座，机电提灌保灌面积1.14万公顷。开展乡村机耕便民道建设，建设机耕便民道118.7公里，其中，新建农机化生产道路3.3公里。强化资金使用监管，严格执行村民自治，杜绝暗箱操作。

【农机培训】 2017年，区农机局开展农机安全培训，改变过去由农机驾驶员集中进城参加农机安全学习模式，将全区划分为城区、青龙、江口3个片区，每月15－17日到片区开展培训，方便农机驾驶员就近参加培训，共开展培训9 期，培训驾驶员1834人。组织全区农机技术人员8人，参加全市基层农技人员知识更新培训，学习绿色无公害种植业技术和互联网知识等，更新提高专业知识水平。组织专业技术人员14人，参加 2017年度大数据时代的互联网信息安全培训，每人培训30个学时。

（袁如蓉）

眉山岷江现代农业示范园区彭山管委会

【概况】 2017年，岷江现代农业示范园区彭山管委会紧扣区委、区政府加快都市现代农业发展战略部署，深入推进农业供给侧结构性改革，园区农业基础不断改善，农业产业效益稳步提升，乡村旅游初见成效，“凤鸣花谷”成功举办获得了首届花卉音乐季暨扶郎花采摘季，“农业嘉年华”景区盛大开园，嘉年华创AAAA工作已通过眉山市初检，园区获得农业部颁发的“中国农业公园”称号。“彭山党建瞄准‘供给侧’发力——红色先锋引领绿色发展”的经验于2017年7月4日在《人民日报》刊登，园区对外影响力不断扩大。全年接待国内外各类各级团体参观调研96次，全国人大副委员长吉炳轩，中宣部、青海省政协等领导先后到园区调研指导。

【主要指标】 2017年，岷江现代农业示范园区彭山管委会招商引资1.2亿元，成功引进百谷农旅项目，落户园区中门户。完成固定资产投入1亿元。向上争取资金1250万元。

【重点项目建设】 2017年，农业嘉年华项目一期占地16.67公顷，总投资1300万元，新建成展馆4个、生态餐厅1个，于2017年9月29日开园。岷江现代农业园区北部西路，投资610万元，完成地面附作物清腾，基本完成路基回填，正在进行沙夹石铺设。凤鸣花谷一期已完成七彩花田创意农业体验区花卉种植430公顷，修建农旅道路3000米、游步道4500米和花卉长廊300米、花卉艺术展示中心、生态休憩厅，于5月1日开园。二期停车场路基已修建完工，景观大门、茶厅、餐厅、民俗客栈已完成基建。百谷农旅项目投资400

万元，占地40公顷，于2017年9月进场，已整理土地20公顷，栽种柑橘苗10公顷，平整道路3000米、沟渠1.1万米，打井1眼。北门户田园绿道项目新建游步道10公里，打造6个文化节点。年末已完成招投标，12月底进场施工。

【基础设施建设】 2017年，园区产业基地接口路等基础设施建设项目完成投资300万元，建成彭山片区接口路32条、18.06公里，整治山坪塘5个，是年6月底前已完成。发展乡村旅游，新建旅游厕所1座；新修生态停车场4个，2.17万余平方米，可容纳1000余辆车同时停放。

【景区创建】 2017年3月，岷江现代农业嘉年华AAAA级旅游景区景观质量评估通过省景评委评审，创建工作有序推进。10月，通过市旅游标准评定委员会对景区创建工作的初检。

【特色节庆】 2017年4月29日，举办“首届花卉音乐季暨扶郎花采摘季”活动，在活动中参与观光、采摘的游客量达到3万人次以上，收入达到49万元。8月8日，举办“葡萄采摘节”，参与观光、采摘的游客量达到34.4万人，收入2514.24万元。9月29日，“农业嘉年华”顺利开园，开园期间吸引游客4.5万人次，收入达到50万余元。

【征地拆迁】 2017年，园区征地拆迁416户，其中，公义镇196户、凤鸣镇220户。观音果园（二期）项目已对项目区农户进行摸底调查意愿农户800户，对宅基地面积进行初步测量并制定实施方案报区政府审批。

（彭　管）

工 业

Industry

综 述

【工业经济】 2017 年，彭山区规模以上工业总产值完成 332 亿元，同比增长 1.8%；工业增加值增速居全市第二；工业性固定资产投资完成 77 亿元，技术改造投资 44.8 亿元；新增规模企业 11 户，超目标任务 3 户，达到 109 户；入库税收 4.1 亿元；战略性新兴产业工业总产值增长 21%，超目标任务 5 个百分点。向上争取项目资金 11 个，争取各级专项扶持资金 4092 万元。

【项目投资】 全年实施工业项目 88 个，新开工陶氏化学、精达电器等 23 个重大项目；竣工格力电工、禹王防水等 42 个项目；海尔机器人、骏德艾普特种车等 18 个项目正抓紧建设。重点产业：抓好生物辐照、机器人、日化、农副产品深加工四大成长型产业培育，全力推进日化产业迈向高端发展，用 3～5 年时间，打造西南最大的日化产业基地和产业集群。制定产业发展规划，加快推进产业链条上下游企业技术创新、规模扩张以及延链补链等。开展招商推介，参加产业综合招商会、推介会等，通过产业链招商、以企招商等形式，加快形成日臻完善的产业链条，实现产业集群化发展，提高综合竞争能力。以“互联网 +”推进产业快速发展。推进产业链互联网化，加快实现彭山区优势产业的工业 4.0。

【“散乱污”治理】 2017 年，彭山区制定、出台《“散乱污”企业专项整治工作方案》，对全区 108 家“散乱污”企业，按照“三个一批”的分类治理原则，推动工业企业转型升级，提质增效。开展中央环保督察交办信访案件的办理和整改工作，主办案件 5 件。开展全区工业“散乱污”企业专项整治工作，排查上报整治企业 131 家，其中，关闭 73 家，整改 52 家，入园 6 家。按照部门工作职责开展违法、违规生产和存在重大环保问题的企业停止供电工作，确保停产整改。开展城区污染企业退城入园工作，已上报企业 4 家。加强全区通讯基站环境保护管理工作，对存在环保问题的通信基站进行关闭，对存在环保问题的危化品进行督察、整改。制定、出台《烧结砖企业专项治理工作方案》，对全区 22 户烧结转企业进行规范整治。

【淘汰落后和节能降耗工作】 2017年，彭山区淘汰了区宏宇金属制品有限公司10万吨生产线，淘汰后可节约标煤300吨。建成区10蒸吨以下锅炉淘汰7户。完成成品油批发、仓储和零售经营资格2017年度成品油经营资格年度检查工作，督促成品油经营企业遵纪守法，提供优质服务，保障全区的成品油供应。完成对加油站、库的安全责任书的签订工作，做到责任落实到位。做到对全区加油站、库的定期安全检查，对发现的安全隐患做好记录并限期整改。完成全区23家加油站（点）、2家油库的油气加收工作，并且通过验收。督促6家加油站地下油罐更新为双层罐或防渗池设置。制定梓桐河管理保护方案，完成目标清单、问题清单、任务清单、责任清单四张清单制作，将梓桐河流域资料归档，形成一河一档。

【安全生产】 2017年，彭山区印发《关于进一步加强规模工贸行业企业安全生产标准化建设的通知》。向企业赠送标准化建设宣传手册100余本；组织四川华西德顿塑料管道有限公司、思念食品有限公司、四川西金联合电气有限公司进行应急抢险演练，确保科学施救，不发生二次伤害。以开展“安全生产培训”活动为契机，组织久鼎安全技术咨询有限公司对眉山市万佳包装有限公司、四川沃尔斯宏泰橡塑科技有限公司、好运通建材有限公司员工进行安全知识培训，全年共组织企业参加安全知识培训5期，参与人数900人次。开展安全知识宣传，发放安全知识资料2000余份。

（陈利军）

电 力

【概况】 2017年，全区电网投资7170万元；实现售电量6.6亿千瓦时，同比增长4.77%；综合线损率完成5.3%，同比减少0.6个百分点；销售电价完成647.2元每千千瓦时，同比降低0.01 %；电费回收率100%。全年实现连续安全生产5844天。公司成功创建眉山市“文明单位”，获评“国网公司精神文明建设先进单位”称号。

【安全生产】 2017年，国网眉山市彭山供电公司（以下简称“区电力公司”）严格落实安全生产责任制，修订《生产作业现场各级管理人员到岗到位要求》。加大现场安全检查及反违章稽查力度，全年到岗到位1329人次，实施现场安全纠察580次。深入开展基建现场反违章专项行动、电气火灾综合治理、农村总漏保、跨鱼塘线路专项整治行动，823个问题全部整改完成。突出抓好配网运行异常暨高跳整治，开展城市配网“三降五提升”专项行动，配网线路跳闸次数同比下降24.6%。大力实施科技兴安，圆满完成省公司电网资产实物ID编码试点建设工作，接受国网公司专家组检查指导。精准管控六级及以上电网风险7项，电网经受住了高温高湿强降雨、大负荷的严峻考验，圆满完成中共十九大、“5•9”省级抗震救灾演练、首届眉山樱花节等重大保电任务。

【电网建设】 2017年，区电力公司突出电网与地方经济社会发展有机结合，紧跟城市建设发展和园区扩区调位，滚动修编“十三五”和两个园区电网规划。开展配网互联互供规划，完成城区“一片一位”、园区“一园一策”、城镇“一乡一品”规划16个。大力推进配网建设，完成配网改造项目12个，投资1775.39万元。建成投产10千伏红石开闭所、增容110千伏园门变电站，新增变电容量3.15万千伏安，新增线路36.75公里。按期完成58个中心村、井井通电项目建设任务，完成投资3337.69万元。新增10千伏线路124.26公里，容量1.55万千伏安，农村综合电压合格率提升至99.99%，户均配变容量达到2.67千伏安。主动服务市政“交通大会战”，高效完成工业大道、成绵乐提速、成乐高速扩容等18项市政重点工程线路迁改。

【经营服务】　2017年，区电力公司开展业扩规范管理，完成接电容量10.15万千伏安。大力推进智能电表换装，全年安装智能电表3.12万只，智能电表覆盖率达99.8%，采集成功率99%。深化“互联网+营销服务”，掌上电力等线上服务客户达10.89万户次。建立电费风险三级管控机制，对中央环保督察中配合政府停电的68家用户，重点跟踪预控，严防电费风险，确保全年电费回收100%。实施园区驻点，为园区用户提供“一站式”办电服务。优化外部环境，定期向政府报送电力重要信息专报，建立常态沟通机制。主动向区委、区政府汇报老旧城区电力隐患治理、迎峰度夏度冬、电网规划与发展等专项工作情况，争取理解和支持。

【改革创新】　2017年，区电力公司开辟业扩报装“绿色通道”，实施“业务经理制”，探索停电信息精准发布工作机制，针对不同客户群体采取多样化的停电信息发布，畅通信息沟通。拓展线上服务模式，业扩报装线上办理率100%。创新建立供电所综合业务监控指挥中心，实现人员和业务全过程动态在线监控，有效提升指标及服务水平。积极应对电力体制改革，妥善化解配网增量试点风险，与青龙园区、石化园区签订战略合作协议，供电市场更加稳固。大力宣传电能替代优惠政策，推动眉山市首家企业实施煤改电，按期完成眉山公司下达电能替代工作目标。加大创新工作力度，《降低供电所业扩工单处理时间》项目获眉山公司2017年度“QC小组创新成果”二等奖。

（杨艳梅）

四川彭山经济开发区

【概况】　2017年，四川彭山经济开发区完成固定资产投资46.3亿元，同比增长1.1%，其中，工业投资完成29.300亿元，同比增长5.3%；规模以上企业完成产值208.8亿元，同比减少2.9%；主营业收入完成195.2亿元，同比减少3.4%；入库税金完成3.8亿元，同比减少15.6%；招商引资到位资金44.34亿元。园区全年完成投资完成47.5亿，同比减少4.2%；规模以上工业企业产值完成225亿，同比减少4.2%；税收完成4.5亿，同比减少11.9%；规模以上工企业主营业收入完成204亿，同比减少4.3%；招商引资到位资金48亿元。

【招商引资】　2017年，经开区强化“重点”招商。强化对重点项目的盯引，在前期对接的基础上，园区主要领导坚持多次上门主动拜访、问题亲自协调、亲自洽谈，促项目落地。主动出击，盘活闲置资产，对园区企业实行全覆盖、拉网式排查，对清理出的闲置资产再搭桥引线再“招商”。全年签约项目8个，包括世界500强企业投资建设项目2个，总投资1000亿元的恒大童世界乐园项目和总投资20亿元中建天府新区新材料产业园项目；天府新区眉山青龙兴业总部基地项目、太阳能中高温发电设备和热水器生产线、川娃子川菜产业园、红色塑胶等项目。建立“四川海峡两岸产业合作示范园”，规划建设面积333.33公顷。

【项目推进】 2017年，经开区健全高效推进机制，深化领导联系重大项目责任制，执行“挂图作战”，确保重大产业项目顺利推进。量身制定省、市、区和园区重点项目分类推进计划，严把时间节点，严格打表督察，倒逼工期推进。班子成员第一时间为项目制定服务方案、第一时间掌握项目建设进度、第一时间解决项目建设难题，为项目提供贴身贴心服务。2017年，新开工格力电工二期、中建天府新区新材料产业化基地、顺河大桥等项目6个；续建长安汽车、精达电器等项目8个；竣工畅达交通、德瑞密封件等项目5个，确保园区工业固定资产投资、规模企业总产值等经济指标稳中有升。做实党群服务中心，为企业提供“一站式”便捷服务，确保项目有序推动。企业在园区内即可完成项目立项、工商税务、环评安评、用地选址、报规报建等绝大部分手续，全年业务量已提升至2016年度的3倍，实实在在为企业简化办事流程。

【转型升级】 2017年，经开区坚持人才为先导、科技为核心、产业为支撑促进园区发展，（天府新区）技术人才创新创业基地完成建设并实现试运营；积极组织选派企业技术骨干到高校及科研单位进修，引进9名高端人才。加强企业创新能力建设，指导龙腾铁路器材、格力电工等骨干企业加快创建省级企业技术中心，鼓励企业与大学院校建设产学研联盟，组织正基有机硅、华未太阳能等企业申报高新技术企业。

【园区环境保护】 2017年，经开区建立了园区环境保护工作网格化管理机制，将园区企业划分为一个个网格，将全区分为8个片区、220个网格，落实64名网格员，一一对应负责指导、协调、督促企业做好环境保护工作。通过购买服务方式聘请省环科院作为园区环保管家，建立“环保管家”机制，对园区183家企业进行环保拉网式、地毯式式排查，排查出环保问题367件，对118家企业下达《整改通知书》，并有针对性地向园区提出关闭、停产整改，边生产边整改的建议，并指导督促企业整改到位，长期提供管理服务。对西南督察、省环保督察、市纪委督察和省、市环保部门检查出的31件问题实行“台账—交办—销号”的管理模式，成功解决同庆南风大气粉尘污染、林辉公路新建沥青混泥土搅合站污染等环保突出问题。对园区企业进行排查，查出“散乱污”企业21家，对园区“散乱污”企业实施关闭取缔11家，规范整顿9家，退城入园1家。大力推进园区污水处理厂建设，新修建污水管网22公里，实现园区企业排污全部接入主干道，加快已有生活污水处理厂改造升级，实施技改工程前期科研、环评等前期相关工作，确保2018年完成工业污水处理能力，全面提升园区企业环保质量。

【基础设施建设】　2017年，经开区推进四川天府新区总体规划的维护调整，完成《天府新区彭山青龙片区控制性详细规划》维护调整并经彭山区规划委员会审议通过。推进园区9个专项规划与《天府新区彭山青龙片区控制性详细规划》维护调整成果的对接，启动青龙区域城市设计规划的编制。实施主要干道全覆盖亮化工程，提升园区整体形象；实施主要干道及节点绿化工程，打造高速公路东侧沿线绿化景观；对花台进行四次时令花木的栽种，从而有效增添道路两旁景观色彩，大力提升园区绿化环境。坚持基础设施先行的方针，切实抓住机遇加快谋划、启动一批道路建设项目：全力建设经开区基础设施项目鲁州便道等4条道路；启动总投资1.3亿元的顺河大桥项目，进行桥墩基础施工。提升城市功能，完善城市配套，启动占地22.13公顷总面积56万平方米总投资19亿元的货币化安置（限价回购）项目，解决8000名群众安置问题，进入土地招拍挂程序；启动连接视高与天府新机场的双向6车道的环天府新区快速通道修建工作；启动投资1.2亿元的青龙小学、幼儿园项目建设，完善城市基础配套，承载产业发展，逐步实现从功能单一的产业园区向功能复合的现代产城综合体转变。

（洪美宽）

成眉石化园区管理委员会

【概况】　成眉石化园区是四川省三大石化基地之一，是省重点发展的天然气化工及能源基地，是经国家发改委、国土资源部公告确认的省级经济开发区。园区总体规划面积21.5平方公里。其中，产业区16.8平方公里，生活配套区4.7平方公里，涉及彭山区凤鸣镇、谢家镇、义和乡3个乡镇。园区以高端装备制造和新材料为主导产业。2016年8月，彭山区政府与华夏幸福基业签订彭山产业新城区域合作协议，合作区域面积100平方公里（涵盖成眉石化园区全域）。2016年10月，成立彭山产业新城项目推进工作指挥部。2017年3月，园区和华夏幸福彭山区域公司正式合署办公。

【基础及配套建设】　2017年，成眉石化园区协调电力部门新架设供电线路12公里，完成天然气管网铺设4公里，开工建设石化五路及其防洪排涝工程、石化十路及防洪排涝工程、迎宾大道一期、中央公园一期、市民中心、魅力动线共6个公建基建项目，启动迎宾大道二期、产业大道景观提升，高速出口景观改造、规划支路的项目前期工作。

【招商引资及项目投建】　2017年，园区共签约产业项目21个、即将签约项目5个。其中，有境外投资人高新技术企业项目4个，有上市公司5个、细分行业“单打冠军”或前三强等龙头项目7个、10亿元以上重大项目1个、国家高新技术企业的创新类项目3个。

在眉山率先引入国家“百人计划”人才项目1个、“千人计划”人才项目3个、“长江学者”1人，引进博士等高端人才7名，填补眉山市人才项目引进的空白。2017年，陶氏化学、中明环保、森辉能源等8个项目在建，其中，珂玛、睿恒新开工建设。

2017年6月21日，眉山市重大招商引资项目集中开工仪式在成眉石化园区举行

【产业新城建设】 2017年，园区管委会与华夏幸福通过合署办公、合作共融、合力共建等创新措施，坚定“以产兴城，以城带产，产城融合，城乡一体”的发展理念，以PPP市场化运作机制，成功实现园区“发展思路转轨、发展模式转型、主导产业转向”，园区建设驶入“发展提速、面貌提升、品质提高”的新航程。全年，产业新城内召开重大项目开工仪式2次，迎接省、市、区领导调研、参观10余次，形成产业新城指挥部会议纪要、论证报告等资料200余份，解决问题90余个，制定《项目投资认定、结算、支付管理实施办法》等3个制度通过区委、区政府会议审议。

（雷　丹）

旅游业

The tourism industry

旅　游

【概况】　2017年，全区接待游客624.73万人次，增长11.1%；旅游总收入达到49.98亿元，增长13.5%，带动周边农民就业实现4000人次。市旅游重点项目总投资18.21亿元，完成投资15.74亿元，全面实现乡村旅游发展有新思路、新成效的工作目标。

【旅游规划】　2017年，彭山区抓规划发展思路，完成盘桓小筑民宿客栈、特色活力街区、凤鸣花谷、马林村精品乡村酒店及民宿客栈等乡村旅游项目的规划与建设，推进了彭山区乡村旅游发展的产业发展。持续推进“一园两翼”建设。一园即岷江现代农业主题公园，两翼即东山养生文化体验度假旅游区和西山忠孝文化生态田园旅游区。按照这个产业布局，彭山区在引导各类项目资金整合投入上持续发力，助推三大区域的产业发展和基础设施建设。岷江农业主题公园（农业嘉年华项目一期），于2017年9月29日正式开园运营，并通过AAAA级旅游景区市级初评。

【乡村旅游】　2017年，彭山区依托乡村旅游资源，全面实施乡村旅游业态行动，总投资600万元新建特色业态乡村旅游经营点3个、精品特色业态经营点2个、乡村民宿达标户2个、特色经营点3个，乡村旅游收入突破8.25亿元，全面实现农民向三产经营者和从业人员转变4000人次。

【旅游宣传】　2017年，彭山区共投入旅游宣传营销经费30万余元，加快彭山旅游业的发展。贯彻落实《关于促进乡村旅游提档升级的暂行办法》《关于扶持养生养老产业发展的实施意见》《电子商务扶持政策》，助力创新创业。依托“互联网+”，充分激活并整合彭山旅游官网、“微彭山”、“彭山在线”等平台资源，坚持“走出去”，围绕“东坡味道”和彭祖长寿养生主题，推动“彭山，一个不老的地方”城市品牌营销宣传，为彭山农产品“走出去”搭建平台。

【会节活动】　2017年，指导各类行业协会和企业，以长寿养生为主题，持续办好各类品牌特色乡村旅游会节，重点办好“三月三”

朝山节、樱花节、观音葡萄节、黄丰橘花节、九九重阳登山节等重点旅游节庆活动，对外打响长寿文化的宣传营销，助推乡村旅游的整合营销。

【旅游扶贫】 2017年，彭山区开展旅游扶贫示范创建，形成“以点带面、示范引领”带动效应，坚持以“旅游+”为突破口，依托贫困区域旅游资源，培育发展农业旅游、生态旅游、民宿旅游、文化旅游、休闲旅游，推进贫困区域一、二、三产业融合发展。按照“景区带动型、乡村旅游型、旅游商品型”三种模式，因地制宜、分类指导，加快乡村旅游开发和示范提升项目建设，大力发展乡村民宿、绿色康养等乡村旅游新业态，打造生态旅游示范区。

【旅游设施建设】 2017年，彭山区坚持乡村旅游配套设施与幸福美丽新村建设、新型城镇化相结合。完成眉山农业嘉年华景区标准化改造，完善乡村旅游标识、Wi-Fi网络、旅游咨询服务站、旅游厕所等基础设施，满足游客旅游基本需求。加快乡村旅游商品开发，挖掘文化内涵，植入文化元素，促进农产品变成旅游商品。

（李云福）

第三产业

【概况】 2017年，彭山区围绕“生态、文化、养生、体验、度假”五大主题，落实“规划、项目、品牌、营销、配套”五大抓手，全面实现“乡村旅游发展有新业态、一三产融合发展有新思路、提档升级有新亮点”工作目标。第三产业增加值实现56.89亿元，增长9.6%，增速全市第二；市三产重点项目投资完成27.1亿元；实现农民转变为三产经营者和从业者4000人。

【特色三产项目】 2017年，彭山区第三产业发展中心（以下简称“区三产办”）重点发展特色三产项目，推动乡村旅游示范区建设。在岷东大道乡村旅游新业态集中示范区、新桥村创意乡村旅游集中示范区和锦江青竹沟民宿客栈集中示范区，规划旅游避暑民宿点25个。岷东大道乡村旅游新业态集中示范区，已完成岷东大道景观节点规划设计，并引进芋荷苑、橘园部落2个乡村旅游新业态；新桥村创意乡村旅游集中示范区已完成重要节点的规划设计，并开展乡村旅游系列推荐活动之“五彩公义田园雅居”；锦江青竹沟民宿客栈集中示范区，完成景观概念性设计，已全面开展项目招商工作。

【一三产融合】 2017年，彭山区一三产融合发展，四川首个集农业高科、观光旅游为一体的农业嘉年华正式开园，园区推出5条以嘉年华为起点辐射全区的精品旅游路线，共计接待游客15万人次，实现旅游收入6500万元，农业嘉年华已成为彭山区旅游经济发展的又一重要支撑点。

【重点项目】 2017年，围绕2017年全区三产重点项目工作，区三产办及时量化分解工作任务，实行挂图作战，“定人员、定责任、定时间、定进度”，确保项目顺利推进。特色活力街区打造项目已完成全部建设，部分商铺已开始营业。盘桓小筑民宿客栈项目中1、2、3号院落已全面完成装饰，年末已对外营业，其余院落已开工建设。马林村精品乡村酒店及民宿客栈项目全面完成室内装修、外部景观，已启动酒店软装工程。一三产融合乡村旅游示范点项目已完成旅游厕所、采摘体验园、花卉展示区、游客接待中心等建设。

【会节活动】 2017年，彭山区组织会节促销活动。组织开展了首届樱花节、第八届黄丰橘花节、首届扶郎花（非洲菊）采摘节、第八届葡萄采摘节等活动，大大活跃了全区“三产”氛围，带动了“三产”经济发展。

【品牌创建】 2017年，彭山区推进农业嘉年华AAAA级旅游景区创建。农业嘉年华AAAA级旅游景区被列入2017年全省AAAA级旅游景区创建计划，通过眉山市旅游标准评定委员会初评，2018年接受省级评定专家的评审。

【电商营销】 2017年，彭山区积极进行营销推广，成功申请四川省2017年电子商务产业发展示范县项目，带动农产品基地建设、农特产品进城、电子商务人才培训、创新创业等方面发展。在四川第三届电子商务发展峰会上，彭山区荣获“四川县域电子商务十佳县”，其中，“三人行服务有限公司”和“家庭农场联盟服务有限公司”被评为2017四川省县域电子商务优秀服务商；“三人行服务有限公司”被申报为全市第三产业基金扶持企业。大力推动全企入网，联系和指导彭山区规模以上的传统商贸企业利用“互联网+传统商贸业”的新型经营模式，线上线下同时销售。是年，彭山区规模以上商贸企业电子商务应用率超过80%。加快电商进农村，共完成13个乡（镇）电商服务站、108个村级电商服务点选址工作，40个村级服务点已建成并开始营运。电商效益凸显，央视财经频道（CCTV-2）电商专题节目走进彭山，成功推介观音葡萄、彭祖八百寿养生酒等彭山特色产品。全年电商销售突破9亿元，同比增长50%，被评为“四川县域电子商务十佳县”。

（冯秀梅）

彭祖山风景区工作

【项目建设】 2017年5月19日，彭祖仙山项目奠基开工建设；区人民政府与云南城投现场签定水郡未来城400亿的项目建设投资协议。彭祖山风景名胜区彭祖仙山项目总投资12亿，已完成区发改局的立项手续。彭祖山风景区工作局协助江口镇人民政府进行彭祖仙山项目征地拆迁、林木回购等工作，土地征收50公顷，完成拆迁户402户99%的房屋征收拆迁，完成102户的住房安置、200户的货币化补偿，并支付江口镇人民政府2.8亿元的拆迁资金。协助武阳镇人民政府实施水郡未来城项目的土地征收，已完成833.33公顷，启动房屋征收程序，划转武阳镇人民政府征地拆迁资金6.8亿元。依据彭祖山风景名胜区总体规划，委托规划编制单位完成彭祖山风景名胜区彭祖仙山核心区修建性详规，于2017年4月取得省住建厅的批复。依据修建性详规已完成彭祖山风景名胜区彭祖仙山景区项目的整体规划建筑、景观绿化、游步道等规划设计方案，报区规划局审查。彭祖山风景区工作局作为彭祖仙山 PPP 项目的实施主体，年末已完成 PPP 项目编制的“两评估一方案”，“物有所值”“财政承受能力”的论证报告已经区财政局财评中心进行评审。彭祖仙山 PPP 项目“两评估一方案”已具备上报区人民政府审议条件。完成彭祖山旅游发展有限公司的审计、评估、清算工作，并顺利移交给四川天成云盟文化投资有限公司管理。

【资金管理】 2017 年，彭祖山风景区工作局为确保彭祖山及未来水郡城建设项目快速推进，积极筹措资金，支付彭祖山景区拆迁安置资金 2.8 亿元、水郡未来城征地拆迁资金 4.4 亿元、水郡未来城拆迁户社保资金 1.2 亿元，归还天成云盟预付拆迁款 1.2 亿元。强化服务、加强监管，彭祖山风景区工作局坚持将监审工作深入到工程第一线。在长寿村旅游小镇工程竣工审计过程中坚持实事求是原则，配合审计单位全面完成长寿村旅游小镇工程竣工审计，并完成工程款的全面支付。

【景区管理】 2017 年，彭山区按照《四川省风景名胜区条例》《四川省旅游条例》等相关规定，有序组织彭祖山的日常经营活动，完成年初预定经营指标和各项工作任务；注重旅游软环境的保护，较好的处理与景区经营户的纠纷和矛盾，对游客的合理投诉也及时地按程序予以回复，游客都很满意，无一例到市、省信访事件发生。重点做好安全生产工作，抓好日常巡查，及时处置安全隐患，全年无重大安全事故发生。根据与天成云盟签定的合作协议要求，四川彭祖山旅游发展有限公司于 2017 年 5 月按照相关法律、法规进行员工解聘、资产清理、人员移交工作等，为下一步天成云盟公司进驻彭祖山全面打造打下坚实的基础。

（杨利佳）

商　贸

Trade

综　述

【概况】　2017年，彭山区社会消费品零售总额突破 53.93亿元，增速达11.5%；外贸进出口总额达6000万美元。

【市场体系建设】　2017年，四川青龙国际物流中心成为第一批省级物流聚集区，铁通物流被认定为四川省现代物流重点联系企业，海尔仓储、普海仓储建成投运，青龙火车站完成北改工程并开通中铁快运；投资1.2亿元的城西市场改造工程，住房已修至14楼，地下停车场已建成，年进度达92%；城西农贸商业中心于2017年11月11日投入使用。强化对商贸流通、废旧回收等商务领域市场秩序监管，已制定彭山区再生资源回收管理暂行办法。

【电商物流】　2017年，区商务局积极组织区内家居、建材、家电、花卉大型促销活动；积极组织企业参加2017年成都糖酒会、成都农博会、绵阳电商峰会、“万企出国门”、“惠民购物全川行”、“川货全国行”、“省电商峰会”、“泡博会”、“东坡泡菜节”等会节活动，让彭山产品快速卖出去。引进知名电商（苏宁易购、当当网）2家企业入驻彭山，数据切换在彭山。成功申请并大力推进四川省2017年电子商务产业发展示范县项目，极大的带动农产品基地建设、农特产品进城、电子商务人才培训、创新创业、电商精准扶贫等方面工作。举办农村夜校电商版培训班25班次、“互联网＋精准扶贫”培训班10班次。培训各类电商人员1520 人，通过培训自己创业的160人、就业 314人。2017年，彭山区被评为“四川县域电子商务十佳县”。是年6月18日，央视财经频道（CCTV-2）电商专题节目在彭山进行现场连线直播，副区长周惠就彭山区与苏宁易购合作情况进行了介绍，对观音葡萄、甜皮鸭、彭祖八百寿养生酒等彭山特色产品进行推介，充分显现彭山电子商务发展在西部的地位和影响。成功举办彭山区首届“十佳电商”企业评选活动。加大限额以上企业培育力度，鼓励有条件的个体户变更为法人企业。

【市场监管】　2017年，区商务局在商贸流通领域开展商业预付卡专项治理，5个商贸超市公开作出承诺；加大节假日期间市场监测力度，积极组织货源，确保日常生活必需品供应不断档、不脱销。开展诚信兴商宣传月活动，确保商品质量，提升服务品质。开展商务执法检查，做好市场监测，确保市场稳定运行，并制定2015—2017年应急商品数据库。

【外向型经济服务服务】 2017年，区商务局积极组织企业参与“万企出国门”活动。招大引强，中法农业科技园项目已正式启动，陶氏化学已进场施工，雅保化工（美国）入驻四川国润新材料。外贸进出口总额超6000万美元，外向型经济度持续提高，海峡两岸产业合作示范区挂牌。

（张　娇）

粮食工作

【粮油购销】 2017年，彭山区共收购粮食4.1万吨，占总任务（4万吨）的102.5%，油菜籽收购2.1万吨，占总任务（2万吨）的105%；销售粮食23万吨，占总任务（20万吨）的115%，销售食用油2万吨，占总任务（1万吨）的200%；全区中央、地方政策性储备粮油现库存量为3.5万吨；市级以上代储粮食3.2万吨已全部入库。

【惠民工程服务建设】 2017年，全区建成粮食应急供应网点13个，“放心粮油工程项目”配送中心1家，规范示范店4家，乡村粮油超市3家。

【向上争取项目资金】 2017年，区粮食局全面落实政策性资金争取目标责任制，形成项目引资工作主要负责人负总责，分管领导具体抓，相关股室直接抓的工作格局。全年，向上争取资金1021万元，占总任务（1000万元）的102.1%。加强粮油仓储基础设施建设，投资388万元用于青龙粮食物流园智能粮库建设项目；投资143万元用于国家粮食储备库智能化粮库的升级改造项目，全面提升区域内粮油储备规模和质量。

【宣传检查】 2017年，区粮食局强化行政管理，规范粮食流通市场。围绕“粮食”主题，开展粮食安全、卫生的宣传活动，提高爱粮节粮意识；加强政策性储备粮油执法监督检查，经常性开展执法检查114人次件。

【粮食安全市长责任制】 2017年，区粮食局为贯彻落实粮食安全市长责任制，加快构建彭山区粮食安全保障体系，按照区委“学先进找差距添措施”的要求，领导班子主动走出去3次，向区委、区政府提合理化建议4条。

【安全维稳】 2017年，区粮食局在信访维稳工作方面，努力化解历史遗留问题和矛盾，实现“零进京、零到省、零到市”目标；在安全生产工作中，全面落实“一岗双责”责任制。签订目标责任书，安全生产投入14.97万元，实现安全生产“零事故”。

【大讨论活动】 2017年，区粮食局按照国家粮食局在粮食系统开展“深化改革转型发展”大讨论活动安排，组织广大党员干部职工深入学习贯彻习近平总书记关于粮食安全的重要讲话精神和中共十九大会议精神，进一步凝聚起粮食企业解放思想、改革创新、转型发展的强大合力，努力推动企业发展转型，提高企业核心竞争力和持续发展。

（郑　媞）

供销合作

【概况】　2017 年，彭山区实现商品购进总额 6510 万元。其中，农副产品购进 3768 万元；商品销售总额 7526 万元；上缴国家税费 12. 6 万元；助农增收 3768 万元。被四川省农改办确定为探索建立以供销合作社为依托的新型农村合作经济组织联合会的试点区之一。

【农民合作经济组织联合会】　2017 年，彭山区积极组建区级农民合作经济组织联合会（以下简称“农合联”）。印发《眉山市彭山区“三位一体”农民合作经济组织联合会改革试验工作方案》（眉彭农改组发〔2016〕24 号）；成立以区委副书记任组长，两位副区长任副组长，16 家区级相关部门为成员的农合联改革工作领导小组；确定首批 200 余名农合联会员名单（包括部分农民专业合作社、家庭农场、农业龙头企业、涉农企事业单位、涉农金融机构和部分小农生产者）；召开区农合联成立大会，组建黄丰、观音两个乡镇农合联分会；区农合联参与、协办“十佳葡萄园”评选、第八届中国彭山葡萄节、猕猴桃果王评选等活动；组织举办了 2017 年彭山柑橘年会活动。

【合作服务】　2017 年，区供销社在农合联建立合作服务体系方面主动作为，积极探索适合彭山区的模式，“生产、供销、信用”合作服务体系初见成效。区供销社与彭山正兴农业公司、彭山家庭农场联盟会联合组建家庭农场联盟发展服务有限公司，占股 13%。联盟公司以“绿色、生态、品牌”为着力点，突出“标准、品牌、服务、农资、物流、金融”六统一，初步形成“三位一体”的模式，打响“彭山田野礼”“彭山耘集”“东坡味道”“彭祖”等知名品牌；亩均生产成本降低 300—500 元。有效的避免市场价格波动，联盟公司鲜食葡萄在淘宝网销售量居全省第三位，优质猕猴桃等销售价格在周边区县同类产品基础上翻番；拓宽市场销售渠道，建立家庭农场联盟主页，对接淘宝网、当当网、苏宁云商等大型主流网站，与市内多家商场、超市签订供销合同。

【综合改革】　2017 年，区供销社根据《中共四川省委、省人民政府关于深化供销合作社综合改革的意见》（川委发〔2016〕22 号）和《中共眉山市委、市人民政府关于深化供销合作社综合改革的实施意见》（眉委发〔2017〕24 号）精神，通过调查研究，广泛征求相关部门意见，代拟《关于深化供销合作社综合改革的实施意见》（草拟稿）。2017 年 11 月 28 日，以中共眉山市彭山区委、眉山市彭山区人民政府名义印发《关于深化供销合作社综合改革的实施意见》（眉彭委发〔2017〕12 号）。通过实施意见的出台，促进供销社基层组织体系建设，增强为农服务功能，加快建设适应城乡发展一体化、特色农业现代化需要的合作社网络服务体系建设。健全基层组织体系，增强为农服务功能，创新发展基层供销合作组织、农民专业合作社以及各类专业协会和合作经济联合会。拓展为农服务领域，培育有带动力的市场经营主体，加快基层为农服务体系建设，加快农产品产销对接服务体系建设，积极参与美丽乡村建设。创新联社机关治理机制，强化机关队伍建设和行业指导。为完善供销社监督、管理机制，区供销社向区委编办申请设立眉山市彭山区供销合作社联合社监事会。

【电商产业】 2017年，区供销社与区商务局牵头，组织区电子商务协会、区电子商务孵化园、区供销社电子商务孵化中心组织全程购、易田、彭山生活圈、同城生活圈等电商企业和本土电商平台加快电子商务进农村工作进程。电子商务孵化园、易田电子商务有限公司开办电商从业人员知识技能培训30余期，培训范围覆盖各乡镇（街道）和村社党员、大学生村官、贫困人员、复员军人、乡镇（街道）实体店负责人等共计1200余人，通过电商就业120余人。彭山易田电子商务有限公司在彭山区8个乡镇（街道）的服务中心相继开业。在观音镇七一村开展电子商务精准扶贫试点，让贫困人员通过电商脱贫致富。为进一步提升彭山区电子商务产业发展水平，检验全区电商发展成果，在全区范围内营建“大众创业 万众创新”良好氛围，鼓励和带动更多电商项目发展，区供销社主办了彭山区“十佳电商”评选活动。有35家电商企业积极报名参加，经过网络投票以及对各企业经营状况的实地考评、审核，最终决定对眉山市彭山区家庭农场联盟发展有限公司等十家企业予以通报表彰。通过活动的开展，传递了电商知识，交流了电商经验，有力推动彭山区电商的应用与发展。

【企业改制】 2017年，区供销社用江口供销社改制后剩余资产抵偿财政社员股金专项借款270万元债务。做好公义供销社、谢家供销社歇业解散后职工的安置和遗留问题的处置，配合眉山发展（控股）有限责任公司完成公义供销社、谢家供销社欠农业银行680万元及利息2600万元的债务化解工作。

【信访维稳】 全年，区供销社接待来访人员100余人次，主要对系统内江月成等个人信访诉求，分别进行调查取证，及时回复、回访，坚持做耐心细致的政策宣传和疏导解释工作，大部分信访人都能理解供销社工作，对供销社回复、处理工作较满意。全系统4000余名下岗人员，无一例“进京，到省、到市”的上访事件发生。

【民生工作】 2017年，区供销社筹集慰问金3万余元，对系统内40余名生活困难、患重病下岗的党员、职工和企业离退休老干部以及军队转业干部进行慰问。积极做好系统11名企业军队转业干部和8名企业下岗失业志愿兵服务和维稳工作，为他们解决生活、工作上的实际问题。

【项目工作】 2017年，按照彭山区人民政府关于推进北外街项目工作要求，供销社牵头负责有关工作。对陶瓷厂破产安置工作，多次召开协调会议，向区政府报送《关于彭山县建筑瓷厂破产清算所需资金预算方案》。区长罗万东召集相关部门专题研究，同意法院进入依法破产程序，妥善安置职工。区供销社和陶瓷厂管理人配合做好职工安置和解释工作，保证北外街项目工作正常推进。

（龙永松）

烟草专卖

【卷烟销售】　2017年，营销V6系统上线运行后，彭山区把关注点由原来的“关注目标”及时调整为“关注市场基础”，强调客我关系维护，用服务密切关系，用经营指导保障任务目标。全年销售卷烟11239.7箱，超出任务目标554.7箱；全年实现单箱均价36631元，其中，地产烟单箱提升1500余元，不折不扣的贯彻落实市烟草专卖局（公司）党组关于川烟提结构的决策部署。

【品牌培育】　2017年，在品牌培育方面，区烟草专卖局圆满完成“宽窄”（好运）上市试点任务，该品牌销售和口碑呈逐月上升趋势，为全市“宽窄”系列品牌上市销售积累丰富的经验。全年销售“宽窄”系列203.8箱，“宽窄”顺利成为地产烟支柱品牌，提振客户对川烟的信心。

【专卖监管】　2017年，区烟草专卖局顶住“三烟查缉数”（制假售假香烟、走私香烟、非正常渠道进货）翻三翻的压力，及时调整市场管控方向，把主要精力放在市场管控力上。坚持“点”“面”打击协调并进，搭建公安、工商、文化、铁路、邮政多部门协作平台；坚持“自愿、自主、自律”原则，把“零售客户自律小组”建设成为法律、法规宣讲的平台和品牌培育宣传的阵地；坚持专销深度结合，推动专销“管服小组”发挥一线作用；坚持“意识教育与监督手段”同步，全方位实施内部监管；在保证内部规范的前提下，真正把住大客户的“进口”和“出口”，维护“橄榄型”客户结构，保持大客户户数比低于1%和销量比低于10%的市场状态。全年查获各类案件56起，其中5万元以上案件8起，三烟查缉数151.2万支，同比增长210.6%。全年开展法律、法规宣传4次，顺利完成“11•8”“1•18”网络案件结案。

【安全管理】　2017年，区烟草专卖局以最新标准固化安全管理模式；认真贯彻落实安全生产工作精神，坚持“贯穿一条主线，突出一个主题，抓牢四个抓手，实现五个目标”的总体思路，丰富活动强化安全意识，全年常态化开展“岗位达标宣贯”“岗位规范考试”“安全知识学习”“安全岗位达标知识竞赛”等活动。维护设施完善安全硬件，完成院内监控设施设备的更新换代。排查治理防控安全隐患，采用图文并茂的方式“可视化”安全隐患，建立《安全隐患整改清单》，搭建事故隐患曝光台，形成事故隐患动态台账。全年未发生区烟草专卖局责任的安全类事故。

（魏世航）

经济管理

Economic management

发展和改革

【经济分析监测和研判】 2017年，彭山区发展和改革局（以下简称“区发改局”）认真履行部门职能，加强经济分析监测和研判，推动全区经济合理运行。加强综合指标管理，全区GDP完成149.24亿元，增速5.8%，位列全市第一。全区固定资产投资完成230.10亿元，位列全市第二。对接国家和省宏观调控目标，科学编制规划计划，组织草拟《社会信用体系联席会议工作机制》，研究形成《关于进一步推进经济稳定持续增长十条意见》。围绕经济社会发展计划，准确分析经济形势，重点抓好项目推进和投资运行监测，积极建言献策，每月定期向区政府常务会提交经济运行分析报告；认真执行区委、政府发展战略与路径，向区人大提交的《彭山区2017年上半年国民经济发展计划及执行情况报告》，满意率90%。

【项目建设】 2017年，区发改局大力开发储备项目，围绕供给侧结构性改革、产业转型和基础设施、生态建设等行业领域，全年包装、策划和储备项目109个。其中省重点项目5个、市重点项目19个。坚持重点项目清单台账动态管理、挂图作战，大力推动项目建设进度，陶氏化学、新一中等项目完成主体工程，中明新能源、甲骨文天府新区创新创业实训基地等项目竣工、投产。

【资金争取】 2017年，区发改局全面规范中央预算内、省预算内和国家专项建设基金项目资金的争取、建设和管理。积极对接国家和省、市规划，不断完善滚动投资计划。全区66个区级部门、园区向上衔接汇报1526次，争取到项目335个、资金13.07亿元。大力探索政府和社会资本合作模式，积极引导民间资本参与建设，推出“PPP”项目10个、涉及总投资363.11亿元，积极最大限度地满足经济社会发展和重大项目建设融资需求。

【供给侧结构性改革】 2017年，区发改局建立、健全推进供侧结构性改革工作机制；推进市供给侧“1+5”改革实施方案落地；落实好省年度供给侧重点改革任务，推动全区供给侧结构性改革取得实质性进展。

【易地扶贫搬迁】 2017年，区发改局统筹推进易地扶贫搬迁。“十三五”期间，全区计划搬迁411户、1179人，涉及乡镇10个。2017年，搬迁325户、925人，新建集中安置点4个（义和乡岐山村、谢家镇邓庙村、锦江乡联络村、牧马镇天宫村）。

【项目审批】 2017年，区发改局严格项目备案审批核准。严格落实简政放权，办理行政审批、备案、核准事项245件，无一投诉件。

【招投标管理】 2017年，区发改局严格招投标管理，制订、出台《彭山区政府性投资新增工程补充管理办法》《彭山区政府性投资代建管理办法》，严格工程建设管理。全区核准招投标387件，无一例违规核准，节资率达15.4%（中标价比财评价），节约财政资金7000万余元。其中，锦江和李密安置区、区人民医院综合住院楼节约财政资金5000万余元。

【节能减排建设】 2017年，区发改局加强节能减排建设，依法、依规淘汰不符合政策的产业，严格固定资产项目核准，全年GDP综合能耗下降3.5%。

【价格监管】 2017年，区发改局加强价格监管，清理涉企收费政策，涉企收费目录清单上网公示。开展教育、房地产明码标价等专项检查，农业未端渠系水价成本监审，确保市场价格稳定。

（李　罡）

2017年全区主要经济指标完成情况表

表2

指标名称	单位	指标完成情况		
		绝对额	增长（%）	增幅全市排位
地区生产总值（GDP）	亿元	149.24	5.8	1
第一产业增加值	亿元	14.21	4.0	2
第三产业增加值	亿元	56.89	9.6	2
规模以上工业增加值	亿元	——	1.0	2
全社会固定资产投资	亿元	230.10	1.2	2
地方一般公共预算收入	亿元	15.68	5.3	3
社会消费品零售总额	亿元	53.93	11.5	2
城镇居民人均可支配收入	元	31939.00	8.8	1
农村居民人均可支配收入	元	16848.00	9.4	2

统 计

【主要经济指标】 2017年，全区实现地区生产总值（GDP）149.24亿元，按可比价计算，比2017年增长5.8%，比全省平均水平8.1%低2.3个百分点，比全市平均水平5.3%高0.5个百分点，增速居全市第一位。其中，第一产业增加值实现14.21亿元，增长4.0%，增速居全市第二位；第二产业增加值实现78.14亿元，增长3.8%，增速居全市第一位；第三产业增加值实现56.89亿元，增长9.6%，增速居全市第二位。三次产业结构由2016年的10.2:52.6:37.2优化为9.5:52.4:38.1，对经济增长的贡献率分别为6.8%、37.3%、55.9%，分别拉动经济增长0.4，2.2，3.2个百分点。规模以上工业增加值增长1.0%。全区社会消费品零售总额53.93亿元，增长11.5%。全社会固定资产投资230.1亿元，增长1.2%。城镇居民人均可支配收入31939元，增长8.8%；农村居民人均可支配收入16848元，增长9.4%。

【农业普查】 2017年，区统计局完成6.35万户普通农户、1446户规模户和523户农业经营单位的现场登记、数据采集、审核上报工作。是年4月，代表四川省接受国务院第三次全国农业普查质量抽查组的事后质量抽查，检查组一致认为眉山市第三次全国农业普查数据真实、准确、调查对象完整。开展了“最美普查员”的评选活动，向省、市推荐优秀普查员18人。

【体制改革】 2017年，区统计局按照国家、省、市统计改革总体方案，形成《眉山市彭山区基层统计管理体制改革试点方案》。从统计管理体制、统计执法、社情民意调查三方面着手，达到稳定统计队伍、优化管理体制、强化数据质量保障，更加充分发挥统计职能、提升统计政治待遇的目的。

【规范化建设】 2017年，全区统计机构延伸到乡镇（园区）和“四上企业”（规模以上工业企业、资质等级建筑业企业、限额以上批零住餐企业、规模以上服务业企业等这四类规模以上企业的统称），统计力量推进到村（社区）。建立统计工作定期研究制度、跟踪服务制度、部门统计数据共享制度。开展统计调查项目清理工作和统计相关文件清理工作，对部门统计调查进行一次全面的规范。是年，区统计局被四川省统计局评为县级统计机构先进单位，谢家镇、江口镇被评为乡镇统计工作先进单位。

【统计服务】 2017年，区统计局加强预警预测，做好进度分析与专题分析。在常规统计资料开发应用基础上，改版《统计年鉴》，汇编出版《彭山区统计2016资料汇编》，收集全市和六区县每季度的各重要经济指标数据以及彭山区每月的主要经济指标；新开辟《统计服务咨询简报》，包括统计知识、办事指南、统计动态，内容简洁、实用性强，增强对基层对社会的统计服务功能。早谋划生态文明、绿色发展考核体系，撰写1篇考核指标体系的解读文章供领导学习。在社情民意调查方面，积极配合区纪委开展了党风廉政建设社会评价调查和政风行风软环境测评。

【数据质量】 2017年，区统计局出台“数据质量管理年”的具体实施方案；开展违反统计法律、法规文件清查，清查行政干预统计数据情况；切实做到深入一线、检查全面、指导到位；加强数据审核评估，制定各专业《数据质量风险防控办法》，对数据进行多层次全面审核；加强宣传，创建“彭山统计微信公众号”，定期发送统计相关条文，印制200余本《中华人民共和国统计法》手册，送法到“四上企业”，增强统计调查对象依法统计意识；加大执法警示作用，成立一支由专业人员与统计执法人员组成的巡查组，分组分片区每季度对辖区内规上企业开展数据质量巡查，加大对重点行业、重点企业的执法检查力度。

【“双收入”调查】 2017年，彭山区高度重视城乡住户调查工作，从培训指导、经费保障、人员管理、基础台账等各方面都做到精益求精，特别是在经费保障方面，区财政给予充分的支持，对记账户和辅助调查员的补助均按六区县的上限进行发放。是年4月，阿坝州各县（市）统计局和调查队到彭山区交流学习住户调查业务工作。开展住户样本轮换工作，进行大样本住户摸底调查，抽选出新一轮调查户，新调查户进入试记账阶段。

（赖雪英）

审 计

【概况】 2017年，全区完成计划内项目18个，完成各项交办项目，提交审计报告30篇，上报信息66篇。在完成计划内的18个项目中，审计查出主要问题金额22737万元，其中管理不规范资金22695万元，违规金额42万元；审计处理金额22737万元，其中应减少财政拨款或补贴626万元、应调账处理资金22023万元、应缴纳其他资金16万元、应上交财政42万元、应归还原渠道资金30万元。提出建议、意见被审计单位采纳61条，提交审计信息66篇。

【跟踪审计】 2017年，彭山区审计局结合彭山区实际，突出审计重点，运用多种审计模式，实现审计成果共享。对跟踪审计发现问题的整改工作，以审计报告、审计决定书、审计整改函等形式要求被审计单位及时整改，并督促各责任单位落实整改结果。对重大问题向区政府报告，由区政府责成相关责任单位整改，如：保障性安居工程、“项目年”决策部署推进等政策落实情况。针对审计中发现的问题，积极向区政府、市审计局、省审计厅报送信息，得到区政府和上级审计机关的支持和认可。建立审计发现问题台账，随时掌握整改落实情况。

【财政审计】 2017年，彭山区预算执行审计围绕财政部门履行职能、推进政策落实、维护财经纪律、加强财政管理、提高财政资金使用效益方面开展工作。把财政存量资金管理和盘活情况、“营改增”政策目标实现情况、扶贫政策实施及资金使用等重大政策落实，作为财政审计和稳增长审计内容，实现“一果多用”。将落实工业发展资金要求、财金互动政策执行和政府债务化解3项专项审计调查列入区本级预算执行审计的重要内容。

【政府投资审计】 2017年，区审计局以政府办名义出台《眉山市彭山区二十万以下政府投资项目审计管理暂行办法》，坚决改变“凡投必审”、坚决杜绝投资审计的“简易程序”。年内，送审金额5.2亿元，审减金额8645万元，审定金额4.95亿元。把保障“项目年”重大决策部署落实作为全区政府投资审计工作的主线，加强对重大政策措施、重点项目和相关部门履职尽责情况的审计监督。配合市审计局完成对“项目年”决策部署推进情况的专项审计调查。

【经济责任审计】 2017年，区审计局完成区委组织委托的12名领导干部的经责审计，共查出违规金额254.65万元，管理不规范金额469.88万元，清退违规发放奖金、补贴等资金19.21万元，挽回财政资金损失1.11万元；审计移送纪检监察等部门案件3例，已查处1例，涉及3人，审计提出建议39条，被采纳39条；发出审计信息8条。2017年，全区共审计40个村（社区）、80名村（社区）干部，查出违规金额514.89万元，管理不规范金额234.10万元；针对发现的问题提出审计建议13条；审计移送区纪委查处案件1例，涉及5人（村五职干部）；清退违规发放奖金、补贴等资金4.44万元，挽回财政资金损失23.09万元。是年，将扶贫攻坚、公车制度改革和党风廉政建设一级廉政风险点等纳入经责审计范围。

【民生资金审计】 2017年，区审计局不断加强扶贫资金审计，坚持把扶贫审计作为第一任务，统筹安排扶贫审计项目，组织对全区22个部门、13个乡镇开展扶贫项目、扶贫资金和“插花”贫困地区扶贫资金专项审计。配合完成上级审计机关署定城镇保障性安居工程跟踪审计、省定国外贷援款项目公证审计。积极开展扶贫专项审计，并将该项工作纳入财政、投资、经责等同步进行审计。

【审计信息化建设】 2017年，彭山区信息化设备已安装完备，计划内的地税审计项目采用计算机审计，审计会商系统运用于会议、培训、业务会商等工作。AO认证考试通过人数12人，计算机中级人员8人。审计业务人员基本达到人手一个台式和笔记本电脑。

【内部审计工作】 2017年，彭山区出台《眉山市彭山区人民政府办公室关于进一步加强和完善内部审计工作的实施意见》（以下简称“《意见》”）。《意见》要求各乡镇人民政府、街道办事处，区级各部门，区属国有控股企业和园区充分认识内部审计工作的重要性，加强对内部审计工作的领导和分类指导，充分发挥内部审计机构的作用，建立、健全内部审计工作制度。对具备条件的、下属机构多、资金项目多的单位，组建、充实内审人员，抽调部分内审干部到区审计局以项目带培训，促进内部审计业务能力快速提升，为依法履职创造条件。积极协调区委编办，按部门职能授权成立内审股室，做到有机构、有人员保障。

【审计问责】 2017年，区审计局共向司法、纪检监察和有关部门移送审计线索达3件、9人。配合区人大出台《关于完善审计工作和审计查出突出问题整改向人大常委会报告机制的意见》。

【审计规范化管理】 2017年，区审计局为促进审计规范化管理，出台《眉山市彭山区人民政府办公室关于进一步加强和完善内部审计工作的实施意见》和《关于印发眉山市彭山区二十万以下政府投资审计管理暂行办法的通知》等监督管理文件。对2017年省审计厅安排的“跨市交叉”经济责任审计彭山工作，及时召开协调会，促进相关部门早准备，成效明显。区委、区政府主要领导对2017年审计工作提出建议、肯定性批示20余件。整合审计和巡查资源，将审计发现问题与区委巡查办实现共享，形成有效的监督合力。全年在审计过程中发现问题线索6起，涉案处理14人。

【审计宣传】 全年，区审计局撰写、报送审计信息文稿68篇，采用26篇。其中，被《中国审计》刊载1篇、《四川法制报》刊载1篇、《四川省审计厅网站》刊载1篇、《眉山市审计局外网》刊载6篇、《四川审计工作动态》刊载1篇、《眉山审计工作通报》刊载16篇。

（张建才）

工商质监

【民营经济】 2017年，全区新登记民营企业768户，新登记个体工商户3092户，民营经济增加值增速6%，全市排名第一。通过上门指导、筛选，征求各部门推荐意见，以区政府名义推荐10户企业参与2017年试点创建工作，并加大对企业的培训、指导力度；专家逐户走访，帮助企业制定和完善相关资料，积极推进现代企业制度创建工作。

【注册登记制度改革】 2017年3月，彭山区正式实施简易注销登记程序，降低企业退出成本，提高登记效率。7月17日，在全市各区、县中率先启动企业全程电子化登记制度，实现网上一条龙无纸化登记服务。9月25日，发出首张“多证合一、一照一码”营业执照，企业各项证照办结时间由长达两月以上缩短至3个工作日。自9月“多证合一”改革以后，共办理“多证合一、一照一码”营业执照531户。全年，完成股权质押62件，出质股权数额3.7亿元，被担保债权数额9.36亿元；办理动产抵押计10件，抵押物价值7964万元，被担保债权数额7605万元。

【质量工作】 2017年1月，彭山区中纺粮油（四川）有限公司、四川国润新材料有限公司、四川省科威电工有限责任公司、鲁洲生物科技（四川）有限公司、四川华西德顿塑料管道有限公司、四川铁通公铁物流股份有限公司的产品获得“第十二届四川名牌”称号。筛选、指导6家企业作为第十三届“四川名牌”为培育对象；四川华西德顿塑料管道有限公司总经理姜凌云获得眉山市首届“我心目中的眉山工匠”命名；积极指导彭山经济开发区开展四川省知名品牌示范区的创建工作，完成申报、答辩和筹建规划。共开展证后监督检查83次，确保工业产品生产许可证获证企业持续保持获证状态；对彭山区两家摩托车安检机构，食品相关产品生产企业，人造板、水泥企业，危化品和危化品包装、容器生产企业等进行专项监督检查。着力进行质检所恢复，开展检验检测机构资质认定工作。通过查找检验标准，请教专家，到省、市质监院所和相关企业实地培训学习，做好相关名称、技术参数和实验室设计工作，按照采购合同清点、验收采购的仪器设备，做好检验检测机构的内部审核和管理工作，补充完善机构质量管理体系，质检所于10月取得硅酸盐水泥和混凝土外加剂的资质认定证书。

【标准化工作】 2017年6月，彭山国家葡萄综合标准化示范区经国家标准委考核合格，成为眉山市首个国家级农业综合标准化示范项目。积极开展农村产权流转交易服务标准化试点项目，制订《眉山市彭山区农村产权流转交易服务标准化试点工作实施方案》，成立领导小组，并完成招标工作。指导51家企业进行产品标准自我声明，加强区域性地方标准制定、修订、统筹、管理。是年，修订区域性地方标准1项：《地理标志保护产品 彭山葡萄生产技术规范》。通过走访、调研，初步确定四川南方林木家具有限公司、四川滋升肥业有限公司为对标企业，并深入企业，对企业的标准执行、产品质量、抽检等基本情况进行深入了解和指导。指导2家企业采用国际标准和国外先进标准，提升企业竞争力；指导3家企业建立、健全企业标准体系；加强商品条码应用，及时通知企业续展，续展率达到90%以上。

【计量工作】 2017年，共检定计量器具3402台次，其中，强检计量器具合格率达到96%以上，部分项目达100%。加强对加油站计量、集贸市场在用计量器具、“民用三表”（水、电、气表）的监督检查工作；积极开展“计量惠民”活动，严格执行《财政部、国家发展改革委关于清理规范一批行政事业性收费有关政策的通知》（财税〔2017〕20号）规定，于4月1日取消计量检定收费，对彭山区在用强检计量器具进行免费检定，免收检定费用42万余元。加强计量认证监督检查工作，重点对集贸市场、餐饮店、超市、加油站、眼镜配制场所、出租车计价器等开展计量器具计量检查，特别是加强节假日计量市场监督检查，并积极处理计量投诉，对2个加油站的6个加油机防作弊和加油量进行检查抽检。对辖区的商场、超市等流通领域的认证产品进行执法专项检查。加强对强制性认证产品获证企业监管。彭山辖区内共有获得强制性产品认证生产企业7家。经检查，彭山区大多数企业生产状况良好，均顺利通过法定认证机构的年度管理评审，产品抽查均合格。对区环监站开展了质量提升工作。

【特种设备安全】 2017年，彭山区工商质监局将安全工作放在全局工作的重中之重，确保无一起特种设备安全事故发生。全年检查特种设备使用单位426家次，发出安全监察指令书123份，查封设备17台，立案查处违法企业6家，有力地打击特种设备安全违法行为，消除事故隐患，确保安全。开展了今冬明春、燃煤锅炉节能减排、涉氨制冷企业、大型游乐设施、气瓶检验、充装单位、建设工程施工起重机械、油气输送管道、汛期特种设备安全等专项整治和检查。召开彭山区设备安全风险分级管控暨遏制重特大事故工作会，对148个企业168人进行特种设备安全分级管控以及隐患排查治理工作的培训。上交安全风险评定等级以及隐患排查治理资料78份。在特种设备使用单位中开展隐患大排查大整治活动，共检查特种设备使用单位86家，下发安全监察指令书38份，消除隐患49起。

【商标培育工作】 2017年，彭山区新申报发展注册商标18件，培育市级知名商标2件，培育省级著名商标1件；配合区味道办抓好东坡味道千亿元产业推进工作，加强部门衔接和宣传指导，将东坡味道千亿元产业工作列入2017年区工商质监局品牌建设发展的重要工作；配合竹编办抓好竹编产业“双百”工程的落实工作，依据商标法等配套法规对彭山区竹编产业的商标品牌发展予以宣传和指导；推进四川商标品牌管网建设，组织联合利化（四川分公司）等6户企业到四川商标品牌管网学习参观。

【广告工作】 2017年，区工商质监局共查处虚假宣传等违法广告案件11件，发出限期整改通知书11份，清除户外广告15幅，清除面积达433平方米，销毁牛皮癣广告1.64万余张；开展对保健、理疗、美容院等场所从事非法诊疗，非法经营药品、医疗器械、保健品，非法会议、营销及虚假宣传的专项整治工作，并对特供、专供等国家机关名义广告予以整治。

【市场监管】 2017年，区工商质监局加强汽车销售经营户监管，对从事车辆非法改装的生产和销售行为实行承诺书上墙，定期检查进销台账；加强排查，对不合规、不合法行为进行严厉查处。全年检查汽车销售企业和经营户14户37次，发出整改通知书1份；牵头组织相关单位开展为期2个月的城区三轮、四轮维修点整治，彻底杜绝源头擅自加装动力装置行为，黏贴承诺书127份。开展城区废旧回收行业整治，取缔不合格废旧回收经营户3户，继续稳固彭山区创卫环境，提高旅游市场的整治力度，确保旅游消费安全；保春耕促农业，加大农资抽检力度，检查农资经营户118户次，成品油抽检18个批次，成品油抽检结果全部合格。

加强网络交易监管，加大对侵犯网购消费者七日无理由退货权利、故意拖延或者无理拒绝行为的打击力度。强化信用监管，实施网络违法失信惩戒。开展网络执法工作，定期对“彭山在线”“彭山生活圈”的网商平台负责人进行约谈，约谈4次，发出网商行政告诫9起；对全区纳入网络交易监管系统的156个网络市场经营户逐一进行清理、删除，清除无效、错误链接网址98个。

【行政执法】 2017年，区工商质监局规范行权运行。全年录入案件信息446条，其中行政处罚34条、其他行政权力412条，无一起警示报警。对行政处罚案件进行“双公示”，公示案件19件。开展“公用企业限制竞争行为”专项整治行动，约谈区内6个公用企业，并对群众反映问题较多的区电力公司进行调查取证，查实其违法经营证据。通过整治，逐步规范各公用企业经营行为，维护广大消费者的合法利益。严厉打击取缔“地条钢”

专项行动。对区内钢材销售市场进行突击抽样检查，通过第三方检测发现6户、11批次钢材为不合格产品，对不合格产品全部立案查处，没收不合格钢材4106公斤。开始“打击传销，维护社会稳定”专项行动，联合区金融办、区公安局对恒大酒店“张健先生五行币颁奖庆典”活动进行检查，经过询问和法律、法规宣传，驱散参会人员3000人。开展“保健品非法会议营销”专项整治行动，制定常态化监管措施，对区内大型会议场地租赁方宣传相关法律、法规，要求其登记备案。对虚假、夸大宣传行为责令停止，情节严重的予以驱散或立案查处。全年驱散非法会议营销6起，立案查处1起。以化肥和农药为重点产品，开展农资产品专项行动，打击化肥产品有效养分含量不足、虚假标识、无证生产等违法行为，共检查化肥生产企业2户、农药企业1户（已停产），抽取2个样品送检，均合格。开展食品相关产品专项行动，对11户相关生产企业进行检查，未发现无证生产、冒用他人厂名厂址等违法行为，对1户包材企业未能持续保持取得生产许可的规定条件和在经营活动中使用未取得生产许可证原料面纸的违法行为进行立案查处。开展建材产品专项行动，共检查企业29家，其中，随机抽查11家砖厂和5家家具生产企业，均在环保整治中停产；抽取水泥样品2个，检验全部合格。对1家未经认证擅自出厂、销售木器涂料和伪造认证标志案进行立案查处。全年查处各类违法案件55件。

【消费维权工作】 2017年，区工商质监局通过LED、发送手机短信、广告宣传栏及《今日彭山报》等多种形式加大“3•15”消费维权公益宣传力度，现场接待消费者咨询231人次，受理解决各类投诉18件。彭山区消委会田长青被眉山市人民调解工作指导中心、眉山市司法局授予“眉山市人民调解能手”与二等级调解员称号。彭山区消委会被眉山市彭山区人民调解工作指导中心、眉山市彭山区司法局授予三星级调委会称号。畅通“12315”“12345”消费维权渠道，共受理并解决各类消费者投诉230件；挽回经济损失34.85万元；处理“12345”平台投诉173件。推广消费维权融入社区网络管理规范化建设，实现工商监管维权人员与社区网格员的对接，完善基层投诉处理制度，发展20个社区。

【信用信息管理】 2017年，彭山区企业年报完成3176户，年报率99.08%；个体年报完成9906户，年报率99.13%；农业专业合作社年报完成235户，年报率99.58%；认真开展“双随机一公开”抽查工作，年报工作共抽查356户企业，其中，58户因登记场所无法查找，被例入异常经营名录，并对无正当理由连续6个月以上停业的8户企业进行清吊。

【环保整治】 2017年，区工商质监局积极履行工商质监职能职责，严把环保关。严把市场准入关，对需要办理环保前置审批而未办理的经营户不予办理营业执照；严查涉及环保的无证经营行为，牵头开展禁燃区内煤炭销售整治；配合相关部门做好燃煤锅炉整治，注销燃煤锅炉54台，10蒸吨以下的燃煤锅炉全部注销；配合相关部门做好环保督察问题的整治和回头看工作。

（侯　璐）

食品药品监督管理

【年度概况】 2017年，全区共有各类食品、药品、餐饮、保健品、化妆品生产经营单位4112户，其中食品流通经营单位1358户、食品生产企业51户、餐饮服务单位927户，药品经营单位168户、药品生产企业4户、医疗器械生产企业1户、化妆品经营单位135户、化妆品生产企业1户、保健食品经营单位620户、“三小”（小作坊、小经营店、小摊贩）850户。

【行政审批】 2017年，彭山区食品药品监督管理局（以下简称“区食药监局”）认真抓好“依法治区”“法律进机关”“法制政府”建设和“三张清单”清理更新工作，坚持做好“会前学法”和“以案说法”。认真抓好执法证年审工作，新办执法证15个。认真做好行政许可工作，共办理行政审批事项508件。窗口部门荣获区党务政务中心“最美窗口”嘉奖称号8次。办理的所有行政审批事项中，没有行政投诉案件和行政复议案件的发生，按时办结率达100%。

【食品安全监督】 2017年，区食药监局全面展开辖区内食品生产、食品流通环节日常巡查。认真分析研究确定彭山区食品安全监管的重点范围，切实摸清食品生产企业和大中型超市的生产经营状况；明确食品安全主体责任，与食品生产企业签订2017年度食品安全责任书和承诺书；在日常巡查工作中严格督促食品生产经营单位落实进货查验记录、出厂检验记录等制度，索票索证，做好食品溯源。对辖区内餐饮单位实行全程监管。重抓餐饮过程，监管过程包括食品购进、食品加工制作、餐饮具消毒、食品留样等关键环节过程。强调餐饮服务单位必须做好食品购进查验记录、索证索票记录，特别要求购进的预包装食品、进口食品必须标识完整及具有中文标识，从源头上把关食品安全，做到每种食品都能追根溯源。与餐饮单位签订食品安全责任书，落实责任。与区机关事务管理局联合行文加强机关食堂办证和食品安全管理，到年末已办证23家。开展“春秋季学校食堂专项检查”“节令食品安全检查”“中高考学校食堂专项检查”“农村食品安全治理”“畜禽水产品专项整治”“校园周边环境治理”“网络食品专项检查”等各类检查；成立重大活动餐饮食品安全保障小组，确保“两会”“朝山节”“全国特奥轮滑比赛”“瓦屋山杯友城青少年足球邀请赛”及“四川省工匠杯职业技能大赛”等重大节会活动的食品安全保障工作。

【药械化监督】 2017年，区食药监局加强药械化日常监管，规范市场秩序。加强对药械化生产、经营、使用单位的监督检查。开展安全生产大检查、安全风险隐患大排查，以“严查、严打、严办，零容忍”为工作准则强化对药品生产、经营和使用、医疗器械经营使用各环节的安全监管。开展药品、医疗器械飞行检查，撤销东坡区GSP证书1家，移交案源1家，限期整改4家；开展GSP跟踪检查工作，完成任务39家。开展信用等级评定。开展药械质量安全风险研判情况，收集风险点等相关材料，开展风险研判评估，并完成风险研判报告4份，提高药械风险防控能力。开展了“保健按摩场所非法售、使用药、械、化专项检查”“无菌和植入性等医疗器械监督检查”“非药品冒充药品专项整治”“重点易制毒化学专项检查”“化妆品流通环节专项整治”“药品行业涉及危险化学品使用安全综合治理”“麻醉药品和精神药品专项检查”“打击无证生产经营医疗器械与生产经营和使用无证医疗器械专项检查”以及“猎狐行动”等专项检查。

【抽检监测】 2017年，区食药监局完成食品药品抽检共459个批次，抽检食品396个批次，其中，国抽任务24批次、省抽任务83批次、市抽任务18批次、食用农产品任务260批次、各类专项抽检及执法抽检11批次；抽检药品63批次。食品监督抽检27个不合格，药品监督抽检2个不合格；食品风险监测0个不合格，药品评价性抽检0个不合格。收集药品不良反应报告310例，医疗器械不良反应报告68例，化妆品不良反应报告13例。

【快检室建设】 2017年，区食药监局开展全区学校及社会餐饮快检室建设。申请专项资金，选定城区11所公立学校建立学校食堂快检室，已建设完毕；选定9家社会餐饮单位和3家大型超市建立快检室，并投入使用，对食品原材料的农残、兽残、重金属等有毒有害物质进行检测，从源头防止食品安全事故。

【环保检查】 2017年，区食药监局开展“省卫”复评和环保专项检查行动。以张贴宣传标语、禁烟标识、制定整治台账等形式，对生产企业、餐饮单位、副食店、超市、农贸市场、药店、“三小”场所的店内环境卫生及门前三包、病媒微生物防制进行专项整治，对卫生死角和证照不齐的情况进行督促整改，逐步消除卫生脏乱的情况。

（艾文思）

国土资源管理

【耕地保护】 2017年，眉山市国土资源局彭山区分局（以下简称“区国土分局”）坚持最严格的耕地保护制度，严防死守耕地红线，确保全区耕地保有量不少于1.9万公顷，基本农田保护面积不少于1.53万公顷。建设完成全区永久基本农田保护标识牌14个、保护界桩150个，签订责任书101份（区政府与乡（镇）人民政府签订13份，乡（镇）人民政府与行政村签订88份）。

【土地利用总体规划】 2017年，区国土分局全面完成彭山区土地利用总体规划（2006—2020）中期评估和调整完善工作，经省、市政府批准实施，新增建设用地650公顷，为全区项目用地提供有力保障。天府新区重点项目“苏宁二期”项目用地规划调整已经省政府批准并报省国土资源厅备案，争取机动指标30余公顷，待报省政府批准。全年完成固定资产投资3.22亿元。

【土地审批】 2017年，区国土分局完成建设用地报批组件11个批次，共计384.071公顷，其中10个乡镇建设用地332.7公顷；1个独立选址项目（简蒲高速），面积51.37公顷。2016—2017年组件上报的建设用地中，已获省政府批准，并领取16个批次的批复，批准面积共587.56公顷，超全年目标任务350%。完成13个建设项目用地预审，预审面积160公顷；完成27个项目的用地审查，并提出合理化建议、意见。

【土地整理】 2017 年，谢家镇岳油村土地整理项目已完成初验，实现新增耕地 45.67 公顷；江口镇石龙村土地整理项目进行第三次施工招标（因建材价格上涨，导致江口镇石龙村项目工程多次流标）。建成高标准基本农田 696.73 公顷。双挂钩项目：完成凤鸣镇宝珠村、观音镇观音村、公义镇红旗村和马林村、武阳镇泉水村 5 个城乡建设用地增减挂钩项目，实现挂钩周转指标 142.84 公顷，其中，实现城镇建新区指标 110.19 公顷；茯苓双挂钩项目农户于 2017 年 9 月回迁入住；红旗双挂钩安置区已于 2017 年 12 月 24 日完成分房。工矿废弃地复垦：实施工矿废弃地复垦项目，有效盘活彭山区存量建设用地，促进集约节约利用土地，完成一期工矿废弃地复垦项目 11.33 公顷，并报请市国土局终验。农村宅基地有偿退出工作：开展公义镇新桥村、义和乡喻沟村集体建设用地有偿退出试点工作，面积 7.33 公顷，编制项目立项资料。“十三五”土地整治规划成果已上报市国土局待批准，是全市率先完成规划的区县。

【土地征收】 2017 年，区国土分局代区政府办起草《关于印发眉山市彭山区集体土地征收拆迁补偿安置办法的通知》，对 2016—2017 年已批的 18 个批次土地按征收程序办理，并形成影像资料。指导各乡镇人民政府启动实施包括恒大童世界、中法农业科技园、水郡未来城、牧马康养城、环天府新区大道等省、市、区大型重点项目的征地拆迁工作，共涉及 46 个村 208 个农业社，征收集体土地 2504.52 公顷，拨付征地拆迁资金 7.3 亿元。牵头对全区 2007—2016 年失地农民养老保险参保情况进行全面清理，全年新办理失地农民购买基本养老保险 1.57 万人。

【土地收购储备】 2017 年，区国土分局完成彭山区混凝土预制构件厂、天府味道、邹静等 6 宗 9 公顷国有土地的收购储备工作。收购储备的土地，部分已根据全区规划重新上市拍卖，得到合理利用；部分用于太和大道道路建设、滨江路加宽工程等城市基础设施建设。开展四川宝元通股份有限公司、彭山区工艺印刷厂等 7 宗国有土地的收购工作。区土地储备中心协助区财政局成功发行彭山区首批地方土地储备专项债券 4500 万元，募集资金主要用于牧马镇皇陵旅游综合开发项目所涉土地征收储备和前期开发等。土地储备专项债券的发行，正式宣告储备土地依靠金融机构融资贷款的终结，也标志着区政府债券管理迈出重要的一步。

【土地出让】 2017 年，区国土分局完成土地出让 33 宗，面积 138.85 公顷，合同价款为 39.2 亿元，完成土地出让收入入库 25.84 亿元。全力保障 23 家工业、“三产”等重点企业用地，出让土地面积 64.59 公顷。为陶氏化学（四川）有限公司、格力电工（眉山）有限公司等知名企业在彭山发展提供有力保障。召开“三月樱花”和“金碧绿色”二次土地推介会，集中推介 7 宗 76.78 公顷土地。吸引 400 余家知名房地产企业参加，发放宣传资料 6400 余份，面对面对接知名企业 355 家。

【地灾防治】 2017 年，区国土分局按照“坡到顶，沟到头”“全覆盖，不留死角”原则，对全区13个乡镇465平方公里进行地灾大排查工作，在原有的46个隐患点基础上又排查出18个隐患，整改治理16个隐患点，新增2个隐患点。联合区相关部门对全区各乡镇和隐患点专职监测员的工作开展情况进行督导。全面完成省级下达的7户避险搬迁任务，发放搬迁补助金36万元。地质灾害工程治理和应急排危：完成彭祖山双佛路段工程治理和义和喻沟村4组地面塌陷应急排危的终验工作。对黄丰镇双塘村一组、青龙镇桂林村、黄丰镇合力小区等5处开展地质灾害应急排危除险工程，并完成竣工验收，消除受地质灾害威胁的7户22人的安全隐患；圆满完成2017年四川省抗震救灾综合演练地质灾害应急处置科目，参演人员达到2200人次。协助完成13个乡镇地质灾害应急演练工作，参演人员达到800余人。编制《眉山市彭山区矿山地质环境保护与治理规划（2017—2021年）五年规划》方案；联合区财政局、区环境保护局和区工商行政管理和质量技术监督局，制订《眉山市彭山区绿色矿山建设工作方案》。督促17家企业完成矿山地质环境保护与土地复垦方案编制工作，对剩余的13家历史遗留矿山和无主矿山组织地勘机构完成方案编制工作。非煤矿山安全生产：对29家非煤矿山企业进行拉网式排查，全年共检查非煤矿山企业60余次，180人次，检查中发现19家砖厂涉嫌非法开采矿产资源；与局执法大队分别对所涉企业下达《责令停止国土资源违法行为通知书》19份；函告区经信局对涉嫌非法开采矿产资源的砖厂依法实施停电。每周不低于2次对非煤矿山企业进行定期检查，形成安全生产检查台账，并定期向上级监管部门提交总结。分别与4家非煤矿山企业签订“源头治理车辆非法超载超限责任书”和“承诺书”，防范和遏制重特大事故发生，确保群众生命财产安全。积极参加全区组织的以“加强安全法制，保障安全生产”为主题的安全生产宣传咨询日活动，共接受群众咨询和解答40余人次，发放宣教资料500余份。

【土地矿产执法】 2017年，区国土分局开展动态巡查200余次，出动执法车辆100余台次，受理土地、矿产违法线索62起，立案查处4宗，涉案面积1.87公顷，收缴罚款112.69万元，发出《责令停止国土资源违法行为通知书》62份，制止违法行为50余起，报告率100%。对2017年度124个重点区域卫星摄片预警监测图斑进行逐一梳理，查出涉嫌违法用地图斑7个，涉及违法主体4个；顺利完成2016年度土地矿产卫片执法检查，确保“不问责，不约谈”。全年，对全区10家砂厂、22家砖厂完成调查、测绘等工作，对8家涉嫌违法占地开采的砂场和20家无证开采的砖厂下达“责令停止国土资源违法行为通知书”。并函告区经信局、区环保局、区安监局等相关单位协助，形成监管合力。

【信访维稳】 2017年，区国土分局受理当事人举报、上级交办的信访件17件，同比下降59%，化解率100%；案件复查5件，信息公开5件；行政复议1件；行政诉讼6件，全部胜诉。坚持回访制度，变上访为“下访”，通过“回访”听取大多数群众的意愿，有利于化解信访矛盾，改善干群关系，提升政府形象。

【不动产登记】 2017年，区国土分局受理不动产登记1.47万宗（颁不动产权证1.46万本）；办理不动产抵押登记4471宗，抵押债权额53.05亿元；预购商品房预告登记和预告抵押3314宗；不动产权籍调查2.18万户；注销登记480宗，查封、解封登记103宗；档案查询604宗。完成谢家镇毛河村、黄丰镇合力村等8个双挂钩安置小区确权登记颁证验收工作，颁发农村不动产权证书2969本；启动移民安置点的不动产登记工作，第一批登记证正在制作颁发。探索林权登记工作，颁发首本林权不动产权证书。办理农民住房财产权抵押登记22宗，抵押金额160.98万元，注销登记2宗。切实为农民住房财产权抵押融资提供快捷的登记服务。完成集体建设用地流转不动产登记颁证6宗（眉山市喜安旅游有限公司挂牌出让取得的6宗集体经营性建设用地）。

（吴 俊）

国有资产监督管理

【国资监管】 2017年，彭山区国有资产监督管理局（以下简称“区国资局”）明确权限职责，依法履职。按照职权法定原则，向社会公开8项权利清单、10项责任清单，涉及国有资产监管的内容90项录入行权平台，主动接受监督，切实履职。依法处置，强化监管。按照《关于印发眉山市彭山区公共资源交易目录（第一批）的通知》（眉彭府办函〔2015〕68号）文件规定，全区行政事业单位商业门市租赁、资产评估价超过5万元的罚没物品处置全部进入公共资源交易中心公开交易。全年实现国有资产处置收入5433万元，完成全年任务2500万元的217%，其中租金收入285万元、资产处置收入4843万元、城区污水处理费收入305万元。严把出口关，确保国有资产不流失。全年公开拍卖公务用车138台，公开处置罚没车辆3辆，政府回购中巴车12辆，罚没报废摩托车217辆；对全区经营性到期门市依法招租，对存量资产依法处置，加大对资产损坏行为的查处；加强固定资产核减审查审批，对45家行政事业单位核减固定资产进行审核批复，核减固定资产767万元；对全区改革撤销合并事业单位的国有资产进行全面清理，并指导录入资产管理系统，确保国有资产不损失。

【国企监管】 2017年，区国资局完善企业法人治理机制，调整充实企业董事会、监事会成员61人，由相关职能部门委派一般工作人员兼任。按照“三重一大”（重大问题决策、重要干部任免、重大项目投资决策，大额资金使用）的要求对企业进行监管，理顺、规范企业监管的事项和程序。修订、完善《眉山市彭山区国有企业监督管理暂行办法》《眉山市彭山区区属国有投融资企业工资总额预算管理暂行办法》《眉山市彭山区区属国有投融资企业负责人经营业绩考核暂行办法》。年初下达目标任务，年中开展监督检查，年底开展目标考核。对14家区属国有公司自成立以后的财务状况进行专项审计，掌握情况规范管理。编制区属国有企业资本经营预算，完成国有资产统计。

【融资工作】 2017年，区国资局开展企业发债，首次实现发行企业债13.8亿元；开展基金公司组建，引进社会专业公司，为政府基金发行奠定基础；积极开展融资租赁、信托等融资方式。2017年，全区国企实现融资到位17.85亿元，完成任务数15亿元的119%。

【其他重点工作】 2017年，区国资局全力做好区委、区政府交办的全区重点项目和重点工作：岷江航电工程项目完成核准，27项专题完成审查、审批工作；协助完成江口古镇打造规划、策化、现状调查等工作；彭祖新城PPP项目依法按程序完成投资人采购工作；牵头开展“创新融资方式，推动国有公司规范管理、壮大、上市”的专题研究。2017年，区国资局荣获2017年度全市国资监管工作先进集体、全市国资统计工作先进集体、全市国资系统信息工作先进集体。

（宋慧霞）

安全生产监督管理

【概况】 2017年，全区共发生生产经营性安全事故7起，死亡7人（道路交通3起、3人，工矿商贸4起、4人），未发生较大及以上生产安全事故，各类指标均在可控范围内。

【安全监管】 2017年，彭山区坚持“党政同责、一岗双责”，区委常委会，区政府常务会专题研究和部署安全生产工作8次，制发安全生产类文件30余份，切实负起安全生产工作责任；安全生产问题集中整治攻坚行动期间，书记、区长及各位分管区领导带队开展督促检查，共计80余次；持续强化企业主体责任。抓住落实企业安全主体责任“牛鼻子”，组织开展全区一线从业人员培训7次，培训人次1200余人，培训费用30万余元。

【安全宣传】 2017年，彭山区生产监督管理局（以下简称“区安监局”）印发《关于印发〈中华人民共和国安全生产法〉宣贯方案》的通知，对学习宣传的重点内容、重点对象以及具体方式等作安排部署；印发贯彻落实《安全生产法》倡议书、《落实企业安全生产主体责任倡议书》。区政府利用“三下乡”、“安全生产宣传月”、“12•4”法治宣传周等活动宣传《中华人民共和国安全生产法》；在区电视台、《彭山报》等媒体开辟专栏，刊播全区安全生产工作动态、安全公益广告，宣传安全生产的先进单位和典型事故案例；充分利用广播电视、报纸、LED电子屏、横幅标语、短信平台、网络等方式宣传《安全生产法》。全年散发各类安全生产宣传资料110余种、4万余份，展出展板50块，接受群众咨询上万人次，在全区营造浓厚的安全生产氛围。

【安全执法】 2017年，彭山区严格执法，整治重点行业领域。聚焦道路交通、非煤矿山和危化品、建筑施工、消防、城镇燃气等重点行业领域，开展安全生产大检查，突出重点，措施到位，执法有力，共组织检查组910个，检查企事业单位1537家次，排查隐患1951个，整改到位1920个，整改率98.4%；依法打击非法违法、违规违章行为549起，暂扣吊销执照37起，罚款43.5万元，停产整顿23家，关闭取缔生产经营单位11个，追究刑事责任9人。

【专项整治】 2017年，区安监局共使用区公共安全隐患整治资金整治安全隐患19处，使用金额171.12万元。其中，整治道路安全隐患4处，整治资金41.74万元；整治河堤、危桥等安全隐患2处，整治资金36.45万元；整治停产、破产企业安全隐患4处，整治资金63.05万元；整治山体滑坡安全隐患1处，整治资金4.5万元；整治家禽交易市场安全隐患1处，整治资金3.5万元；建立蔡山社区微型消防站2个，建设资金2.89万元，整治其他公共安全隐患5处，整治资金19万元。带动全区各部门、乡镇（街道）排查整治隐患1192处，稳定了彭山区安全生产良好形势。

【安全生产基层基础建设】 2017年，彭山区强化安全生产基础设施建设。利用创建省级安全社区契机，分别在凤鸣街道、彭溪街道、谢家镇、公义镇、保胜乡成功建成微型消防站5座。消除隐患死角。分别在区重点企业建立视频监控系统，实时查看企业安全生产情况，确保安全生产工作不留死角。多渠道充实安监人员。通过选调、遴选等方式，增加安全监管人员，增设安全信息服务中心，并配备工作人员2人。

【应急预案及应急演练】 2017年，区安监局完善应急预案，强化应急演练，提高事故处理机动性。制定彭山区安监系统突发公共事件应急预案，内容涵盖危险化学品、烟花爆竹、非煤矿山、旅游、卫生等行业，细化火灾、地震、溺水、交通等方面防范与应急处置预案；强化应急演练。年初制定应急演练计划，演练费用纳入年度预算；加强应急队伍建设，提高队伍处置突发事件的能力。

【亮点工作】 2017年，彭山区被四川省政府安委会办公室表彰为全省安全生产宣传工先进单位；被市政府表彰为全市目标考核先进单位。保胜乡安全社区建设、凤鸣街道安全社区复评通过省评定验收。遏制重特大事故工作，列为全市唯一试点区，成效显著。彭山区在深入推进安全生产基层基础建设上，积极落实遏制重特大事故工作，结合实际，对非煤矿山、危险化学品等重点行业完成试点工作，下一步将形成制度标准，构建长效机制，从根本上避免和减少该领域各类事故发生。是年5月9日，2017年省级抗震救灾综合演练在彭山区举办，彭山区承担危险化学品爆炸应急救援项目。彭山区先后接受国务院、省安委会督察6次，彭山区问题最少，整改最快。

（李嘉翔）

投资与招商

【概况】 2017年，全区招商引资新签约项目21个，合同金额1771.6亿元，签约重大项目个数、协议引资金额创历年之最。其中，恒大童世界项目是彭山区第一个千亿项目，也是眉山市第一个千亿项目。全年，全区有到位资金的招商引资项目共153个，实际到位资金 179.46亿元，其中省外到位资金164.06亿元。

【重大项目签约】 2017年，彭山区工业方面引进韩国东进、日本瑞环等知名国际公司，引进主板上市公司江化微、晶瑞化学、渝三峡等知名企业，引进苏州珂玛、川化集团等由“千人计划”“百人计划”专家牵头的高端前沿产业项目；现代服务业方面引进中国恒大“童世界”、中法农业科技园、云南城投“未来水城”等高端现代服务业项目，真正实现产城一体化发展。

2017年，西南美国商会走进彭山

【项目资源储备】 2017年全区追踪项目67个，重点追踪项目21个，其中台湾捷苙、威马汽车、石墨烯、荣事达、四川精细化工研究院等一批重大项目承待落户，已逐步进入由招商引资到招商选资阶段。

【资源整合】 2017年，彭山区坚持高位推动，主动出击投资促进。坚持投资促进工作“一把手”负责制，党政主要领导高度重视，强力推进，切实抓好招商引资“一号工程”。全年开展“走出去”活动73次，其中，区委书记梁磊带队“走出去”9次，区政府区长罗万东同志带队“走出去”26次，分管副区长段永勤同志带队“走出去”38次，考察工业项目51个、三产项目26个。

【专题推介】 2017年，彭山区借势省、市重大平台活动，推出专题推介。积极参加“2017年中外知名企业四川行”“中国西部国际博览会”等省、市重大平台活动，收集信息。量身定制，推出中国西南美国商会走进彭山、优势土地推介会、欧盟商会走进彭山等专场推介，真正实现以面对接，以点突破。

（李智群）

公共资源交易

【概况】 2017年，彭山区公共资源交易中心（以下简称“区交易中心”）累计完成建设工程招投标、政府采购、国土出让、产权交易等各类交易事项203项，涉及交易总额45.04亿元，增收节支19.21亿元，为财政上缴交易服务费3200万余元。

【交易服务】 2017年，区交易中心推行“VIP”服务机制服务全区重点项目，即优先受理、场地落实、组织交易服务，促进交通、市政建设及东山彩林等重点项目的顺利实施。实行交易数据月报告制。从2017年起，实行各种交易数据月报告制度，全面客观反映彭山区公共资源交易情况，为领导决策提供依据。土地拍卖再创新高。10月11日和10月20日分别成功组织3宗和7宗国有建设用地的拍卖，溢价率分别达77.97%和135%，创造500.92万元/亩的彭山单价历史最高纪录。2017年，被市中心评为平台标准化建设、综合考评先进单位，并被通报表彰为全市唯一的推进农村产权流转交易服务标准化建设的单位。

【深化农村改革】 2017年，区交易中心通过拓展规范的土地流转服务、登记颁发农村土地经营权证、开辟农村“两权”抵押贷款绿色通道等服务，规范农村土地流转交易，维护和保障双方当事人合法权益，化解农村产权融资难等问题。全年，区农交中心已对外发布农村产权流转信息1278条，农村产权流转成交面积1533.33公顷，成交金额2亿元，发放农村产权交易鉴证书205份，颁发农村土地经营权证810本，对接融资贷款达3.95亿元，有力助推彭山深化农村改革。先后成为全省深化农村改革暨农业供给侧专题培训班、全市农业推进会等现场会参观点和全国人大副委员长吉炳轩一行调研组考察点，为推广彭山经验做出积极贡献。

【党风廉政建设】 2017年，区交易中心通过责任落实具体化、宣传教育经常化、机关管理制度化、作风巡查常态化，制定“两个责任清单”任务，层层签订党风廉政责任书22份、家属廉内助责任书22份；组织观看警示教育片、“阳光问廉”节目、参观眉州监狱警示教育基地、三苏好家风廉政教育基地；强化廉政风险防控，落实防控措施和责任人，健全、完善工作流程17个，梳理风险点55个，制定防控措施117条；先后完善《机关工作制度》等6项机关管理制度及8项内控制度，用制度管权管事管人。成立机关作风巡查组，不定期对机关干部上班纪律、办事效率、服务态度、内务整理等开展巡查，巡查结果纳入平时考核和年终目标的结果运用。

【党建工作】 2017年，区交易中心完善设施设备，推进机关标准化建设，夯实党建基础；高质量完成领导班子专题民主生活会和支部专题组织生活会，收集提出批评意见19条，已全部整改落实到位；实现干部谈心谈话全覆盖，参与谈心谈话22人次，收集谈话对象反映的问题建议10个，并已整改落实；坚持常态化开展“五必送五必访”活动，走访群众100余人次，发放宣传资料1000余份，慰问帮扶困难群众22人，资助联系社区硬化社道300米惠及群众200余人，落实帮扶资金达5万元。

（李巧玲）

气象工作

【概况】 2017年，彭山区气象工作加强气象预测预报能力、气象防灾减灾能力、应对气候变化能力、开发“四个”能力建设，积极应对灾害性天气，加强部门联动，气象服务主动、准确，为确保区委、区政府提出的不决堤、不垮坝、不死人的汛期工作目标提供科学的决策依据，为全区社会经济发展、农业增产、农民增收做出积极贡献。荣获省级抗震救灾综合演练先进单位称号；被区委、区政府评为农业农村工作先进集体；省级文明单位年度考核合格。

【气候特征】 2017年，彭山区气候异常，暴雨大风等极端天气频发。6月下旬至7月出现有气象记录以来持续时间最长的晴热高温天气；7月最高气温突破同期历史极值，且出现不同程度的夏旱。全年，共计出现区域性暴雨天气过程4次，主要集中在8月。8月28日，彭山区出现区域性强降雨天气过程，最大降雨为125.8毫米，超过100毫米有8个站点；最大小时雨强为84毫米/小时，为有气象记录以来最大雨强。

【监测预报预警】 2017年，区气象局针对2017年极端天气，全局干部职工严格24小时值守班和领导待班制度，严密监视天气演变及时发布预报预警，杜绝灾重天气过程的错测漏报。遇重要天气过程，主要负责人亲自向地方党委、政府领导汇报。发布橙色预警10次、黄色预警22次、蓝色预警3次，启动Ⅲ级应急响应2次。

【气象服务】 2017年，彭山区气象局与区应急办联合印发《眉山市彭山区人民政府应急管理办公室 眉山市彭山区气象局关于做好汛期极端天气预警信息工作的通知》。成立了以局长为组长的汛期气象服务工作领导小组，安排部署彭山局2017年汛期气象服务工作，对设备软件、网络传输、人影、区域站、供电等方面进行检查，明确责任，分工到人，拓宽气象预警信息接收对象，将村社长和地质灾害专职监测员等纳入信息库，确保汛期工作顺利开展。全力做好决策气象服务，确保在灾重天气发生前后，各类决策服务信息能及时传送到各级领导手中。决策气象服务短信发送已覆盖区级，相关部门，乡镇主要领导，气象协理员，信息员，村、社区支书、主任及网格员；发布《重要天气消息》9期、《气象信息快报》48期、《天气旬月预报》32期、《农业气象专题报告》6期、《雨情快报》15期。向决策人员发送决策服务短信49万余人次。公众专业服务情况：通过乡镇气象信息服务站、电子显示屏、气象预警信息发布系统、“直通式”服务QQ群、微博、电视天气预报等方式等方式及时向区域内群众、农民合作社、专业大户、涉农企业以及政府、有关部门生产决策者等重点服务对象发布更新当前天气预报。与区国土、水务、林业、农业等部门签订合作协议，建立合作机制。人工影响天气作业开展情况：区人影办针对2017年初春及秋冬季重污染天气以及5—7月持续少雨时段和8月强对流天气，组织实施防雹增雨消霾作业12次，有效减轻因气象灾害导致的不利影响。为农气象服务开展情况：针对不同季节，区气象局在各长、中、短期预报中均对汛期期间天气做出准确的预测，提前向社会公众发布农用指导产品，共发布《农用天气旬月报》32期、《农用天气预报》32期，并提出有利的措施，要求各乡镇抓住有效时机做好收播种、施肥、除害、晒入库等工作，确保粮食产量和质量。

2017年彭山区气象资料一览表

表3

平均气压（百帕）	温度℃					降水（毫米）				平均相对湿度（%）	蒸发量（毫米）	日照时数（小时）	平均风速（m/s）	最多风向及频率
	平均温度	最高温度	出现日期	最低温度	出现日期	降水量	一日最大	出现日期	暴雨天数					
964.1	18.3	38.0	17/7	1.6	19/12	1110.3	82.4	19/8	2	76	\	1109.7	1.1	NE, 10

【基础业务】 2017年，台站值班质量为满分；自动气象站、新型自动站设备运行良好，气象探测环境未遭到破坏，无责任事故发生；加强自动站资料质量控制工作，按要求确认并反馈疑误信息。各类上行气象资料传输质量均超过考核要求，国家级自动站传输率99.98%，业务可用率100%；做好区域气象观测站、土壤湿度监测站的维护工作，保证仪器正常运行，土壤水分站传输率99.69%，区域站传输率99.7%。

【重大活动保障】 2017年，区气象局先后为5月9日四川省抗震救灾综合演练、中考高考、7月1日庆“七一”晚会、7月26日“清风扬眉”彭山专场、9月29日眉山农业嘉年华、2017全国特奥轮滑比赛等活动进行气象保障服务，对每次活动期间气象服务工作进行详细布置和安排，要求以准确及时的天气预报和优质、新颖的服务方式，认真做好气象保障服务工作。

【业务培训】 2017年，区气象局加强业务学习，积极参加业务技能培训，业务能力不断提高；业务设备运行正常，业务人员能较好地运用“三级业务平台”“公共气象服务平台”“国突平台”“农业气象服务平台”“气象预警信息发布平台”等开展气象业务服务。

【气象宣传】 2017年，《新华每日电讯》《眉山日报》均以《10年前被认为不适宜种葡萄　为何如今成了‘吐鲁番’》为标题为报道了彭山区科技助力营造“吐鲁番”式小气候的新闻以及彭山区小气候观测站在葡萄种植的作用；积极参与全区科技“三下乡”活动。区气象局与彭山区黄丰镇中心小学签订《眉山市文明单位结对帮扶乡村学校少年宫协议书》，开展文明单位结对帮扶乡村学校少年宫活动，向小学少年宫提供文化、体育、科技等器材以及经费扶持，共计5000元。

（李　超）

价格管理

【收费价格管理】 2017年，彭山区落实上级简政放权要求，清理涉企收费政策，制定彭山区涉企业收费目录清单并上网公示。统计上报2016年度行政事业性收费项目与金额。强化行政事业性收费监管，确保“减、免、缓、停”收费政策落实到位。强化收费、政府定价管理，科学合理核定收费、定价项目。按照四川省定价目录定价权限规定，完成对彭山区社会福利院自费供养老人基本服务费价格、眉山工程技师学院公寓式学生宿舍锦园楼住宿收费标准、彭山区公租房二期物业收费指导价格和通济堰灌区农业末端渠系供水的成本监审及标准核定工作。做好“电价同价”政策定期监管，确保居民生活用电、园区工业用电与四川电网同价政策落实到位，牵头落实低收入困难群众每月15度免费用电优惠政策，免费金额37万余元。做好信息工作，上传价格公开信息25件次。及时将群众关心的价格文件、价格信息上传至区发改局信息公开网站，使群众第一时间了解国家相关价格政策。

【价格监督】 2017年，加大价格监测力度，结合价格监测工作，增加节日价格监测巡查密度，重点对粮油、肉、蛋、奶、蔬菜等群众生活必需品、日常消费品价格重点监督，对农业生产资料价格进行监测，遇到价格异常波动及时上报，全年，共向上级价格部门报送各类监测周报月表80余份。根据市发改局《关于抓紧督促纠正“新居配”有关规定和做法的通知》（眉市发改价检〔2017〕44号）文件的要求，结合公平竞争审查制度，对彭山区眉山多能电力建设有限责任公司彭山分公司“新居配”政策执行情况进行调查，通过调查，区政府或其他部门均未在新建居民小区供配电设施建设方面出台过指定供电企业、统一建设新建居民住宅小区供配电设施并统一收费等内容的政策措施。对眉山市彭山美家好商贸有限公司申请使用的“特色商品标价签”进行审核监制，并在公司开业后对其商品标价签使用情况进行监管指导，针对商场在促销活动期间出现降价商品的标价形式内容不规范的现象，检查人员及时进行纠正，并向经营者进行政策宣传、解释，及时防止价格违法行为的发生。做好全国劳动力市场价格监测工作。根据《国家发展改革委办公厅关于印发全国劳动力市场价格监测工作方案的通知》要求，对彭山区3个劳动力市场价格监测点的报价人员进行一对一的指导。通过指导，彭山区的3家劳动力市场价格监测企业均能按时准确地通过监测平台上报劳动力市场价格监测报表，无一漏报。

【价格检查】 2017年，彭山区对城区大型超市、商场、药店、加油站、旅游景点、客运中心、农贸市场等区域的商品和服务价格执行情况进行巡查，重点对明码标价政策执行情况、价格误导、欺诈等行为进行检查。在检查中以执法检查与政策宣传并举，对有违反价格政策的经营者主要以提醒告诫为主，对经营者进行指导规范，并向标价形式不规范的经营者免费发放商品标价签1200余份，指导规范标价行为，防止出现囤积居奇、哄抬物价、价格欺诈等价格违法行为，切实维护广大群众的合法权益。开展建材价格专项整治工作。组织召开涉及钢材、水泥、砖瓦、砂石等建材的相关生产经营者的价格提醒告诫会，会上向各相关生产经营者进行《中华人民共和国价格法》等相关法律、法规的宣传；介绍彭山区易地扶贫搬迁工作基本情况，送达《价格提醒告诫函》。不定期开展价格巡查，畅通投诉举报渠道，严查价格违法行为，要求各相关生产经营者认真规范自身的价格行为，不得出现价格违法行为，确保彭山区易地扶贫搬迁工程建设工作顺利进行。为清理和规范涉企收费行为，按照市发改委《关于全面清理规范涉企经营服务性收费的通知》和《关于开展涉企收费摸底排查工作的通知》要求，开展涉及行业协会、行政审批前置、涉企经营服务性收费以及铁路货运收费的清理工作，并按要求将清理排查情况上报市发改委。联合区运管所开展出租车行业巡查。在巡查过程中发现，有个别出租车司机存在有擅自改动出租车计价器数据的行为。对此，区运管所向涉案的出租车司机作出停运两天、罚款500元的处罚；区发改局向3家出租车公司和涉案的出租车司机下达“提醒告诫函”和“责令整改通知书”，责令涉案司机立即整改，恢复计价器数据，要求3家公司认真清理整顿，加强日常监管，进一步规范出租车行业的服务质量和价格行为。开展砂石市场价格调查。是年，先后多次向生产企业进行提醒告诫，要求企业在销售过程中做好明码标价，规范经营。同时建议相关部门指导企业完成环保达标，完善环保手续，依法尽快恢复生产，加大市场供应量，稳定市场价格。全年受理价格投诉举报和群众来访、咨询39件；其中，由“12345”政府热线分派工单34件，通过“12358”价格监管平台受理群众举报2件、区长信箱1件、上级主管部门交办2件，群众所反映的热点主要集中在网络购物、物业收费、客运票价、停车收费、药品价格等问题。针对投诉，做到专人接待、及时接件、及时处理、及时回复，办结回复率100%，未出现复议案件。

【价格认证】 2017年，彭山区认真组织学习、贯彻《价格认定规定》《价格行为规范》《价格认定文书格式规范》《四川省价格认定廉政风险防范规定》等相关规定，不断提升价格认定工作水平。组织人员参加全省执行《价格认定规定》和《价格认定行为规范》工作情况评查第三组工作，对南充市、西充县、营山县高坪区、广安市、华蓥市、武胜县、蓬溪市、射洪县、大英县等地进行交叉检查，圆满完成评查工作任务。全年完成刑事涉案认定60余件，认定标的170余件，认定金额109万余元；完成工商质监局收缴物品委托，认定标的2件，认定金额5000余元，为政府行政执法提供价格依据；完成国资局委托认定标的4件，认定金额16万余元，其中，认定扣押、追缴及没收轿车5辆，二轮、三轮摩托车、电动车600余辆，为政府处置资产提供价格依据；完成发展控股责任有限公司委托认定标的1件，认定金额1.5万余元；为政府砂管办提供砂卵石、页岩、泥夹石资源市场价格3件，为政府制定建筑类矿产资源出让提供价格参考依据；参加全区砂石价格巡查，砂石整治（关闭）工作；受政府指示，对彭山区砂（石）场关闭后资源匮缺，价格上涨进行价格调查，形成调查情况材料上报，为政府决策提供基础依据；主动出击、联系公、检、法、司法系统，与广大办案人员进行专业交流，减少盲区和误区，使涉案认定结论高效、精准，为打击罪犯、保障彭山经济建设、人民安居乐业做出贡献。依据《四川省物业管理条例》赋予认证工作的职责，全面调查了解物业管理运行的实际成本，为物业价格矛盾纠纷，物业矛盾调解打好坚实的工作基础。按照《全国价格认定工作统计报告制度》的要求，及时全面、准确完成统计数据报送工作。

（李 罡）

财政·税收

Fiscal and Taxation

财　政

【财政收入】 2017年，地方财政收入34.24亿元，增长12.2%；地方一般公共预算收入实现15.68亿元，增长5.3%。其中，税收收入8.44亿元，下降7.6%；非税收入完成7.23亿元。向上争取转移支付资金9.24亿元，其中一般转移支付4.71亿元、专项转移支付4.53亿元。发行置换和新增债券12.72亿元，其中新增债券4.03亿元、置换债券8.69亿元。有效降低债务成本，为高速路出口棚户区改造、牧马新镇建设、天府新区土地整理等重点项目提供资金支持。

【PPP模式】 2017年，全区实质启动PPP项目8个，总投资366.1亿元。有城乡排水及污水治理一期工程、城市生活污水处理厂提标升级改造工程项目、彭祖新城建设项目、市政道路项目4个纳入财政部PPP项目库。有彭祖山风景区项目、岷江航电工程项目、产业新城项目、迎宾大道等六条道路品质提升项目4个筹备入库。

【保障重点】 2017年，彭山区财政累计拨付工业发展资金1.42亿元，兑现天府新区彭山区域财税政策3亿元；下达中央、省、市工业发展专项资金6950万元。争取中央、省级金融互动奖补资金1621万元，通过财政资金的杠杆作用，引导金融资金向实体经济投放，重点投向西金联合电器、四川金桐精细化学、陶氏化学等实体企业。为重点工作、重大项目、重要事项做好资金保障，保障征地拆迁、环保整治、各种节点活动的顺利开展。

【民生投入】 2017年，全区筹集、拨付民生资金21.03亿元，其中，上级奖补资金4.03亿元，区级安排资金17亿元。民生资金在一般公共预算支出中占比82.8%。教育支出1606万元，社保支出7.12亿元，卫生支出1528万元，其他涉及民生的支出10.93亿元。

【保障脱贫攻坚】 2017年，财政预算脱贫攻坚专项资金3000万元，比2016年增长36%；为区级部门预算脱贫攻坚经费540万元，充分保障脱贫攻坚工作的运行和重点扶贫项目的投入。财政出资1796万元，建立规模为500万元的教育扶贫救助基金、500万元的卫生扶贫救助基金、500万元的贫困村产业扶贫基金、296万元的扶贫小额信贷分险基金，用以解决各项扶贫政策穷尽后无法解决的个性问题及贫困户脱贫后长远稳定脱贫问题。实行医保兜底政策，对参加基本医疗保险的建档立卡贫困人口在县域内定点医疗机构住院发生的政策范围内的医疗费用，经基本医疗保险、大病保险、商业补充保险、民政救助和疾病应急救助后剩余部分由医疗保障脱贫专项基金给予全额兜底。区财政预算2017年医保区级财政兜底资金500万元。实行脱贫兜底，按照全市的统一标准，扶贫保障线和低保保障线实行“双线合一”，区财政为全区贫困户发放标准为3500元／人•年的扶贫低保金。

【债务管控】 2017年，彭山区出台《进一步加强政府债务和融资管理的通知》，完善《眉山市彭山区政府性债务风险应急处置预案》，继续对违规举债保持高压态势。清理整改违规融资担保和政府购买服务29笔，金额39亿元，撤销相关承诺函99件，筹资偿还2.6亿元。开展存量债务低息置换高息工作，置换债券资金8.69亿元全部兑付完毕。开展国有企业债务降息，归还3亿元，将3笔融资利率由8%以上降至8%以下；2笔融资利率在7%～8%之间的债务降至7%以下，每年节约利息资金420万元。

【政府购买服务】 2017年，彭山区加快推进政府职能转变，支持事业单位分类改革和转型发展，提高公共服务质量和效率。结合实际，与区委编办联合制定《眉山市彭山区事业单位政府购买服务改革工作方案》（眉彭财发〔2017〕39号）。全区购买服务类项目为106件，比2016年同期增长一倍。实际采购金额为6260.55万元。购买服务范围已涵盖公共文化、居家养老、棚户区改造等公共服务领域和政府履职所需服务事项领域，政府购买服务范围拓宽。

（周才洪）

政府金融工作

【概况】 2017年，区委、区政府高度重视金融招商，推动彭山区形成银行、保险、证券、小额贷款公司、担保公司共同发展的多类型、多层次、竞争力强的金融组织体系，完善风险分担机制。推动完成农村信用联社改制组建农村商业银行。截至2017年12月末，彭山区各项存款余额214.57亿元，较年初增加22.74亿元，同比增长11.89%。贷款余额98.80亿元，较年初增加11.69亿元，同比增长13.40%。异地金融机构贷款投放16.56亿元。

【金融服务】 2017年，彭山区金融办积极对接多层次资本市场，发展直接融资，引导企业进入天府（四川）联合股权交易中心和新三板等场外交易市场挂牌。全年直接融资16.59亿元，其中，彭山发展银行成功发债8.8亿元，完成直接融资12亿元以上的目标任务。彭山区有30家企业进入四川省上市和挂牌后备资源库，四川创能新能源材料有限公司和眉山市三人行创业服务有限公司在天府（四川）联合股权交易中心成功挂牌。区金融办拟定与华西证券签署的《战略合作框架协议》，积极筹备彭山区规上企业改制对接资本市场工作。

【政府融资】 2017年，彭山区农村“两权”抵押融资全国试点工作取得成效，全区“两权”融资发放贷款878笔，金额3.96亿元。创新货币化安置融资模式，全区累计发放货币化安置贷款7.25亿元，为新型城镇化建设、重点项目工作推进提供有力的资金保障。全国险资支农融资彭山试点经验全省推广。为全区农户提供939万元融资贷款，超额完成市金融办下达的650万元的目标任务。

【金融保险】 2017年，区金融办积极发挥保险公司保障优势。大力发展涉农保险，鼓励保险机构调动更多的保险资源进入农村领域。彭山区出台《眉山市彭山区城乡居民住宅地震巨灾保险实施方案》，保险服务乡镇覆盖率达到100%，村级覆盖率达到90%以上。

【银政企对接】 2017年，区金融办积极搭建对接平台，定期召开银政企对接会，金融服务到一线。区金融办、人民银行彭山支行多次组织区内金融机构负责人进园区、下企业，及时解决企业发展过程中的资金需求问题。通过搭建平台，成都银行与同庆南风达成合作，拟贷款4000万元，流动资金贷款已放款700万元；中国银行为龙腾铁路提供应收账款质押贷款1000万元。

【金融监管】 2017年，区金融办通过加大日常监管力度、开展现场检查、加强业务指导、开展监管评级、开展风险排查、积极争取政策支持等措施，促进全区准金融机构健康发展。截至2017年12月末，彭山区融资性担保公司2家，在保余额6.96亿元；小额贷款公司2家，贷款余额2.01亿元，有效缓解小微企业、“三农”以及个体工商户融资难问题。全年无抽逃资本金、非法收取贷款、超额收取保证金、非法集资的行为发生。

【金融生态环境建设】 2017年，区金融办加大金融生态环境建设力度，完善社会信用体系建设。最新发布的2016年四川省金融生态环境评价结果通报中，彭山区在全省GDP50-150亿元组县（区、市）中排位第五位（位列全市第一），比2015年排名提升13位。加大防范和打击非法集资工作力度，保持高压态势。防范化解金融风险，有序推进互联网金融风险专项整治，重点加大对康养、教育、房地产等重点领域、重点行业的非法集资防范和处置工作，稳妥处置彭山善雄养老公寓涉嫌非法集资案，确保2017年无重大风险和重大上访、集访事件。充分利用各种载体，深入农村社区、机关、企业、学校，多渠道开展防范和打击非法集资宣传，做到无死角全覆盖。全年，开展大型的防范和打击非法集资宣传活动5次，累计发放处置非法集资（以下简称“处非”）宣传资料6万余份、围裙6000个、宣传画报2000个、宣传手册2000本、宣传笔记本1万余本、处非宣传口袋2万余个，设置固定展板30个。

（夏杨婷）

国家税务

【概况】 2017年，彭山区国家税务完成税收8.7亿元，同比增长29.95%。其中，地方级收入2.59亿万元，同比增长43.67%。

【组织税收】 2017年，彭山国税坚持以风险管理为导向，组建“1+4”（征管科+稽查局、三个管理科）管理团队；强化省、市、区三级联动，组建联合工作组，研究应对措施；运用“跟踪+集约+预警”“三本账”，实行税收分级分类管理；严格执行合议制度，规范风险管理进程。采取点、线、面三维立体风险管理应对方式，取得重大成绩。截至年底，实现风险管理入库4947万元，应对收入占比5.69%；实现稽查入库1319万元，应对收入占比1.52%。组织开展非企业性组织税收清理工作，率先打破民办高校风险应对僵局，组织入库企业所得税573万元，加收滞纳金42.55万元。在省、市、区国税局三级工作协调努力下，对四川国润新材料公司的关联交易定价原则作出调整，确定为“四川国润新材料公司销售给雅宝集团上海公司（关联方）的价格按照独立市场主体定价原则进行作价”；雅宝集团同意将四川国润新材料公司2017年1—8月已经销售给雅宝集团上海公司的产品进行价格补差，调增销售额3305万元，增加税收1056万元。高效通联保障眉山农商行企业所得税缴纳就地缴纳，彭山国税多次与市国税局货物劳务税、所得税及计统部门联系，掌握政策依据及工作支持的情况下，主动提请市国税局牵头召开专题工作会议，在市国税局、眉山农村商业银行股份有限公司、彭山区国税局三方多次沟通协调下，确定分支机构向所在地主管国税机关（彭山国税）按季申报缴税，此最新税款分配方式将比原独立核算方式有1200万元增长。主动对接确保税款落地彭山，彭山国税积极与市国税局相关科室及东坡区国税局协调，做好与承建单位的沟通，将成乐高速扩建工程项目整体纳入彭山区国税局征管权辖，整个项目报验税收由彭山区负责征收已征收入库增值税125万元。破除非居民企业税收流动性大、隐蔽性强、发生时间不固定等困难，实现非居民收入查补税款及滞纳金入库220万元，实现非居民企业税收风险新突破。

【“营改增”工作】 2017年，彭山国税开展“营改增”纳税人辅导培训6次，共辅导纳税人2000余次。落地各项减免税政策，助力企业健康发展。截至年底，小微优惠政策受惠面达到100%，优惠税款2789万元；办理增值税即征即退1457万元，免抵退税547万元，优惠税额5025万元。

【国地合作】 2017年，彭山国税以“合心、聚力、共进”合作品牌为领，联合区地税局开展多项工作。联合开好纳税人学堂，采取现场授课讲学和进园区座谈等多样化方式，组织纳税人学堂培训4次，培训纳税人600户。国、地税双方签订《网络安全管理责任书》，共同对办税服务厅网络线缆进行规范化改造，添置相应网络线缆标识。对金三系统25项指标展开清理，确保系统数据真实有效。开展每季度国、地税联合欠税公告，互相赋权查询信息实现动态交换。联合开展风险应对合作，合计实现税款入库187万元（国税入库167万元，地税入库20万元）。联合开展纳税信用等级评定，已评定596户（其中，A级40户、B级428户）。

【纳税服务】 2017年，彭山国税持续深化“放管服”，提升纳税人满意度，大力推行“非接触式”办税。召开多次培训工作会，确保管理科和纳税服务大厅人员都能掌握网上购票流程，能教授纳税人领购发票“网上申请、线下自取或邮政配送”操作方法。8、9月，“非接触式”办税率连续居全市第一。加大自助办税终端投放，在城区纳税服务大厅、天府新区青龙党群服务中心及青龙信用社设置共10台自助办税终端，安排专人进行操作辅导，省去纳税人在大厅排队等候时间，减少大厅前台办税压力。利用办税大厅空余角落，开辟建成独立网上办税厅，设置9台外网机供纳税人使用，实现自助开票、抄报税、网上申报、网上办税，有效分流纳税人。“2+3+2+1”增强配足导税资源，利用 2名导税员主动为纳税人认真预审资料，确定纳税人资料齐全，表格填写完整后，导税员为其取号到窗口办理，保证顺利办税；在大厅新设置的网络办税厅内，3名网络技术公司技术人员配合指导纳税人抄报税和网上申报，分流纳税人办税；自助办税终端前，2名导税员指点纳税人使用自助设备办理购票等业务，缓解纳税人到窗口排队等候的麻烦；1名导税员在填单区穿梭，指导纳税人填写各类表证单书。设置首席审核专员。区国税局对双定户的注销、非商贸企业十万元及以下最高开票限额审批、首次定额发票票种核定、双定户增值税普遍发票票种核定均由该专员受理审核，流程倒置，先办后审，即时办结。利用以第26个税收宣传月活动为契机中，充分发挥“互联网+税务”大数据平台优势，创新利用微信新媒体全范围覆盖式推送税收宣传月涉税服务主题网页，依附微信“朋友圈”信息传递快，覆盖面广特点，大力宣传“深化税收改革，助力企业发展”内容。信息推送首日，点击次数在10分钟内突破2000次，1小时突破10000次；截至年底，点击次数已超过30万次。

（张　林）

地方税务

【概况】 2017年，彭山区地方税务共组织地方各项收入8.24亿元，其中税收收入7.80亿元；入库地方公共预算收入6.26亿元。

【组织收入】 2017年，彭山区地方税务局（以下简称“区地税局”）将税收管理工作重心转移到房产税、城镇土地使用税、契税、耕地占用税等税种的精细化管理，进一步强化土地增值税清算管理工作，严把预征关、清算关和审核关，该项工作获得眉山市市长罗佳明的肯定。推行信息化管税，全力做好风险控制与纳税评估。顺利上线运行存量房交易新评估系统和“以地控税 以税节地”数据关联工作，有效防控不合理的低价二手房交易。共申报交易2203套，入库税收3380.41万元，已关联土地440宗，关联企业361户，关联占比49.32%。全力做好欠税清理工作，堵漏增收。排除因系统原因虚增的欠税后，区局欠税数额比2016年同期减少405万元。依托省地税局大数据平台和金税三期风控模块，加强与国税合作，共同应对风险管理纳税户238户，入库税款72.68万元；联合纳税评估入库税款20.12万元，滞纳金1290元。区地税局推进依法治税，充分发挥电子查账系统效能，提升稽查效率，采用自查与检查相结合的模式，共调账检查企业3户，组织自查企业23户，协助经济侦查大队办案1户。稽查入库收入4572.17万元，其中检查入库472.14万元、自查入库4100.03万元。全年，区地税局共进行强制扣款4次，入库税款62.9万元，确保税款及时足额入库。

【国地税合作】 2017年，彭山区联合打造“合心、聚力、互融、共进”的合作品牌，圆满完成创建省级合作示范单位的目标。国地税联合农村信用社共同推出“易税东坡”平台和“蜀信·银税卡”，打造7×24小时银税合作自助办税服务网点，实现税、银、企三方互信共赢。办税厅打造4个“一窗一人一机双系统”综合窗口同时受理国地税业务，打造一体办税、无缝合作的对外形象。吸收地税以往房地产管理经验，联合国税制定房地产一体化管理制度并顺利实施。

【税收征管】 2017年，专人专岗负责企业和个体工商户的商事制度改革工作，及时梳理了与“三证合一”登记模式相冲突的法规、规章及规范性文件，组织专门的业务培训，使窗口人员准确把握改革要求，熟练掌握业务流程和工作规范。2017年，共登记新办“三证合一”纳税人1058户，变更税务登记3337户，注销税务登记322户，为改善企业登记环节“设立成本高昂、程序复杂、市场准入门槛高”的现状起到推动作用。承办彭山区机关、事业单位个人所得税代扣代缴工作会，现场宣讲机关、事业单位个人所得税扣缴政策并办理扣缴义务人登记。全区个人所得税全员全额扣缴明细申报率为100%。

【便民办税春风行动】 2017年，区地税局认真贯彻落实纳税人CA数字证书的试点推广工作，全面宣传CA数字证书的五大功能，向200余名试点纳税人免费发放UKEY介质，并安排专人辅导试点纳税人数字证书的绑定和使用，帮助纳税人缩短办税时间。与中国工商银行股份有限公司彭山支行等11家金融机构签订“委托代征协议书”，委托其代征借款合同印花税，防范印花税漏征等税收风险，帮助纳税人节约办税成本。

【税制改革】 2017年，区地税局正式启动“千户集团”大企业数据审核工作，确认“千户集团”企业32家，满足附报条件需报送财务报表企业5家。做好水资源税开征调研与资料移交。

与水务部门沟通协调，成立水资源税联合核查小组，对全区44户取用水企业及单位的行业性质、用水许可、实际取用水量等多项内容逐一进行核实，并接收44户水资源费征收档案资料，同时分企业建立台账，实现水资源税源多方管控，为水资源税的开征打下基础。完成与环保局的排污费征收资料信息交接工作，共接收相关企业档案资料52户。

（王　欢）

金融·保险

Finance and Insurance

金融综述

【主要业务指标】 截至2017年12月末，彭山区各项存款余额214.57亿元，较年初增长22.8亿元，增长11.89%；各项贷款余额98.78亿元，年初增长11.67亿元，增长13.4%。

【信贷管理】 2017年，彭山区牢记服务实体经济是金融工作的出发点和落脚点，认真把握金融风险底线的内涵和要求，贯彻落实稳健货币政策、执行信贷政策、改善金融服务。“两权”抵押贷款试点工作持续深入推进。推动区农改办、农交中心、农业局等部门持续完善确权登记颁证、产权流转交易、价值评估、风险防控、融资对接等政策制度体系，探索出一套供需双方更加高效的贷款办理流程。强化宣传工作，积极组织开展各类“两权”融资宣讲会、对接会、座谈会，以“农民夜校”方式开展“两权”抵押贷款宣传4次、产品路演2次、小型座谈会20余次。做到宣传到村、到户，实现农村地区“两权”宣传全覆盖。持续增强信息反馈，累计向中支反馈工作信息3篇，协助中心支行调研4次。创新工作推进举措，制定分片包干责任任务，对未按期完成工作任务的试点机构采取惩罚措施。同时，组织各试点机构开展存量贷款专项梳理行动，充分保证符合条件的存量贷款有效置换为“两权”抵押贷款。截至2017年12月末，彭山区发放农村“两权”抵押贷款937笔，放款累计4.09亿元，余额2.66亿元，工作成效获国务院、人民银行总分行、中央媒体等多方认可，并为全国人大调研和土地承包法修改提供很好的样本。

【金融精准扶贫】 2017年，彭山区继续推进扶贫小额信贷发放，以实行包干责任制为有力抓手，探索建立金融扶贫示范村，实现对扶贫对象的精准化支持，对金融资源精确化配置。开展金融扶贫政策宣传，组织金融机构开展扶贫知识宣讲4次，现场解决建档立卡贫困户融资需求100万余元。增强扶贫调研，组织银行业机构对建档立卡贫困户信贷需求进行全面调查，调查覆盖面达到100%，调查形成工作底稿29份，有力反映彭山区建档立卡贫困户融资需求情况。提升金融精准扶贫效能，重点围绕产业扶贫项目，积极推动产业扶贫贷款落地，有效满足建档立卡贫困户的融资需求。持续协调财政部门简化贴息手续，督导金融机构降低贷款利率，提升扶贫贷款发放效率。截至2017年末，有272户建档立卡贫困户获得扶贫小额贷款，余额494.5万元；金融产业扶贫效应基本覆盖建档立卡贫困户，产业扶贫贷款余额达6223万余元，较年初增加4123万元。

【金融综合管理】 2017年，彭山区全面落实宏观审慎评估、金融综合评价和金融风险监测工作要求，构建、完善金融机构激励约束机制。以宏观审慎评估工作实施细则为框架，引导辖区法人机构加强自我约束，优化指标，稳健经营。按照综合评价标准，探索综合评价工作新方法。健全、完善台账量化考核打分和定性评价制度、方法，提高综合评价质量。加强对银行业金融机构的风险监测，对农村信用社、村镇银行风险开展监测分析评估工作。针对年末彭山珠江银行班子调整，支行成立工作组，建立监测分析工作机制，密切跟踪法人机构流动性相关风险，确保及时有效反馈信息。

中国人民银行彭山区支行

【征信管理和服务】 2017年，中国人民银行彭山区支行（以下简称“人行彭山支行”）持续推动《关于加强社会信用体系建设打造“诚信眉山”的意见》和《眉山市社会信用体系建设规划（2015—2020）》的落实，打造起支行金融服务大厅，便捷群众征信服务与查询。推动应收账款质押贷款工作有效落实，完成应收账款质押融资8笔，涉及融资总金额11.29亿元。截至2017年12月31日，完成个人征信查询4598笔，企业征信查询198笔；完成机构信用代码证处理600余笔。

【城乡支付结算】 2017年，人行彭山支行推动银行机构成功打造凤鸣镇金烛村4组朱国政助农取款示范点和青龙镇永远村2组赵立文助农取款示范点2个。积极推广非现金支付运用。2017年8月，开展“彭山葡萄不一般、现代支付来减单”大型非现金支付宣传活动；彭山区勤学路被授牌为全市首批“非现金支付示范街”。着力打造综合服务示范站，拟将悦园村村委会打造为农村支付结算综合示范站，前期准备工作已完成，等待验收。落实金融IC卡运用公交车工作。截至12月末，已安装公交车刷卡机具3台，并成功运行。账户管理效率进一步提升。截至2017年年末，共完成账户处理2019户，其中，开立账户967户，变更账户831户，撤销账户221户；ATM新增布放14台，POS机新增布放309个。

【现代化服务型国库建设】 2017年，人行彭山支行不断加强财税库银横向联网工作，认真贯彻预算法赋予职责，全面完成国库工作目标任务。2017年，实现一般预算收入15.68亿元，办理各类业务14.6万笔，拒绝不合规业务49笔，金额4624.51万元，全年未发生重大差错。持续增强国库人才培养，派员参加中支国库培训工作会，开展系统测试升级10

余次，及时向上级支库反馈参数设置、业务运行情况，完成二代TIPS系统上线联调测试工作和TMIS系统国债子模块升级验证工作。创新开展“三方协议”变“四方协议”工作，开展国库工会经费代征培训座谈会，认真完成国债巡查工作，全年共组织商业银行开展国债宣传活动2次，取得良好宣传效果。

【人民币管理工作】 2017年，人行彭山支行组织开展“反假货币小超人”互联网在线有奖答题活动。对在线答题进行广泛宣传，由银行业金融机构将答题二维码通过本行微信公众号进行定期推送。配合做好总行钱币博物馆与成都分行领导江口调研工作。张贴在营业网点大厅的宣传栏中，柜面网点安排工作人员，采取多种方式，积极引导、鼓励和组织办理业务的客户积极参加答题活动，彭山区组织答题人数2600余人，对金融机构开展人民币反假、人民币流通管理、人民币冠字号码查询、现金机具等业务的实地检查，促进金融机构认真执行人民银行法规政策和管理制度，全年共收缴假币2240张，面额18.86万元。

【金融消费权益保护】 2017年，人行彭山支行认真执行金融消费者权益保护的有关规定，督促金融机构积极履行各项法定义务，有效保护金融消费者的合法权益。规范服务工作流程，及时妥善处理消费者投诉，组织金融机构开展“3•15”金融消费权益日等主题宣传活动，营造金融消费维权良好氛围。妥善处理一起银行退保事件，维护上访群众利益。

（罗阳宇）

中国工商银行股份有限公司彭山分行

【经营效益】 2017年，中国工商银行股份有限公司彭山分行（以下简称“工行彭山分行”）实现拨备前利润6191万元，同比增长18.12%；实现中间业务收入816万元，同比下降42.3%，其中实现大零售中间业务收入686万元，同比下降8.5%，实现法人中间业务收入130万元，同比下降80%。

【风险管理】 2017年，工行彭山分行不良贷款余额1125.8万元，不良率0.76%，分别较年初下降288.31万元和0.43个百分点。其中，法人不良贷款余额1054万元，较年初下降210万元，法人贷款不良率1.26%，较年初下降0.53个百分点；个人不良贷款余额71.8万元，较年初下降78.31万元，个人贷款不良率0.11%，较年初下降0.21个百分点。贷款剪刀差余额229.99万元，较年初上升9.69万元。

【负债业务】 2017年，工行彭山分行各项存款余额19.58亿元，净增3.15亿元，同比增长2.27%；储蓄存款余额12.47亿元，净增1.04亿元，同比下降12.6%；对公存款余额7.11亿元，净增2.11亿元，同比增幅17.8%；个人其他综合负债日均余额净增1.03亿元，同比下降13.5%；法人理财日均余额净增0.22亿元，同比增幅238%；各项贷款余额14.74亿元，净增2.94亿元，同比下降31%；法人贷款余额8.37亿元，净增1.29亿元，同比下降66%；票据直贴额1590万元%；小微企业贷款净增422万元；个人贷款余额6.37亿元，净增1.65亿元，同比增幅230%，其中，个人住房贷款余额6.56亿元，净增1.66亿元。

【客户业务】 2017年，工行彭山分行日均金融资产1万元以上个人客户数净增821户；私人银行客户净增3户；信用卡客户净增1128户。对公新开结算账户282户；日均金融资产余额5万元以上公司客户数净42户；日均金融资产5万元以上机构客户数净增9户。

【互联网金融】 2017年，融e行移动端客户净增4985户；融e行月均动户数4718户；工银E支付客户（11月末）净增3853户；融e联客户数净增1.14万户；融e联月均动户数6534户；融e购平台非金融商品交易额61.1万元；新增工银e缴费项目3个；二维码支付有效商户数净增86户。

（蒲　影）

中国农业银行股份有限公司彭山支行

【概况】 2017年，中国农业银行股份有限公司彭山支行（以下简称“区农行”）各项存款余额为48.15亿元，各项贷款余额为14.82亿元，各项存款余额、各项存款增量、个人存款余额、个人存款增量、对公存款增量、个人贷款余额、中间业务收入、经营利润均居区域四行同业第一。实施多维度精细化内控合规管理，扎实开展员工行为排查活动，加强全行劳动纪律管理。支行党委坚决贯彻执行党的路线、方针、政策和上级行党委的指示、决定，坚持“两个从严”，抓实党建工作，持续推进“两学一做”常态化教育工作和“两个办法”学习教育等活动，扎实推进惩防体系建设。

【信贷业务】 2017年，区农行紧盯储备项目，狠抓过程督导，成功实现彭山区柏华片区棚改政府购买服务项目的审批和首笔贷款的投放。狠抓个人住房按揭贷款营销。集中人力、财力，在维护和发展存量客户的同时积极营销县域优质楼盘企业，实施客户经理上门抢单收单，提高贷款发放效率。稳步发展经营消费类贷款。以彭山区主要商业地带、青龙镇物流粮食市场、各乡镇主要街道为重点区域，以“房抵贷”“助业贷款”“随薪贷”等产品为载体，审慎发展优质小微企业及个体工商户贷款。奋力提升“两权”贷款规模和效益。实现“两权”抵押贷款产品的全突破，完成上级行和区政府下达的既定目标。

【储蓄存款】 2017年，区农行扎实推进“春天行动”。在春天行动活动中，成立“春天行动”综合营销领导小组，针对个人存款等重点产品，制定专项营销方案确保任务落实。“春天行动”零售业务综合考核位列全市第二位，连续4年保持全市“春天行动”前二位，获得零售业务综合示范单位等6项大奖，7个网点及15人次分获各类奖励；在重点时段分解下达冲刺目标必保控制计划，确保市场份额。督导各网点疏理到期理财产品时间，掌握贵宾客户月末回笼资金的情况，对大额资金进出实行分级报告制，尽力降低重要时点个人资金的波动。继续加大代理项目营销，为储蓄存款的持续增长提供坚实基础。

【对公存款】 2017年，区农行狠抓资金监测，加大对公存款营销维护。在做好系统性客户维护的同时，加大社保代收、失地农民保险、公共资源中心保证金等重点资金的营销。加大对重点客户、重点项目的营销，扩大对公存款新的增长点。狠抓有贷客户资金归行，提升贡献度。督导网点加大一般存款客户的营销维护。持续开展“扩户提质”“千百工程”和“五进三户”活动，以账户营销为抓手，加大新落户企业的营销。

【中间业务】 2017年，区农行明确以代理保险等传统业务增收和以新兴业务发展为重点的中间业务增收方向。以银保合作为基础，加快业务经营转型，推进代理保险业务发展；聚焦网点、房贷客户、消费信贷需求以及行内对公客户和中小商户，挖掘存量优质客户，以消除网点每日零开卡目标为要求，积极营销房贷卡、汽车分期、消费、现金分期等额度内分期业务，积极拓展收单商户；在利用重要时段强化实物贵金属营销的同时，充分利用黄金市场回暖的契机，加大金市通、账户金业务的常态化营销；聚焦长期投资理念和经济周期特点，大力发展基金业务；以E农管家、E商管家为载体，加大线上线下业务拓展，提升互联网金融收入；突出产品和渠道优势，提升新兴对公中收。

【信贷风险】 2017年，区农行认真开展不良贷款专项治理活动，多策并举全力清收不良贷款。法人不良贷款专项治理重大突破；个人不良贷款专项治理取得良好效果。委托资产率先在全市农行完成清零工作。

（朱智莉）

中国农业发展银行彭山分行

【主要经营指标】 2017年中国农业发展银行彭山分行（以下简称“区农发行”）资产总额4.9亿元，比2016年增加9751.84万元，增长24.8%；负债总额4.8亿元，比2016年增加9563.96万元，增长24.862%。截至12月末，全行各项贷款2.13亿万元，比年初增长6100万元，增长40%。各项贷款中政策性粮食贷款1685.72万元，中长期贷款1.52亿元，粮食挂账贷款4460.68万元。全年各项收入1798.26万元，支出805.51万元，实现账面利润992.75万元，比2016年增长187.8万元，增长23.3%。存款日均余额3.8亿元，比2016年增加7611万元，增长25%。各项存款余额4.77亿元，其中，企事业单位存款4.75亿元、财政存款283.8万元。全行实现中间业务收入4.93万元，人均中间业务收入2700元。共获批基金项目12个，投放金额4.66亿元。2017年，实现国际业务结算110万美元，实现国际业务零的突破。

【粮食收购】 2017年，区农发行始终将粮油政策性业务作为业务工作的重点，结合实际积极调整和合理优化收储资金供应和管理工作，及时为托市收购提供资金，避免因资金供应和自身工作问题而造成的区域性“卖粮难”“打白条”问题。2017年，累计为彭山托市收购提供资金1600万余元，确保彭山托市收购的顺利进行。

【客户营销】 2017年，区农发行多次向区政府主要领导汇报农发行棚改政策，主动上门与区住建局、财政局和相关公司对接业务，充分利用农发行利率优势和诚恳的营销态度赢得区政府和主管部门的支持。5月，启动城北片区5亿元棚改项目申贷工作。到年末城北片区棚户区改造项目已经投放贷款1亿元。项目储备：区政府预将在2018年上半年启动城中区棚户区、北外街棚户区、城南棚户区等多个项目，总投资20亿元。区农发行已进行前期营销，争取尽早实现项目的介入和申报工作。为稳定存款，支行在政府融资项目贷款的营销审批与组织财政性存款的关系入手，希望得到政府的大力支持。加强贷款资金、基金的支付审核，对资料不全，不符合支付规定的，根据相关政策规定向企业做好宣传解释。强化项目贷款资本金管理，争取让有项目贷款的企业尽早将资本金存入该项目在区农发行的资本金专户。2017年，存款日均余额比2016年度增长25%，余额达到4.77亿元，创历史新高。

【基础管理】 2017年，区农发行加强内控管理，切实防范会计风险。定期对IC卡、重要物品、有价单证、库房等重要环节进行检查，保证各项业务的正常开展。做好会计结算工作，督促会计人员规范处理财会门柜业务，部门主管按月对结算情况进行检查，保证会计核算的真实性和准确性；抓好反洗钱日常操作及宣传工作，履行反洗钱工作职责。加强账户管理，严格对账制度。加强账户的开户审查，对银企账户、同业往来、人行往来等各类账户均按时对账，做到账实相符。加强“三防”演练及着装晨会管理，规范营业室员工仪容仪表，培养良好的工作行为习惯。加强学习，提高门柜服务水平。利用晨会加强业务学习，开展遵章守纪及合规教育，及时组织学习新的制度办法和操作规程，鼓励员工积极参加各种学习培训和专业考试，提高业务能力。

【风险防控】 2017年，区农发行始终把信贷风险防控作为任期重要工作常抓不懈，严格执行各项信贷管理制度和办法，执行基金投后管理办法，严格资金支付，强化监督检查，及时掌握企业经营真实情况，发现问题及时化解处置。是年，区农发行信贷资产优良，未发生一笔不良贷款。

（刘　畅）

中国建设银行彭山支行

【主要指标】 2017年，一般性存款时点余额29.67亿元。其中，对公存款余额为10.03亿元；个人存款时点余额19.64亿元。各项贷款余额18.52亿元，新增4.86亿元。其中，对公贷款余额12.16亿元；个人贷款余额6.36亿元。全年累计实现中间业务净收入1156万元，累计实现账面利润6237万元。

【客户拓展】 2017年，中国建设银行彭山支行（以下简称“建行彭山支行”）成功入围区住建设局“农民工工资代发”监管银行，做好民工工资项目的账户开立、批量发卡、上门安装和推广“建管易”平台以及工资代发，实现民工工资专户开立23户，批量办理民工工资卡1758张，建筑用工系统完成安装19户，完成与建行系统直联1户。代收学费2.69亿元，新生发卡5455张，办理学生信用卡2200余张，电子银行签约200余户、卡式保单30余件，微信关注龙卡天府行1000余人；代收失地农民社保金额17.7亿元，其中代收失地农民个人缴费金额6.1亿元、政府配套11.6亿元。在部分乡镇陆续投放社保一体机5台，全年通过社保一体机收费3791笔、0.31亿元，占全区社保一体机收费的60%。在2017年彭山区全区社保收费工作中，建行彭山支行共计收费21.1亿元，其中政府配套资金收费11.6亿元，通过银行代收、POS缴费、自助渠道收费9.5亿元，总收费金额占全区社保收费总额的85.38%，除政府配套资金外建行彭山支行收费比例达到94%。积极拓展单位结算账户，提升账户质量。重点落实“二手房监管资金账户”的开立工作，全年受理再交易监管1243笔，吸存监管资金2.52亿元，年末时点余额4127万元，日均存款新增1969万元。加大对小额无贷户核心客户的培育，营销一批优质客户。2017年年末，小额无贷户存款时点新增1964万元，日均新增3733万元，全年计划完成率144%。

【信贷资产业务】 2017年，建行彭山支行狠抓大中型客户的营销，实施“突出重点，以点带面”的经营策略，做好“莲花公墓”授信申报和锦江学院及605大队的回收再贷工作；密切跟踪中纺粮油等区内重点项目，为大中型公司类贷款的持续发展奠定基础。深入推进小企业零售化转型，切实做到“以小为主、以微为重”的客户定位，年末小企业贷款户均余额76.54万元，较年初下降248.79万。做大自营性房贷业务，坚持优选房地产和个人客户，继续巩固和加强与彭山“口碑好、品牌优”优质房地产开发企业的合作，大力拓展收入稳定、偿债意愿高、还款能力强的个人类客户，年末客户数3446户，较2016年新增客户822户。积极做好二手房的拓展工作，2017年新拓展二手合作家数15户，发放二手房贷款536笔，比2016年同期多新增客户381户。个人再交易住房贷款余额1.29亿元，较年初净新增7834万元；比2016年同期多新增4666万元。再交易市场份额四行排名第一。加强与公积金合作关系，巩固公积金贷款市场份额。实现住房公积金贷款投放1.11亿元，完成分行下达年度计划5000万元的221.72%，新增占比65%。截至2017年年末，发放公积金贷款的楼盘数为21户，与建行彭山支行合作的楼盘数为19户，占比90.47%。

【服务建设】 2017年，建行彭山支行加强一线员工优质服务管理，牢固树立以客户为中心的服务理念，规范服务礼仪、提高业务技能，提升柜面窗口服务能力；增强二线员工主动服务一线的意识培养，正确处理自身工作与服务工作的关系，后台人员对网点的业务支撑和保障诉求做到响应及时、解决及时，提高二线部门服务效率；加大检查服务力度，制定科学的服务评价考核制度，通过每月监控抽查、每季度神秘人检查、网点服务效率后台监控检查等方式，对网点服务质量和服务效率及时进行检查考评。对省、市分行非现场检查通报、支行检查、客户投诉等发现的问题，及时分析查找原因，提出整改落实措施，确保支行整体服务水平的提高。

【内控管理】 2017年，支行各业务条线内外部检查发现问题28个，整改28个，整改率100%。全年处理各类轻微违规行为8人次，积16分；单独扣罚绩效工资5600元；奖励积分3人次共5分。网点稽核差错问题14个，稽核差错率万分之0.52，低于全省万分之0.59的平均稽核差错率。网点优质服务检查平均得分98.77分，高于眉山分行网点优质服务平均得分98.13分。2017年，支行各条线计划轮岗6人，强制休假3人，实际轮岗人数14人，强制休假2人，全部按计划完成。

【安全保卫】 2017年，建行彭山支行组织开展“安全宣传月”“安全生产月和安全生产天府行”“2017年安全生产大检查”等活动，做好第五轮安全评估工作。在第五轮安全评估中，彭山建行得分98分，在工、农、中、建四大银行中名列第一名，在省分行组织开展的“平安建行”创建活动中，彭山支行获得“平安支行”称号、三个网点均获得平安网点”称号。

（陈贵全）

眉山农村商业银行股份有限公司彭山支行

【概况】 2017年，眉山农村商业银行股份有限公司是在原东坡区和彭山区农村信用合作联社基础上改制组建的区域性股份制农村商业银行。截至年底，眉山农村商业银行股份有限公司彭山支行（以下简称“区农商行”）各项存款余额为28.97亿元，其中日均存款余额为28.1亿元、对公存款余额为12.05亿元；各项贷款余额为239130万元，其中对公贷款余额日均为14.89亿元、个人贷款日均为9.92亿元；发放“两权”贷款165户，其中农村承包土地经营权抵押160户，余额9063万元；住房财产权抵押贷款余额为5户，余额12.2万元。不良贷款余额为1.73亿元。蜀信e有效客户为1.16户。

【网点转型】 2017年，区农商行抓好柜面服务的监督检查力度。加强网点转型监督工作，每天对辖内网点晨会服务开展情况进行检查和监督，提升柜面服务水平，确保服务质量。根据总行信贷管理操作相关要求，进一步规范信贷业务管理，规范信贷操作，防范操作风险。加强柜面服务管理，对发现的问题及时提出整改意见。畅通服务投诉处理渠道，在各营业网点醒目位置公布业务咨询及监督电话。积极开展网点装修、装饰工程。完成彭溪分理处临时网点的选址、装修和正式运行工作，正在进行彭溪分理处网点的装修。

【组织存款】 2017年，区农商行加大目标任务考核力度。积极谋划，将存款任务层层分解到各分理处，严格考核机制，落实到人，使人人都有任务、有压力，调动员工积极性。加大营销宣传力度，通过营业网点柜台、LED屏幕统一布放总行要求的宣传标语，营造良好的资金组织环境。积极开展“扫村、扫社、扫街”活动，抓住节假日揽储黄金时间，根据不同行业资金周转特点，有针对性的进行存款宣传、组织工作。经过多方协调，取得政府支持，将财政性资金吸收到区农商行。

对日均存款达到一定比例的企业，继续实施在贷款利率上给予优惠。积极拓展代理业务，通过代发工资、代收水电费、代收学费等方便群众生活的代理业务，增加蜀信卡功能，吸收存款。

【宣传工作】 2017年，区农商行加大宣传力度，树立农信品牌形象。通过营业网点LED屏滚动播放宣传活动口号，在营业网点内摆放宣传展架、宣传海报和宣传DM单；租用彭山区伟业广场大幅LED屏幕滚动播出“蜀信e”宣传内容；租用彭山区李密大道部分路灯广告，进行眉山农商银行品牌宣传；在营业网点以及人流密集区域、大学、小区内展开特色化的金融知识宣传活动，普及金融知识。

【贷款营销】 2017年，区农商行抓住“两权”贷款试点工作的契机，加大贷款营销考核力度。支行将贷款营销任务分解落实到各机构，加大贷款营销考核力度，提高广大员工贷款营销积极性。以巩固发展城区和园区企业客户为重点，积极拓展新入驻的企业，抢抓优质客户。主动与区招商局、三产办、经贸委、发改委、各园区管委会等部门联系，对全区新进投资企业情况全面了解、及时跟进。创新业务产品，重点推进“两权”抵押贷款。为稳步推进“两权”抵押贷款工作，支行明确“两权”抵押贷款任务及奖惩措施，对下达的“两权”抵押贷款任务完成情况进行严格考核逗硬。稳步推进精准扶贫工作，明确精准扶贫的对象，要求分理处（部门）对辖内贫困户建档立卡和评级授信。全年有精准扶贫贷款10户，贷款余额21.5万元。对小微贷款归口管理部门进行整合。

【不良贷款清收】 2017年，区农商行密切关注信贷资金风险状况，加大对大额贷款的风险管控力度，严格执行贷款风险责任追究制度，把各种贷款风险消灭在萌芽状态。积极开展不良贷款清收，努力实现“双降”。抽调专人组成清收小组，制定不良贷款清收方案，明确目标，落实责任，做到一户一策，并采取诉讼清收、风险代理、内部清收、资产转让等多种手段、措施和渠道予以化解；对不良贷款清收任务逐笔分解。

【电子银行业务】 2017年，区农商行大力加强银行卡及电子银行业务营销宣传工作。在营业网点LED屏滚动播放宣传活动内容；按照省联社和总行关于电子银行活动营销宣传节点相关要求，通过营业机构柜面宣传、发放宣传海报、DM单等。做好渠道建设，打造核心竞争力。通过合理选址，有效组合在行式和离行式自助设备，进一步改善支付环境。强化特约商户和助农取款商户的管理工作，做好商户拓展、存量商户的巡检和管理工作。

（李　雪）

中国人寿保险股份有限公司彭山支公司

【主要经营指标】 2017年，中国人寿保险股份有限公司彭山支公司（以下简称“人寿彭山区支公司”）实现总保费收入1.7亿元，同比增幅27.5%，其中首年标保达成1798万元，同比增幅77%；首年期交达成3824万，同比增幅57.6%；10年期及以上首年期交保费2313万元，同比增幅68.5%，短险保费1521万元，同比增幅54.3%。上述四类指标增幅排名均位列全市第一名。全年，完成各类业务支出1.06亿元。

【服务管理】 2017年，人寿彭山区支公司通过电子保全处理业务7913笔，保全电子化服务推广率为71.92%。通过网点延伸和微信理赔等移动理赔服务方式，提升理赔作业效能、增强风险防控水平。年内，通过智能理赔系统、微信等电子化模式处理案件1482件；传统模式处理1789件，E化率达到45.3%。加强客户信访投诉管理，全年共收到保监局“12378”、省公司转办处理单5件，积极应对客户诉求，确保最短时间内给客户满意的答复，维护公司的信誉。

开展VIP客户服务与增值服务活动，提升服务品牌。开设VIP客户办理业务专柜；组织5名钻石卡客户及11名白金级客户参加省公司“华西”及当地医院健康体检活动；为24名客户发放龙腾卡、为80名客户发放SOS救援卡、为19名VIP金卡客户发放生日礼物。认真开展“牵手国寿，健康同行”少儿绘画活动，向市公司选送客户作品16幅，获得“优秀作品”奖励4幅；举办“6•16”客户节活动，客户参与人次达到900余人。

【风险防范】 2017年，人寿彭山区支公司坚持依法合规经营，风控能力不断增强。积极应对满期给付高峰，全年完成满期给付1161件，给付金额4290万元。进一步强化法治思维和合规经营理念，高度关注业务人员代签名和代抄录风险提示语、误导销售等违规行为、团险保险业务资金归集等风险问题。加强风险排查，开展非法集资、反洗钱专项自查等风控工作，建立、健全反洗钱组织机构，认真做好客户身份识别、可疑交易分析、风险等级客户管理、反洗钱宣传、反洗钱自查自纠和考核检查。加大员工培训力度，提升全员的风险意识，加强单证、印章管控，全面守住“不发生系统性风险”的底线。全司开展防范和处置非法集资专题宣传月活动；开展全员签署《防范和处置非法集资工作承诺书》工作；组织员工填写非法集资专项治理工作调查问卷等。

【队伍建设】 2017年，人寿彭山区支公司扩量提质销售队伍，年末达到618人，全年净增230人；团险渠道大力发展“片区经理+驻村服务专员+政保业务专员”3支队伍，组建片区经理队伍5人，发展综拓专员1人、信贷专员1人、驻乡服务专员13人、政保业务专员13人、客户经理12人；银保渠道通过放量增员，量质并举，加强队伍活动管理，强化新人预成，强化精英与主管的关注和辅导队伍稳定发展，强化收入分析，年末规划师达到114人、客户经理2人、主管3人。2017年，通过校园招聘和社会招聘录用全日制本科生2人，提升员工的综合素质，为公司的后续发展储备人才。

【服务地方】 2017年，人寿彭山区支公司持续服务全区民生保障需求，为政策性保险业务提供承保、理赔服务16万余次，兑现满期金、生存金、红利、理赔金8500万元；积极与区扶贫局对接，为全区6个乡镇开办“扶贫保”业务，为贫困群众带去风险保障，解决

600余人的就业问题，全年向地方税务局缴纳个税、城建税、教育附加等税金168.4万元，向彭山国税缴纳增值税35万元。

（王建如）

人保财险彭山区支公司

【概况】 2017年，人保财险彭山区支公司实现保费收入8504万元。其中，车险保费收入5709万元、非车险保费收入1645万元、农险保费收入1150万元；支付赔款3937.71万元；上缴各项税收937.90万元；支农融资项目累计放款939万元。

【思想政治建设】 2017年，公司上下不断加强思想、组织和作风建设，把学习贯彻中共"十九大"精神摆上重要议事日程，加强组织领导，周密安排部署。把学习贯彻中共"十九大"精神作为重大政治任务和工作主题，切实履行好第一责任人责任。领导干部把学习中共"十九大"精神作为第一堂党课、第一天政治必修课，带头学习、带头思考、带头宣讲、带头贯彻，把中共"十九大"精神转化为谋划工作的思路，推动工作的举措。开展多形式、分层次、全覆盖的全员培训，切实把存在的矛盾和问题搞清、搞透，谋实思路、做实方案、抓实工作，坚定自觉的把中共"十九大"各项决策部署落实到实处。是年，公司经理雷宇被授予"全国五一劳动奖章""全国金融五一劳动奖章"称号。

【支农融资】 2017年，自四川省首批险资直投、支农融资项目启动签约仪式在彭山区举行后，公司非常重视，建立普惠金融专业团队，并持续推进支农支小贷款模式创新，截至2017年底，累计放款939万，惠及彭山区种养殖业农户40户。

【扶贫保险】 2017年，公司通过对区内贫困户提供低保费、高保障的保险服务，保障贫困人群的疾病及意外保险。全年，共为全区1912户、5000余名贫困人口提供扶贫保险保障。

【农业保险】 2017年，公司继续深化农险经营体制改革，服务农业现代化建设。政策性农业保险是深化农村改革的一项重要内容，也是政府解决"三农"问题，稳定农村社会，推进"富民惠民、关注民生"，促进农业发展的重要举措。人保财险彭山区支公司作为区内最大的财险公司，积极作为，主动参与彭山区地方经济的发展建设。为更好的落实政策性农险支农惠农政策，建立以市、县两级公司"农村保险业务部"为管理平台、以乡（镇）"三农保险服务站"为桥梁、以村级"三农保险服务点"为依托的三农保险服务体系。截至年底，已经建立"三农保险营销服务部"7个，配备"三农"保险服务车、电瓶车等为农村保险服务，公司各农村营销服务部实现网络化、信息化办公。"三农"保险服务体系交织成网，辐射全区各乡（镇）、村，实现"网络连成片，服务面对面"，能够有效满足农村对保险的需求，方便农户及时咨询、办理各项承保理赔事项，为服务"三农"，服务农村，发展农村经济奠定坚实基础。2017年，公司承办的政策性农业保险无投诉、无上访，做到农民、政府、公司三方满意。

（晏思敏）

交通·邮政·电信

Transport and Posts and · Telecom

交通运输

【概况】　2017年，区委、区政府下达彭山区交通运输局重点项目16个（不含已暂缓实施的岷东大道景观工程），全年计划完成总投资22.77亿元。截至年末，完成总投资24.51亿元；眉山市千亿办下达彭山区项目个数16个，牵头项目10个，投资任务11亿元（不包含太和大道、铁路、高速公路）。截至年末，完成投资任务14.09亿元。

【干线公路项目建设】　2017年，工业大道彭山段：工业大道谢家至新津界于2016年10月开工建设，现已完成路基涵洞工程、桥梁工程下部结构，正在实施级配碎石铺设，准备实施路面水稳层铺筑；工业大道谢家至东坡区段于2017年1月开工建设，现已完成所有路基桥涵、路面水稳层和路面黑化铺筑工程，正在开展附属工程施工完成投资5.5亿元。太和大道：征地拆迁工作已全面完成，路基桥涵工程已经完成70%，完成投资2.5亿元。天府大道和岷东大道连接线：已全面进场施工，正在开展路基桥涵工程施工，完成投资0.9亿元。环天府新区快速通道：已完成施工图设计、预制梁厂、拌合站选址工作，正在全面开展征地拆迁工作，南河大桥、府河大桥和试验段已经进场施工，完成投资4.5亿元。彭祖山隧道二期：已完成施工便道建设和征地拆迁工作，文物报批基本完成，正在进行隧洞开挖专业施工，完成投资0.8亿元。岷江二桥加宽改造工程：已完成立项、通航报告、水保方案编制及报批和电力线路迁改设计、财评、环评报告编制、项目征地拆迁和初步设计工作，等市交通运输局对初步设计组织评审后立即开展施工图设计，完成投资0.2亿元。锦江大桥：已完成规划方案编制，并通过规委会审查。锦江滨河路：区规划局完成规划编制并通过规委会，正全面启动项目其他前期工作。西山旅游环线：已完成工可、水保报告编制及报批、项目立项，正在进行初步设计工作，完成投资0.05亿元。锦绣大道南段：已完成工可、环评、水保报告编制及报批、项目立项，并启动征地拆迁工作，正在进行勘察设计单位招标，完成投资0.3亿元。成乐高速公路扩容建设：征地拆迁工作已全面完成，并移交项目实施单位，正在开展路基桥涵工程施工，完成投资4.5亿元。

【农村公路建设】 2017年，彭山区改善农村公路58.71公里。江象路、江回路、广青路、净籍路、先桂路、高保路、保邓路共49.775公里主体工程已全面完工并交工通车，剩余江黄路8.94公里正在开路基施工，江白路14.7公里路基工程基本完成，即将开展路面工程施工；已建成通村公路64.2公里，共计完成投资0.72亿元。

【专项交通工程】 2017年，成昆铁路扩能改造：已全面完成工程建设，并于2017年6月开通运营，完成投资1.94亿元。交通运输部西南物资应急储备中心：彭山区负责征地拆迁工作已全面完成，由省交通厅公路局组织施工，项目于6月进场施工，正开展主体工程施工。府江大桥维修加固工程：于2017年10月进场施工，进行裂缝清理、灌缝及吊杆更换准备工作。东星航空大道：全面完成施工图设计和征地拆迁工作，北段已开工建设，南段在进行招投标前期工作。岷江大桥至江口政府：已全面建成通车，完成投资400万元。农旅西线：已完成征地工作、涵洞工程、路基开挖，路基回填完成80%，完成投资1200万元。农业嘉年华：已全面完成项目建设，并于2017年7月交付使用，完成投资1000万元。江渔村农旅干道：已完成项目建设，并于2017年1月交付使用，完成投资1000万元。锁江淹桥：已完成桥梁装基浇筑和下梁板的预制，准备实施河道内工程（清淤、开挖、回填和浇筑挡墙）和预制上梁板。超限检测站建设项目：谢家检测站已全面完工，待工业大道南段建成后投入使用；武阳检测站已完成主体工程施工。

【公路养护管理】 2017年，市政道路、江白路、华彭路路面坑凼维修1400平方米，使用常温拌合料169T，灵石东路、滨江路、彭祖大道、迎宾大道灌缝1.2万延米。汛期清理成彭大道、江白路、彭里路、华彭路塌方约650立方米；清理边沟35公里；清扫路面（包括乡镇）138公里；出动装载机20台次，翻斗车360台次。重点对岷东大道、成彭大道、城区市政道路、高铁护栏、邛彭路、江白路、华彭路、国道245线、二桥引道等路域环境进行治理。年内，省干线公路治理共清运垃圾3100吨；树木涂白90公里；清理非公路标识物（牌）54处，堆积物106处，清除路界内沙堆370余立方米。为保胜乡乡道维修10余公里，坑洼10余处，投入资金1.4万元，确保群众生产、生活安全畅通。积极推进机械化养护中心建设工作。投入资金400万余元，购置压路机、清扫车、洒水车等新型养护机械设备，使彭山区的公路养护的硬件设施提升到新的高度，提高机械化养护水平，强力推进全区干线公路管养的现代化建设。应急抢险保通工作。是年8月28日，彭山区突降暴雨，区养路段连夜清理滑坡和塌方650立方米，及时排除成彭大道、彭里路、江白路多条道路不同程度出现的滑坡、垮塌以及道路中断等严重安全隐患问题，恢复多条主干道的道路畅通。

【超载超限治理】 2017年，区交通运输局清除以路为市189处、违章摆摊设点193个，清除各种路障366处，赔补偿案件5起，清理非法广告牌16个，办理路政许可案件1起，案件查处率达100%，案件结案率达100%。全区检测各类货运车辆19.99万辆，查扣处罚超限超载运输车辆529台次，抄告车籍所在地运管部门1587份。其中，交警扣6分、221台，扣3分、292台，罚款48.85万元；卸货2万吨；拘留冲站货车驾驶员16人。建立24小时治超机制，以国家Ⅱ类超载超限检测站青龙超限检测站为依托，实行24小时轮班治超，严禁超载超限运输车辆上路行驶。建立双超治理流动巡查机制，由路政、交警组建联合流动治超队，分别在国道245线、东干线、彭谢路等重要路口，对路经彭山区及区内的超限运输车辆进行规范管理，凡是超限运输车辆，均立即卸载、教育、处罚，消除违法行为。加大货物源头、车辆源头、车辆装载源头的监控和管理力度，彭山区路政大队通过排查确定辖区内7个纳入管控的重点砂石货运源头企业，制定砂石车辆装载示范图和“四不出厂”规定（篷布搭载不规范的不出厂、车厢外壁不干净不出厂、轮胎不干净不出厂、车辆违规超载超限装载的不出厂）。源头治理专班进驻砂石企业，与砂石企业签订责任书，监督砂石装载行为，确保无超载、超限车辆，有效缓解路面治超工作压力。

【交通运输服务】 车站源头监管：例保、例检车辆3.85万辆次，发现问题48辆次，均整改重新例检合格后安班；“六不出站”检查发现问题14辆次，全部整改合格后放行；恶劣天气关站2小时零5分；三品检查50.66万件，发现危禁物品11件，全部按要求进行处理。全年发班7.25万次，运送旅客124.42万人次。提升出租汽车行业管理水平，全年共参与出租汽车公司安全例会12次，每月均进行路面执法检查，共检查出租汽车117台次，查出车容车貌不整及有安全隐患的车辆共计13辆；出管办共受理投诉57件，查实并处理57件，当日调查处理率达80%以上，当日不能处理的，三日之内均调查处理完毕；投诉做到件件有记录，件件有回复，回复乘客满意率达100%。

运管业务管理：清理规范行政许可项目和办理程序；搞好车辆年度审验及办证业务工作；做好货运市场的整治和各类运输业务报表工作；严把货运车辆准入、审验关。严格按照《中华人民共和国道路运输条例》，对擅自改装、拼装车辆不得办理道路运输证和审验。2017年，共新增普通货运公司11家，新增货车200台，办理货车年审1003台，客车年审103台、出租车年审80台。加强环保监督，全区维修企业环保检查符合行业要求的105家，停业整改53家，签订危险废物处理协议67份，一、二类维修企业在环境污染整治共投入资金80万余元，新增烤漆房环保箱、冷媒回收机、无尘干磨机、静音型打气泵、尾气回收装等绿色环保维修设备，建立废物处理台账，对废弃物存放、污水排放设施进行改造升级和规范。处理群众对维修行业环保投诉1起。

【海事航务管理】 2017年，区海事处检查餐饮趸船1艘、渡口6个、船舶330艘次，发现违章行为5次，安全隐患6件，全部予以纠正和整改。海事船检部门完成5艘营运船的检验工作，对不符合条件的船舶强制停运；完成15名船员的汛期安全专项培训工作；完成石油价格补贴的统计上报和资金分配工作；重新勘划警戒水位线、封渡水位线。彭山区全年未发生重大及以上运输船舶水上交通安全事故，取得无死人、无沉船、无经济损失的好成绩。

【亮点工作】 2017年4月，眉彭公交（眉山—彭山）顺利开通，进一步完善市域公交覆盖，促进眉山中心城区与彭山城区互联互通，为老百姓出行提供便捷服务。创建彭山交通微信公众号和MAS平台，及时推送交通信息；根据“七个基本”深入推进基层党组织标准化建设，推出交通运输局“七个基本”党建小程序，并按“七个基本”要求对交通运输局机关党建形象进行打造。

积极做好“四好农村路”示范县创建工作。彭山区作为眉山市首个“四好农村路”创建示范县，区交通运输局统筹整合各方资源，高规格、高标准推进“四好农村路”建设。区交通运输局“四好农村路”创建工作作为全市学习标杆，各区县兄弟单位到彭山参观学习，全市“四好农村路”创建工作座谈会在彭山区召开。

（孙文涛）

邮　政

【概述】 2017年，彭山区邮政分公司有员工88人，内设综合办公室、市场营销部、渠道平台中心、金融业务中心、集邮和文化传媒中心、包裹快递中心及揽投组、投递组、封发组、押运组4个生产班组，辖8个支局所、21个农村代办所、101个便民服务店，有投递段道29条（城市段道8条、农村段道21条），设汽车邮路2条、摩托车和电动三轮车邮路16条，投递车辆21辆，手持PDA23台。2017年，实现业务收入2420万元，超全市平均进度1.21个百分点，列全市第一位，同比增长15.43%，超全市平均增幅0.69个百分点。

【基础管理】 2017年，彭山区邮政分公司平稳推进组织架构调整，新增渠道平台中心、集邮与文化传媒中心、包裹快递中心，逐步完善组织体系。同时，按条线对经营支撑、金融网点、分拣封发、揽收投递4个工种制定绩效办法，并配套全员营销绩效、全员薪酬分配办法，多层次、全方位调动各层级人员积极性。进一步梳理管理制度，优化业务流程，加强实施过程监控和问责考核，做到流程清晰、标准明确、责任到人，邮政服务申诉处理满意率达到100%。在安全管理上，坚持将“人防、物防、技防”结合在一起，通过开展规范化服务、运行质量等专项检查，全年整改隐患298个，确保全年无安全事故发生。

【业务营销】 2017年，彭山区邮政分公司开发微信朋友圈广告客户4家，实现收入9.95万元；借助政府平台预防职务犯罪项目等主题营销，实现收入3.8万元；分销上强化渠道建设，采取社会商家加盟的方式，开发肥料销售渠道2家，全年累计销售肥料104吨。积极拓展包裹业务大客户，新增协议客户4户，实现收入38万元。金融业务突出网点创新转型，从渠道与发展、台席与设备、人员与排班3个维度，梳理现状，分析短板，明确资源优化的方向，共计优化网点人数8人，平均每月优化天数98.5天。积极融入地方经济，重点公关公义、武阳、锦江拆迁款、土地承包款，共计资金5818万，实现政府类资金代发零的突破。2017年，人均劳动生产率28.47元/人，较2016年增长16.3%。

【平台建设】 2017年，彭山区邮政分公司加强代理金融网点自助机具配置工作，新增武阳CRS一台；推进“邮乐购”网点建设，累计建点总数达100个，活跃度为90%；农村电商方面，引进当地特色农产品上线“邮乐网”一户，实现农产品线上交易额10万余元。深入推进营揽投改革，新增外包投递人员2人，完成商投人员配备，切实增强企业投递能力；加大投递设备投入，更换燃油三轮车11辆；新增配置投递手持智能终端2台，累计配置23台。新增智能包裹柜13组，累计安装智能包裹柜19组，设置格口1260个，使用率达95%，全区通过智能包裹柜共投递包裹18.5万个。全年进出口快递包裹量60万件，其中进口38万件、出口22万件。立项办公大楼的维修、实施办公桌椅的更新；完成综合大楼监控安防的安装；推广实施“6S”改造，进一步改善区公司生产办公环境，增强员工的认同感和自豪感。

【风险防控】 2017年，分公司全面落实安全生产责任制，签订安全责任书14份；圆满完成银行业金融机构第五轮安全评估工作；加强内控管理，组织开展“百日安全大行动”等11个专项检查活动，全年整改隐患298个，生产经营平安有序。加强监督检查和邮政业务视察，形成检查报告书93份，印发考核文件19份，考核3.51万元。

（伍　琴）

电　信

【概况】 2017年，彭山区电信工作以“生态运营”和“全国流量不限量”为工作主线，以“收入”为核心目标，坚持细分市场、细分客户，精准营销，实现质量和价值提升，推动规模和效益的良性循环，中国电信彭山分公司天翼手机用户达12万部、光纤宽带用户达8万户、电信电视（IPTV）用户达8万户，全面实现各项经营指标，有力助推地方政府经济发展。

【通信建设】 2017年，中国电信彭山分公司完善对城区各小区光纤全覆盖扩容、补点，城区光纤入户率达98%以上；完成光纤进户端口建设10200个。坚持乡村建设向纵深挺进，着力满足乡村用户需求，完善乡村网络，助力农村信息化发展，实现村村通光纤宽带通电信电视（IPTV）。优化网络覆盖和加快4G网络建设，实现彭山区域内4G网络全覆盖；优化4G基站36座，新建800M基站28座，天翼4G网络覆盖率达到90%以上，天翼网络覆盖率达到100%。

【业务拓展】 2017年，电信彭山分公司以“生态运营”和“全国流量不限量”为主线，继续聚焦“012”战略（即免费IPTV、一根光纤、两部手机），强化“互联网+转型业务”，在电信电视、光纤宽带和天翼语音等重点业务发展方面取得很多成绩。强化管理执行和细节管控，努力将一切资源和工作精力都集中到以客户为中心，服务客户加快发展上。2017年，抓住继续推进“国家精准扶贫项目”的契机，围绕农村信息化建设的要求，打造了一张精品电信电视网，促进电信电视规模上量发展，电信电视用户达8万余户。依托光纤全面覆盖建设，抓住农村信息化建设的契机，大力开展提质提速活动，以20兆光纤宽带起，实现百兆接入，千兆引领，光纤宽带达8万部。绿色环保、清晰保密的天翼语音占领移动通信市场，以“天翼信息村”“孝行通”“H进班”和“行业信息化”应用为抓手，全面拓展移动语音市场，实现电信手机规模发展，电信手机使用者达12万人。

【服务管理】 2017年，电信彭山分公司以“服务就是营销”为指导，系统推动服务能力提升转型。夯实基础服务能力，从制度标准、服务流程、激励考核、协同能力、执行能力等方面持续完善以客户满意为中心的服务管控体系。改善影响客户满意的关键指标，投诉率持续下降；以服务模式转型为手段，服务开发创新为牵引，通过全功能穿越体验，服务回馈内容产品化设计、产商品审核前置等措施，推动服务全面领先；全面深入推进服务达标工作，继续强化“660服务”（6小时装机、6小时修障、0条件受理），坚持践行超时赔付的原则，实现服务监督工作常态化、专业化、系统化。

（张俊红）

移动通信

【概况】 2017年，中国移动通信集团四川有限公司彭山分公司（以下简称“彭山移动”）在职员工62人，党支部在职党员18名，其中，流动党员1名，党员比例31%。2017年，通过夯实党建工作，将党建融入公司生产经营，彭山移动荣获多种奖励和荣誉称号：2017年度先进集体；综合业绩全市第一；彭山移动营业厅被评为“四川省工人先锋号”。

【生产经营】 2017年，彭山移动电信业务总量3.21亿元，增速10.5%；移动电话用户22.6万户，增速8.08%；固定电话用户0.6万户，增速5%；宽带用3.91万户，增速18%。

【企业文化建设】 2017年，彭山移动在原有企业文化“四敢精神”的基础上，提炼符合彭山移动凝聚力打造的企业文化新诠释：“敢想”是“追求卓越”、“敢说”是“求真务实”、“敢拼”是“攻坚克难”、“敢干”是“上下同欲”，以此为引领，树立员工积极向上的价值观。在团队建设中，彭山移动注重正能量传递，尤其是标杆班组、标杆个人打造。以后勤中心为责任主体，挖掘优秀员工、优秀事迹，引导团队成员比、学、赶、超。

【廉洁教育】 2017年，彭山移动深入强化嵌入式风险及廉洁教育工作开展，将嵌入式风险防控工作扩展至每个岗位。开展内部廉洁风险防控点再次梳理，总共梳理出3大类109个嵌入式风险防控点。加强交心谈心，不定期与党员、关键岗位员工开展思想交流，打好防腐预防针，通过谈心谈话切实达到“消除疑虑，增进团结，促进工作”的目的。

【扶贫工作】 2017年，作为国有企业，彭山移动积极响应彭山政府扶贫攻坚号召，与义和乡活桥村建立结对帮扶，连续5年为困难群众送生产原料，帮助其开展生产经营，提升技术水平加快脱贫步伐；按照眉山市精神文明办印发的《关于开展文明单位结对帮扶乡村学校少年宫活动的通知》要求，与彭山区义和学校结对帮扶，向该校少年宫提供人才、器材、经费支持，在助推农村未成年教育中发挥表率作用。

（曾　理）

城乡建设与环境保护

Urban and Rural Development and Environmental Protection

建设综述

【机构调整】 2017年，根据中共眉山市彭山区委编制委员会《关于印发眉山市彭山区统筹推进承担行政职能事业单位改革试点实施方案的通知 》（眉彭委发〔2017〕10号）文件，将区住建局下属事业单位房产管理局、测绘地理信息局、城乡规划局、房屋征收局等单位承担的委托行政职能划入区住建局；保留原事业机构并分别更名为房地产服务中心、测绘地理信息中心、城乡规划中心、房屋征收与补偿服务中心，继续履行公益职能；将城乡规划局承担的行政处罚职能划入住建局城乡规划建设执法大队，纳入综合行政执法体制改革统筹推进。将区住建局下属事业单位建设工程质量安全监督站承提的委托行政检查职能划归区住建局；公益职能划入区房地产服务中心，并在区房地产服务中心挂区建设工程质量安全监督站牌子。撤销原区建设质量安全监督站。将区住建局委托区市政园林局行使的行政许可职能划入区住建局。

【概况】 2017年，彭山区城镇建设资金投入43亿元，城镇基础设施建设投入资金6.2亿元；房地产开发投入25亿元，房地产新开工面积98.08万平方米，商品房销售面积92万平方米，同比增长48%；实现建筑业产值达45.2亿元，建筑业产值增速达18%。

【行业管理】 2017年，彭山区住房和城乡规划建设局（以下简称“区住建局”）进一步规范市场秩序。根据彭山区建设行业发展的新形势、新情况，制订《关于进一步加强建筑工程质量、安全文明施工管理的实施意见》《杆管线管理实施意见》《建设工程初步设计方案审查管理实施办法》《建筑施工扬尘治理专项检查标准》等7个规范性文件，切实依法加强建筑业、房地产业、小区物业、杆管线管理，对政府性投资基础设施项目施工设计方案组织专家论证，从源头上、细节上确保城市基础设施项目品质大提升，依法办理施工许可48个，建筑面积180万平方米。

【安全监督】 2017年，区住建局强化质量安全监督，以强化和落实各项责任方安全生产责任及施工现场重大危险源控制为重点，严格落实建筑工程五方责任主体项目负责人质量终身责任制，建筑工程质量安全形式总体向好。强化资质管理，对彭山建筑市场的36家勘察、设计、监理、施工、咨询服务企业实行登记备案管理制度，进一步规范市场准入秩序。强化燃气安全生产管理，开展液化石油气专项整治行动，联合相关部门检查燃气经营企业安全生产情况16次，整改安全隐患点73个，检查液化石油气经营户26次，依法扣缴钢瓶373个，全年无燃气安全事故发生。加大执法力度，对建筑施工领域违法转包、分包、建设、施工、监理责任人不到岗履职、违反安全生产规定、施工扬尘、夜间施工扰民等行为依法查处49件，处罚金190.8万元。

【维权保障】 2017年，区住建局处理拖欠农民工资投诉8起，为农民工讨回工资100万余元，保障了农民工合法权益。

【“四城”建设】 2017年，区住建局以项目建设为抓手，强力推进品质发展之城、生态宜居之城、长寿养生之城、和谐幸福之城“四城”建设，每个项目落实分管领导和责任人，实行“挂图作战”，精细管理，签订项目责任书，层层分解任务，明确时间节点，倒排“工期”，强化督察，每周召开一次项目建设工作例会，分析通报项目推进情况，解决项目建设中遇到的困难和问题，承建的20个省、市、区重点项目顺利推进。凤鸣公园牌坊、圣寿路西延伸段、武阳东路东段道路工程、滨江花堤、锦绣大道景观、李密大道景观、前程路景观、滨江路南段景观已全面完工；迎宾大道已完成路灯安装完成工程量的90%；抓紧实施彭溪河改造、滨江路南段加宽，仙女湖绿游步道、城市长寿绿道、新职中规划道路按计划推进；迎宾大道企业绕行道路、蔡山东路品质提升已确定施工单位；牧马新镇（二期）、莲花安置区（四期）、渡江路片区棚户区项目抓紧实施主体工程建设，李密大道、锦江学院安置区抓紧实施基础工程。加快融入眉山、“一城双核”新格局初见成效。锦江、李密、柏华等5个棚改项目已全面开工，完成棚改新开工1694套的目标任务。通过政府购买服务模式，在农发行、农行共计贷款9.3亿元，农发行首批贷款1亿元，农行首批贷款0.6亿元已到账。

【“百园之市”建设】 2017年，区住建局投入3430万余元，按计划推进李密大道北延段公园、仙女湖森林公园（绿游步道工程）、橘花广场、公义社区公园建设，已建成公园广场16个，实现“一镇一园”目标。

【“扬尘”治理】 2017年，区住建局召开全区建筑工地扬尘治理现场观摩会，压实扬尘治理责任，做到 “四强化、四到位”（强化认识、强化宣传、强化监督、强化惩处；方案计划到位、经费人员到位、管理措施到位、整改落实到位）。全区投入400万余元，新增雾炮车50余台、喷淋降尘系统40余个，裸土覆盖面积30万余平方米，工地实行标准化打围、配备车辆冲洗设备，施工道路全硬化，保洁、降尘措施常态化运行，建筑工地施工环境、场容场貌明显改观，文明施工水平明显提升，建筑工地“扬尘”得到有效遏制，全区PM_{10}（直径≤10微米的可吸入颗粒物颗粒物）同比下降13.2%，2017年9月通过中央环境保护督察。

【“百万安居工程”建设】 2017年，区住建局发放住房租赁补贴6万元。公租房二期4幢18层、424套住房主体全面竣工，145套已分配。全区累计分配保障性住房834套。城镇低收入和最低收入住房困难家庭实现应保、尽保，全面完成眉山市下达目标任务。完成省下达的109户农村危房改造（其中，建档立卡贫困户37户），发放补助资金128万元。完成全区3946户建档立卡贫困户住房安全达标认定，让贫困群众实现安居梦。

【城镇化建设】 2017年，百镇建设试点镇基础设施投入1.1亿元，公共服务设施建设投资2030万元，产业发展投资3.5亿元，吸纳农业人口2600人就地就近城镇化，新增城镇建成区面积2.08平方公里，城镇化率达到54.24%，增长2.1个百分点。深化户籍制度改革，推进基本公共服务均等化，新增城镇常住人口6650人，农业转移人口落户城镇8317人。

【村镇建设】 2017年，区住建局加大乡镇基地设施建设投入，乡镇基础设施建设投资达2亿元（其中公共服务设施建设投资5000万元）。莲花新村道路黑化改造工程和牧马新镇二期外环新建道路5公里；推广应用特色民居建筑通用图集，指导乡镇加强农村房屋风貌管控，加强传统村落、传统民居、历史文化名村保护与发展，消除农村危房，就地就近吸纳农业人口2000人，新建农房217户。

【征地拆迁】 2017年，区住建局签订房屋征收协议61户，完成土地回购6宗、10.65公顷。完成2个“双挂钩”续建项目，复垦土地66.67公顷，建成安置房1478套，回迁群众1354户，完成2个土地整理和高标准农田整理项目验收，申报复垦指标58.2公顷。

（唐　嘉）

房屋征收与补偿服务

【概况】 2017年，彭山区实施9个旧城改造、基础设施建设房屋征收项目和25户企业征收回购工作。全年完成641户被征收房屋摸底调查工作，对15户企业开展摸底调查、现状测绘、价值评估等基础工作。全年共签订房屋征收协议61户。

【机构设置】 2017年6月，根据区委组织部《区房屋征收局、区土地储备中心运行机制协调会会议纪要》精神，彭山区房屋征收管理局（以下简称“区房征局”）不再与区土储中心合署办公，为区住房和城乡规划建设局管理的副科级事业单位，相关行政职能划归区住房和城乡规划建设局履行；不再归口区国土分局管理。区土地储备中心为区国土分局管理的下属副科级事业单位，相关行政职责划归起国土分局履行。根据中共眉山市彭山区委机构编制委员会《关于住建局统筹推进承担行政职能事业单位改革试点实施方案的批复》（眉彭编发〔2017〕46号）精神，区房屋征收局将其承担的行政职能划出，继续履行公益职能，保留机构并更名为房屋征收与补偿服务中心。区房征局管理层级调整到区住建局。

【国有土地上房屋征收工作】 2017年，城西市场改造项目：征收工作全面完成，安置房主体建设已全面完成，完成市场主体建设并投入使用，部分被征收人已回迁入住。西门新商圈项目：全年共签订协议11户，截至2017年年底累计签订协议269户。蔡山东路项目：签订协议10户，完成省道103线以西国有土地上房屋征收协议签订工作；启动碱厂片区征收协议签订工作，已签订征收协议260户。成昆铁路复线项目：40户被征收人全部签订协议。火车站站前广场改造项目：完成征求被征收人意见、摸底调查、《模拟征收补偿方案》（征求意见稿）的草拟、上报工作，征收补偿方案已报区政府，待区政府常务会同意后下达《房屋征收决定》，及时进行协议签订工作。彭溪河下游改造项目：完成《模拟征收补偿安置方案》（征求意见稿）的草拟、征求相关部门意见及审核论证工作，已报区政府同意，并公开征求被征收人意见。北外街项目：完成《征收补偿安置方案》（征求意见稿）的草拟、征求相关部门意见及审核论证工作，广泛征求被征收人意见，协助做好房屋权属调查和认定工作。成乐高速公路扩容项目：与项目涉及的9户搬迁企业达成一致意见。城南片区旧城改造项目：完成涉及3户搬迁户的摸底调查工作。环天府新区快速通道项目：已经完成3个乡镇4户企业276户（含未办证的）居民房屋入户调查和工作方案拟定。迎宾大道扩建工程项目：完成2个乡镇10户（含成乐高速公路扩容彭山互通立交改建项目2户）工业企业搬迁回购公告、摸底调查、现状测绘、评估机构确认委托，进行企业回购搬迁房地产评估及回购协商谈判工作。工业大道新建项目：完成劲飞公司炸药库搬迁工作。彭祖山景区改造项目：仙女山宾馆回购搬迁，已经完成摸底调查、共同委托评估并出具评估报告，组织与业主进行多轮协商谈判。

【土地回购工作】 2014年，共完成土地回购6宗10.65公顷，指导督促乡镇妥善管护回购土地13宗；完成2个“双挂钩”续建项目，复垦土地66.67公顷，建成安置房1478套，回迁群众1354户；完成2个土地整理和高标准农田整理项目验收，申报复垦指标58.2公顷。

【信息报送】 全年上报房征工作信息20余条，发布网站信息40条；区委办、区纪委等区级部门采用5条；获区委、区政府主要领导肯定性批示2条。

（余　丹）

城乡规划

【机构变更】 2017年10月，彭山区城乡规划局更名为彭山区城乡规划中心，承担的行政职能剥离划出，继续履行公益职能。原规划局核定的编制整体划入区城乡规划中心。内设办公室、财务股、基础规划股、项目规划股、工程规划股、行政许可股、规划监察大队、市政工程股。在编职工31人，其中，正科级领导职数1人，副科级领导职数3人；中级以上专业技术职称8人，初级专业技术职称18人。

【项目规划】 2017年，区城乡规划中心，紧抓彭山撤县设区及天府新区上升为国家战略的双重机遇，配合市规划局开展《眉山市城市总体规划》修编。抓好城市控规修编，《彭祖山风景名胜区彭祖仙山景区详细规划》已通过省住建厅审批；《彭祖新城控制性详细规划修编及城市设计》已完成初步成果。2017年，彭山区编制规划22个。其中，控规及城市设计2个、专项规划12个、项目规划8个。编制费用1500万元，先后编制完成《尖子山航电湖区概念性规划》《义和、保胜污水专项规划》《地下综合管廊规划》《环天府新区（锦江片区）战略性研究和概念性规划》等12项专项规划以及《彭溪河景观规划》《图书馆、文化馆、规划展览馆、档案馆规划方案》等8项项目规划。是年6月，由中国建筑大师、勘察大师、梁思成建筑奖获得者柴裴义为组长的5位权威专家组成的专家组，对《环天府新区（锦江片区）战略发展规划》进行评审。

【规划审批】 2017年，区城乡规划中心严格规划设计方案审批。所有规划设计方案均提交规划技术评审委员会、建筑艺术评审委员会、公众评议委员会评审。在审查环节中，注重审查规划项目的“三性四态”以及是否符合法律法规、政策要求、技术规范等。依法开展规划和项目方案公示，广泛收集群众意见，主动接受群众监督，共公示各类建设项目方案18个，公示率达到100%。全年办理选址意见书35件，用地规划许可证15件，用地面积60.93万平方米；工程规划许可证33件，建筑面积101.97平方米；规划核实10件，核实建筑面积30.29平方米。

【重点项目】 2017年，区规划中心牵头负责的重点项目恒大·金碧天下四期目标任务完成，全年完成投资4亿元；复地黄龙溪谷三期目标任务完成，全年完成投资4亿元；长寿坊项目8月份土地余款已交清，土地遗留问题已经解决。

【区规委会审定情况】 2017年，区城乡规划中心始终贯彻“规划先行”一条铁律，全年召开规委会11次，审议51个议题，召开区联席会17次，审议157个议题。

【新型城镇化建设】 2017年，彭山区加快推进新型城镇化。城镇化率目标为提高1.8个百分点，截至2017年年底，城镇化率为54.24%，比2016年年底提高2.1个百分点，超额完成目标任务。

【规划监管】 2017年，区城乡规划中心强化违建监管力度，认定违法建设案件1035起，移交1035起。依法开展规划核实。进一步精简办事程序，优化办事流程，依法依规对项目容积率、绿地率、停车位、建筑高度、配套设施等指标进行核实，全年共核实建设项目19个，面积19.54万平方米。

（侯官林）

城市行政执法

【概况】 2017年，彭山区城市行政执法工作以“治乱”行动、中央环保督察、省卫复审等工作为契机，严抓城市市容和环境卫生管理与执法工作，全面完成城区13平方公里的市容检查管理任务，城区250万平方米的道路清扫保洁工作，城区和13个乡镇生活垃圾的收集、转运、压缩处理工作。先后完成眉山市首届樱花节、全国人大常委会立法调研、中宣部社会主义核心价值观调研、省级抗震救灾综合演练等一系列重大活动中的保障任务。

【城市管理宣传】 2017年，彭山区城市行政执法局始终坚持以公益活动为载体，广泛开展爱国卫生、法律法规、精神文明、“四城”建设的宣传活动。利用伟业广场、希望城、沿街商铺以及单位自有的LED电子显示屏，广泛开展城乡环境治理、“六乱”治理、“门前五包”等宣传。全年利用LED屏播放宣传标语312条，出动宣传车212台（次），制作宣传展板6个，发放宣传画500份，宣传单1万份，接受群众法律咨询200余人次。合理有效的利用市政资源，为社区等部门提供宣传平台，在城市道路、市场等场所的墙体开展寿乡文化和爱国文化宣传。全年编发“寿乡城管”38期、城管快讯45期。其中，眉山日报采用3篇，《今日彭山》报采用11篇，同时被中国锦绣网、四川在线、今日头条、眉山新闻网等媒体转载。

【市容市貌专项整治】 2017年，彭山区城市行政执法局加强违章占道整治，结合年初制定的“治乱”工作方案，重点整治城区坐商占道经营、游商沿街叫卖、非机动车乱停乱放、商业宣传噪音扰民等不文明行为。全年纠正坐商违规占道经营行为2800余次，劝离流动摊贩6200余次，规范乱停乱放非机动车600余辆；规范市政占道施工和店铺占道装修作业96处。强力推进广告店招专项整治。组织城区30余家广告公司和部分经营业主，召开广告、店招设置座谈会议，制定《广告设置技术规范》，明确店招制作标准。全年依法拆除违规设置及破损店招315 处，规范设置新店招342处；清除中心城区橱窗广告、布幅广告300余幅、落地广告牌90个；清除墙体广告17幅320平方米；对3家违规设置店招、广告，且逾期不履行行政法义务的业主，按照《中华人民共和国行政强制法》以“代履行”方式强制执行，征收代履行费3400元。依法查处乱搭乱建行为。全年发出调查通知书48份，停工通知书112份，责令改正通知书125份，责令限期拆除决定书13份，立案调查44件；对仁和城邦未经审批擅自占用城市道路促销行为，处以2万元罚款。持续推进三轮车违章整治，制定《人力客运三轮车整治通告》，并向驾工人员发放《致人力客运三轮车从业人员的一封信》，在做好宣传工作的基础上，适时联合交警依法查处人力客运三轮车非法安装动力装置行为，共查处货车违规入城163起，暂扣电动三轮车43辆，处罚乱停乱放8870起，查处无证驾驶36起。按照“门前五包”责任制管理办法，清理城区杂物乱堆270余处，警示教育80余例。

【大气污染防治】 2017年，彭山区加强城区露天烧烤及餐饮油烟整治。督促指导城区已有的118家大中型餐馆安装油烟净化装置，并组织集中验收；引导城区117家烧烤店全部改用清洁能源并进店入室作业，119家使用高污染燃料的小餐馆、小作坊改用清洁能源；全面取缔城南市场经营户使用蜂窝煤、松香等高污染燃料作业行为。强化城区建筑工地和渣土运输扬尘管理。对建筑工地实现常态化管理，强化城区渣土运输车辆审批管理，明确规划过境货运车辆和建筑垃圾运输车辆行驶线路，并采取静（动）态相结合的管理方式，加大抛洒滴漏的查处力度。2017年，联合交警、运管等部门，集中开展建筑工地进出口通道检查

32 次，督促整改问题 25 个；开展道路扬尘执法检查 41 次，立案查处污染道路违章行为 8 起。同时，市政占道挖掘严格执行备案登记管理制度，城区市政挖掘占道施工规范率达 95%。全力推进洗车场整治，新制定《进一步规范城区洗车场管理的实施意见》，并联合环保、工商等 7 个部门，对城区洗车场进行集中排查整治。2017 年，城区共有洗车场 39 家，通过自行整改有 13 家洗车场符合标准，6 家整改中，其余 20 家经整改仍无法达标予以强制关闭。积极办理群众投诉。对群众的投诉落实专人督办和回复；全年共受理投诉案件 586 件，办结回复率达 100%。

【环境卫生监管】 2017 年，区城市行政执法局积极改进环境卫生保洁方式，把中心城区清扫保洁路段分 16 个网格片区，实行定人、定岗、定区域管理，坚持每周开展两次“大清扫”；积极推行降尘、低尘的清扫作业模式，坚持每天开展“两扫四冲”；定期对道路和隔离设施积尘进行冲洗，确保中心城区保洁率达 90%，道路扫净率达 100% 以上。抓好城区 22 座公厕的管理工作，确保公厕干净、卫生，切实达到公厕管理标准；积极推进“厕所革命”前期工作，为整体提高全区公厕卫生状况和管理水平奠定坚实基础。积极推进生活垃圾转运站渗滤设施建设，完成规划、立项等前期工作。认真履行城南市场监管职责。2017 年，投入资金 5 万元，在城南市场建立独立的快速检测室，对市场内销售的蔬菜、肉类、水产品等食品进行抽样检测。

【垃圾处理】 2017 年，城区生活垃圾收集坚持采用定时、定点上门收集的服务模式，全年收集中心城区生活垃圾 3.7 万余吨，收集和处理率达到 100%。农村（13 个乡镇以及示范村）生活垃圾坚持户收集、镇集中、区转运的收集处理模式，全年收运农村生活垃圾 4.8 万余吨。全年共收集生活垃圾 8.5 万余吨（每天 230 余吨），做到日产、日清，无害化处理率 100%。定期对城区 1000 余个果屑箱和垃圾桶进行清洗维护，对 98 辆垃圾收集车和快速保洁车、26 辆环卫特种作业车进行检修，对垃圾地库进行安全检查，确保环卫设备设施正常、安全运行。为高效使用垃圾清运设施，所有收集车辆实现 GPS 定位，通过现代化管理手段，提高清运能力，实现安全节能的监管目标。

【城乡环境综合治理】 2017 年，区城市行政执法局纠正劝导乱扔、乱倒、乱吐等不文明行为 100 余起；清除城市“牛皮癣”1.6 万余处；没收非法宣传的小传单、小广告 3000 余份；集中清理砖头、杂物、无主建筑垃圾 200 余处。以“阳光问廉”反映出问题为契机，先后取缔一中校园周边、彭祖广场等地的占道经营，并制定错时、错峰、定岗、定责的长效管理措施。积极缓解城区停车难问题，牵头完成李密大道便民停车场建设；引进共享单车 2600 辆，切实缓解城区停车压力，也为市民绿色、安全出行提供方便。先后取缔公园南路、孟文路临时便民摊区，在条件相对成熟的地方选 3 个点，拟设置便民市场，缓解城区占道经营问题；在重点管理路段设置围栏，规范市容秩序，解决非机动车乱停乱放等问题；

（刘冬梅）

市政园林管理

【园林绿化养护】 2017年，彭山区市政园林管理局（以下简称“区园林局”）共修剪绿篱10次、70万平方米；修剪草坪9次36万平方米；修剪行道树4.1万株；雨季扶正树木83株；清理全城区存在安全隐患的树木52株；更换全城区鲜花共9次、3.1万平方米；更换绢花5次、1200平方米；根据植物的长势及病害的发生及时施肥施药6次；冬季为全城区4万余株行道树涂抹石灰杀菌防虫，全城区树木覆盖率达100%。谢家苗圃鲜花大棚生产鲜花50万盆，栽植面积 8300余平方米。2017年9月，区园林局采用社会化服务方式，通过公开招标，将彭祖大道、锦江大道、长寿大道交由第三方管理，使养护管理更加精细化、专业化、科学化。

【市政管理】 全年维修护栏2700余次，更换破损或缺失的雨水篦82套，污水检查井井圈井盖76套，更换路沿石291米，花台174米，树池、树围共38套，维修人行道彩砖及花岗石1161平方米，疏通城区排污管6700米、方涵清淤1900米，清掏污水检查井800座、雨水检查井1225座，维修更换消防栓30个，全力减少安全事故的发生，保障市民安全出行。

【路灯照明维护】 2017年，区园林局坚持每天对全城区路灯巡查，及时对损坏的路灯设施进行更换维修，全年共排除电缆故障达500余次，检修更换灯泡726个、镇流器320只、灯头65个、触发器355只、灯罩30套，排除电缆故障更换铜芯电缆2200米，使用铜直接995只、护导线3000米，撤除锈损灯杆16根、扶正倾斜灯杆28根。

【城市绿化、美化】 2017年，彭山区实施“花漾彭山”项目建设，共投资161万元，在长寿大道、彭祖大道沿线各路口、高铁站前广场进行品质提升，打造“花漾彭山”。在长寿大道间植紫薇与桃树，共栽植紫薇72株，打造统一风格的路口节点；在彭祖大道各节点栽植2.4米高的紫薇花瓶共76株，花瓶周围根据季节不同实时更换时令鲜花，力争打造色彩丰富的道路景观；全力提升高铁站前广场绿化品质，栽植大规格的黄葛树、银杏、桂花、紫薇和不同品种的月季，通过不同植物品种、植物色彩的搭配，铺设大面积种植草坪，提升绿化景观档次，使高铁站前广场呈现通透、舒朗、大气的景观效果。投入资金43.8万元，牵头实施东门小游园景观提升改造工程，保留原有长势良好的乔木，因地制宜地种植钻石月季、红檵木球、红叶石楠球、三角梅球、黄金菊等色彩靓丽的灌木及草花。投入资金41万元完成李密大道一段转弧空地绿化工程，增加绿化面积1.6万平方米。投入资金近30万元完成城区雷竹栽植工程。投入资金11.1万元完成前程路铁路桥洞南侧空地绿化工程。牵头实施完成彭山城区樱花栽植工程，全区共栽植樱花4065株，其中区园林局投入资金 14.36万元，栽植樱花540株。

【市政项目】 2017年，彭山区投入资金44.28万元，完成城区（前程路、锦绣大道、东西南北四条街道、古城南路、古城北路）文化元素井盖更换工程，共安装文化元素井盖

562个。投入资金20.35万元，完成城区安置区11条街道化粪池清掏项目，共清掏化粪池12个。

【城市照明】 2017年，为迎接眉山市樱花节，保障樱花节会场用电，投入资金226万元完成水岸花堤路灯10千伏配电工程，安装2台变压器、2台变箱，铺设3700米电缆。投入资金138.15万元在高铁站前广场、高速路口、滨江路沿线、长寿广场等实施“光彩彭山”建设，打造具有地方特色的“光彩彭山”。

【安全生产】 2017年，区园林局成立安全生产领导小组，定期召开会议，专题研究安全生产工作，层层落实责任措施。每天对园林绿化、市政设施、路灯设备进行安全隐患排查，对排查出的问题及时整改，并做好台账。每月开展安全生产培训并按时报送安全生产工作信息，做好安全生产总结。每季度开展安全生产大排查工作，并做好排查汇报。做好节假日值班值守及“零事故”报告工作。配合乡镇做好安全社区创建工作。

【环保工作】 2017年，区园林局在办公室、管辖区域利用LED显示屏、洒水车、行道树上悬挂标语等方式，积极做好环保宣传工作。对全体干部职工进行环保知识宣传教育，发放环保倡议书。要求职工在作业过程中禁止焚烧、乱倒垃圾，洒水车每天对绿化植物进行冲洗除尘；要求在建工程进行强制性扬尘减排。及时处理协调各类环保信访件，确保区园林中心环保工作“零上访”。做好全区各乡镇、街道办小河流域及生态修复指导工作。

【防汛工作】 2017年，区园林局制定防汛排涝工作预案。在汛期期间，要求单位所有人员停止公休，做好汛期值班值守工作；做好防汛物资储备工作；定期对城区内涝点进行排查，共排查出内涝隐患点9个，整改9个；做好防汛减灾和地质灾害防范迎检工作，并顺利通过。2017年8月28日，彭山区出现特大暴雨，由于前期对内涝点的及时整改以及当晚启动一级应急预警，处置得当，整个城区未发生内涝现象。

【创卫工作】 2017年，区园林局组织干部职工学习灭鼠、灭蟑、灭蚊蝇为重点的除害防病知识。在食堂、办公区域、卫生死角、凤鸣公园、城区绿化带、节点等重点区域定期开展集中消杀活动。组织专人对路灯灯杆、控制柜、变压器、公园墙体的牛皮癣、小广告等进行清除。对裸露地面和缺失灌木进行补植，补植面积1500平方米。

【防震减灾综合演练工作】 2017年，区园林局为配合2017年省级防震救灾综合演练工作，投资7.2万元完成演练场地内树木移植和树木恢复工作。在演练准备及演练期间，安排三辆洒水车每天对场地外围进行洒水降尘，改善场地周边空气质量。

【提案、信访工作】 2017年，区园林局及时办理区人大、区政协有关市政园林方面的提案9件，及时进行答复，并就市民在政府网站区长信箱中的留言及时作了回复，满意率100%；认真做好群众来信、来访工作，上访100余件均及时办理回复，办结率100%；办理党政服务热线信箱 23 件，满意率 100%；处理环保信访件 11 件，满意率 100%。

（张丽娟）

环境保护

【污染物总量减排】 2017 年，全区化学需氧量、氨氮、二氧化硫、氮氧化合物四项指标实现减排 7. 08%、5. 84%、12. 6%、9. 11%，全面完成减排任务。

【环境质量状况】 2017 年，彭山区大气环境质量指标：中心城区环境空气质量达标天数 231 天，达标率 65. 1%，同比上升 3. 30%；PM_{10} 平均浓度 91. 7 微克 / 立方米，同比下降 17. 91%；$PM_{2.5}$ 平均浓度 59. 1 微克 / 立方米，同比下降 6. 93%。水环境质量：岷江大桥国控断面氨氮年均浓度同比下降 10. 7%，总磷同比下降 14%。彭东交界市控断面氨氮年均浓度同比下降 25. 8%，总磷同比下降 18. 9%。毛河桥江桥总磷年均浓度同比下降 17. 6%。岷江大桥、彭东交界水质类别达到Ⅲ类水质目标。城市集中式饮用水源水质达标率 100%。

【环境保护督察】 2017 年，彭山区顺利通过 3 次环保督察。2 月 8 日至 3 月 8 日，省环保督察组进驻眉山 1 个月，正式反馈彭山区 31 个问题。8 月 7 日至 9 月 7 日，中央环保督察对彭山区开展下沉督察，交办彭山区 32 件信访件，涉及 47 个问题。11 月 6 日至年底，省秋冬季大气污染防治督察组开展 7 轮督察，检查企业 189 家，发现问题 199 个。

【环保制度建设】 2017 年，区委、区政府审议并印发《眉山市彭山区“十三五”环境保护规划》《环境保护工作职责分工方案》《2017 年环境保护工作意见》《网格化环境监管实施方案》《“三长制”推进大气、水、土壤污染防治“三大战役”的实施意见》《重污染天气环境应急预案（2016 年修订）》《眉山市彭山区党政领导干部生态环境保护实绩考核办法（试行）》《眉山市彭山区环境保护党政同责工作目标绩效管理实施细则（试行）》《眉山市彭山区党政领导干部生态环境保护实绩考核评分细则》《眉山市彭山区科级领导干部生态环境损害责任追究暂行办法》等文件，将全区环境保护规划纳入国民经济和社会发展规划，统筹城乡环保基础设施建设。对于在环境保护工作中履职不到位、工作推进不力的人员实行“一票否决”，一律取消年终评先选优资格。

【行政审批】 2017 年，区环保局严格建设项目环评审批，否决不符合环保要求项目 8 个。验收企业 103 家，规范项目审批，2017 年建设项目“环评”执行率 100%，“三同时”（建设项目中防治污染的设施应当与主体工程同时设计、同时施工、同时投入使用）执行率达 95% 以上。对清理出的 186 个环保违法、违规建设项目（实施规范的项目 26 个、整改备案管理项目 133 个、关停项目 27 个），全部按规定整改完成。

【污染治理】 2017 年，彭山区大气污染防治：全面淘汰 10 蒸吨以下燃煤小锅炉，57 家企业完成煤改天然气或煤改生物质燃料；10 蒸吨以上燃煤锅炉生产企业基本完成脱硫、脱硝设施安装。严格落实“六必须、六不准”制度，推进建筑工地进出口自动冲洗，土石方雾炮车、主体工程喷淋系统等设施建设；实施道路工地扬尘管控，采取围挡作业、裸露地面临时绿化或覆盖防尘布、洒水降尘等措施减少道路施工扬尘。城区主要交通干道全部实施机械化清扫、洒水频次每天不低于3次。开展城市建成区餐饮业油烟专项整治，118家大中型餐馆安装油烟净化设施。全年秸秆禁烧工作，实现“不见火光、不见烟雾、不见黑斑”三不见目标，春秋两季空气质量明显好转。建立重污染天气应急制度，完善政府重污染天气专项预案、部门分预案和企事业单位操作方案的应急预案体系，建立重污染天气限产减排名单管理制度和应急联络人制度。重污染天气应急预警启动期间，积极采取建筑工地停工、工业企业减产、停产等减排措施。水污染防治：制定、出台畜禽养殖场建设审批管理办法和畜禽养殖许可制度，共关停畜禽养殖场320家、整治850家。建成10个城市及乡镇污水处理厂（站），10个农村安置区一体化污水处理设施建成运行，另有在建的乡镇污水处理厂（站）8个、农村聚集点污水处理设施17个；全区40座肥水和投饵养殖水库已全部取缔；五湖四海生态湿地系统成效显著，实现进水水质由Ⅴ类标准改善为Ⅲ类标准。完成龚家堰水库隔离防护网安装，一级保护区范围实行全封闭管理。土壤污染防治：制订《土壤污染防治计划眉山市彭山区工作方案2017年度实施计划》，开展耕地土壤质量监测和农用地土壤污染状况调查及风险评估，完成1个乡镇监测点的土壤质量监测，确定农用地土壤污染详查点位107个，建立土壤污染风险源环境管理档案。对全区26家重点单位进行实地调查，与19家省控、市土壤污染重点监控企业签订《企业土壤污染防治责任书》。

【环境监察执法】 2017年，区环保局建立“环保＋警察”执法模式，开展突出违法、违规环境问题专项行动，全年立案查处环境违法案件83件，移送司法12件，处罚金额330万元，关停企业75家。

【信访维稳】 2017年，全区共受理各类环保投诉1027件，办结1027件，办结率100%。主要涉及噪音、水、大气、垃圾、油烟、畜禽养殖及其他问题。

【环境监测】 2017年，区环保局共开展各类环境监测643次，其中，污染源监测326次，竣工验收监测69次，例行监测240次，降雨监测8次。

【环保能力建设】 2017年，区环保局完成省控环境空气质量监测网络事权上收及社会化运维；启动国考地表水环境质量监测网水质自动监测站彭山大桥站建设项目。

【环保宣传】 2017年，区环保局结合“环境宣传进学校”、“环境宣传进企业”、“6•5”环境日、“12•4”宪法日等活动，开展“绿水青山就是金山银山”主题宣传活动，接受群众咨询2300余人次，发放宣传资料45种1.6万余份，制作展板20个。建立环保微信公众号，定期发送环保主题微信。报送新闻稿件74条，其中，省级以上媒体刊载29条，《彭山》报刊载21条，专版10期，2篇信息被市委《眉山要情》采用。

（何　涛）

社会事业

Social undertakings

科学技术

【科技成果】 2017年，彭山区科学技术局（以下简称“区科技局”）积极组织申报各类科技计划项目，争取项目资金405万元。新认定国家高新技术企业4家，累计达到10家。实施高新技术及战略新兴产品项目15个。全区高新技术产业产值达56.3亿元，同比增长16%。技术交易合同登记金额1100万元。建立产学研联盟8家。

【知识产权保护工作】 2017年，区科技局大力实施专利示范工程，强化知识产权保护工作。新成立市级知识产权工作站2家（彭山区经开区知识产权工作站、四川大学锦江学院知识产权工作站），至年底累计达到5家。专利申请量达425件，其中实现发明专利申请295件，占全市申请总量的43%，与其余5个区县的申请总量持平。国润新材料科技有限公司获四川省专利奖一等奖。筹备建设彭山区知识产权综合服务平台。让专业的人做专业的事，以社会力量为主导，进行市场化的运营，实现“政府、企业、服务机构、创新创业者”四方共赢。

【科技企业孵化器工作】 2017年，彭山区引进孵化企业46家。2017年5月，在孵化园举办首届眉山（彭山）“双创”银企融资峰会，企业与银行和投融资机构共对接资金合作2.18亿元。举办创业培训班2期，创业“1+1”培训3期，培训学员190人。

【科技特派员服务工作】 2017年，区科技局共组建8支科技特派员团队，服务25个农业科技项目；建立彭山葡萄、猕猴桃技术研发中心，引进农业新产品20个，推广新技术25项。

【农业科技示范基地建设】 2017年，区科技局培育市级农业科技园区1个：彭山区中药材规范种植科技示范园区。申报成功市级农业专家大院1个：彭山区中药材规范种植专家大院。规范建设农业科技园区1个：观音果怡葡萄科技园区。

【大数据信息化建设工作】 2017年，区科技局成立大数据信息化建设领导小组，区委书记梁磊、区长罗万东任组长。领导小组办公室设在区科技局，由局长卢礼会兼任办公室主任。统一部署，共同推进召开领导小组成员单位工作推进会，安排部署各项工作，召开专项工作培训会2次，对区级各部门业务人员进行培训。区政府与重庆小苹果科技有限公司签约协议，确定其为大数据第三方评审机构。启动13家区级部门大数据建设的评审、迁移、验收工作。

【科普宣传工作】 2017年，区科技局组织开展科普宣传月和科技活动周活动，和区科协、农业局、林业局、水务局、畜牧局、农机局、气象局、卫计局等20余个单位开展送科技下乡活动。在科技活动周期间，全区共展示科普知识展板350余个，发放科普宣传资料2.5万余份，赠送书刊1500册以上，悬挂标语80条，医护专家对百姓进行义诊达300余人次，宣传防艾、环保、防震减灾、安全自救、农业技术、知识产权保护、申报专利、节能减排等相关知识。

（王丽琳）

教育体育

【概况】 2017年，财政投入教育支出2.7亿元。全区共有小学15所，专任教师883人，在校学生1.36万人；普通中学16所，专任教师840人，在校学生9348人。全区学龄儿童入学率100%，初中生升学率95.4%，高中升学率91.5%。彭山一中胡俏以文考629分摘取全市文科第一，郭佳鹏以673分位列全市理科第三名。本科上线人数达548人，高考本科上线率42%。一本上线人数突破200人大关，达204人，为2016年一本上线人数的119.3%。教育资源整合优化，彭山第四小学建成投用，新一中、区实验小学完成主体工程。区教体局荣获2017年眉山市高中教育质量管理区县集体一等奖。

2017年9月28日，以“爱心助学　阳光行动”为主题的关爱留守儿童活动在彭山区黄丰镇中心小学举行

【德育工作】 2017年，彭山区教育体育局（以下简称“区教体局”）成立区教育团工委。鹏利小学构建的社会主义核心价值观教育“三大体系”被评为全国教育关工委“十佳创新案例”，并在中宣部“社会主义核心价值观宣传教育工作第二期培训班”交流。区教体局被评为“2016年度全国规范化家长实验区工作成绩显著的单位”“2017年度全国规范化家长学校项目先进实验区”；荣获“四川省家庭教育工作先进集体”称号，全市唯一。先后有6所学校创建为“全国规范化家长学校”。彭山一中、彭山二小、区鹏利小学、武阳初中被评为“第一届四川省文明校园”。彭山一小被评为“第四届四川省未成年人思想道德建设工作先进单位”。青龙初中创建为省“依法治校”示范学校，区教体局被区禁毒委

评为“禁毒先进单位”，彭山四小创建为“市毒品预防教育示范学校”。

【素质教育】 2017年，彭山一中、彭山二中通过省“阳光体育学校”的复查。市中小学生足球比赛中，彭山一中获男子高中组冠军，彭山二中获男子初中组亚军，彭山二小获小学女子组亚军。市级篮球比赛中，鹏利小学获女子组冠军，彭山一中获男子组亚军。区教体局获省第32届青少年科技创新大赛“基层优秀组织奖”，12个科技作品荣获省级奖，139个作品荣获市级奖。彭山职高获市第九届中职学生综合素质大赛会计、智能家居等10多个单项一等奖，将代表眉山市参加5项省级技能大赛。

【教育科研】 2017年，新立项省级课题2个、市级课题13个；结题12个，其中省级3个、市级5个。21项科研成果荣获省、市奖，创历史最佳成绩。彭山区鹏利小学的课题成果《小学生社会主义核心价值观的家校共育策略》荣获省政府第六届普教教学成果二等奖，彭山一中的课题成果《基于全面贯彻高中教育改革精神的综合高中模式》获得省政府普教教学成果三等奖。

【项目工作】 全年累计向上争取项目资金5572.52万元，完成固定资产投资2.72亿元。全市教育项目工作现场会在彭山召开。区新一中项目已完成主体工程建设，区实验小学改扩建项目新建教学楼及食堂已完成主体验收，区四小竣工、投用；区城北公立幼儿园项目、青龙一小和青龙幼儿园整体搬迁工程完成公开招标并进场打围；黄丰中学教学楼建设项目进入挂网公开招标阶段；府河学校二期工程建设项目已完成主体验收。

【城乡教育资源整合】 2017年，区教体局按照《眉山市彭山区城乡教育资源优化整合方案》，将谢家镇曾红村小、牧马镇莲花村小、江口镇白蜡村小、武阳镇双河村小、黄丰镇新丰村小5个教学点并入所在乡镇中心小学。彭溪初中班级并入彭山二中和三中。

【教育装备建设】 2017年，新建成公义小学现代化自动录播教室并投入使用。全区学校互联网到校下行带宽30～100兆，全区549个班，光纤到班覆盖率达到100%。完成彭山区一小市级中小学数字校园示范校创建任务。积极推进学校图书室信息化的管理应用，圆满完成“回溯建库”工作验收。继续推进省教育资源平台规模化应用“试点”。“十三五”省级科研课题《四川省教育资源公共服务平台资源深度应用研究》于6月底顺利开题。教育信息化工作在“眉山市教育信息化推进现场会”上作交流发言。

【廉政建设】 2017年，区教体局组织召开全区校（园）长座谈会；对全区公立学校校（园）长及直属部门负责人、教体局股室长进行党纪、政纪、廉政、财经管理制度、干部离任审计和经济责任审计专题培训。创新实施在学校设立纪检员制度，开展教体系统不正之风专项整治。制定党风廉政建设主体责任清单和主体责任台账并认真落实。加强对各股室和学校廉政风险点的梳理防控，制发《党风廉政建设风险点及防控措施》。对11所学校进行离任审计，对6所学校进行财务内审工作，严肃行业治理，处分班子成员1人、学校干部、教师35人。

2017年1月4日，教育促进会举办新年音乐会，筹集善款68万余元

【教育培训】 2017年，区教体局实施《进一步加强中小学教师和校长队伍建设实施方案》，加强学校干部队伍建设，新提拔校园长9人，交流轮岗11人。提拔学校中层干部11人，轮岗交流15人。完成干部培训159人次。出台《教育质量奖励性绩效考核发放工作方案》，完成2015—2016学年、2016—2017学年度教育质量奖励性绩效分配，向一线教职工3800余人次发放2600万余元，极大地调动教师工作积极性，维护教育系统的稳定。全年，招聘研究生4名，公招教师15人，从外区县引进优秀教师3名；组织各级各类培训4141人次；教师参加学科教学赛课活动获国家级奖8人、省级一等奖8人、市一等奖5人。“一师一优课、一课一名师”活动网上“晒课”获省级优课13节、国家级优课6节（全市9节），获奖率全市第一。培养出市级优秀校长2人，市级优秀教师10人，特级教师2人。

【教育资助】 2017年，义务教育阶段在校学生免学杂费、教科书费、作业本费共计1460万元，为1200名贫困寄宿生发放生活补助金106.26万元。减免900名“三儿”2017年保教费97.24万元，其中包含对153名建档立卡儿童直接全额减免保教费21.99万元。打卡直发区职高中职国家助学金18.1万元，下拨2017年季中职免学费资金94.58万元。补助贫困普高学生2237人次普高国家助学金209.4万元。减免贫困普高学生2237人次学费92.64万元。办理在校大学生助学贷款477人、381.6万元。为42名孤儿学生春节购新衣共1.68万元，积极联系企业家和个人资助贫困中小学生11人2.21万元。资助建档立卡贫困家庭在园幼儿153人，免除保教费21.99万元；资助建档立卡贫困家庭学生教育扶贫救助基金1718人次，发放救助金54.87万元；2016—2017学年、2017—2018学年分别资助建档立卡贫困家庭中职学生8人、贫困大学生6人，资助金额共5.6万元。协助“彭山教育促进会”举办“教育之春·新年音乐会”活动，筹集善款89.13万元，发放“李密奖学金”42.9万元。四川新华文轩总公司向区第四小学捐赠信息技术装备，价值100万余元。保障特殊群体的入学权利，有就读能力的残疾儿童少年120余人全部接收入学就读，为无能力到校就读的19名残疾儿童全部送教上门；解决外来务工随迁人员子女入学401人，做到应入尽入。

【体育】 2017年，区教体局举办全区迎春棋类、足球赛，丰富节日期间群众文化体育生活。承办区首届妇女体育健身运动会、第三届职工篮球赛。协助区政府承办2017全国特奥轮滑赛，彭山特校运动员代表四川队勇夺1金3银5铜。承办“眉山市乡村门球赛”。完成体质测试工作人员的培训，并完成对5000余人的体质测试任务。做好区级体育场馆的管理和免费开放工作，开放人次近20万人次。四川省残疾人体育训练中心在彭山区彭祖新城建成并投入使用。积极引进西藏自治区体育训练基地项目，完成国有建设用地交易，建设单位正在开展EPC招商、规划设计等项目前期工作。共投入52万元，购置13套室内外健身器材，完成全区29个村、社区及单位和残疾人康复中心等地的健身器材的安装和更换。向上争取省级农民体育健身工程8套。向国家体育总局和省、市体育行政部门争取资金达100万余元。

【安全维稳】 2017年，区教体局开展教体系统安全大检查大整治工作，对大检查中发现的125处隐患和问题进行台账管理，完成整改98处。对彭山区经营“高危险性”体育项目的经营性游泳池进行拉网式大检查3次。2017年，全区有22所公办学校、3所民办学校被市综治委评为“2016年度市级平安示范单位”。下辖学校（园）均建立矛盾纠纷调解室，兼职调解人员165人。做好群众来访接待工作，办理人民网“书记信箱”、“市长热线”、“区长信箱”、12345政府服务热线、“部门信箱”等各类意见、投诉，办结率100%。全年没有出现进京、上省、到市非正常上访和群体性事件，无省交办信访积案。

【四川大学锦江学院】 2017年，四川大学锦江学院开展通识教育必修课程改革，全面实施“五大养成计划”和“体育俱乐部制”，累计开设体育教学项目58项，共计357个教学班。加快优质网络课程资源引进，增加了“智慧树”在线课程平台，共开设网络课程101门，1.4万人次选修。加强精品资源共享课程培育建设力度，遴选2门精品课程作为省级精品资源共享课程进行培育。推进课程教学方法改革，举办首届教师微课教学比赛。积极推进课程考核改革，实施部分课程无纸化考试，启动无纸化考试全校推广调研工作。完善大学英语、微积分、大学计算机基础试题库建设，在大学英语、微积分等课程中全面采用题库生成考题形式进行考试。深化教育教学改革。各教研室共计开展教研活动600余次。推动实践教学改革，启动毕业论文（设计）多样化改革工作；引进“优职途”实习管理平台，实施实习实训在线管理。圆满完成校级教学成果奖评审及省级教学成果奖推荐工作。启动2017—2020年教育教学改革项目申报工作，共立项校级教改项目30项，其中重点项目10项。完善学科竞赛管理，进一步完善校级、省级、国家级三级学科竞赛平台，规范竞赛分级。2017年，学生申请国家专利159项，在省级以上各类竞赛中获奖244项，其中，学科竞赛获奖202项、非学科类获奖41项；在第十四届“挑战杯”四川省大学生课外学术科技作品竞赛中，获一等奖2项、二等奖8项、三等奖8项，总成绩名列全省高校前茅。学校获得第十五届四川省“挑战杯”大学生课外学术科技作品竞赛承办权。

2017年3月31日，四川省副省长杨兴平（左二）一行到四川大学锦江学院调研并参观艺术学院学生作品展

2017年，学校积极组织教师申报各级各类科研项目，专职教师主持、参与科研项目59项，其中获批省级科研项目24项、市级科研项目6项。学校专职教师主编、参编出版专著1本、译著1本、教材6本；发表论文91篇，其中科学引文索引（SCI）2篇、工程索引（EI）1篇、中文社会科学引文索引（CSSCI）4篇、中文核心期刊19篇。教师科研成果获奖5项，其中，1人获第八届四川省大学生艺术节艺术科研论文省级一等奖；1人获四川省写作学会第九届优秀学术成果一等奖。成功申报物联网工程本科专业：食品营养与卫生专科专业；工程管理、审计学2个专业新增为学士学位授予权专业。酿酒工程、国际经济与贸易2个专业获批“四川省地方高校应用型示范专业”立项。完成本科专业校内评估工作，各专业对自身优点和不足进行分析和改进，制定文本材料整改和建设方案，指导开展新一轮的专业建设工作。顺利完成四川省首批本科专业评估试点工作。

2017年，学校启动录播教室建设招标工作，新建、扩建实验室项目9个。加快四川省民办重点特色专业实验教学条件建设，制定商科实训中心建设规划及实施方案。学校商科实训中心获批省级实验教学示范中心建设立项。学校规范学生课堂出勤，选聘169名专职教师担任2016、2017级班主任；开展“违纪违规·安全”主题班会，引导规范学生行为。加强考风建设，开展考试诚信月活动，开展“诚信考试”主题班会5次；优化考试监考工作流程，加强对监考教师的培训。进一步加强“学生文明寝室”建设及检查，充分发挥学生会自我管理、自我监督、自我服务、自我教育的作用。加强和落实对学生社团的指导和管理，落实社团指导老师，重点建设专业性社团，大力扶持优秀社团活动，对品牌社团活动进行经费扶持，对特色活动以及例行活动进行考评；新成立电子学习交流协会、七点一课等3个社团，年末有社团达74个；全年各类社团开展活动300余场，举办周末活动40余次。组建校青年志愿者协会“阳光夏蕾”暑期支教团队、恒爱凉山州上马窑支教团队等4支重点团队参加暑期社会实践；20名学生参加大学生西部计划；开展志愿服务活动221项；荣获第七届四川省青年优秀志愿者项目奖1项。

2017年，学校聘请校内外专业教师、行业专家等47人担任学校创新创业导师。加强创新创业学分管理，启动创新创业教育学分认定系统的建设工作。开展2017年大学生创新创业训练计划项目立项申报，获批大学生创新创业训练计划项目38项，其中，国家级项目21项，省级项目17项。加大“互联网+”创新创业大赛组织和推广力度，全校申报项目523项，评出校级奖90项，获得国家级铜奖1项、省级金奖1项、省级团体银奖3项、铜奖2项，学校荣获“优秀组织奖”。积极开展创新创业指导帮扶工作，与彭山创业孵化园共同举办创业分享交流会14场；开展“三人行杯”创业路演赛；开展SYB创业培训30期；为14个创业团队累计申请创业补贴14万元。学校在四川省普通类本科二批次录取中，文理科调档线分别超二本省控线27分、28分，位居全省同类高校前列。学校举办专场招聘会、网络招聘会共计251场次。2017届本科毕业生一次就业率97.63%，连续7年超过95%；专科毕业生一次就业率达98.89%。在2017年全国研究生考试中，289人通过国家分数线，上线率7.9%；145人被南开大学、四川大学、电子科技大学、中央财经大学、中国传媒大学、西南财经大学等高校录取；66人分别被英国利兹大学、澳大利亚悉尼大学、美国亚利桑那大学、日本早稻田大学等国（境）外知名大学录取为硕士研究生。

2017年，学校加强合作项目的拓展，考察、访问了台湾中原大学、铭传大学、静宜大学，并与中原大学签订校际合作协议；与新西兰商学院、新西兰林肯大学签署专本硕三方合作协议；与泰国兰实大学、泰国博仁大学建立校际合作关系。深入推进与美国北佛罗里达大学、日本鹿儿岛大学、英国胡弗汉顿大学等国外高校的合作项目。进一步规范学生短期赴国（境）外游学实习项目。全年，共有50余批次国（境）外团组、国际友人到校访问。

2017年11月17日至23日，2017—2018中国大学生足球联赛（四川赛区）在四川大学锦江学院举行

2017年，由全国青少年校园足球领导工作小组办公室、中国大学生体育协会、四川省教育厅主办的2017—2018中国大学生足球联赛（四川赛区）在锦江大学举行，来自全川25所高校的28支球队参加比赛。学校新建天然草坪足球场，完成开幕式千人大型团体操编演，出动志愿者1200人次参与志愿服务工作，为600余名运动员、裁判员名提供餐饮服务和赛事服务。比赛期间，学校食堂推出的“足球餐”。经过66场比赛，最终成都理工大学、成都体育学院分别获得校园组、超级组冠军，学校荣获“体育道德风尚奖”和“2017—2018中国大学生足球联赛（四川赛区）最佳组织奖”。

（陈新春　郭　晨）

2017年四川大学锦江学院基本情况统计一览表

表4

类　目	数　量	类　目	数　量
一、学生情况（单位：人）		四、办学条件	
1. 普通高等教育在校学生总数	17477	1. 年末固定总值（亿元）	6.96
普通本科生数	15851	2. 校园占地面积（平方米）	66700.00
普通专科生数	1626	3. 年末校舍面积（平方米）	33800.00
2. 普通高等教育招生数	4980	4. 教学科研仪器设备总值（万元）	9012.00
普通本科生数	4482	5. 图书馆面积（平方米）	13000.00
普通专科生数	498	6. 年末纸质图书量（万册）	131.70
3. 普通高等教育毕业生数	4098	年末电子图书量（万册）	180.60
普通本科生数	3342	7. 教学用计算机台数（台）	2664.00
普通专科生数	756	8. 各类实验室总数（个）	56.00
二、学科及专业设置（单位：个）			
1. 本科专业数	42		
2. 专科专业数	11		
三、教职工构成（单位：人）			
1. 总数	871		
2. 专任教师数	743		
3. 正高级职称数	116		
4. 副高级职称数	147		

卫生和计划生育

【概况】 2017年，全年区财政投入医疗卫生支出4.33亿元。全区共有医疗卫生机构257个，实有床位1610张。全区医疗机构共有技术人员1666人，其中执业（助理）医师827人，平均每千常住人口拥有卫生技术人员4.97人，每千常住人口拥有执业医师2.52人、执业护士2.73人。5岁以下儿童死亡率3.24‰，婴儿死亡率1.35‰，产妇住院分娩率100%。推进医药体制改革，全年减少患者医药支出1200万元。区中医医院项目完成主体工程，区人民医院综合楼建设稳步推进。彭山区接受省专家组对病媒生物防制工作专项考核，并顺利达到国家级C级标准。成功创建省级卫生乡镇1个，省级卫生村8个，卫生单位、无烟单位各2个。区卫生计生工作接受国家级调研检查1次、省级调研检查15次。

【医药卫生体制改革】 2017年，在区级医院全面开展预约诊疗、双休日和节假日门诊、“一卡通”、“先诊疗、后结算”等便民惠民措施。区内二级医院选择疝气、支气管炎、上消化道出血等28个专业92个病种作为临床路径管理试点工作，选择急性心肌梗死、急性心力衰竭、社区获得性肺炎、脑梗死和剖宫产作为单病种质量控制试点，为全面推广临床路径积累了经验。推进公立医院控费管理，区级公立医院共减少药品加成收入970万余元，全区总体数据达标。全年安排拨付取消药品加成财政补助资金180.32万元，全市率先完成财政“兜底”民生工程任务，市医改办下发通报予以肯定。做好2016年度公立医院综合效果评价考核工作，代表眉山市顺利通过省评价考核组交叉考核。开展基本药物制度实施情况监测与指导，进一步降低药品和医用耗材采购价格，推动基本药物制度工作的有序开展。截至年底，全区17个乡镇卫生院、1个社区卫生服务中心和178个村卫生室全部实施国家基本药物制度。5个区级医疗机构、1个社区卫生服务中心、17个乡镇卫生院和178个村卫生室（乡镇卫生院代购）全面实行网上阳光采购。药品、医用耗材阳光采购合格率、医疗卫生机构上网采购率、阳光积分合格率、药品阳光采购合格率均达到100%。严控药品占比和全覆盖“两票”制采购管理，有效降低虚高药价。持续运用医疗、医保、价格、宣传手段进一步规范分级诊疗服务。落实医疗联合体建设，彭山区级医疗机构先后与华西医院、省人民医院、华西附二院建立远程医疗会诊、远程医疗教学，华西附二院、成都市一医院、解放军第四五二医院、四川省中医医院、四川省中西医结合医院、四川省骨科医院建立医疗联合体，积极引进三级医院优质资源到彭山区服务。区人民医院和区中医医院分别牵头组建区域医联体，优质卫生资源下沉到基层，提升了基层服务能力。

【医疗基建项目】 2017年，彭山区卫生和计划生育局（以下简称“区卫计局”）对上争取项目资金8787.87万元。稳步推进市区重点项目区中医医院迁建项目，门诊楼、住院楼及裙楼已封顶，完成总工程量75%，累计完成固定资产投1.1亿元。争取中央投资区人民医院新建住院综合楼项目建设资金5000万元，于7月开工建设。协调推进区精神卫生保健院新建业务用房项目选址工作。观音镇卫生院扩建业务用房项目完成竣工验收，并投入使用。

【医政和中医管理】 2017年，彭山区开展第三届名医、“社会主义核心价值观示范医院”、“健康天使”、优秀护士、护理技能大赛等评选活动，营造尊医重卫氛围。继续发挥院感、检验、中医等23个区级质控中心指导作用，组织专家组开展督导检查和“回头看”，对3家公立医院、6家民营医院负责人进行约谈，持续改进医疗服务质量和能力。充分利用区人民医院、区中医医院龙头医院优势资源，针对全区各医疗机构存在的薄弱环节开展培训、进修、考核等活动，不断提升区级医院和基层医疗卫生机构服务能力。开展各种培训、讲座40余期，培训3250余人次。继续举办卫计系统院长及中层管理干部培训班，由四川大学华西医院管理及教研一线专家负责授课，多方面提升学员的知识和业务能力。开展全区医师定期考核工作，严格审核，确保质量。持续巩固基层中医药服务能力，提升工程承诺指标，完成《中医年鉴》资料收集工作，先后争取中央和省级资金240万元，在全市率先实现乡镇卫生院中医馆建设全覆盖。区卫计局被评为“四川省中医药工作先进集体”，全省“健康教育进基层”公益活动启动仪式在彭山召开。加强医疗机构临床用血管理，积极倡导无偿献血，保证血液质量和临床用血安全，年内无偿献血总人数2588人。开展抗菌药物临床应用管理工作。在全市率先印发《关于对村卫生室和诊所开展抗菌药物静脉输注资质核准工作的通知》，加强对各医疗机构分类、分级、合理使用抗菌药物工作监管力度，提升了全区抗菌药物临床合理应用水平。

【卫生执法监督管理】 2017年，区卫计局严厉打击非法行医，开展联合执法，捣毁一所“黑诊所”、取缔三起游医、查处四起非医疗机构开展诊疗活动案件，罚款人民币1.21万元；查处一起卫生站开展静脉输注抗菌药物案件，罚款人民币2000元；查处一起医疗机构谎报传染病疫情案。扎实开展学校、托幼机构传染病防控工作专项监督检查，监督覆盖率达100%。

【医疗污水处理】 2017年，区卫计局投入资金150万元，在全市率先完成区、乡两级医疗机构医疗污水处置工程项目，医疗污水消毒工艺采用紫外线消毒法，采取SBR+紫外消毒的二级处理工艺，实现达标排放。完成中央、省环保督察迎检工作任务，代区政府对审计组医疗废物审计报告提出修改意见。完成了督察迎检和审计期间医疗保障工作。

【健康扶贫】 2017年，区卫计局实时更新建档立卡贫困人口信息，使建档立卡贫困人口就医做到精准智能识别。实现建档立卡贫困户区域内定点医疗机构住院费用和慢病门诊维持诊疗费用个人支付控制在10%以内，解决建档立卡贫困户“因病致贫、因病返贫”问题；对重点病种集中开展“清除行动”和大病集中救治工作。确保每个村（社区）有1个以上标准化卫生室、1名以上合格村医。大力实施贫困人群医疗救助扶持行动和“一站式”就医服务，解决群众就医负担过重的问题。全年，开展一次性救助85人次、不可逆转维持治疗501人次、慢性病需持续救助2312人次、大病专项救治102人次。扩大卫生扶贫救助基金规模，由区财政追加投入200万元，基金规模达到500万元，受理申请50人次，拨付金额9.09万元。实施贫困地区生育秩序整治和扶助行动，落实计划生育“两奖一扶助”等惠民政策，完成2017年度特扶资金和独生子女父母奖励金2641.5万元打卡发放，做到零误差。积极开展建档立卡贫困人口免费健康体检，落实到位健康扶贫体检区级专项经费73.24万元。

【医疗信访】 2017年，区卫计局结合平安创建活动积极抓好社会稳定工作，妥善解决医疗纠纷，受理信访案件36件，案件处理率达100%，办结率达100%，息诉、息访率达100%。全系统无非正常上访。

【卫生计生宣传】 全年报送各类信息339条，其中：国家级网络媒体57条、省级媒体89条、市级媒体27条、区级媒体38条，编制《彭山卫计》128期，原创网评文章12篇在国家级媒体发表。开展“农民夜校”培训70余期、“健康彭山 幸福同行”卫生计生文化巡演活动7期。在区行政服务中心、公义镇卫生院、帅氏骨科医院设立“健康加油站”，在彭山区青少年培训基地设立健康教育宣传教室。彭山区卫计局获得“四川省“平安家庭”创建工作先进集体”称号。

【卫生信息化建设】 2017年，区卫计局组织实施卫生信息化建设项目，将信息化建设纳入医院等级评审和复查范围，逐步完善省、市、县、乡“四级三层”远程医疗服务网络。融入“健康四川”服务平台，二级医疗机构接入率达80%。依托“互联网+政务服务”对接“四川省一体化政务服务平台”，进行数据库初始化工作。对接“114”平台，在方便群众微信挂号的同时，向群众推送卫计工作信息，关注人数1.4万余人，阅读量达2.7万人次。大力推进数字化医院建设，区人民医院成功创建数字化医院；督导区中医医院、区妇幼保健计生中心做好医院整体搬迁前的数字化医院准备工作。扎实开展“三医监管”平台建设，区人民医院、中医医院、妇幼保健中心已经完成对码工作和设备安装，相关数据与省级平台完成对接，实现互联互通。

【应急体系建设】 2017年，区卫计局完成省级抗震救灾综合演练和省级卫生应急救援野外拉练。获得眉山市2017年卫生应急技能竞赛2个现场团体技能操作二等奖和2个现场个人技能操作三等奖。

【公共卫生服务】 2017年，全区累计建立居民健康档案32.18万份，管理原发性高血压患者数1.58万人、Ⅱ型糖尿病患者数6035人、重性精神疾病患者1415人、肺结核患者150人。基本公共卫生服务项目资金按时拨付到位，解决了基层医疗机构垫付资金的矛盾。推进实施家庭医生签约服务，重新制定了家庭医生签约基础服务包，实行一年一签，逐步推进个性化签约服务包，全科医生加入家庭医生队伍。

【严重精神障碍患者服务管理】 2017年，全区科学规范地开展严重精神障碍患者筛查、治疗、管理和救助工作，进一步完善严重精神障碍信息录入、评估、随访管理制度和部门联席会议制度，在区人民医院设立心理治疗门诊。积极落实“以奖代补”政策，制发《严重精神障碍患者看护管理记录手册》。区政府同意设立60万元严重精神障碍患者救治救助基金，并牵头制定《眉山市彭山区严重精神障碍患者救治救助基金管理办法》。2017年，全区在册严重精神障碍患者管理率96.12%，规范管理率93.9%，在管患者药物治疗率58.58%。

【妇幼保健】 2017年，彭山区不断优化社会环境和促进医疗保健机构产、儿科能力建设，大力推进重大妇幼公共卫生项目工作。圆满完成“两癌”筛查及妇女病普查工作任务。其中，宫颈癌筛查6780人、乳腺癌筛查2110人、妇女病筛查8890人。持续开展免费婚前医学检查项目，完成新婚夫妇婚前检查2604对、孕前优生健康检查1084对，目标人群覆盖率达101.78%。9月，区妇幼保健院成功创建二级甲等妇幼保健院。

【爱国卫生活动】 2017年，全区爱国卫生工作紧紧围绕“健康彭山”建设要求，认真贯彻落实全国卫生与健康大会精神，精心组织开展“历史与展望——为了人民健康的65周年”第27个爱卫月宣传纪念活动、“助力四城建设，倡导绿色出行”单车骑行活动以及以“无烟、健康、发展”为主题的世界无烟日宣传咨询等主题活动。在区行政服务中心、公义镇卫生院、帅氏骨科医院设立了“健康加油站”，在彭山区青少年培训基地设立健康教育主题教室。

【创卫工作】 2017年，全区狠抓除“四害”工作，有效预防传染病发生。倡导全民健康生活方式，积极推进区级全民健康生活方式各类健康示范单元创建任务。按照《眉山市彭山区城乡环境卫生整洁行动实施方案（2015—2020年）》，继续深入开展全区城乡环境卫生整洁行动。区人民医院开设的“戒烟门诊”是2017年中央财政拨款建设项目，也是全市唯一的戒烟门诊。

【二孩政策落实】 2017年，区卫计局抓好全面二孩政策落实工作，做好政策的衔接、登记发放生育服务证等服务工作，无审批或变相审批现象，全面推行网上办理、承诺办理和代办，抓好计划生育便民服务平台的运行监督管理。全区共进行生育登记2757例。

【两奖一扶助】 2017年，全区奖励扶助特扶资金和独生子女父母奖励金共2641.5万元，打卡发放全部到位，同时做好2018年奖励扶助、特别扶助和独生子女父母奖励政策确认工作，做到政策确认零误差。

【人口数据核查】 2017年，彭山区人口自然增长率为4.14‰，同比增加0.41个千分点。全员人口数据库个案与公安数据核查比对工作完成率达100%。与公安、民政、新农合、网格、妇幼、疾控等部门建立数据共享机制，村居手持移动终端覆盖面达100%，数据处理率达100%。在全国生育状况抽样调查工作中，完成率100%，完成质量居全市第一。

【特殊家庭关怀扶助】 2017年，区卫计局做好计划生育特殊家庭关怀扶助工作，建立计生特殊家庭就医、转诊绿色通道、免费体检制度，建立计划生育特殊家庭一对一、多对一联系人制度，是全市唯一创先推出特殊家庭帮扶联系卡的区（县）。

【疫苗接种】 2017年，落实免疫规划监测及疫苗接种任务，接种率达99.59%。完成1例AFP和8例麻疹监测。

【传染病防控】 2017年，区卫计局强化对不明原因肺炎、人感染H7N9禽流感、狂犬病等急性传染病的防控，法定传染病报告质量综合评价合格率达99.78%，甲乙类传染病报告发病率比2016年下降7.69%，发病率控制在全省平均水平以下。进一步加强对艾滋病、结核病等重大传染病的防控，全面推进省级艾滋病综合防治示范区工作，在四川大学锦江学院设立免费艾滋唾液自检点，为全市首创、全省领先。艾滋病抗病毒治疗比例达80.52%，感染者和病人随访检查比例达97.4%。全面完成省结核病考核指标，对四川大学锦江学院5800名新生全部实施结核病筛查，严防学校等重点人群发生聚集性疫情，全区无聚集性疫情发生。积极为从业人员提供免费健康体检，全年免费体检1.22万人次，较2016年增加一倍。

【卫生监测】 2017年，全区饮用水监测点42个，乡镇覆盖率100%。继续巩固消除疟疾、消除碘缺乏病和急性传染病综合防控省级示范区目标成果；继续巩固血吸虫病传播阻断达标成果，无急血病例发生。

（何晓军）

文化广电新闻出版

【机构变更】 2017年9月，根据中共眉山市彭山区委机构编制委员会《关于旅游局承担行政职能事业单位改革试点实施方案的批复》（眉彭编发〔2017〕43号）文件，组建文化旅游广电新闻出版局，将区旅游局与区文化广电新闻出版局整合，重新组建区文化旅游广电新闻出版局。不再保留政府直属事业单位区旅游局。将原区旅游局内设机构综合管理股、规划股承担的全部职能整体划入文化旅游广电新闻出版局新增股室旅游股；执法股承担的行政处罚、裁决等职能整合到文化旅游市场综合执法大队。将文化市场综合执法大队更名为文化旅游市场综合执法大队。

【公共文化服务建设】 2017年，彭山区文化馆、图书馆、文化站“两馆一站”免费开放，规范有序。认真贯彻执行区政府《关于进一步加强现代公共文化服务体系建设的实施意见》，严格按照基本公共文化服务保障标准对全区公共文化服务进行对照检查，进行逐项落实。修订、完善《乡镇（街道）示范综合文化站和村（社区）文化阵地考核办法》，规范文化室、图书室、广播室管理运行。为乡镇（街道）文化站、村（社区）图书室免费配送图书1.2万余册、报刊30余种。放映农村公益电影1150场，观众6.2万人次。建成义和乡活桥村等15个农村综合宣传文化阵地，农村基层群众的业余文化生活更加丰富多彩，读好书、唱好歌、看好电影、参加健康的文体活动成为基层群众的常态化生活。

【群众文化活动】 2017年，彭山区新组建幸福长寿艺术团合唱团。全年开展参与包括“东坡大舞台”乡村春晚等市级文艺演出4次；组织包括庆祝中国共产党成立96周年“撸起袖子加油干·齐心协力谱新篇”等区级重大群文活动9次；首次在彭山区开展对外音乐交流演出2次；完成“寿乡大舞台·幸福新农村”“喜迎十九大·不忘初心跟党走”“关爱老年人·传承好家风”等送文化下乡、文化惠民演出24场次；组织开展乡镇、村（社区）群众文化活动600余场次；创作完成市级精品节目竹琴表演唱《李密还乡》的音乐制作和舞蹈编排任务。

【非物质文化遗产】 2017年9月，收集、整理、编写彭祖功（导引舞武）相关文字、图片资料，完成省级“非遗”保护名录送审工作。收集彭山区具有保护价值或濒危状态的“非遗”项目4个，整理、筛选，登记记录。彭山“非遗”保护中心组织部分省、市、区县级“非遗”保护名录登台展演，同时将彭山区部分省、市、区级“非遗”保护名录做成宣传栏，在社区、学校进行为期一周的宣传。

【文学艺术创作】 2017年，自编自导小品《不速之客》获“眉山市东坡大舞台”第四届戏剧小品大赛优秀奖；完成《国宝彭山》初稿编辑；编辑出版《彭祖山文学》4期。

【文物保护】 2017年，张献忠江口沉银遗址水下考古一期工作顺利结束，发掘面积2万余平方米，出水金银锭、金银册、西王赏功金银币、金银饰等珍贵文物3万余件。组织高密度的新闻宣传和高层次的学术研讨，在全国引起广泛关注，江口沉银一跃成为彭山最闪亮的文化名片和最醒目的形象标识；完成第九批省级文物保护申报工作；申报法王寺、江口大码头及河街子、白平观遗址及摩崖造像3处为省级文物保护单位工作；对52处上级文物保护单位进行测绘，并上地形图，明确上级文物的位置与保护范围；陶窑遗址文物保护方案编制顺利进行；张纲墓保护利用完成初步规划；印发《彭山区人民政府关于进一步加强文物工作的实施意见》；江口崖墓保护性设施建设项目顺利启动，进入挂网规划方案设计的招标工作；九龙山隧道建设项目涉及江口崖墓群选址及文物保护方案得到国家文物局批复。

【全民阅读】 2017年，区图书馆开展“书香彭山”送书及送春联下乡活动；组织暑期读书征文活动，收到各界人士稿件235件。彭山区观音镇曾家村曾政力获得国家广播电视总局表彰，授予“全国先进农家书屋管理员”称号。

【文化旅游市场】 2017年，彭山区新增文化经营户15家。紫轩网吧、摩杰网吧等文化产业投入使用。开展“清源”“净网”“护苗”“秋风”“固边”专项整治和 “元旦、春节文化市场专项整治”“文化市场安全大排查”等各类专项整治行动。建成13个乡镇（社区）“扫黄打非”办和18个村级“扫黄打非”工作站，办结文化市场各类违法、违规经营案件3起，收缴非法出版物200余本（盘），排查整治安全隐患40处。荣获2017年度省级“扫黄打非”先进集体。完成网吧

“文网卫士”技术监管系统安装调试并全面启用，“12318”网上举报日常管理、文化市场技术监管平台应用工作规范有序，按时、保质、保量完成平台数据录入更新工作。建成网吧高清视频监控系统规划设计工作。完成350余件知识产权登记工作。

【文化项目】 2017年，彭山区启动历史文化名城建设工作，江口古街、北外街保护性规划已通过市规委会评审，涉及的文化梳理、文物保护工作初步完成，形成《岁月记忆——北外街》《江口古镇文史》等研究成果。区文化馆、图书馆规划设计方案初步完成，张献忠沉银博物馆完成选址并着手规划方案的招标工作。张纲墓保护利用完成初步规划。

（李云福）

广播电视

【概况】 2017年，《彭山新闻》栏目全年播出电视新闻1504条；开设宣传专栏20个；《彭山故事》栏目全年播出18期；《健康你我TA》栏目全年播出23期；《七嘴八舌》栏目全年播出20期；《聚焦三农》栏目全年播出30期。2017年，新闻部被共青团四川省委评为“全省青年文明号”称号。

【安全播出】 2017年，彭山区电视台根据广电系统行业标准对设备进行升级，完成模拟信号到标清信号的播出，并投入10万余元对播出系统进行搬迁，彻底解决和网络公司共用播出机房的局面，全面保障了中共十九大期间的安全播出。

【新闻播放】 2017年，区电视台播放十九大宣传标语480条（次），播放纪录片《将改革进行到底》《辉煌中国》《不忘初心、继续前进》等90余次，播放美丽彭山等环保公益广告90余次，在《彭山新闻》中转载中央电视台、《人民日报》、四川电视台、《四川日报》评论员文章10余条。

【环保新闻】 2017年，在中央环保组督察期间，以新闻部为主，全区上下联动，紧扣全区各行业环保治理时间表，连续三个月在市级媒体上稿量112条，居全市第一；拍摄制作3条彭山区环保类型新闻在四川卫视《四川新闻》中播出。

【新闻制作】 2017年，重新启动“彭山形象片”拍摄工作；完成公益广告《我们是中国共产党党员》的制作，在全区“七一”歌咏比赛和清风扬眉彭山站巡演中播出；完成微电影《奔跑吧，书记》的拍摄制作，通过微电影形式展现彭山区脱贫攻坚工作。2017年，区电视台制作的新闻被市级以上电视（广播）台采用电视新闻节目256条，位居全市区、县台第二名，其中，在中央电视台播出2条；在省电视台播出8条；在眉山《新闻联播》播出头条新闻27条，位居全市区、县电视台第一名。

【专题节目】 2017年，区电视台策划制作系列片《玩转彭山》，在成绵乐沿线20余家电视台播出，反响很好，为推动眉山市的文化旅游产业发展起到了积极作用，该系列片也在市广播电视优秀节目评选中获得优秀奖；社教专题《乐者》、访谈类节目《心灵音乐唱作人——赵迎》聚焦主旋律，弘扬正能量，在市广播电视优秀节目评选中获得优秀奖。

【荣耀成果】 2017年8月，在四川省“好记者讲好故事”决赛中，彭山区电视台女主播赵蓉代表眉山市以9.71分荣获第三名。10月，在中国记协、全国三教办组织的第四届“好记者说好故事”活动中，赵蓉荣获“优秀选手”称号，受到全国“三个代表”重要思想学习教育活动领导小组办公室通报表彰。

（杜晓文）

老龄工作

【概况】 2017年，彭山区老龄工作全面推动老龄事业发展“十三五”规划实施，认真调查研究老龄工作中的难点、瓶颈和短板问题，加大宣传力度，提高老龄化认识，转变工作作风，为促进老龄事业发展，提高老年人获得感、幸福感，开创了彭山区老龄工作新局面。

【老年组织建设和管理】 2017年，区老龄办向市老龄办申报基层老年协会“敬老爱老助老”活动项目和凤鸣镇菱角村老年人协会、黄丰镇金鱼村老年人协会、谢家李山村老年人协会项目，市老龄办拔项目资金10万元，各项目按资金要求已全面启动。完成《眉山市彭山区“十三五”老龄事业发展和养老体系建设规划》。

【敬老模范县创建】 2017年，区老龄办在全区启动第五轮创建敬老模范乡镇（街道）工作。

【老年优待】 2017年，为确保困难、高龄、空巢及失能老年人、离退休人员面临的生活困难，确保全区老年人能度过一个欢乐祥和的春节，区老龄办组织全区开展春节慰问老年人活动。彭山区结合实际，慰问百岁老人36人、2.37万元；离退休人员150人、7.5万元、困难、高龄、空巢及失能老年人130人、6.5万元。核查各乡镇高龄老人1.5万人基本情况；收集老龄优待工作督察资料；收集各乡镇高龄变动表；发放90岁以上1320人（百岁49人）高龄补助215.2万元、80岁～89岁9444人高龄补助347.41万元。

【老年教育工作】 2017年，彭山区召开专题工作会，确定由区老年大学牵头，加强对乡镇（街道）、村（社区）老年学校的管理，在乡镇（街道）、村（社区）确定示范学校，带动提高全区老年学校的教学水平，吸引更多的基层老年人参加有益的学习和活动。配合眉山市老龄工作委员会办公室、眉山市老年人协会举办眉山设区建市20周年庆祝活动的展板活动，让更多的老年人积极参与到活动中。

【“敬老月”活动】 2017年，区老龄办在重阳节开展老年人权益保障法宣传，发放宣传资料和敬老宣传画1000份。开展“寿星”“孝子”评选，评选5个寿星、5个孝子。在各乡镇开展“喜迎十九大 欢庆国庆重阳”老年文艺巡回演出。开展“攀亲百岁老人”志愿者服务活动。对全区54名百岁老人进行走访调查，建立亲情服务档案，有针对性地开展常态化志愿服务，帮助解决电力方面问题。通过帮助老人打扫卫生、整理家务、拍摄全家福、为老人读书读报、陪老人聊天、倾听老人回忆往事等形式，陪伴百岁老人度过重阳节。

【老龄工作督导】 2017年4月和8月，区老龄办与区老龄工作督导员对各乡镇（街道）的老龄工作进行督导，督察各乡镇（街道）老年人意外伤害保险工作、基层老协会登记备案管理工作开展情况，助推彭山区老龄工作的提升和老龄事业的发展。全年，老年人意外伤害保险任务1.85万人，完成2.54万人；其中，财政兜底1.24万人，完成目标任务的137%，全面超额完成“银龄安康”目标任务。

（罗红梅）

电子政务服务

【机构变更】 2017年9月20日，因统筹推进承担行政职能事业单位改革试点实施方案要求，眉山市彭山区人民政府电子政务办公室进行事业单位改革，更名为眉山市彭山区电子政务服务中心。

【概况】 2017年，彭山区电子政务服务中心秉承“宣传大政方针，聚焦经济民生，传承寿孝文化”的办报理念，坚持宣传彭山、服务彭山、提升彭山形象为宗旨。认真办好《彭山》报周二刊，并按时出刊，全年共出版94期；上级媒体用稿280篇，报刊差错率严格控制在万分之三以内，没有出现政治性、导向性错误。“中国·彭山政府网”运行正常，站点访问量名列全市第一。

【内宣工作】 2017年，区电子政务服务中心认真办好《彭山》报周二刊，并按时出刊，完成全年目标任务。严格执行“三审三校”制度，报刊差错率严格控制在万分之三以内，确保每期报纸紧扣中心，导向正确，贴近群众，排版美观，具有较强的可读性，报纸质量始终名列全市前列。按照区委、区政府的中心工作及时开辟栏目，积极策划活动，加大宣传报道力度，增大信息量，在全区上下积极营造解放思想、品质发展、担当有为的良好舆论氛围，打好宣传主动仗。以努力建设天府新区彭山区域，全方位、多层次、多角度进行报道。加大党建工作、经济建设、精准扶贫、民生工作的宣传力度，加强对各部门、各乡镇的宣传报道，促进各项工作顺利开展。完成区委、区政府以及区委宣传部交给的各项宣传报道任务。

【外宣工作】 2017年，《彭山》报记者共有280篇新闻稿件在市级以上媒体刊登。其中，包括凤凰网、人民网、中新网、新浪采用的《四川彭山江口沉银考古点被淹 本次考古结束》《眉山市彭山区推“明厨亮灶”保障舌尖上的安全》等中央级媒体30篇；《四川日报》《四川经济日报》《成都商报》《成都日报》《四川农村日报》等省级媒体30余篇；《彭山：农业嘉年华10月将开馆运行》《送岗位下乡 助力脱贫攻坚》《彭山区推行“河长制”铁腕治污初显成效》等稿件刊登在《眉山日报》、四川在线等市级媒体280余篇。

【“不老彭山”微信公共号】 2017年9月21日，“不老彭山”微信公众号正式开通。“不老彭山”微信公众号以让外地人关注彭山、彭山人热爱彭山为目的，每周发布原创微信2～3条，及时发布区委、区政府重大战略规划、重大决策、重要活动、重要政策出台及执行情况的相关信息，公益性、服务性的民生信息、便民措施、生活资讯等，为网民提供丰富的政务信息资讯。微信公众号开通以来，粉丝量近万人，推送各类文章60余条，其中，《签了！中法农业科技园300亿项目落地锦江》阅读量超过5000，“不老彭山”微信公众号正在成为彭山人民获取信息的最方便、最快捷的渠道。

【政府网站】 2017年，“中国·彭山”政府网运行正常，站点访问量名列全市区县第一。全年，站点共录入信息1.73万条，总访问量365.71万人次，名列全市区县网站第一。按照省政府网站绩效评估要求，进一步精简内容，调整栏目，增设“双公示”专栏，同时对乡镇、部门子站栏目进行相应调整。行政权力公开运行办件数量和质量保持稳定增长，办件录入量已达3.3万件，比2016年年末增加1.03万件，行政权力公开运行工作已进入常态化。

（王梦丹）

档　案

【档案法制宣传】 2017年，彭山区档案局积极参加文化科技卫生“三下乡”活动和“6·9”国际档案日“档案——我们共同的记忆”系列宣传活动，设立法律、法规咨询点，共展出展板6个、档案宣传横幅 1幅、档案宣传画册5套，发放宣传资料1600余份，发放书籍“2017寻找我们共同的记忆”200余份，接待群众咨询260余人次。在《彭山报》、彭山电视台开辟“国际档案日”宣传专栏，进行档案法律、法规宣传。

【档案行政执法】 2017年，区档案局与区人大法制工作委员会、区监察局组成档案联合行政执法检查组，对照《眉山市彭山区档案行政执法检查细则》，对区凤鸣街道办事处、区烟草专卖局、农业银行彭山支行等10个立档单位进行档案行政执法检查，责令存在较多问题的2个受检单位限期整改，通过党政网发放《关于档案行政执法检查的情况通报》（眉彭档函〔2017〕21号）至全区各企事业单位、部门。

【行政权力事项】 2017年，区档案局推行行政权力公开运行，做好行政审批制度改革工作，及时按照要求在行权平台上公开、公布相关资料，全年上传案件107条。认真落实开展全省一体化政务服务平台工作，认领省下发权力事项13条，并全部编辑上报。

【档案工作规范化建设】 2017年，区档案局将《四川省档案局关于认真学习贯彻落实〈四川省档案工作规范化管理办法〉的通知》转发至全区各立档单位及其下属单位，要求各单位加强组织领导，将学习宣传贯彻档案工作规范化管理作为一个工作重点，落实到位。对108个机关、企事业单位的档案归档、档案保管保护、档案全宗卷的建立健全等各项档案规范化管理工作要求做了详细的实地指导，结合各单位的具体情况现场指导培训120余人。档案工作规范化管理认定或复查6个立档单位，其中，学校、企业和乡镇（街道办）各 1 个，省一级单位 1 个。制定《关于承担行政职能事业单位改革试点档案的处置方案》，组织业务力量于 10 月 26 日至 11 月 2 日对彭山区 14 个涉改单位档案管理工作进行摸底调查及业务指导，要求全区涉改单位重视改革过程中的档案管理工作，切实做好档案的收集、整理、鉴定和移交，确保档案完整、安全。

【档案资源建设工作】 2017 年，区档案局对 6 个机关、企事业单位文件材料归档范围和档案保管期限进行审核。全年接收档案 2498 卷、3.16 万件，收集了岷江大道彭山段公路工程档案、特色葡萄节档案资料。对全年接收进馆档案实行超低温冷冻、杀菌、编制档号、规范整理上架。积极稳妥推进拟开放档案密级鉴定工作，完成机关工委 1955—1987 年的档案鉴定工作。完成 1602 卷馆藏民国档案修复、著录、数字化加工工作。

【民生档案】 2017 年，区档案局加强对扶贫、环保、国土、信访、卫计、社保等民生档案管理工作的指导和检查，与区扶贫移民局联合转发《〈关于进一步规范脱贫攻坚档案工作的意见〉的通知》（眉彭档〔2017〕1 号），并组织区扶贫移民局、黄丰镇村社干部共计 13 人，赴丹棱县实地参观学习；在黄丰镇花龙村试点，全面真实记录彭山区脱贫攻坚全过程。对区农业局进行档案业务指导时，重点检查农村土地确权档案完成情况，就存在的问题提出建议、意见；完成 5 万余户农村土地承包经营权登记证颁发。与区农改办联合发文《关于加强农村集体资产股份制改革档案管理工作的通知》，确保档案资料的齐全与完整，维护人民群众的切身利益。

【数字档案资源建设】 2017 年，区档案局购买了 2 台高配置的数字化扫描仪，提高文件扫描质量。全年完成彭山区馆藏档案数字化处理 149.48 万页，档案目录著录 15 万余条，全面完成年度目标任务。积极推进数字档案馆建设工作，在区检察院、区法院开展数字档案室示范建设。利用进单位业务指导同时，指导各单位使用数字档案室系统。

【“项目档案”工作】 2017 年，区档案局共指导登记重点建设项目 31 家。与区发改局联合印发《关于开展市重点项目档案工作督查的通知》（眉彭档〔2017〕5 号），对区域内重点项目档案工作进行督察，并对督察整改情况跟踪复查。2017 年 11 月，完成岷东大道眉（山）彭（山）段公路工程建设项目的档案验收工作。

【档案教育培训】 2017 年 7 月 12 日—14 日，区档案局牵头组织区检察院、区卫计局等单位档案工作人员参加全市档案业务培训会。10 月 17 日，召开全区 2017 年档案业务培训会。重点讲解档案全宗卷撰写，解读《国家档案局第 8 号令》《档案整理规则》，培训档案人员 140 余名，发放培训资料 170 余本。

【档案查阅利用】 2017 年，区档案局采取多种方式主动提供档案查阅利用服务，全年共接待 1978 人次，查阅利用档案 3498 卷，复印资料5912页，其中，接待异地查档、跨馆服务9人次。加强档案利用事例的汇编，全年上报典型利用事例12例。

【档案安全建设】 2017年，区档案局加强档案库房管理，将修改、完善后的《档案信息安全管理制度》《区档案馆控制档案利用制度》《区档案馆库房管理制度》《档案馆档案安全保卫制度》张贴上墙，以制度规范管理工作。邀请区消防大队官兵开展消防技能应急演练，对局（馆）的安全防火设备进行逐一检查，对消防设施进行全面的更新。召开以网络信息安全、存储设备安全为主题档案保密培训会，确保档案馆库房安全、档案实体安全、档案信息安全，全年无任何安全事故发生。

（杨文娴）

人　物

Figures

眉山市彭山区党政群机关及其工作部门领导任免名录

中共眉山市彭山区委

书　记：梁　磊（继任）

副书记：罗万东（继任）

郭　红（继任）

刘均剑（11 月任，省发展和改革委员会资源价格处处长挂职）

常　委：蒋会强（下派，继任）

李洪强（继任）

马　炜（继任）

李勇刚（继任）

袁利民（继任）

陈　行（继任）

郭　益（继任）

舒　建（11 月任，省财政监督检查局副局长挂职）

眉山市彭山区人大常委会

主任、党组书记：钟建成（继任）

党组副书记：郭　茂（继任）

副主任：余玺樟（继任）

郭　茂（继任）

廖　伟（继任）

胡志中（继任）

专职委员：丁　越（继任）

郑发启（继任）

眉山市彭山区人民政府

区长、党组书记：罗万东（继任）

党组副书记：李洪强（继任）

副区长：李洪强（继任）

罗任飞（挂职，6 月止）

段永勤（继任）

王　鹏（继任）

王　松（继任）

周　惠（继任）

梁　兰（继任）

舒　建（挂职，11 月任）

邱　磊（挂职，7 月任）

眉山市彭山区政协

主席、党组书记：谭福轩（继任）

党组副书记：卓德松（继任）

副主席：喻　旭（继任）

毛太忠（继任）

卓德松（继任）

王　娜（继任）

秘书长：罗建斌（继任）

区纪律检查委员会

书　记：李勇刚（继任）

常务副书记：陈　利（继任）

曾淑敏（继任）

副书记：陈　斌（继任）

常　委：章建军（2016 年 9 月止）

杜远虑（继任）

刘晓卫（继任）

张锦刚（继任）

李　慧（继任）

监察局

局　长：陈　利（继任）

曾淑敏（继任）

副局长：张敬林（继任）

区纪委、监察局组织部

部　长：李　慧（继任）

区纪委、监察局宣传部

部　长：杜凤兵（继任）

区纪委、监察局办公室

主　任：马　强（继任）

区纪委、监察局党风政风监督室

主　任：张锦刚（11 月止）

汪静飞（11 月任）

区纪委、监察局案件审理室

主　任：刘芩宇（继任）

区纪委、监察局信访室

主　任：

区招投标监督委员会办公室

副主任：

区纪委、监察局纪检监察一室

主　任：张志浩（继任）

区纪委、监察局纪检监察二室

主　任：王　熠（继任）

派出第一纪工委

书　记：章建军（继任）

副书记：祝　慧（继任）

委　员：周　艳（继任）

派出第一监察分局

局　长：章建军（继任）

副局长：祝　慧（继任）

监察员：周　艳（继任）

区委巡察办

主　任：陈　利（继任）

区委第一巡察组

组　长：刘建军（继任）

区委第二巡察组

组　长：吴　勇（继任）

区委第三巡察组

组　长：徐忠伦（继任）

区纪委第一派驻纪检组

组　长：漆　影（继任）

区纪委第二派驻纪检组

第一组长：冯素才（继任）

组　长：李卫兵（3 月止）

唐乙中（11 任）

区纪委第三派驻纪检组

组　长：康红艳（继任）

区纪委第四派驻纪检组

第一组长：宋冬梅（继任）

组　长：游　雨（继任）

区纪委第五派驻纪检组

组　长：夏传宝（11月止）

区纪委第六派驻纪检组

第一组长：彭国英（继任）

组　长：李艳芬（继任）

赵　柯（继任）

区纪委第七派驻纪检组

第一组长：罗　云（继任）

组　长：刘　麦（继任）

舒　心（继任）

区纪委第八派驻纪检组

第一组长：袁登华（8月止）

区纪委第九派驻纪检组

组　长：方　强（继任）

区纪委第十派驻纪检组

第一组长：高　勇（继任）

组　长：周　慧（继任）

区纪委第十一派驻纪检组

第一组长：钟　铨（3月止）

组　长：李新民（继任）

区纪委第十二派驻纪检组

第一组长：孙维炜（继任）

组　长：宋德强（继任）

区纪委第十三派驻纪检组

第一组长：盛晓波（继任）

组　长：王安成（继任）

冯　阳（继任）

区纪委第十四派驻纪检组

第一组长：张明亮（继任）

组　长：汪建勋（继任）

鲁喜化（5月止）

区纪委第十五派驻纪检组

第一组长：刘利平（继任）

组　长：谌　兵（继任）

区纪委第十六派驻纪检组

第一组长：尹　刚（继任）

组　长：黄莉均（3月止）

区纪委第十七派驻纪检组

第一组长：刘　莉（继任）

组　长：黄建波（继任）

法　院

党组书记、院长：夏成刚（继任）

常务副院长：付　超（继任）

副院长：李素华（3月止）

周　文（继任）

张　梅（3月任）

政治处主任：娄江永（6月止）

张　英（11月任）

区人民法院执行工作局

局　长：谌　英（继任）

区人民法院审判委员会

专职委员：段利霞（继任）

彭　明（继任）

青龙法庭

庭　长：李昌莹（继任）

区人民法院司法调解中心

主　任：李素华（继任）

专职副主任：

检察院

检察长：龙　科（继任）

常务副检察长：徐惠林（继任）

副检察长：袁　玲（继任）
张　翔（继任）
徐俊驰（6 月止，省检察院民事行政检察处挂职）
袁　枫（继任，市院下派干部）
辛丽娟（6月任，省院下派干部）
政治处主任：张景遥（11 月任）

区人民检察院反贪局

局　长：满　强（5 月止）
赵显强（5 月任）

区人民检察院司法调解中心

专职副主任：郭　红（继任）

检察委员会

专职委员：李　鸿（继任）
李卫兵（3 月任）

派驻青龙检察室

主　任：赵显强（5 月止）
李　刚（5 月任）

派驻牧马镇检察室

主　任：郭　武（3 月任）

人武部

政委（代）：罗　琦（7 月止）
钱　军（7 月任）
部　长：冯　岩（7 月任）
副部长：李 敏（继任）
参　谋：任　康（继任）

军事科

科　长：李 敏（继任）

政工科

科　长：何　明（5 月止）

后勤科

科　长：任　康（5 月止）

区委办

主　任：游德华（继任）
区委机关党委副书记、纪委书记：
漆　影（继任）
常委办主任：李庆凌（继任）
副主任：黎文林（继任）
胡凤翔（继任）
李庆凌（继任）
许　旺（继任）
区委机关党委书记：唐　杨（继任）

区委、区政府接待办

主　任：张　海（继任）
副主任：倪　杨（继任）
夏　萌（继任）
孟桂林（继任）

目标办

主　任：颜　菱（继任）

督查室

主　任：许　旺（继任）

区网格化服务中心

主　任：徐丽红（继任）
副主任：陈思翰（继任）

组织部

部　长：袁利民（继任）
常务副部长：袁凌铃（继任）
副部长：刘　伟（继任）
彭　艳（继任）
张怀庆（继任）
付卫平（继任）
李　燕（继任）
部务委员：胡发军（继任）

党建办

主　任：颜　菱（继任）

副主任：先张玉（继任）

非公有制经济组织、新社会组织党工委

书　记：付卫平（继任）

远教中心

主　任：梁卫东（继任）

副主任：袁杰科（继任）

人才办

主　任：李　燕（继任）

区委宣传部

部　长：马　炜（继任）

常务副部长：郭　平（继任）

副部长：胡凤翔（继任）

丁诗韵（继任）

部务委员：康文翔（继任）

区委对外宣传办公室暨区政府新闻办公室

主　任：胡凤翔（继任）

副主任：

对外宣传新闻中心

主　任：徐莉莉（继任）

精神文明办公室

主　任：

区社会科学界联合会

主　席：吴建明（继任）

区文学艺术界联合会

副主席：王碧林（继任，聘任）

长寿文化研究所

所　长：李兴华（继任）

副所长：陈元飞（继任）

倪　瑞（继任）

互联网不良与违法信息举报中心

主　任：徐　军（继任）

区委统战部

部　长：蒋会强（继任）

常务副部长：符江川（继任）

副部长：陈立雪（继任）

刘晓冬（继任）

部务委员：宁　莉（继任）

民族宗教事务局

局　长：陈立雪（继任）

区委政法委

书　记：郭　益（继任）

常务副书记：王　军（继任）

副书记：夏　云（11 月止）

周亚琳（继任）

徐　敏（11 月任）

综治办

主　任：夏　云（11 月止）

周亚琳（11 月任）

副主任：陈文涛（继任）

王　启（继任）

维稳办

主　任：徐　敏（继任）

副主任：李　洪（11 月任）

国家安全领导小组办公室

主　任：傅　艳（继任）

法学会

会　长：徐忠智（11 月任）

秘书长：孙文涛（继任）

大调解中心

专职主任：杨海霞（继任）

区委政研室

主　任：辜　欣（继任）

副主任：帅　辉（3月止）
　　　　何　霞（3月任）
　　　　张艳红（继任）

区委机构编制委员会办公室

主　任：彭　艳（继任）
副主任：陈跃武（继任）
　　　　汪红梅（5月任）

事业单位登记管理局

局　长：彭　艳（继任）
副局长：袁　丽（继任）
　　　　段艳梅（继任）

机构编制信息中心

主　任：周　容（继任）

区委群众工作部

部　长：黎文林（继任）
副部长：干树文（继任）
　　　　冯雅琴（继任）
部务委员：郑秀芬（继任）

区群众接待中心

主　任：黎文林（继任）
副主任：何李霞（继任）

区信访群众疏导调解中心

专职副主任：刘红霞（继任）

区委农村工作领导小组办公室

主　任：张鸿涛（11月止）
　　　　伍建国（11月任）
副主任：李　琴（12月止）
　　　　邓文杰（继任）
　　　　高洪水（3月任）

区委机要局

局　长：胡　水（继任）
副局长：李　毅（继任）
总工程师：黄光伟（继任）

区保密局

区委保密委员会办公室主任、保密局局长：
　　　　周志远（继任）

保密技术检查中心

主　任：龚开福（继任）

区直机关工委

书　记：叶秀兰（继任）
副书记：周天翔（继任）
纪工委书记：刘利平（继任）

区委老干部局

局　长：刘　伟（继任）
副局长：陈迎春（继任）

党　校

校　长：袁利民（继任）
常务副校长：王海英（继任）
副校长：王正江（继任）
　　　　刘先清（继任）
校委委员：向国彬（继任）

党史地方志办公室

主　任：蔡贵明（继任）
副主任：刘黔玲（继任）
　　　　何　霞（3月止）
　　　　帅　辉（3月任）

《今日彭山》杂志社、区政府电子政务办公室

总编、主任、党组书记：曾卫平（继任）

副总编、副主任：周　静（继任）

温选鹏（继任）

总工会

主　席：蒋会强（继任）

常务副主席、党组书记：吕卫东（12月任）

副主席：张洪良（继任）

李　建（继任）

共青团眉山市彭山区委

书　记：陈　盼（继任）

副书记：张潇丹（继任）

妇　联

主席、区政府妇儿工委办主任：

巫燕平（继任）

副主席：管　莉（继任）

黄　丹（继任）

区科协

主　席：余红星（继任）

副主席：唐　红（继任）

彭　佳（继任）

区工商联

主　席：毛太忠（继任）

党组书记：刘晓冬（继任）

常务副主席：刘晓冬（继任）

副主席：张　钰（继任）

残　联

理事长：游德成（继任）

副理事长：郑碧忠（继任）

李　锐（继任）

钟　铨（7月任）

红十字会

会　长：梁　兰（继任）

常务副会长：刘婷婷（继任）

秘书长：田伟华（继任）

区人民代表大会机构

法制委员会

主任委员：袁贵洪（继任）

副主任委员：郑发启（兼，继任）

财政经济委员会

主任委员：王建军（继任）

副主任委员：黄　丹（兼，继任）

区人大常委会工作部门

办公室

主　任：彭忠卫（继任）

副主任：刘　莉（继任）

王　瑶（继任）

农工委

主　任：张　奇（8月止）

凌茂君（11月任）

副主任：吴建康（继任）

法工委

主　任：许世良（继任）

副主任：金玉群（继任）

人代工委

主　任：胡小丁（继任）

副主任：邓　平（继任）

财经工委

主　任：李建炜（继任）

教工委

主　任：方廖华（继任）

信访室

主　任：邓志勇（继任）

副主任：李廷忠（继任）

城环资工委

主　任：王从清（继任）

副主任：张　锐（5月任）

区政府办公室

主任、政府党组成员、办公室党组书记：

钟　阳（继任）

政府机关党委副书记、纪委书记：

彭国英（12月止）

副主任：江李梅（继任）

纪检组组长：彭国英（12月任）

政府机关党委书记：许　蕾（继任）

应急办

主　任：曾　敏（继任）

副主任：李　川（继任）

杨华良（11月任）

法制办

主　任：杨　坤（继任）

副主任：李　拓（6月任）

防震减灾局

局　长：袁　洪（继任）

督查室

主　任：

行政调解指导中心

专职副主任：

机关事务中心

主　任：袁志福（继任）

副主任：曾　鑫（继任）

区行政管理学校

校　长：李洪强（继任）

常务副校长：王海英（继任）

副校长：王正江（继任）

刘先清（继任）

发展和改革局

局长、党委书记：熊　念（继任）

党委副书记：陈红霞（12月止）

副局长：梅晓佳（继任）

罗　佳（继任）

项目办副主任：黄　庆（继任）

招投标管理办公室主任：曾大勇（继任）

节能减排管理中心主任：杜　艾（5月任）

铁建办主任：柳树君（继任）

价格认证中心主任：杨志伟（9月任）

机关党委书记：张　玲（继任）

经济和信息化局

局长、党组书记：陈小军（继任）

副局长：喻　红（3月止）

彭　凯（6月止）

赵景宏（继任）

成　钢（5月任）

教育体育局

局长、党委书记：罗鸿翔（继任）

副局长：祝　军（继任）

区政府教育督导室主任：

矛盾纠纷大调解中心专职副主任：

赖志刚（继任）

党委副书记、机关党委书记：曾明华（继任）

科学技术局

局长、党组书记：卢礼会（继任）

副局长：孙奕飞（继任）

公安分局

党委书记、局长、督察长：王　鹏（继任）

政委、党委副书记：黄　耀（继任）

副政委：王荣华（继任）

程　轲（继任）

常务副局长：曾勇强（继任）

副局长：杨　刚（4 月止）

刘良贵（继任）

纪委书记：方　强（继任）

机关党委书记：邓 剑（5 月任）

政治处

主　任：周　贤（继任）

区治安案件调解中心

专职副主任：刘良贵（继任）

纪检监察审计室

主　任：吕明富（继任）

国保大队

大队长：袁智勇（继任）

教导员：侯维列（继任）

指挥中心

主　任：王树良（继任）

情报信息大队

大队长：郑　超（继任）

教导员：李泉勇（7 月止）

警务保障室

主　任：廖宁崎（继任）

法制大队

大队长：赵建春（继任）

教导员：张桂军（继任）

刑侦大队

大队长：王　东（继任）

教导员：

禁毒大队

大队长：徐成武（继任）

教导员：梁红斌（继任）

治安大队

大队长：干　艳（继任）

教导员：夏　江（继任）

经侦大队

大队长：邓　剑（继任）

教导员：毛华山（继任）

巡警大队

大队长：陈维刚（继任）

教导员：李廷富（继任）

交警大队

大队长：杨　刚（4 月止）

钱乐林（3 月任）

教导员：石先云（继任）

副大队长：钱乐林（3 月止）

倪　鹏（继任）

交警大队综合中队

中队长：张静萍（继任）

交警大队法宣中队

中队长：李　玲（继任）

交警大队车管中队

中队长：陈　静（继任）

指导员：杜　浪（3 月止）

交警大队特勤中队

中队长：陈维勇（继任）

指导员：宋　宇（继任）

交警凤鸣中队

中队长：代　宏（继任）

指导员：李建文（继任）

交警武阳中队

中队长：罗海波（继任）

交警青龙中队

中队长：吴　祥（继任）

指导员：向真伟（继任）

网监大队

大队长：廖劲淇（继任）

教导员：秦小虎（继任）

看守所

所　长：范明鲜（继任）

教导员：袁文广（继任）

拘留所

所　长：刘　刚（继任）

教导员：贾小平（继任）

青龙派出所

所　长：尹建春（继任）

教导员：

观音派出所

所　长：付　聪（继任）

教导员：刘建明（继任）

凤鸣派出所

所　长：陈钇光（继任）

教导员：魏　欣（继任）

江口派出所

所　长：刘　渊（继任）

教导员：任　浩（继任）

彭溪派出所

所　长：朱国军（继任）

教导员：邹　皓（继任）

谢家派出所

所　长：陈钧轴（继任）

教导员：卫　巍（继任）

公义派出所

所　长：张　清（继任）

教导员：何　忠（继任）

黄丰派出所

所　长：汪大胜（继任）

教导员：邓红军（继任）

牧马派出所

所　长：向　超（继任）

教导员：李　科（继任）

灵石派出所

所　长：郑　超（继任）

武阳派出所

所　长：余　海（继任）

民政局

局长、党组书记：潘　勇（继任）

副局长：胡晓斗（继任）

欧阳娟（继任）

老龄办主任：欧阳娟（继任）

双拥办主任：秦国华（5月止）

矛盾纠纷大调解专职副主任：

谢勤快（继任）

司法局

局长、党组书记：熊志红（继任）

副局长：高其平（继任）

陈建华（继任）

纪检组长：游　雨（继任）
区人民调解指导中心专职副主任：
江　山（继任）
政工科长：吴正维（继任）
观音司法所所长：曾定平（继任）

财政局

局长、党组书记：余　波（继任）
常务副局长：胡意宏（继任）
副局长：张进军（11月止）
黄敬涛（11月任）
财政评审中心主任：袁　远（继任，正科级）

区农村合作基金会资产管理办公室

主　任：余　波（继任）
常务副主任：
副主任：李俊维（继任）

政府与社会资本合作中心

主　任：倪　瑞（5月任）

国资局

局长、党组书记：张富洪（继任）
副局长：

国有资产服务中心

主　任：秦　杰（5月任）

金融办

主　任：王忠文（继任）
副主任：张代君（继任，兼开发性金融合作办主任）

人力资源和社会保障局

局长、党委书记：张怀庆（继任）
副局长：张　毅（继任）
温　晓（继任）
矛盾纠纷大调解中心专职副主任：
夏跃鹏（继任）
机关党委书记：张　维（继任）

城乡居民社会养老保险事业管理中心

主　任：向俊峰（继任）
副主任：侯　娅（继任）

就业局

局　长：周德祥（继任）
副局长：梁　娟（继任）

医保局

局　长：王　勤（继任）
副局长：王玉琼（继任）

社保局

局　长：罗　涛（继任）
副局长：蒋　洋（继任）

区军转干安置办公室

主　任：

区农村劳动力转移输出暨农民工工作领导小组办公室

副主任：房江波（继任）

国土资源局

局长、党组书记：钟　杰（继任）
常务副局长：方志良（继任）
副局长：梁　莉（继任）
夏礼俊（继任）

不动产登记中心

主　任：朱镜江（继任）

环保局

局长、党组书记：龚　涛（继任）
副局长：李　里（继任）

李红霞（继任）

环境监察执法大队

大队长：王宇萍（继任）

环境监测站

站　长：朱利霞（继任）

住房和城乡规划建设局

局　长：王太勇（继任）

党委书记：王太勇（继任）

副局长：张文平（继任）

单兵权（继任）

矛盾纠纷大调解中心专职副主任：

杨晓兵（继任）

总工程师：何剑锋（继任）

机关党委书记：唐　嘉（继任）

人防办

主　任：陈　川（继任）

治理办

主　任：唐建超（继任）

副主任：伍宏伟（继任）

房产管理局

局　长：王太勇（11 月止）

房地产服务中心

主　任：王太勇（11 月任）

测绘地理信息局

局　长：帅　海（11 月止）

测绘地理信息中心

主　任：帅　海（11 月任）

城乡规划建设执法大队

大队长：单兵权（继任，兼）

房屋征收管理局、土地储备中心

局　长：李国廷（继任）

副局长：李群芳（3 月止）

土地储备中心

主　任：

房屋征收补偿安置协调办公室

主　任：陈　林（11 月止）

房屋征收与补偿服务中心

主　任：陈　林（11 月任）

城乡规划局

局　长：潘　淼（继任）

副局长：何志良（继任）

罗　尧（继任）

杨　威（继任，市城乡规划院规划二所副所长、工程师挂职）

总规划师：肖　燕（继任）

交通运输局

局长、党委书记：谢玉民（继任）

党委副书记、纪委书记：钟　铨（1 月止）

副局长：罗革胜（继任）

罗洪刚（继任）

机关党委书记：毛晓蓓（继任）

交通工程管理中心

主　任：蔡永祥（继任）

公路养护管理段

段　长：袁建伟（继任）

公路路政管理大队

大队长：邓迎红（继任）

道路运输管理所

所　长：刘光平（继任）

海事航务管理处

处　长：侯代喜（继任）

水务局

局长、党组书记：柴洪军（继任）

副局长：魏兴儒（11 月止）

张明哲（继任）

何海波（11 月任）

机关党委书记：刘　超（继任）

总工程师：何春林（继任）

防汛办主任：张春祥（继任）

龚家堰水库管理中心主任：陈强盛（11 月止）

文　忠（11 月任）

农业局

局长、党组书记：凌茂君（11 月止）

副局长：彭　洪（11 月止）

李俊维（11 月止）

谢延平（11 月止）

机关党委书记：徐海娟（11 月止）

矛盾纠纷大调解中心专职副主任：

农村能源办主任：王显报（11 月止）

农牧局（2017 年 9 月，机构改革，原区农业局和原区畜牧局合并为区农业和畜牧局）

局长、党组书记：张鸿涛（11 月任）

副局长：谢延平（11 月任）

杨　光（11 月任）

徐成君（11 月任）

机关党委书记：徐海娟（11 月任）

农村能源管理办公室

主　任：王显报（11 月任）

农业质量监督管理办公室

主　任：胡敏枢（11 月任）

林业局

局长、党组书记：易　雨（继任）

副局长：梁留彬（继任）

袁秦明（继任）

森林公安局

局　长：邓　坤（继任）

政　委：胡　灵（继任）

森林防火指挥部办公室

主　任：黄　伟（继任）

商务局

局长、党委书记：左建伟（继任）

党委副书记、纪委书记：黄莉均（3 月止）

副局长：黄显钧（5 月止）

周国忠（继任）

王世强（5 月任）

文化广电新闻出版局

局长、党组书记：李亚军（11 月止）

副局长：赵　胜（11 月止）

李璐秀（11 月止）

文旅广新局（2017 年 9 月，旅游局与文化广播新闻局整合）

局长、党组书记：邓　兵（11 月任）

副局长：赵　胜（11 月任）

李　勤（11 月任）

李璐秀（11 月任）

隋艳莉（11 月任）

广播电视台

台长、党组书记：廖　玻（11 月止）

李亚军（11 月任）

副台长：周记臣（继任）

张晓容（继任）

卫计局

党委书记：宁　武（继任）
局　长：宁　武（继任）
副局长：熊小刚（继任）
陈　波（继任）
周　慧（继任）
李　伟（继任）
爱卫办主任：刘　娟（继任）
大调解中心专职副主任：邓学奎（继任）
地方病防治领导小组办公室主任：
李绍清（继任）
新农合办主任：宋永奎（继任）

审计局

党组书记：黄　昊（继任）
局　长：黄　昊（继任）
副局长：徐　宁（继任）
许旺胡（继任）
总审计师：曾　群（继任）

经责审计分局

局　长：刘　莉（继任）

统计局

局　长：张杰茜（继任）
党组书记：张杰茜（继任）
副局长：游利琼（11 月止）
帅　虹（继任）
何怡瑶（11 月任）
总统计师：张　莉（继任）

安全生产监督管理局

局长、党组书记：付　华（继任）
副局长：孙　卫（继任）
陈　东（继任）

安全生产监察执法大队

大队长：郑碧波（继任）

食品药品监督管理局

局长、党组书记：李　勇（继任）
副局长：蒋宗善（继任）
夏文涛（继任）
食品安全总监：管夏西（继任）
药品安全总监：王　岚（继任）

物价局

局长、党组书记：熊　念（继任，兼）
副局长：王世强（继任）
物价认证中心主任：杨志伟（继任）

粮食局

局长、党组书记：张智勇（继任）
副局长：罗善超（继任）
余康林（继任）

城市行政执法局

党组书记：张　锐（5 月止）
罗海波（5 月任）
局　长：张　锐（继任）
副局长：陆晓辉（继任）
邹　兵（继任）

工商质监局

党组书记：曾　进（继任）
局　长：曾　进（继任）
副局长：何　平（继任）
周亚玲（继任）

杜筱玲（继任）

经检大队大队长：

凤鸣工商质监所所长：

刘　健（3 月任，原凤鸣工商所所长 3 月止）

青龙工商质监所所长：

邓　洪（3 月任，原公义工商所所长 3 月止）

江口工商质监所所长：

张　林（3 月任，原江口工商所所长 3 月止）

公义工商质监所所长：

陈福洪（3 月任，原青龙工商所所长 3 月止）

谢家工商质监所所长：

刘　伟（3 月任，原谢家工商所所长 3 月止）

市政园林管理局

局　长：张　萍（11 月止）

副局长：杨　健（11 月止）

毛桂霞（11 月止）

市政园林绿化服务中心（2017 年 9 月 20 日，市政园林管理局更名为市政园林绿化服务中心）

主　任：张　萍（11 月任）

副主任：毛桂霞（11 月任）

孟桂林（11 月任）

外侨台办

主　任：赵利萍（继任）

副主任：何　丽（继任）

党务政务服务中心

主　任：周明强（继任）

副主任：江　科（继任）

谭　怡（继任）

畜牧局

局长、党组书记：徐忠智（11 月止）

副局长：杨　光（11 月止）

徐成君（11 月止）

农机局

局长、党组书记：李红继（继任）

副局长：毛先平（3 月止）

王卫东（继任）

三产办（旅游局）（合署办公）

旅游局局长、党组书记：邓　兵（11 月止）

三产办主任：陈丽红（继任）

副主任：李　茂（继任）

旅游局副局长：李　勤（11 月止）

彭祖山风景区工作局

局　长：木宗锋（继任）

副局长：唐俊刚（3 月止）

张　蓉（继任）

规建股股长：冯　军（继任）

财务监审股股长：宋　刚（继任）

投促局

局长、党组书记：周　浩（继任）

副局长：代　丽（继任）

王昱凯（继任）

供销社

主任、党组书记：曾洪秀（3 月止）
梁　娟（3 月任）
副主任：陈　建（继任）
陈雅利（继任）

档案局

局　长：张富明（继任）
副局长：徐　丽（继任）
黄永红（继任）

公共资源交易分中心

党组书记、主任：刘碧波（继任）
副主任：李　巍（继任）
陈文秀（继任）

扶贫和移民工作局

局　长：曾　理（继任）
常务副局长：
副局长：李　洪（11 月止）
范有恒（8 月止）
陈红霞（11 月任）
雷　雪（11 月任）

眉山市彭山区政协工作部门

办公室

主　任：骆志强（继任）
副主任：陈　平（继任）
刘　昶（继任）

委员管理联络委

主　任：符洪林（继任）
专职副主任：

提案委

主　任：赵洪良（继任）
副主任：倪文玉（继任）

经济科技委

主　任：刘学成（继任）
副主任：梁　跃（继任）

民族宗教文史委

主　任：许德英（继任）
副主任：张　宏（继任）

农业委

主　任：王伦祥（继任）
副主任：李叔晔（继任）

教文体医卫委

主　任：张进军（11 月任）
副主任：李国信（继任）

法联委

主　任：陈华春（继任）
副主任：张富贵（继任）

四川彭山经济开发区

党工委书记：邓　强（继任）
党工委副书记：严开义（继任）
管委会主任：严开义（继任）
党工委委员、管委会副主任：
许宏连（继任）
杨　健（继任）
党工委专职副书记：谢万钧（继任）
管委会主任助理：
刘刚岭（继任，市园林局工程师挂职）

四川彭山经济开发区管理委员会工作机构

党群工作部

部　长：梁学红（继任）

办公室

主　任：刘海福（继任）

副主任：潘　燕（继任）

招商局

局　长：金　戈（继任）

副局长：倪　平（继任）

规划建设局

局　长：刘　燕（继任）

副局长：罗小英（继任）

财政局

局　长：李容梅（聘任，继任）

副局长：胡　瑞（聘任，继任）

群众工作局

局　长：梁学红（继任）

段　炼（继任）

副局长：冯建伟（聘任，继任）

经济发展局

局　长：李　昶（聘任，继任）

副局长：周绍华（11 月止）

环安局

局　长：周绍华（11 月任）

项目服务中心

主　任：郭泳涛（继任）

副主任：胡江华（继任）

欧月林（继任）

成眉石化园区

党工委书记：周荣华（继任）

党工委副书记、管委会主任：杨兴弘（继任）

副主任：常　盛（继任）

纪工委书记：张　彦（继任）

管委会主任助理：

党工委党群工作部部长：陈玲玲（继任）

成眉石化园区管理委员会工作机构

办公室

主　任：常　盛（3 月止）

雷　丹（3 月任）

副主任：余　珊（3 月止）

招商局

局　长：周　影（继任）

规划建设局

局　长：

经济发展局

局　长：雷梁秋（聘任，继任）

项目服务中心

主　任：费　循（11 月止）

黄　智（11 月任）

财务融资局

局　长：张媛媛（继任）

项目服务中心

主　任：费　循（继任）

乡镇机关领导名录

凤鸣街道

党工委书记：张　奇（继任）
党工委副书记、办事处主任：
张　勇（继任）
党工委副书记：阚雪银（7月止，省检察院办公室主任科员挂职）
张永峰（10月止）
林胜元（挂职，2016年6月止）
赵耀洲（11月任）
李忠华（挂职，8月任）
纪工委书记：周彭港（继任）
办事处副主任：吴定威（继任）
徐　宁（4月任）
刘庆煜（4月任）
游翎瀚（11月任）
人武部部长、办事处事副主任：
赵耀洲（11月止）
人武部部长：徐　宁（11月任）
矛盾纠纷大调解中心专职副主任：
雷梁春（继任）
党工委组织委员：冯南溪（继任）

彭溪街道

党工委书记：刘　跃（继任）
党工委副书记、办事处主任：
喻建勇（继任）
工委主任：毛沛恒（继任）
党工委副书记：宋　伦（7月止，省检察院办公室主任科员挂职）
唐隆华（继任）
杨汶元（挂职，2016年6月止）
王立发（挂职，6月任）
纪工委书记：郑　靓（继任）
办事处副主任：杨　鑫（继任）
许　鸣（继任）
人武部部长、办事处事主任：
马　翔（继任）
矛盾纠纷大调解中心专职副主任：
段晓川（继任）
党工委组织委员：辜晓霞（继任）

青龙镇

党委书记：王佑泽（继任）
党委副书记、镇长：徐　舟（继任）
人大主席：王　皓（继任）
党委副书记：刘　锐（继任）
纪委书记：贾　洋（继任）
党委副书记、政法委书记：
党委副书记：王杰宇（继任，市政府天府新区综合科科长挂职）
副镇长：曾　婷（继任）
张　雷（继任）
人武部部长、副镇长：覃光敏（继任）
矛盾纠纷大调解中心主任：
专职副主任：李加华（继任）
党委组织委员：宋　倩（继任）

观音镇

党委书记：谢　红（继任）

党委副书记、镇长：毛　琨（继任）
人大主席：盛　帅（继任）
纪委书记：陈　伟（继任）
党委副书记：王　嫦（继任）
副镇长：徐廷卫（继任）
　　　　张海鹏（继任）
人武部部长、副镇长：潘竞平（继任）
矛盾纠纷大调解中心专职副主任：
　　　　袁建坤（继任）
党委组织委员：蔡志利（继任）

江口镇

党委书记：吴　洪（继任）
党委副书记、镇长：袁　睿（继任）
人大主席：葛开红（继任）
纪委书记：吴玉君（继任）
党委副书记：雷红梅（继任）
副镇长：刘洪春（继任）
　　　　王　蕾（继任）
人武部部长、副镇长：杨　铭（继任）
矛盾纠纷大调解中心专职副主任：
　　　　陈　汐（继任）
党委组织委员：彭蜀明（继任）

谢家镇

党委书记：王仲文（继任）
党委副书记、镇长：廖志强（继任）
人大主席：李永轶（继任）
党委副书记：林中飞（继任）
纪委书记：帅　锋（继任）
副镇长：何　锋（继任）
　　　　徐　萍（继任）
　　　　张高振（挂职，1 月任）
人武部部长、副镇长：梁　伟（继任）
党委组织委员：曾　萍（继任）

公义镇

党委书记：李桂平（继任）
党委副书记、镇长：张　敏（继任）
人大主席：宋　群（继任）
党委副书记：刘江岸（继任）
纪委书记：黄利全（继任）
副镇长：代建辉（继任）
　　　　孙　岩（继任）
人武部部长、副镇长：刘雪超（继任）
党委组织委员：刘琴英（继任）

黄丰镇

党委书记：巨晓峰（继任）
党委副书记、镇长：闵昌迪（继任）
人大主席：杨正朝（继任）
党委副书记：彭静渊（继任）
纪委书记：周　宇（继任）
副镇长：陈　兵（继任）
人武部部长、副镇长：叶浩洋（继任）
矛盾纠纷大调解中心专职副主任：
党委组织委员：夏海朝（继任）

义和乡

党委书记：杨开华（继任）
党委副书记、乡长：郭　韬（继任）
人大主席：易建兵（11 月止）
　　　　毛丽沙（11 月任）
党委副书记：毛丽沙（11 月止）
　　　　杨魁锋（11 月任）
纪委书记：杨　星（继任）
副乡长：杨魁锋（11 月止）

夏传宝（11 月任）
副乡长、人武部部长：徐　东（继任）
矛盾纠纷大调解中心专职副主任：
伍从凯（继任）
党委组织委员：杨　柯（继任）

牧马镇

党委书记：许晓飞（继任）
党委副书记、镇长：刘　伟（继任）
人大主席：徐永平（11 月止）
陈海懿（11 月任）
党委副书记：陈海懿（11 月止）
李仁建（11 月任）
纪委书记：余盛坤（继任）
副镇长：毛丽娟（继任）
毛先勤（继任）
陈　亮（11 月任）
人武部部长、副镇长：李仁建（11 月止）
矛盾纠纷大调解中心专职副主任：
杨明军（继任）
党委组织委员：刘　勇（继任）

锦江乡

党委书记：肖　敏（继任）
党委副书记、乡长：章　静（继任）
人大主席：罗　俊（继任）
党委副书记：黄利全（继任）
纪委书记：孙　政（继任）
副乡长：赵品栋（继任）
姜　坤（继任）
人武部部长、副乡长：姜　坤（继任）
矛盾纠纷大调解中心专职副主任：
冯　胜（继任）
党委组织委员：鲁　川（继任）

武阳镇

党委书记：余卫斌（继任）
党委副书记、镇长：喻　刚（继任）
人大主席：胡晓菲（继任）
党委副书记：王晨蕾（继任）
纪委书记：倪　杨（继任）
副镇长：曾　勇（继任）
佘　毅（继任）
秦　杰（下派，7 月任）
李　川（下派，7 月任）
人武部部长、副镇长：游翎瀚（11 月止）
雷　远（11 月任）
矛盾纠纷大调解中心专职副主任：
黄德双（11 月止）
党委组织委员：徐　佩（继任）

保胜乡

党委书记：任　柱（继任）
党委副书记、乡长：刘庆伟（继任）
人大主席：陈　宇（继任）
党委副书记：向东平（继任）
纪委书记：潘建兵（继任）
副乡长：包恒华（继任）
人武部部长、副乡长：贺　建（继任）
矛盾纠纷大调解中心专职副主任：
岳品忠（继任）
党委组织委员：张　鸥（继任）

2017年度彭山获市级以上表彰的单位先进个人名录一览表

表5

姓　名	工作单位	荣誉名称	表彰机关	获奖文件字号
黎文林	区委群工部	全国信访系统优秀信访局长	国家信访局	国信发〔2017〕18号
熊捷夫	区农牧局	全国农业先进个人	农业部	农人发〔2017〕1号
赖志刚	区教体局	2016年度眉山市全民阅读活动先进个人	中国下一代教育基金会	表扬通报
周　熙	区教体局	2016年度全国规范化家长学校实验区工作成绩显著的个人	中国下一代教育基金会	表扬通报
杨　伟	区教体局	四川教育宣传先进个人	省教育厅、省教育报刊社	川教刊〔2017〕19号
唐文红	区教体局	四川教育宣传先进个人	省教育厅、省教育报刊社	川教刊〔2017〕19号
余红星	区科协	四川省《全民科学素质行动计划纲要》“十二五”实施工作先进个人	省委组织部	川人社发〔2017〕22号
刘　昶	区政协	《四川政协报》优秀通讯员	省政协办公厅	川政协厅〔2017〕54号
许德英	区政协	2017年度全省政协新闻宣传者	省政协办公厅	川政协厅〔2017〕54号
徐　惠	区法院	（2016）川1403刑初14号刑事判决书评为优秀裁判文书	省高院	川高法〔2017〕5号
魏晓雪	区法院	（2016）川1403民初1065号劳动争议案件评为优秀庭审	省高院	川高法〔2017〕5号
张　英	区法院	2016年度全省法院信息工作先进个人	省法院	川高法〔2017〕75号
张　英	区法院	四川省法院系统先进个人	省高院、省人社厅	川人社发〔2017〕53号
田　苗	区法院	2017年度全省法院“十佳庭审”	省高院	川高法办〔2017〕110号
陈　新	区法院	全省法院优秀庭审	省高院	川高法〔2017〕355号
余若薇	区法院	全省法院优秀庭审	省高院	川高法〔2017〕355号
周　文	区法院	维护妇女儿童合法权益先进个人	省妇联	川妇字〔2017〕101号
高其平	区司法局	四川省社区矫正工作先进个人	省人社厅、省司法厅	川人社发〔2017〕62号
曾　利	观音镇	残疾人工作先进个人	省残工委、省人社厅	川人社发〔2017〕9号
刘雪莲	区公安分局	全省最美公安出入境民警	省公安厅出入境管理总队	公厅境发〔2017〕133号
刘　杰	区公安分局	二等功	省公安厅	川公奖字〔2017〕34号
查　郁	区公安分局	“万警进万家”亲民助民活动先进个人	省人社厅、省公安厅	川人社发〔2017〕51号

续表 5

姓　名	工作单位	荣誉名称	表彰机关	获奖文件字号
张怀安	区公安分局	全省公安文化建设工作成绩突出个人	省公安厅	川公传发〔2017〕3474 号
郭　煜	区公安分局	全省公安机关遂行十九大安保维稳成绩突出个人	省公安厅	川公发〔2017〕128 号
兰　强	区血防站	四川省血吸虫防治先进个人	省人社厅	川人社办发〔2017〕11 号
宁　武	区卫计局	2011—2016 年度四川省实施妇女儿童发展纲要先进个人	省妇女儿童工作委员会	荣誉证书
余　艳	区中医院	四川省中医药工作先进个人	省人社厅、省中医药管理局	川人社发〔2017〕20 号
袁　野	区农牧局	2016 通联工作评委优秀通讯员	省农业厅	证　书
宋小明	区工商质监局	四川省工商行政管理系统先进个人	省人社厅、省工商局	川人社发〔2017〕12 号
徐莉莉	区委宣传部	2016 年度外宣、网信工作先进个人	市委、市政府	眉委〔2017〕28 号
温选鹏	区电子政务办	2016 年度外宣、网信工作先进个人	市委、市政府	眉委〔2017〕28 号
周记臣	区广播电视台	2016 年度外宣、网信工作先进个人	市委、市政府	眉委〔2017〕28 号
蒋会强	区委统战部	2016 年度统战工作先进个人	市委、市政府	眉委〔2017〕28 号
李勇刚	区纪委	2016 年度统战工作先进个人	市委、市政府	眉委〔2017〕28 号
周　惠	区政府	2016 年度统战工作先进个人	市委、市政府	眉委〔2017〕28 号
梁　磊	区委	2016 年度维稳工作先进个人	市委、市政府	眉委〔2017〕28 号
郭　益	区委政法委	2016 年度维稳工作先进个人	市委、市政府	眉委〔2017〕28 号
曾勇强	区公安分局	2016 年度维稳工作先进个人	市委、市政府	眉委〔2017〕28 号
张　奇	凤鸣街道	2016 年度维稳工作先进个人	市委、市政府	眉委〔2017〕28 号
王佑泽	青龙镇	2016 年度维稳工作先进个人	市委、市政府	眉委〔2017〕28 号
谢　红	观音镇	2016 年度维稳工作先进个人	市委、市政府	眉委〔2017〕28 号
吴　洪	江口镇	2016 年度维稳工作先进个人	市委、市政府	眉委〔2017〕28 号
余卫斌	武阳镇	2016 年度维稳工作先进个人	市委、市政府	眉委〔2017〕28 号
罗万东	区政府	2016 年度综治工作先进个人	市委、市政府	眉委〔2017〕28 号
郭　红	区委	2016 年度综治工作先进个人	市委、市政府	眉委〔2017〕28 号
钟　阳	区政府办	2016 年度综治工作先进个人	市委、市政府	眉委〔2017〕28 号
徐丽红	区网格化服务中心	2016 年度综治工作先进个人	市委、市政府	眉委〔2017〕28 号

续表 5

姓　名	工作单位	荣誉名称	表彰机关	获奖文件字号
李桂平	公义镇	2016 年度综治工作先进个人	市委、市政府	眉委〔2017〕28 号
刘　伟	牧马镇	2016 年度综治工作先进个人	市委、市政府	眉委〔2017〕28 号
魏晓雪	区法院	2016 年度大调解工作先进个人	市委、市政府	眉委〔2017〕28 号
杨海霞	区大调解协调中心	2016 年度大调解工作先进个人	市委、市政府	眉委〔2017〕28 号
江　山	区大调解协调中心	2016 年度大调解工作先进个人	市委、市政府	眉委〔2017〕28 号
干树文	区委群工部	2016 年度大调解工作先进个人	市委、市政府	眉委〔2017〕28 号
程　磊	区公安分局	2016 年度大调解工作先进个人	市委、市政府	眉委〔2017〕28 号
王龙军	区人社局	2016 年度大调解工作先进个人	市委、市政府	眉委〔2017〕28 号
李　建	区住建局	2016 年度大调解工作先进个人	市委、市政府	眉委〔2017〕28 号
袁　瑛	区政府办	2016 年度大调解工作先进个人	市委、市政府	眉委〔2017〕28 号
倪栋成	锦江乡	2016 年度大调解工作先进个人	市委、市政府	眉委〔2017〕28 号
岳品忠	保胜乡	2016 年度大调解工作先进个人	市委、市政府	眉委〔2017〕28 号
伍从凯	义和乡	2016 年度大调解工作先进个人	市委、市政府	眉委〔2017〕28 号
彭晓红	彭溪街道	2016 年度大调解工作先进个人	市委、市政府	眉委〔2017〕28 号
李洪强	区政府	2016 年度群众和信访工作先进个人	市委、市政府	眉委〔2017〕28 号
严开义	经开区	2016 年度群众和信访工作先进个人	市委、市政府	眉委〔2017〕28 号
杨兴弘	成眉石化园区	2016 年度群众和信访工作先进个人	市委、市政府	眉委〔2017〕28 号
郭　红	区检察院	2016 年度群众和信访工作先进个人	市委、市政府	眉委〔2017〕28 号
周亚琳	区委政法委	2016 年度群众和信访工作先进个人	市委、市政府	眉委〔2017〕28 号
秦国华	区双拥办	2016 年度群众和信访工作先进个人	市委、市政府	眉委〔2017〕28 号
秦　杰	区国土分局	2016 年度群众和信访工作先进个人	市委、市政府	眉委〔2017〕28 号
闵昌迪	黄丰镇	2016 年度群众和信访工作先进个人	市委、市政府	眉委〔2017〕28 号
郭　红	区委	2016 年度都市近郊型现代农业发展工作先进个人	市委、市政府	眉委〔2017〕28 号
李国成	岷江现代农业园区	2016 年度都市近郊型现代农业发展工作先进个人	市委、市政府	眉委〔2017〕28 号

续表 5

姓　名	工作单位	荣誉名称	表彰机关	获奖文件字号
张鸿涛	区委农工办	2016 年度都市近郊型现代农业发展工作先进个人	市委、市政府	眉委〔2017〕28 号
凌茂君	区农业局	2016 年度都市近郊型现代农业发展工作先进个人	市委、市政府	眉委〔2017〕28 号
杨开华	义和乡	2016 年度都市近郊型现代农业发展工作先进个人	市委、市政府	眉委〔2017〕28 号
任　柱	保胜乡	2016 年度都市近郊型现代农业发展工作先进个人	市委、市政府	眉委〔2017〕28 号
郭　平	区委宣传部	文化立市战略工作先进个人	市委、市政府	眉委〔2017〕35 号
李亚军	区文广新局	文化立市战略工作先进个人	市委、市政府	眉委〔2017〕35 号
李璐秀	区文广新局	文化立市战略工作先进个人	市委、市政府	眉委〔2017〕35 号
王明祥	谢家镇	文化立市战略工作先进个人	市委、市政府	眉委〔2017〕35 号
张　伟	凤鸣镇	文化立市战略工作先进个人	市委、市政府	眉委〔2017〕35 号
梁　磊	区委	2016 年度主动作为创一流先进个人	市委、市政府	眉委〔2017〕39 号
罗万东	区政府	2016 年度主动作为创一流先进个人	市委、市政府	眉委〔2017〕39 号
钟建成	区人大	2016 年度主动作为创一流先进个人	市委、市政府	眉委〔2017〕39 号
郭　红	区委	2016 年度主动作为创一流先进个人	市委、市政府	眉委〔2017〕39 号
李洪强	区政府	2016 年度主动作为创一流先进个人	市委、市政府	眉委〔2017〕39 号
张鸿涛	区委农工办	2016 年度主动作为创一流先进个人	市委、市政府	眉委〔2017〕39 号
周　浩	区投促局	2016 年度主动作为创一流先进个人	市委、市政府	眉委〔2017〕39 号
张杰茜	区统计局	2016 年度主动作为创一流先进个人	市委、市政府	眉委〔2017〕39 号
吴　洪	江口镇	2016 年度主动作为创一流先进个人	市委、市政府	眉委〔2017〕39 号
郭　红	区委	2017 年四川花卉（果类）生态旅游节暨首届眉山樱花节筹办工作先进个人	市委、市政府	眉委〔2017〕51 号
钟　华	区社科联	2017 年四川花卉（果类）生态旅游节暨首届眉山樱花节筹办工作先进个人	市委、市政府	眉委〔2017〕51 号
蒋会强	区委	民族宗教工作先进个人	市委、市政府	眉委〔2017〕51 号

续表 5

姓 名	工作单位	荣誉名称	表彰机关	获奖文件字号
陈立雪	区委统战部	民族宗教工作先进个人	市委、市政府	眉委〔2017〕51 号
袁智勇	区公安分局	民族宗教工作先进个人	市委、市政府	眉委〔2017〕51 号
张友红	区消防大队	民族宗教工作先进个人	市委、市政府	眉委〔2017〕51 号
吴天文	区文管所	民族宗教工作先进个人	市委、市政府	眉委〔2017〕51 号
刘 锐	青龙镇	民族宗教工作先进个人	市委、市政府	眉委〔2017〕51 号
向东平	保胜乡	民族宗教工作先进个人	市委、市政府	眉委〔2017〕51 号
王仲文	谢家镇	民族宗教工作先进个人	市委、市政府	眉委〔2017〕51 号
杨兴弘	成眉石化园区	2016 年度投资促进工作先进个人	市委、市政府	眉委〔2017〕51 号
金 戈	经开区	2016 年度投资促进工作先进个人	市委、市政府	眉委〔2017〕51 号
陈小军	区经信局	2016 年度投资促进工作先进个人	市委、市政府	眉委〔2017〕51 号
周 浩	区投促局	2016 年度投资促进工作先进个人	市委、市政府	眉委〔2017〕51 号
罗万东	区政府	2016 年度国土资源管理工作先进个人	市委、市政府	眉委〔2017〕51 号
李洪强	区政府	2016 年度国土资源管理工作先进个人	市委、市政府	眉委〔2017〕51 号
严开义	经开区	2016 年度国土资源管理工作先进个人	市委、市政府	眉委〔2017〕51 号
钟 杰	区国土分局	2016 年度国土资源管理工作先进个人	市委、市政府	眉委〔2017〕51 号
方志良	区国土分局	2016 年度国土资源管理工作先进个人	市委、市政府	眉委〔2017〕51 号
杨 慧	区党务政务服务中心	2016 年度党务政务服务热线工作先进个人	市委、市政府	眉委〔2017〕51 号
谭福轩	区政协	2016 年度“绿海明珠”大会战工作先进个人	市委、市政府	眉委〔2017〕62 号
张 萍	区园林局	2016 年度“绿海明珠”大会战工作先进个人	市委、市政府	眉委〔2017〕62 号
袁秦明	区林业局	2016 年度“绿海明珠”大会战工作先进个人	市委、市政府	眉委〔2017〕62 号
李洪强	区政府	2016 年度“千湖之城”大会战工作先进个人	市委、市政府	眉委〔2017〕62 号
郭 茂	区人大	2016 年度“千湖之城”大会战工作先进个人	市委、市政府	眉委〔2017〕62 号

续表 5

姓　名	工作单位	荣誉名称	表彰机关	获奖文件字号
潘　淼	区城乡规划局	2016 年度“千湖之城”大会战工作先进个人	市委、市政府	眉委〔2017〕62 号
杨开华	义和乡	2016 年度“千湖之城”大会战工作先进个人	市委、市政府	眉委〔2017〕62 号
张明哲	区水务局	2016 年度“千湖之城”大会战工作先进个人	市委、市政府	眉委〔2017〕62 号
谭福轩	区政协	2016 年度“百园之市”大会战工作先进个人	市委、市政府	眉委〔2017〕62 号
王太勇	区住建局	2016 年度“百园之市”大会战工作先进个人	市委、市政府	眉委〔2017〕62 号
巨晓峰	黄丰镇	2016 年度“百园之市”大会战工作先进个人	市委、市政府	眉委〔2017〕62 号
梁　兰	区政府	2016 年度卫生计生工作先进个人	市政府	眉府函〔2017〕30 号
熊　念	区发改局	2016 年度卫生计生工作先进个人	市政府	眉府函〔2017〕30 号
任　柱	保胜乡	2016 年度卫生计生工作先进个人	市政府	眉府函〔2017〕30 号
张进军	区财政局	2016 年度卫生计生工作先进个人	市政府	眉府函〔2017〕30 号
李　伟	区卫计局	2016 年度卫生计生工作先进个人	市政府	眉府函〔2017〕30 号
王学文	彭山一中	2016 年度教育体育工作先进个人	市政府	眉府函〔2017〕30 号
王之言	彭山二中	2016 年度教育体育工作先进个人	市政府	眉府函〔2017〕30 号
孟国庆	彭山三中	2016 年度教育体育工作先进个人	市政府	眉府函〔2017〕30 号
田　江	鹏利小学	2016 年度教育体育工作先进个人	市政府	眉府函〔2017〕30 号
易胜利	区教体局	2016 年度教育体育工作先进个人	市政府	眉府函〔2017〕30 号
覃光敏	青龙镇	2016 年度食品安全工作先进个人	市政府	眉府函〔2017〕36 号
何　锋	谢家镇	2016 年度食品安全工作先进个人	市政府	眉府函〔2017〕36 号
何　平	义和乡	2016 年度食品安全工作先进个人	市政府	眉府函〔2017〕36 号
马兴援	区农业质量监管办	2016 年度食品安全工作先进个人	市政府	眉府函〔2017〕36 号
徐成君	区畜牧局	2016 年度食品安全工作先进个人	市政府	眉府函〔2017〕36 号

续表 5

姓　名	工作单位	荣誉名称	表彰机关	获奖文件字号
李绍清	区卫计局	2016 年度食品安全工作先进个人	市政府	眉府函〔2017〕36 号
温选鹏	区电子政务办	2016 年度食品安全工作先进个人	市政府	眉府函〔2017〕36 号
曾　波	区食药监局	2016 年度食品安全工作先进个人	市政府	眉府函〔2017〕36 号
昝加志	区食药监局	2016 年度食品安全工作先进个人	市政府	眉府函〔2017〕36 号
毛丽沙	义和乡	眉山市民族团结进步模范个人	市政府	眉府函〔2017〕37 号
王　嫦	观音镇	眉山市民族团结进步模范个人	市政府	眉府函〔2017〕37 号
谢　丽	区委统战部	眉山市民族团结进步模范个人	市政府	眉府函〔2017〕37 号
唐　凯	区公安分局	彭山江口沉银案侦破工作先进个人	市政府	眉府函〔2017〕51 号
郑　茂	区公安分局	彭山江口沉银案侦破工作先进个人	市政府	眉府函〔2017〕51 号
陈　锐	区公安分局	彭山江口沉银案侦破工作先进个人	市政府	眉府函〔2017〕51 号
周　波	区公安分局	彭山江口沉银案侦破工作先进个人	市政府	眉府函〔2017〕51 号
刘　星	区公安分局	彭山江口沉银案侦破工作先进个人	市政府	眉府函〔2017〕51 号
袁　峰	区公安分局	彭山江口沉银案侦破工作先进个人	市政府	眉府函〔2017〕51 号
陈　信	区公安分局	彭山江口沉银案侦破工作先进个人	市政府	眉府函〔2017〕51 号
马　宾	区公安分局	彭山江口沉银案侦破工作先进个人	市政府	眉府函〔2017〕51 号
袁　磊	区公安分局	彭山江口沉银案侦破工作先进个人	市政府	眉府函〔2017〕51 号
贾志强	区公安分局	彭山江口沉银案侦破工作先进个人	市政府	眉府函〔2017〕51 号
王天祥	区公安分局	彭山江口沉银案侦破工作先进个人	市政府	眉府函〔2017〕51 号
张雪松	区公安分局	彭山江口沉银案侦破工作先进个人	市政府	眉府函〔2017〕51 号
蒋　锋	区公安分局	彭山江口沉银案侦破工作先进个人	市政府	眉府函〔2017〕51 号
唐　川	区公安分局	彭山江口沉银案侦破工作先进个人	市政府	眉府函〔2017〕51 号

续表 5

姓　名	工作单位	荣誉名称	表彰机关	获奖文件字号
汪琛昊	区公安分局	彭山江口沉银案侦破工作先进个人	市政府	眉府函〔2017〕51 号
龙雨露	区公安分局	彭山江口沉银案侦破工作先进个人	市政府	眉府函〔2017〕51 号
谢荣梅	区公安分局	彭山江口沉银案侦破工作先进个人	市政府	眉府函〔2017〕51 号
罗　森	区公安分局	彭山江口沉银案侦破工作先进个人	市政府	眉府函〔2017〕51 号
廖宁崎	区公安分局	彭山江口沉银案侦破工作先进个人	市政府	眉府函〔2017〕51 号
陈永健	区公安分局	彭山江口沉银案侦破工作先进个人	市政府	眉府函〔2017〕51 号
张怀安	区公安分局	彭山江口沉银案侦破工作先进个人	市政府	眉府函〔2017〕51 号
王　东	区公安分局	彭山江口沉银案侦破工作先进个人	市政府	眉府函〔2017〕51 号
王　利	区检察院	彭山江口沉银案侦破工作先进个人	市政府	眉府函〔2017〕51 号
彭彰东	区检察院	彭山江口沉银案侦破工作先进个人	市政府	眉府函〔2017〕51 号
王一明	区检察院	彭山江口沉银案侦破工作先进个人	市政府	眉府函〔2017〕51 号
黄惠敏	区法院	彭山江口沉银案侦破工作先进个人	市政府	眉府函〔2017〕51 号
张宇利	区法院	彭山江口沉银案侦破工作先进个人	市政府	眉府函〔2017〕51 号
康文翔	区委宣传部	彭山江口沉银案侦破工作先进个人	市政府	眉府函〔2017〕51 号
王　启	区综治办	彭山江口沉银案侦破工作先进个人	市政府	眉府函〔2017〕51 号
吴天文	区文管所	彭山江口沉银侦破案工作先进个人	市政府	眉府函〔2017〕51 号
冷志均	区文管所	彭山江口沉银侦破案工作先进个人	市政府	眉府函〔2017〕51 号
赵　胜	区文旅广新局	文物保护工作先进个人	市政府	眉府函〔2017〕51 号
毛先强	牧马镇	文物保护工作先进个人	市政府	眉府函〔2017〕51 号
聂自信	区公安分局	文物保护工作先进个人	市政府	眉府函〔2017〕51 号
王　强	区公安分局	文物保护工作先进个人	市政府	眉府函〔2017〕51 号

续表 5

姓 名	工作单位	荣誉名称	表彰机关	获奖文件字号
刘 伟	牧马镇	2016 年统计调查工作先进个人	市政府	眉府函〔2017〕51 号
徐 萍	谢家镇	2016 年统计调查工作先进个人	市政府	眉府函〔2017〕51 号
帅 虹	区统计局	2016 年统计调查工作先进个人	市政府	眉府函〔2017〕51 号
邓 兵	区旅游局	2016 年统计调查工作先进个人	市政府	眉府函〔2017〕51 号
左建伟	区商务局	2016 年第三产业发展工作先进个人	市政府	眉府函〔2017〕51 号
帅 海	区测绘局	2016 年第三产业发展工作先进个人	市政府	眉府函〔2017〕51 号
王忠文	区金融办	2016 年第三产业发展工作先进个人	市政府	眉府函〔2017〕51 号
秦大凌	区财政局	2016 年第三产业发展工作先进个人	市政府	眉府函〔2017〕51 号
李 茂	区三产办	2016 年第三产业发展工作先进个人	市政府	眉府函〔2017〕51 号
周 惠	区政府	2016 年民营经济发展工作先进个人	市政府	眉府函〔2017〕51 号
何 平	区工商质监局	2016 年民营经济发展工作先进个人	市政府	眉府函〔2017〕51 号
刘雪超	公义镇	眉山市 2016 年度征兵工作先进个人	市政府	眉府函〔2017〕83 号
宋 焱	观音初中	眉山市优秀校长	市政府	眉府函〔2017〕102 号
唐渝娟	实验幼儿园	眉山市优秀校长	市政府	眉府函〔2017〕102 号
盛云亚	公义小学	眉山市优秀教师	市政府	眉府函〔2017〕102 号
黄小毅	灵石小学	眉山市优秀教师	市政府	眉府函〔2017〕102 号
罗 霞	彭溪小学	眉山市优秀教师	市政府	眉府函〔2017〕102 号
李晓莉	谢家初中	眉山市优秀教师	市政府	眉府函〔2017〕102 号
徐小容	武阳初中	眉山市优秀教师	市政府	眉府函〔2017〕102 号
蔡贵成	彭山二小	眉山市师德标兵	市政府	眉府函〔2017〕102 号
帅 文	彭山一中	眉山市优秀教师	市政府	眉府函〔2017〕102 号
石秀梅	彭山二中	眉山市优秀教师	市政府	眉府函〔2017〕102 号
刘德成	彭山职高	眉山市优秀教师	市政府	眉府函〔2017〕102 号
赵 芳	鹏利小学	眉山市优秀教师	市政府	眉府函〔2017〕102 号

续表 5

姓　名	工作单位	荣誉名称	表彰机关	获奖文件字号
陈　兵	黄丰镇	2016 年度安全生产先进个人	市政府	眉府函〔2017〕140 号
何　锋	谢家镇	2016 年度安全生产先进个人	市政府	眉府函〔2017〕140 号
罗洪刚	区交通运输局	2016 年度安全生产先进个人	市政府	眉府函〔2017〕140 号
孙　卫	区安监局	2016 年度安全生产先进个人	市政府	眉府函〔2017〕140 号
张文平	区住建局	2016 年度安全生产先进个人	市政府	眉府函〔2017〕140 号
张　伟	区森林防火指挥中心	2016 年度安全生产先进个人	市政府	眉府函〔2017〕140 号
帅　威	区安监局	2016 年度安全生产先进个人	市政府	眉府函〔2017〕140 号
郑文贵	区公安分局	2016 年度安全生产先进个人	市政府	眉府函〔2017〕140 号

2017年彭山区百岁老人名单

表6

乡 镇	姓 名	性别	年龄	家庭住址	备注
黄丰镇					
青龙镇	祝一清	女	105	四河村5组	
	赵学彬	女	104	狮子村4组	
	黄学明	女	103	桂林村6组	3月去世
	毛彬如	女	103	永远村1组	
	杨松云	男	102	龙都5组	7月去世
	徐学成	男	102	四河村7组	
	黄玉清	女	102	永远村4组	
	白维其	男	100	永远村10组	
	陈明才	男	100	永远村1组	
	何少云	男	100	先锋村5组	
保胜乡	赵绍武	男	103	连桥村4社	
	廖吉轩	男	101	连桥村1社	
彭溪镇	龚金枝	女	104	毛店村12组	
	马碧辉	女	102	兴崇1组	
	余光青	女	100	龙门桥村2组	3月去世
	杨学彬	女	100	兴崇村6组	
	卢王氏	女	100	毛店村3组	
凤鸣镇	张叔勤	女	102	石家村委会	
	李云华	女	100	城西社区	
	陈仕坤	男	100	石家5组	
	汪国英	女	100	南星社区	
	王志芳	女	100	南星社区	
公义镇	陈术清	男	103	新开村8组	10月去世
	盛学彬	女	102	农乐村6组	
	陈桂英	女	101	红旗村6组	
	舒云安	男	101	五马村4组	

续表 6

乡 镇	姓 名	性别	年龄	家庭住址	备注
公义镇	尹书明	女	101	马林村 7 组	5 月去世
	李云华	女	101	五马村 1 组	
	康佩群	女	101	社区 3 组	
	杨立成	男	102	欣荣村 3 组	
	杨素芳	女	100	社区 1 祖	
观音镇	刘余氏	女	101	梓桐村 6 组	
	梁学华	女	105	曾家村 1 组	
	陈贵龙	男	100	梓桐村 3 组	
江口镇	苏学明	女	103	茶场村 5 组	
	向学英	女	101	双江村 6 组	
	熊南英	女	101	双江村 3 组	
	王桂英	女	102	土桥村 4 组	
	肖学彬	女	100	双江村 5 组	
锦江乡	邓志彬	女	102	联络村 1 社	
	罗学明	女	105	联络村 1 社	
	魏学彬	女	101	正华村 8 社	
	白思哑	女	102	联络村 6 社	
	赵步云	男	100	半边街社区	
	陈玉芳	女	100	武陵村 2 组	
牧马镇	王素华	女	102	武阳村 4 组	
	游志华	男	102	武阳村 5 社	
	邓泽均	女	100	白鹤村 5 组	
武阳镇	宋学华	女	101	大塘村 1 组	
	蔡如英	女	102	五一村 9 组	
	郭玉清	女	102	顺江村	
	杨学英	女	100	顺江村 4 组	
义和乡	邹李氏	女	100	杨庙村 4 组	
	周跃成	男	100	活桥村 1 组	
谢家镇	毛述华	女	101	和平街 83 号	11 月去世

乡镇概况

Towns Survey

凤鸣街道

【重点项目】 2017年，凤鸣街道高度重视、积极配合35项区级以上重点项目。太和大道项目采取全过程“阳光三公示法”，主动作为，顺利完成21.4公顷土地征用，完成红线范围98户农户拆迁安置，为市区一体化发展奠定良好基础。城南污水厂一期项目完成征地拆迁工作，碱厂棚户区改造项目进入收尾阶段。南门庭院项目，衔接南星公司、区规划局、区国土局，完成武阳东路安置区规划。高速安置区续建项目：配合国土局进行仁和源、露香园等企业搬迁评估工作。完成高速安置区近600套住房分配工作；完成石化一期4550平方米门市分配工作；启动25号安置楼建设。产业新城项目（华夏幸福）：完成中央公园、展览馆项目征地工作，启动红线范围内拆迁安置工作，拆迁安置协议签订16户，完成41%。启动迎宾大道二期征地拆迁工作，红线范围内已签拆迁安置协议27户，占总户数56%。全面完成蜀羊防水项目征地拆迁工作，项目已进场启动建设。

【民生工程】 2017年，凤鸣街道坚持以人为本，继续实施民生工程，切实解决好群众利益问题。加大脱贫攻坚力度，继续推进脱贫攻坚，做好精准识别和“回头看、回头帮”工作，重新核定建档立卡贫困户197户、586人，无一户出现返贫；残联工作有效展开，解决贫困残疾人的基本生活保障问题，积极扶持残疾人劳动就业，其中灵活就业542人；被四川省残联授予“量服”示范街道称号，全年残疾人系统量服录入2378人，落实服务1.43万项次；城乡低保全面实现动态管理，应保尽保、应退尽退，做到基本医疗保险实现全覆盖，做好被征地农民保障工作；加强教育、卫计、文化等公共服务体系建设和生产安全、食品安全工作。

【环境治理】 2017年，凤鸣街道加强环保宣传工作，悬挂环境保护宣传横幅130余幅，发放环境保护宣传资料、大小通告4000余份，出动大气污染防治及环境保护宣传车1500台次。坚持做好畜禽养殖污染治理工作，全力做到应关尽关，养殖场共83家，关闭55家；全面推进“河长制”工作，累计河道集中清淤8000立方米，打捞白色垃圾及漂浮物3000吨。沿河设立拦渣网7处，安排48人从事河道垃圾打捞清运及拦渣网日常维护；大气污染防治方面，组织村民（居民）签订承诺书8000余份，要求各村（社区）将秸秆禁烧宣传到户，并定期进行巡查，建立台账，全年凤鸣街道辖区内无烟、无火、无黑斑；全面排查“散乱污”企业，对不达标企业进行整改、关停，累计整改、关停“散乱污”企业104家，定期对已处理企业进行回访，防止其私自重新生产；累计处理各类投诉112件，回访投诉人满意率达98%。

【社会治理】 2017年，凤鸣街道妥善解决涉军群体、90年代末未分配大中专毕业生、瀑电移民、涉众型经济案件利益受损人员等群体串联上访问题，逐一落实清单责任制。保障中共十九大、全国“两会”的顺利召开，确保中央环保督察、省督察组调研期间社会稳定、信访可控，确保敏感时期“七个不发生目标”的实现。成功办结区级领导包案信访突出问题2件、四川省网上信访系统案件30余件、人民网领导信箱留言40余件，协调区级各部门全力推进集关7社办证、南门庭院安置、碱厂片区安置等遗留问题的处理。完成省级安全社区验收复评工作。

（周奉学）

彭溪街道

【概况】 彭溪街道位于饮誉全国的“忠孝之邦，长寿之乡——彭山区”城北，地处成都平原西南端，岷江上游西岸，属平坝地区，是四川省经济发展“一条线”的腹心。全街道辖区面积17.41平方公里，人口3.82万，辖1个社区和4个行政村，共有41个农业社、9个居民小组，党员998人，21个支部，一个党工委，两个党总支。全年获省、市、区表彰16项。2017年，彭溪镇固定资产投入完成4亿元；规模企业总产值完成8亿元；招商引资完成12.2亿元，农民人均纯收入达16505元，比2016年增长11%。

【产业发展】 2017年，彭溪街道抓住彭祖新城建设机遇，全面优化街道经济发展结构，彭溪街道一产、二产、三产占经济总量比例分别为5%、38%、57%，经济总量不断增加，运行质量不断提高，全面完成各项经济指标任务。

【试点改革】 2017年，彭溪镇紧紧抓住岷江现代农业示范园建设和全国第二轮深化农村改革试点契机，完成4个村集体资产股份制改革试点工作，推进供给侧结构性改革，培育新型农业经营主体67家，打造兴崇红心柚品牌。

2017年8月2日，农村改革实验区评估专家组到彭溪街道兴崇村调研深化农业改革工作

【项目工作】 2017年，涉及彭祖新城、老城区、川大锦江学院的西藏体训中心、彭溪小学改扩建、新一中、彭溪河改造、四馆、棚户区改造、观光路北部西线建设、高速路扩容、北外街历史文化古街打造等22个项目快速推进。重点工作和重点项目任务：完成征地、交地60公顷；完成省道103线以东棚改项目拆迁任务，区长罗万东在《活力彭溪》12期上签批："敢攻坚、敢逗硬，值得肯定"；完成迎宾大道企业绕行、学院西路路基工程建设；新职高道路建设、观光路节点打造、彭溪河湿地公园等项目建设顺利推进，城市品质有较大提升。

【党建工作】 2017年，彭溪街道探索党建引领新型小区治理工作，在龙门新苑小区试点建立两个党小组，逐步推行小区以党组织为核心，议事会决策、管委会执行、监委会监督的自治主体构架，以小区楼栋长为辅助，以及其他社会组织和各方力量为补充的"1+3+N"管理试点模式，提升服务水平。党建引领，深化农村改革试点，推进供给侧结构性改革，在土地流转服务公司，蜜柚、葡萄等经济组织成立产业党支部，党支部的政治引领、组织优势得到充分发挥。坚持党建带群团、工会、妇联工作，市区乡镇（街道）妇联区域化建设改革工作在彭溪街道试点，街道在市区率先完成妇联改革换届工作，全国妇联维权工作调研组到兴崇村调研工作站维权工作。兴崇晓红党员代表工作站收集诉求意见，解决矛盾纠纷和问题的经验做法在市区推广。与成都理工大学签订劳动与保障示范性实践教学基地共建协议，推动校地共建共助共赢。

2017年9月26日，全国妇联到彭溪街道兴崇村调研维权问题

【廉洁建设】 2017年，彭溪街道坚持把思想政治建设摆在首位，高度重视党员干部党风廉政建设和反腐败宣传教育工作，坚决贯彻执行《关于新形势下党内政治生活的若干准则》，严格村（社区）"三资"管理，开展机关"三公"经费专项整治活动，2017年"三公"经费比2016年大幅度下降。落实监督执纪"4+2"系统治理工作，把握运用监督执纪"四种形态"，查办案件4起，处理违规、违纪党员4人。在全区率先建立主体和监督两个责任落实与监督网络平台并试点运行，为全区示范起到带动作用。班子团结、勤政务实，并严格遵守党政干部廉洁自律的各项规定，无违规、违纪行为发生。

【环境治理】 2017年，彭溪街道加强大气、水、土污染防治，推进污染防治"三大战役"，铁腕整治辖区内环境污染，扎实做好中央环保督察工作，推动绿色发展。街道"河长制"工作扎实、责任落实、制度健全、治理成效显著。以四个方面为治理重点，力求"河长制"工作干出实效：常态化开展河道巡查保洁。安排专人每天负责清扫沿河垃圾，打捞河内漂浮物和开展文明劝导，街道、村级巡查员每天对以上情况进行巡查，并将巡查情况和发现的问题以及整改情况记入台账；重拳整治流域畜禽养殖污染。截至2017年年底，全街道处理肉鸭8万余羽、蛋鸭200余羽、猪1200余头、羊80余只、奶牛180余头，基本解决规模畜禽养殖对辖区流域环境的污染；大力开展流域环境综合整治。各村累计投入人力200余人次、机械20余台次、经费共计60万余元，转运各类垃圾25余吨，清理岷江、湄州河和彭溪河河道淤泥1.5万余立方米，修建、改造周边垃圾池20余个；实施土地流转减少农业面源污染。湄州河流经的兴崇村土地流转率达98%，由经营业主种植葡萄、红心柚和蓝莓等水果，有效减少过去广大散户种植蔬菜、水稻等滥用化肥农药对河流的污染。“河长制”工作得到市区河长办的高度认可，区长罗万东在《活力彭溪》11期上签批：“彭溪街道河长制工作基础工作扎实，制度健全，效果好，值得推广”。市委督查组予以彭溪街道“河长制工作抓得实、任务清、目标明”的充分肯定，并被彭山区推荐作为迎接“河长制”省级验收考核的两个乡镇（街道）之一。严格开展城乡规划执行和监督工作，先后对毛店2组李建芳违建、龙门桥幼儿园和童心幼儿园等违章建筑进行强拆。

【社会事业】 2017年，彭溪街道帮助就业500余人，完成社保应保尽保和失地农民保险1320人，完成城乡医保1.95万余人。全省就业和社会保障工作现场会在彭溪召开。新增奖扶人数114人，国家特扶6人。兑现2017年“奖扶”总人数1418人，奖扶金136.13万元；特别贫困扶助74人、54.29万元。眉山市特殊困难扶助2人、1200元；0～18周岁农村独生子女父母奖励2728人，发放奖励金16.37万元。

全年征收社会抚养费7000万元。兴崇村被评为省级“四好”村；毛店村创建省级卫生村达标。彭溪街道办事处成立专业灭螺队伍，与村干部、乡村医生签订目标责任书，年终顺利通过区地方病防治办公室的现场检查。2017年，全街道有建档立卡贫困户72户、217人，于2016年全部脱贫，2017年持续用力“回头看”“回头帮”，逐户建档立卡，“一户一档一策”，每户确定帮扶联系干部，制定帮扶措施和帮扶项目，推进精准扶贫、精准脱贫，实现巩固提升。辖区内共有残疾人815人，2017年入户率达100%，为198名重度一、二级残疾人发放重度残疾人护理补贴18.74万元；为187名低保残疾人发放生活补贴14.9万元；为18名残疾人发放机动车燃油补贴6570元；为7名脑瘫儿患者申请免费康复训练并向上争取资金2.4万元；为8名白内障患者做了免费手术治疗；为29名残疾人争取轮椅、拐杖、握力球、拉力绳、哑铃等辅具；为29名精神智力三、四级残疾人及重度一、二级肢体残疾人进行居家托养服务；为10名残疾人提供职业技能培训；为4名残疾人解决工作问题；为25名残疾人申请创业直补并发放创业直补金2.5万元。全街道共有文化活动室6个，图书室4个，电子阅览室3个，村广播室4个，室外健身器材设施3处，所有阵地运行情况良好。积极组织各村（社区）书屋参加读书征文活动，全年报送征文稿20篇，其中，4篇获奖。区职高整体搬迁运行，彭溪中学撤并到区级中学，彭溪小学升格为彭山实验小学。“三农普”工作完成4村、2654户普查。

【安全维稳】 2017年，彭溪街道坚持依法治理、依法行政，严格落实安全稳定“党政同责、一岗双责”。实施信访当天办、维稳跟着项目走、社会稳定风险评估，坚持对各类矛盾纠纷实行“统一受理、集中梳理、归口管理、依法处理、限期办理”，快速化解矛盾纠纷。率先在全区试点建成“三级网格服务体系”，用服务促稳定，用服务促和谐。深入推进“平安彭溪”建设，建立全区首个社区微型消防站。完成毛店、兴崇雪亮工程安装，使社会治安防范能力得到有效提升，各类案件得到有效预防。2017年，共办结信访案件349件（包括四川省网上信访信息系统、党务政务“12345”平台市长热线、区长区委书记留言、人民网留言、环保投诉、日常接访案件），其中，息访342件，办结率100%，息访率98%以上。重大节假日和重要时期集体上访率为零，全面完成重要时期稳定工作。

（丁丽娟）

青龙镇

【区位优势】 青龙镇是成都平原经济圈中唯一集航空、铁路、高速公路、水运等交通条件于一体的重镇。青龙镇有“成都后花园”之称，距成都仅32公里，距双流机场仅30公里。成乐、成雅高速公路在此交汇，成昆铁路、省道103线、岷江河从北到南纵贯全镇，新建成的成绵乐城际轻轨也将穿境而过。从成雅、成乐高速公路至成都仅需20分钟，到雅安需40分钟；境内青龙火车站有3条铁路专用线，货物吞吐量300万余吨，是成昆铁路线上仅次于成都火车东站的最大货运站；距成都双流机场30公里，航空运输业非常快捷；南河经青龙通往乐山，宜宾，随着航道进一步的疏通开发，水路运输也十分便利。

【概况】 彭山区青龙镇地处成都“30分钟经济圈内”，是眉山市的“北大门”，是全国小城镇建设综合体制改革试点镇、四川省首批小城镇建设试点镇、省级重点镇、省级经济开发区，是市委、市政府命名的市级文明卫生单位。2017年，全镇辖区面积42.8平方公里，辖8个行政村1个社区，总人口4.5万人。全镇地区生产总值（GDP）实现52.78亿元，比2016年增长13.5%；工业固定资产投资实现48.6亿元，增长4.8%；规模企业总产值达到213.5亿元，增长3.1%；入库税金实现4.3亿元，增长3.7%；城、乡居民可支配收入分别达到31779元、17552元，同比增长7%、9.7%。2017年，青龙镇先后被省委表彰为“依法治镇先进单位”；被省妇联授予“四川省妇联基层组织建设示范乡镇”称号；被市委、市政府授予“乡镇经济综合实力前十名”“城乡环境综合整治十佳乡镇”称号；狮子村、古佛村评为“省级四好村”。全年获省级表彰3项、市级表彰9项、区级表彰16项。

【工业经济】 2017年，青龙镇以打造“天府青龙新城”为目标，继续坚持“工业强镇”的理念，突出区位优势，以诚招商。强化服务，坚持把项目建设尤其是重大项目建设作为壮大工业经济的关键之举。2017年，全镇

GDP 实现 52.78 亿元，工业固定资产投资实现 48.6 亿元，规模企业总产值达到 213.5 亿元，入库税金实现 4.3 亿元。坚持打好天府新区金字招牌，招大引强、招强引优，招商引资到位资金 46.6 亿元。彭山经开区全年新签约项目 8 个，投资 1000 亿元的恒大童世界项目、投资 20 亿元的中建天府新区新材料产业园项目天府新区眉山青龙兴业总基地项目、太阳能中高温发电设备和热水器生产线、渝三峡石墨烯新材料、红色塑胶等项目落户青龙；设立“四川海峡两岸产业合作示范园”，规划建设面积 333.33 公顷。青龙镇综合经济指标依旧名列全市同类乡镇和园区第一。

【基础设施建设】 2017 年，青龙镇加大基础投入，成乐高速扩容项目青龙段率先全面交地，环天府新区快速通道启动建设，多方争取和筹措资金 800 万余元，完成交通街、交通横街黑化、亮化工程，新建和扩建农村公路 14 公里，西山片区农村道路进一步完善，对主要街道下水道清理掏淤 2300 米，完成省道 103 线场镇段、建设路、通江路 7 公里市政路灯照明设备的安装，新改建公共厕所 3 座，对梓潼河、兴隆街、望江路等 10 处节点进行打造。

【农村经济】 2017 年，青龙镇形成以木耳、葡萄、丰水梨、柑橘种植为主的特色效益农业，先锋村木耳、古佛村葡萄和同乐村丰水梨、狮子村“不知火”柑橘品牌日益响亮，农民增收渠道不断拓宽。全年，新增柑橘 53.33 公顷。农业基础条件不断改善。新建、扩建村道 14 千米，整治浆砌水渠 20 余公里，山坪塘 15 个，石河堰 2 座，新建、改建提灌站 1 座。加快推进农业机械化，全面落实农机补贴。实施退耕还林 310.17 公顷，荒山造林 40 公顷。

【第三产业】 2017 年，青龙镇粮油贸易和现代物流业非常活跃，青龙火车站、粮食大市场和天下粮仓，年货物交易量达 400 万余吨，销售额 50 亿元以上。餐饮、服装、通讯、电器等服务业日益兴隆，个体工商户达到 860 余户。

【环境保护】 2017 年，青龙镇不间断开展环保治理专项活动，对辖区内的岷江、通济堰、湄州河、梓潼河实行班子成员包干治理，强力推进“河长制”工作，关停“散乱污”企业 50 余家，整顿和关停禁养区内畜禽养殖场 200 余家，建立和完善岷江、湄州河、通济堰日常巡查和打捞机制，设置 3 个固定日常打捞点和 3 个绿化节点。推进城乡环境综合整治进一步向村社延伸，做到城镇与乡村环境标准一个样，大街与小巷治理无落差。

【民生工程】 2017 年，青龙镇在经开区领导下，着力化解拆迁安置遗留问题，推进新建安置区工作。探索创新安置区治理工作，推进安置区自我管理、自我提升的良性循环。不断完善社会保障体系，全部征地项目的养老保险全覆盖，城镇居民医疗保险实现应保尽保，为群众稳定安康生活打下坚实基础。开展农业实用技术培训 3000 人次，394 人实现就业和再就业；发放计生奖励扶助金、农村独生子女家庭奖励金 150 万余元；发放贫困户医疗、生活救助金25.9万元；资助23名贫困学生上学；成功调解劳务纠纷5起，确保110万元农民工工资的足额兑现；免费为20名白内障患者实施复明手术；投入30万元建成200平方米残疾人康复中心。紧紧围绕“两个率先”和全面小康，在同乐村、狮子村2个市级贫困村成功摘帽、235户704名贫困人口全部顺利脱贫的基础上，着力巩固脱贫成果。依托天府新区，搭建就业平台，开展订单式针对性培训，全年帮助贫困户就业50余人。围绕统筹做强狮子村、同乐村、桂林村柑橘产业的目标，推进区域打捆发展和统一标准、质量、宣传、销售。2017年，片区柑橘产量达到175万公斤，进一步巩固了收入成果。着力“三改一美”，在狮子村率先选择20户作为试点，推进贫困户生活环境和品质提升，引导贫困户养成好习惯、形成好风气，围绕“四好”目标巩固提升脱贫成效。

【社会事业】 2017年，青龙镇教学水平不断提高，完善农村义务教育管理体制，建立较完善的义务教育阶段家庭贫困学生资助制度，切实保障农村家庭经济困难的学生接受义务教育的权利。慈善救助1名应届高中生、7名应届大学生，救助现金3万元。大力发展各级各类教育，建设学习型社会。2017年9月，启动青龙镇中心小学新教学楼建设工作。在扩大教育供给的同时，着力解决教育分配不公和教育体制等问题。医疗卫生设施不断改善，区第二人民医院基本目录药物实行零差价，新农合参合率达到99%。公共服务水平不断提升，广播电视覆盖率进一步提高。群众文化生活日益丰富，2017年，城乡居民可支配收入分别达到31779元、17552元，同比增长7%，9.7%。2017年，全镇出生人口446人，死亡262人，认真做好“两奖一扶”金的发放工作，实现零差误发放，并且每一季度定期开展一次计划生育政策宣传活动，发放政策资料5千余份。

（张　敏）

观音镇

【概况】 2017年，观音镇地区生产总值（GDP）达到17.2亿元；农林牧渔增加值达到9669万元；农民人均可支配收入17748元，增长10%；固定资产投资8亿元；招商引资实际到位资金10亿元。镇荣获全国卫生乡镇、市级法治示范乡镇、市级环境“十佳”乡镇等称号，镇人民调解委员会被评为四星级，果园村被评为“四川百强名村”、眉山市首批“十佳村”、眉山市最美村镇之“特色村镇”，观音村、梓桐村分别被评为省级“四好村”、市级“四好村”，基层治理、城乡环境综合治理等工作经验多次在市、区交流。

【工业经济】 2017年，观音镇持续调优工业结构，产业品质效能得到提升。大力优化园区环境，企业服务质量逐步完善。坚定不移落实招强引优，全年实现年工业产值70亿元，园区企业税收1亿元；全年完成招商引资10亿元，固定资产投入8亿元；截至年底，有86家企业入驻观音，其中，规模以上企业21家、亿元企业16家。

【农业经济】 2017年，观音镇深化农村改革，规范农村土地经营权流转，完成曾家村、七一村集体资产股份制改革，培育新型农业经营主体20个，引进工商资本到农村投资发展农业1700万元。推进特色农业产业化发展，引进、试验、推广葡萄新品种9个，完成葡萄品改17.33公顷，完成葡萄技改10公顷，葡萄平均亩产达到2.5万元以上，总产值达3.9亿元，全镇农民人均可支配收入达17748元。

【民生工程】　2017年，观音镇强化脱贫攻坚成果，争取上级脱贫资金28万余元对脱贫贫困户进行产业扶贫。全年，帮助贫困群众就业60余人。各项惠民政策落到实处。兑现计划生育“两奖励一扶助”资金287.61万元，惠及群众6114人。资助828人参加农村医疗保险，资助购买老年人意外保险933份，协助38名残疾人进行残疾鉴定和残疾人证发放，进行大病医疗救助18人，农村医疗救助180人。完成969人应保未保失地农民参保工作。

【基础设施建设】　2017年，观音镇大力推进成乐高速公路扩容、岷江二桥引道扩宽、彭祖新城建设等重点项目。进一步完善交通网络。加快集镇基础设施建设改造，集镇服务功能进一步健全，农村生产、生活保障得到增强。完成观音村“双挂钩”项目，安置447户、1932人，复垦土地30公顷，完成机耕便民道路建设20.3公里，完成渠道清淤109公里。

【社会综合治理】　2017年，观音镇开展矛盾纠纷排查15次，调解纠纷14件，指导调解纠纷83件，纠纷调解率100%，成功率98%。观音镇调委会升级为四星级，成功创建省级无邪教乡镇。加快“雪亮工程”建设，强化基层治安管理。扎实开展安全生产隐患排查治理，全年无重大安全事故发生。多措并举深化依法治理工作，大力开展社会主义核心价值观建设，形成文明和谐镇风。

【环境整治】　2017年，观音镇打响“水、大气、土”污染防治三大战役，大力开展秸秆禁烧、“散乱污”企业整治、畜禽养殖污染治理，淘汰高耗能、高污染企业，完成26家企业煤改气工作，养殖场关闭9家、整改27家，“散乱污”企业关停9家、整改15家。顺利通过中央环保督察组抽查和省环保督察组七轮检查。全面落实“河长制”，常态化开展巡河、保洁，全年打捞河道内垃圾180吨，镇域内岷江、湄州河水质明显改善。全力推进“绿海明珠”“百园之市”“千湖之城”建设，助力国家卫生城市、国家森林城市创建工作，大力开展绿化美化行动，扩大绿化面积。持续深化城乡环境综合治理，杜绝集镇、农村脏乱差现象，不断提升人居环境质量。

【政务服务】　2017年，观音镇建立“三张清单”动态调整机制，促进政务公开透明。健全党群互联屋平台，充分发挥政策宣传、民意收集、服务查询、监督举报、学习教育“五大服务功能”。依托“两办四中心”6大窗口，开展42项全程民事代办，提供更加便利、快捷、高效的服务。

【党风廉政建设】　2017年，观音镇推进纪委标准化建设，完成惠民资金大数据平台监督系统搭建，充分发挥纪委“督察、执纪、问责”三大职能，坚决惩处顶风违纪违规行为，全年约谈 8 人，通报批评 4 人，自主办案 3 件，党内警告处分 3 人，完成上级交办案件 2 件，开除党籍处分 2 人。

（周　岩）

江口镇

【概况】 2017 年，江口镇地区生产总值（GDP）实现 36949 万元，增长 9%；农民人均纯收入达到 1.65 万元，增长 9%。2017 年，江口镇脱贫攻坚、环境保护、项目建设、安全生产等 14 项政府工作被区委、区政府表彰为先进。年度综合目标考核继续保持在全区第一方阵。

【文旅江口建设】 2017 年，江口镇坚持项目驱动，文旅江口建设实现新突破。彭祖山综合开发项目：核心景区征地拆迁基本完成；6 月，项目正式进场施工；启动景区道路等基础设施建设，稳步推进林木回购和清表工作。江口古镇项目：配合区古建办完成古镇开发总体策划初步方案，稳步推动产权回购。交通建设项目：岷东大道、九龙山隧道一期、简蒲高速正式通车；完成隧道二期、天府大道与岷东大道连接线征地拆迁工作，并启动建设；启动江新路、江象路、江回路升级改造，完成岷江大桥至政府段黑化、美化。特色小镇建设项目：东山彩林完成一、二期建设，共流转土地 73.33 公顷，栽植银杏、美国红枫等彩林 5 万余株；仙女湖绿游步道完成征地补偿，正在加快建设；江口沉银遗址考古挖掘一期工作顺利完成，二期正式启动。

【农业经济】 2017 年，江口镇大力推进传统农业提质增效，积极推进产业结构调整，重点发展现代农业、休闲观光旅游产业。柑橘产业坚持适度规模、提质增效、塑造品牌。实施农业品牌战略，培育家庭农场 12 家，新注册品牌 5 个，3 个产品通过无公害认证。积极推进“互联网 + 农业”，注册中国柑橘商城，互联网年销售柑橘产量 15 万公斤，销售额达 150 万元。积极引进现代农业观光项目。推动资本下乡、在外务工人员回乡创业，集中流转土地 5 宗 50 公顷。实施乡村旅游提升行动，盘恒小筑一期正式对外营业；芋荷苑完成一期建设；新引进东山花岭、橘农部落生态农庄等高端一三产融合项目；建成“四好村”4 个，双合村成为岷东大道沿线乡村旅游集中示范区，写入区政府工作报告。

【基础设施建设】 2017 年，江口镇争取中央车购税资金 270 万余元，新修农村道路 18 公里，完成机耕便民道 12 公里。推进“千湖之城”建设，抓好小型农田水利建设工程，新硬化沟渠 5000 米，整治山坪塘 6 个，新建提灌站 2 个。

【环保工作】 2017 年，江口镇坚持以“坚决打好环保攻坚战，保护江东绿色发展长廊”为引领，以全面推进“河长制”为抓手，切实抓好、抓实环保工作。建立、健全环保工作领导小组，着力构建党政主导、各村联动、责任明确、协调有序的组织领导体系。建立、完善河长、河道长、沟渠长、库长和巡河保洁、河长巡查、河道保洁等制度，确保工作见成效。抓实“五大工程”畜禽养殖污染治理工程。全面完成区政府下达的关停10户、整治18家任务，计划外关停污染养殖户8户9.5万平方米。水库水产污染治理工程。在全区率先100%取缔“肥水养鱼”；河道整治清淤和生态修复工程，成立常态化垃圾打捞清理队伍，开展河道清淤，生态修复、绿化美化等，水环境治理取得明显成效；污水处理设施建设工程，启动江口污水处理场建设，3个污水集中处理工程完成选址、设计和招投标；农村面源和大气污染治理工程，积极推广农业清洁生产技术，户外禁烧工作常态化。在中央环保组督河长制查期间，挂牌整治，坚持问题导向排查整改环保问题10起，龚家堰饮用水源地保护、餐饮行业集中整顿、砂场关停治理等工作成效明显。

【扶贫工作】 2017年，全镇市区贫困村、脱贫人口，在现行标准下实现巩固提升，持续达到退出标准，顺利通过市脱贫攻坚成效考核。开展教育、卫生等专项扶贫活动，“雨露计划”“就业扶持”“扶贫保”等扶贫资金全面落实到位。完成105户危房改造补助资金的打卡发放。为49户贫困户办理小额无息贷款。争取省级财政扶贫资金29万元用于贫困户产业发展。2017年度易地扶贫搬迁户6户18人，全部竣工入住新房，进度全区第一。

【综合治理】 2017年，江口镇整合力量，成立镇综合执法队，切实加强规划、环保、安全生产、砂石管理、交通运输、城乡环境治理等方面行政违法行为的查处力度。抓好“五乱治理”，集中整治规范户外广告、乱摆摊设点、乱搭乱建彩钢棚、车辆乱停乱放等问题。加强环境综合治理考核与结果运用，进一步理清治理责任、明确标准，环境卫生、镇容秩序明显提升，成功创建十佳村1个。完成垃圾转运站建设和升级改造，购置转运车、快速保洁车，提升机械化作业率。开展“双超”专项治理和交通劝导，实现对砂石车、校车、货运车、摩托车等的有效管控。强化规划监督和执行刚性，全年审批农村建房55户，规划否决42户，制止违章搭建15起，拆除违章建筑2000平方米。开展节点打造。对双江、市场、岷东大道沿线等重要节点店招、墙体、风貌等进行升级改造，新增绿化1500余平方米，江口城乡面貌大大提升。

【民生工程】 2017年，江口镇对生活困难的20户26人办理低保；为30名群众办理大病医疗救助，救助资金10万余元；发放临时生活救助2.66万元，春荒救助1.5万元，为394户困难群众、低保户、“五保”户发放冬春生活救助8.5万元。免费孕前检查完成58对，全区第一。城乡居民医疗保险参保人数达1.34万人，办理征地农民养老保险551人，完成2008年至2016年被征地农民养老保险参保情况清理工作。完成到龄人员待遇申请142人，完成退休人员社保验证1458人，城乡居民养老保险新参保46人。城镇新增就业人员登记160人。开展农村劳动力进行技术技能提升培训1次，培训52人。

（吴佳遥）

谢家镇

【概况】 2017年，谢家镇围绕“坝区建设幸福城、丘区发展乡村游”的工作思路，大力推进“品质谢家”建设，全镇固定资产投入2.8亿元，引进项目建设投资1.5亿元，工业产值0.8亿元，农民人均纯收入达15645元，增长9%。获得全国综合减灾社区、市政府统计工作优秀单位、区委脱贫攻坚先进集体等市、区两级表彰23个。

【工业经济】 2017年，谢家镇开工建设的工业大道、迎宾大道、市民中心、规划展馆、产业发展小环线，谢邓路改建、已规划的区产业发展大道、西山旅游环线等，实现了谢家发展通道的互联、互通。以红石、毛河、吴堰为主体的华夏幸福产业新城建设强势开启，以世界500强陶氏化学为代表的项目持续入驻。产业新城核心区、高端装备等项目全年总征地80公顷。完成产业新城核心区一期、迎宾大道、蜀羊防水、石化五路、冒水井饮用水源地保护等项目拆迁。有效推进工业大道、检测站、毛河生态修复、场镇污水管网、易地搬迁集中安置点及多个农业和道路等项目建设，总体上实现乡镇工作提前满足项目实施条件。

【农业经济】 2017年，谢家镇完成农业产业结构调整100公顷，由传统农业向现代农业转变，流转土地153.33公顷；引进现代农业业主15个，培育新型农业业主15人；完成7个村的集体资产股份制改革工作；晚熟杂柑、藤椒、桃子、珍稀林等成片种植；搭建了“坝区建设幸福城、丘区发展乡村游”架构。

【环保工作】 2017年，谢家镇实现全年全域秸杆禁烧，创新采用机械化打捆转运及秸秆还田；畜禽污染治理关停18户、整治85户；投入资金1000万元，对场镇污水管网进行改造，污水处理厂列入提标升阶计划；全面取缔刘山水库、齐心水库肥水养鱼；投入近80万，对镇域内毛河、通济堰两条主要河道进行杂物清理、河道清淤、浆砌堡坎等10余公里，新打造节点4个3公里；关停4家“散乱污”小企业；投入近700万，新建毛河生态修复工程，3公里的河道实现水清、岸绿，实施谢邓路、蓉兴路等道路两旁绿化植树，沿河改扩建垃圾池47个，打造节点2个；石山村在全市率先实施垃圾分类试点工作。

【民生工程】 2017年，谢家镇完成全镇55户、166人易地扶贫搬迁户的建房及入住，顺利通过省、市、区各级领导检查，实现贫困村摘帽和贫困户脱贫持续巩固；投入35.25万实施D级危房改造47户；投入21万元搬迁地质灾害隐患户4户；投入资金20万余元，在通济堰石山村段安装护栏1000余米，确保群众的出行安全；投入20万余元，对全镇农村道路的桥梁安装护栏，重要路口安装减速带、爆闪等安防设施；兵役登记和征兵工作完成良好；完成临时生活救助238户，救助资金16.98万元；医疗救助43户，新增低保93人，新增城镇就业628人；完成小额贷款50人，完成社保购买2066人，新农保新参保和续保1.49万人，城乡居民医疗保险2.21万人，邓庙村、岳油村成功申报省级“四好村”。

（魏　波）

公义镇

【概况】 公义镇位于彭山县城西北11公里处，海拔438.1米～774米，辖区面积40.31平方公里，辖8村1社区、57个农业社、3个居民小组。总人口2.51万人，其中，农业人口2.42万人，非农业人口900人。以通济堰为界，属半丘半坝地貌，主产柑橘、柚子、葡萄、中药材、蔬菜、水稻制种及优质稻，是新型的农业旅游结合的大镇，是有名的“腰鼓之乡”“女子龙之乡”。镇内储藏有丰富的钙芒硝、页岩、具有利用价值和开发潜力。全镇地区生产总值（GDP）实现3.84亿元，同比增长8.0%；固定资产投入4.43亿元，同比增长7.2%；农民人均可支配收入10672元，同比增长9.4%。新增土地流转166.67公顷，全镇实现土地流转1200公顷，全镇土地流转率达75%。是年，公义镇荣获全区农业和农村工作、脱贫攻坚工作、民生和社会事业工作、千亿交通大会战等多项先进集体荣誉。公义镇红旗村被评为“省级四好村”。

【农村经济】 2017年，公义镇始终把提质效、优发展、创品牌作为第一主线。努力提升农业现代化水平和农产品质量，引导原有产业改良换新，新增微喷滴灌农业133.33公顷，品改优质产业133.33公顷，硕仙农业将公义镇葡萄出口到香港等地。发展柑橘、柚子533.33公顷，葡萄266.67公顷、中药材200公顷、蔬菜133.33公顷、水稻制种及优质稻166.67公顷。有专业种植大户100余户，建成家庭农场92户，成立农业公司2个。

【项目工作】 2017年，公义镇农业嘉年华一期开园，并启动二期项目及拓展区建设；完成红旗、马林村“双挂钩”安置小区864户1046套的房屋分配工作；完成成乐高速公路扩容涉及6村1社区12个农业社、5公里11.13公顷的征地工作；完成工业大道公义段拆迁工作；完成观光路农旅西线2公里道路前期建设工作；建成污水处理厂，并投入使用；积极争取各项资金，改善基础设施，新建农村道路建设13公里，硬化沟渠3公里。

【旅游三产】 2017年，公义镇坚守一三产融合发展的理念招商选资。在农业嘉年华开园的同时，通过古堰新桥招商推介会和举办“四川省高校环境艺术设计大赛”等系列活动，向全省推广“牛栏庄园”“红砖记忆博物馆”“何家院子”等古堰新桥旅游项目，新桥村成功跻身全省最有乡村旅游潜力100强旅游乡村，提升了公义乡村旅游影响力，吸引30余家公司前来洽谈。公义镇与5家公司达成初步协议，发展建设通济堰带状公园、正兴公司建设牛栏庄园等。通过政府宣传、组织外出参观学习等方式引导部分原种植业主向三产发展转型，发动业主提升周边环境，通过种植木槿花、更换木栅栏，美化外部环境。协助做好嘉年华AAAA级旅游景区创建工作，已建成一条5公里自行车旅游环形绿道，初步完成马林民宿的建设，进一步提升旅游形象。农业嘉年华自开园以来，共接待游客14.1万人次，带动周边群众就业近200人。

2017年3月29日，中农办副主任吴宏耀（前排左一）到马林村调研民宿发展

【环境整治】 2017年，公义镇率先落实“河长制”，配备巡河员对通济堰公义段7600米及直流河道内的漂浮物进行清理；整合资金18.6万元，河道清淤通济堰杨筒至柏桥筒5400米，维护桥墩9座；投入资金4.4万元，在公义镇通济堰及支渠安装拦污浮筒1处、拦污栅栏3处。关停和治理散乱污企业9家，全面禁止7座水库人工投饵肥水养鱼；开展畜禽养殖污染治理工作，关停不符合环保要求的养殖场15家，拆除建筑3万余平方米。是年，公义镇被评定为“省级卫生乡镇”。

2017年3月23日，副市长肖忠良（前排）到公义召开畜禽养殖污染治理现场会

【扶贫工作】 2017年，公义镇落实省级财政专项资金39.04万元，为307户贫困户安排畜牧业、种植业等脱贫项目。继续推进易地扶贫搬迁工作，完成26户48人的投亲靠友易地扶贫搬迁，21户76人的统规、统建安置房易地扶贫搬迁，1户3人的自建户易地扶贫搬迁，贫困户人均纯收入稳定超过3500元标准，达到“一超六有”标准。

【社会事业】 2017年，公义镇扎实推进省级安全社区创建工作，整治安全隐患32处，发放宣传手册7000余份。加装减速带90.5米、标识标牌16个、凸透镜3个。完成城乡居民医疗保险参保2.88万人，小额意外人身伤害保险参保6623人，老年意外人身伤害保险参保1900人次。全年临时救助困难333人次，发放救助资金18.03万元。计生、卫生、教育、全国第三次农业普查等工作圆满完成上级下达任务，各项惠农惠民资金全部足额、安全发放到位。调处各类矛盾纠纷65起，调解成功64起，成功率98.46%，圆满完成十九大等重大活动期间信访维稳工作。

【亮点工作】 2017年，公义镇做好深化农村改革，推进土地流转、三权颁证、农村集体资产股份制改革试点等工作，完成农乐、新桥村的农村集体股份制改革试点工作。公义镇深化农村改革工作分别被中央电视台、四川新闻联播以及《人民日报》《光明日报》《四川日报》《华西都市报》等主流媒体报道。“河长制”、畜禽污染治理工作接受国家、省、市领导参观。道路交通安全视频监控平台同政法系统“雪亮工程”相结合，形成联防联控24小时监管机制，被作为先进经验在全省推广。

（魏　洁）

黄丰镇

【概况】 2017年，黄丰镇坚持“党建引领、深化改革、一三互动”思路，以大力发展柑橘产业和建设社会主义新农村为核心，全力打造都市近郊观光农业，努力打响“幸福黄丰”品牌，全镇经济社会保持健康稳定发展的良好态势。2017年，全镇地区生产总值（GDP）达到3.3亿元，较2016年增长7%；农业总产值实现3.1亿元，较2016年增长8%；农民人均纯收入达到16699元，较2016年增长10%。

【农村经济】 2017年，黄丰镇坚持“以果富农、以果兴镇”的战略思路，以现代农业产业化发展为契机，应对市场需求，新植柑橘66.67公顷，总面积达2333.33公顷，柑橘标准化生产达到2200公顷，品质改良果园200公顷。营销道路不断拓宽，坚持走农业产业化发展之路，推动规模农业、高效农业不断发展，柑橘产业发展实现升级。利用家庭农场联盟和阿里巴巴、淘宝、微店等网络销售平台，积极探索柑橘“互联网+农业”的销售模式并取得初步成效。柑橘品质不断提高，在全区柑橘“果王”评选中，前二十名中有10名来自黄丰镇，前十名中有4名来自黄丰镇。全年柑橘产值实现2.8亿元，农民人均纯收入超过1.5万元。

【基础设施建设】 2017年，黄丰镇争取扶贫资金400万余元，启动四塘、花龙扶贫道路建设；投入160万余元（中和、金鱼、双塘村），硬化道路5公里，增加错车道5处，加宽路面2公里，修复破损道路10公里，整治悬空路基10处。岷东大道、简蒲高速公路黄丰段建设顺利完成并通车，交通区位优势不断提高。投入350万元，建成团结村橘花广场；投入160万元，建设社区广场；污水处理厂建成并开始试运行。

【改革试点】 2017年，黄丰镇全面完成中和、双塘集体经济股份改革工作，其余6村集体资产清产核资全部完成。创新推进双塘、花龙集体经济发展模式，实现集体经济年增收5万元。

【乡村旅游】 2017年，黄丰镇整合资源，完善旅游基础设施建设，加大旅游宣传力度，以节为媒，成功举办“彭山黄丰”第八届橘花节，吸引游客近20万人，实现旅游收入400万元。大力发展电商，打造中国柑橘商城电商平台，通过淘宝、微信等网上营销黄丰柑橘。通过搭建宽阔平台引导第一产业向第三产业拓展，多形式、多渠道增加果农收入，推动旅游三产经济和社会快速发展，有效带动全镇的经济发展。

【社会治理】 2017年，黄丰镇充分发挥各基层调解组织的作用，化解各类矛盾纠纷，深化网格化服务管理，加强对群众矛盾问题的源头治理与防范；组建村级巡逻队，加强夜间巡逻，维护社会治安，偷盗柑橘、摩托车现象明显下降；加强技防设施建设，新安装摄像头60个，综合治理群众满意率高。争取资金430万元建设扶贫道路7.3公里；投入40万元帮助286户贫困户发展产业；易地扶贫搬迁80

户226人；通过省、市2次交叉检查。引导群众遵纪守法、爱国爱家、诚信经营，丰华、金鱼和中和、合力村分别被评为省、市级“四好村”；团结村成功通过复查，再获“全国文明村”称号，社区、中和、金鱼、双塘村获评“区级文明村”称号。全面落实安全生产责任制加大安全生产工作教育培训力度，深入开展“安全生产月”活动，利用赶集的有利时机到街上宣传安全知识。加强对道路交通、危险化学品、烟花爆竹等重点行业和领域的安全隐患排查，共开展专项整治36次，整改安全隐患200余处；梳理完善涉及自然灾害、安全生产、社会安全、地质灾害防治等方面的预案，配备一批应急救援器材，积极组织开展应急救援演练，提高应急处置能力，一年间安全生产实现“零事故”，有力地保障人民群众的生命财产安全。顺利通过四川省安全社区年终评定。村建规划执行到位，坚持严格的耕地保护制度和节约用地制度，鼓励和引导农户按照依法自愿有偿的原则，进行土地承包经营权合法流转。每季度召开一次规划执行委员会，对全镇农村建房实行逐户审批，严防乱搭乱建、未批先建、超规滥建。

【环境整治】 2017年，黄丰镇深入推进王店河流域污染治理，组织人员1000余人次、挖掘机35台次、清运三轮40辆，清理河道垃圾600余吨，境内10.8公里主河道及支流面貌焕然一新。全面开展畜禽养殖污染治理，对全镇范围内的86家畜禽养殖户进行逐一排查验收，验收合格40家，整改46家。农业面源污染治理到位，全镇21农药化肥经销商签订《不出售高毒高残留农药化肥承诺书》；向群众开展环保宣传，宣讲危害及影响，从源头上防止高毒高残留农药化肥的使用；排除生活污染源。组建12支垃圾清运队伍，集中收集和清运生活垃圾；建设黄丰污水处理厂，对居民聚居点、场镇周边的生活污水进行集中处理；全面完成中央环保督察期间各级反馈的44个信访件问题整改、回复，整改率达到100%、群众满意率97.8%。

（杜秀玲）

牧马镇

【概况】 2017年，牧马镇北与新津县的金华镇、双流县黄龙溪镇接壤，东与国家AAAA级旅游景区古镇黄龙溪相邻，南与彭山区武阳镇接壤，西依岷江（南河），与天府新区的工业重镇青龙镇隔江相望。距彭山城区15公里，距成都市中心38公里、双流国际机场30公里。2016年，牧马镇辖区面积28.5平方公里，耕地面积816.93公顷。全镇地区生产总值实现2.86亿元，增长8%；农民人均可支配收入达到16667元，增长9.5%；全社会固定资产投资完成16亿元；招商引资实际到位资金16亿元。年度考核中位居全区141个部门、乡镇之首。年内，先后荣获森林防火、社区戒毒省级表彰奖励2个，荣获城乡环境综合治理“十佳”乡镇市级表彰奖励1个；被区委、区政府评为项目、新型城镇化、交通、三产、环保、脱贫攻坚、改革创新等17个先进集体，党风廉政建设社会评价排名全区第二。

【项目建设】 2017年，蜀皇风情古镇完成35.33公顷，房屋、构着物、附着物“三物”

拆迁、补偿兑付基本完成。南黄龙项目完成总投资3亿元，完成76.67公顷《土地征收协议》签订。恒大童世界3号地块项目已完成近3233.33公顷土地边界测绘、征地协议签订及社保缴纳工作。四川东星航空职业学院主体工程、内外装修、绿化工程全部完成，年末已入驻师生5200余人。恒大·金碧天下四期低密度住宅主体完工，小高层洋房完工，高层洋房主体施工正在进行，B区洋房开工，累计完成投资4亿元。复地黄龙溪谷三期完成主体工程和开盘，景观绿化和市政设施已开工，累计完成投资4亿元。牧马新镇二期4组团、5组团主体全面完工，完成施工区10千伏电线迁改，绕场道路建成通车，累计完成投资5000万元。莲花安置区四期房屋主体全面完工，累计完成投资1600万元。

【基础设施建设】 2017年，牧马镇青府路接口道路、武阳村发展道路、梅家冲提灌站和牧马污水处理站竣工，生产、生活配套设施进一步完善。府河学校、牧马卫生院完成改造，教育医疗保障水平明显提升。

【环境综合整治】 2017年，牧马镇全面落实“六治”（治砂、治尘、治污、治乱、治超、治“庸、懒、散、浮、拖”）工作责任，加强环保问题整改力度，完成府河、南河、龙溪河、古佛堰治理，关停家禽养殖场12户、整治并达标验收13户，关停家具厂5家，关停砖厂1家。狠抓环境综合整治，投入资金100万余元，新建新型地库2个，购置快速保洁车、转运车19辆，提高基础设施水平。建立“五乱”（城市“五乱”是指垃圾乱扔、广告乱贴、摊位乱摆、车辆乱停、工地乱象；农村“五乱”是指垃圾乱倒、污水乱排、杂物乱垛、粪土乱堆、禽畜乱放）及“三线”（铁路沿线、公路沿线、河道沿线）治理长效机制，农村生态环境、人居环境和卫生环境得到进一步改善。重拳治理城乡违建，全年出动执法队伍23次，拆除城乡违章建筑3200平方米。

【改革创新】 2017年，牧马镇创新货币化补偿安置方式，实现集约用地、节约资金、提升品质三重成效，安置方式受到区委、区政府通报表扬，年终考核加10分。在牧马新镇安置小区推行“1+3+3+6”（一个党支部，“一诺千金”工作站、管委会、监委会，3个网格，6支志愿者服务队）服务管理模式，安置区管理进一步提高。莲花村深化农村改革成效显著，2017年集体收入突破50万元，并作为全省深化农村改革现场会参观点，圆满展示深化农村改革成果。

【社会民生】 2017年，牧马镇完善城乡低保动态管理，实现应保尽保，建立农村“五保”社会救助体系，加大困难群众流浪乞讨人员和残疾人生活救助。建立老龄人口信息库，落实80岁以上高龄群体普惠补贴政策。城乡居民养老保险参保率达到98%，城乡居民医疗保险参保率达到98%以上。坚持“扶智”与“扶志”相结合，通过组织技术培训、政策宣讲、感恩教育、文明新风宣传等，提高贫困群众致富能力。认真落实省级扶贫资金项目，省级第一批、第二批资金共计28万余元，均已实施并接受区级部门验收。易地搬迁安置23户85人，全面完成安置任务。

（陈海懿）

武阳镇

【概况】 2017年，武阳镇实现固定资产投资6亿元，招商引资到位资金3亿，发展规模以上企业2家，工业年产值达25亿元；农民人均纯收入实现13445元。全年综合目标考核排名全区前四，大塘村、茯苓村分别被评为省级“四好村”、市级“四好村”，刘家大院被列为区级家风家训示范教育基地。

【项目建设】 2017年，武阳镇倾力项目建设，统筹推进城镇一体化建设。推进重点项目建设，全面完成茯苓安置区“双挂钩”项目545户、560套房屋的分房入住工作；全面完成南方一期、成彭大道泉水段48户142人分房安置工作；全力推进环天府新区快速通道建设，完成项目征地19.03公顷府河大桥及岷东大道下穿进场施工工作；全力推进水郡未来城项目建设，完成项目征地800公顷；推进岷东大道景观工程，种植樱花提升道路沿线景观品质。

【农业经济】 2017年，武阳镇着力提升农业品质，不断推进农业产业转型升级。突出发展农业特色产业，以美人指、紫地球、巨玫瑰为主的优质葡萄种植66.67公顷，以蓝莓、草莓、猕猴桃、甘蔗采摘为主题的特色农业体验区进一步扩大；新发展民俗1家；建立电子商务服务站点2个，线上销售特色农业产品；培训新型农业经营业主23个，农民人均纯收入达13445元。

【环境整治】 2017年，武阳镇以“河长制”工作为总揽，坚决打好水、空气、土壤“三大战役”，南河、府河、古佛堰治理初显成效，清淤疏浚河道20公里，打造古佛堰绿化节点1个；大力整治散乱污企业10家，督促指导24户家具企业投入1000万元完成环保设备安装提升；开展农畜污染治理，关闭规模养殖场9家，整治养殖场29家；日处理1000吨的武阳镇污水处理厂建成投运，对上级反馈的48个环保突出问题立行立改，通过中央环保巡视组检查验收。

【民生工程】 2017年，武阳镇全力改善社会民生。投入资金5亿元有效改善基础设施和公共服务，建设机耕地道20公里，沟渠清淤110公里，解决农民安全饮用水760人，补贴5933人购买失地农民养老保险，发放各类惠农补贴493.96万元，发放各类慰问资金8.15万元，举办各类创业就业培训班8期，培训800余人次，城乡居民医疗保险参保率达95%。巩固提升脱贫攻坚成果。开展“回头看”、落实“回头帮”，人员不减、政策不减、力度不减，按时完成易地扶贫搬迁3户12人，群众生产生活环境得到有力改善。233户706人建档立卡贫困户“一超六有”指标持续达标。

【依法行政】 2017年，武阳镇坚持政府重大工作向镇人大报告制度，主动接受人大监督，人大代表建议办理满意率达98%。坚持班子每周学法制度，依法行政意识进一步提高；及时清理规范公共服务事项，政务服务进一步优化。扎实开展“四风”问题回头看，重拳治理“庸、懒、散、浮、拖”，促进村务、事务、财务更公开，群众更满意。严格执行中央“八项规定”，全年“三公”经费支出同比下降10%。

（刘　威）

锦江乡

【概况】　2017年，锦江乡财政收入达到1175.85万元，农村总收入达到1.99亿元，农业收入达到3.4亿元，农民人均纯收入12567元，与2016年相比增长9%。加强国有资产管理，强化预算约束，优化支出结构，财政收入完成1175.85万元。组织、人口计生、依法行政等15项工作被区委、区政府评为先进集体。

【项目工作】　2017年，中法农业科技园建设全面启动，锦江乡仅用20天的时间完成中法农业科技园项目506.67公顷的征地工作。28个农业社自愿书签字率平均达到95%以上，4037人购买失地农民养老保险，购买率74%；环天府新区大道全面启动；完成污水处理厂的建设；半边街人行吊桥开工建设。

【村级阵地建设】　2017年，锦江乡永泉村、天库村、武陵村村级阵地建设已纳入中法农业科技园项目统筹规划建设。

【农业产业化】　2017年，锦江乡积极实施农业科技联户工程，全年对科技联系户进行种植技术培训2次、120人次；共建成农民专业合作社11个、家庭农场4个，引进疏菜种植大户12户。完成省提升粮食生产能力秋马铃薯高产创建示范基地建设。“一村一品”有新亮点，联络村油茶种植已初见规模，象耳村成功探索“羊肚菌”种植经验。

【民生工程】　2017年，锦江乡大力推进贫困村产业结构调整，全乡贫困户已实现“两不愁，达到三保障标准”。对有劳动能力的建档立卡贫困户解决就业岗位130人次。完成易地搬迁50户、142人。政策兜底发放资金1.23万元，实现应保、尽保。未出现返贫情况，精准扶贫户收入稳中有升，产业、就业帮扶成效显著。项目助力脱贫取得丰硕成果，项目区部分精准扶贫户购买并部分开始享受失地农民养老保险。

【民政事业】　2017年，锦江乡认真开展城乡低保清理核查工作，做到动态管理，应保尽保，应退则退，确保城乡低保公开、公平、公正、透明。通过第四轮敬老模范乡、村（社区）建设验收。

【劳动和社会保障】　2017年，锦江乡进一步规范和完善全乡411户、455人城乡居民最低生活保障管理。完成城乡居民医疗保险参保1.07万人。建立、健全老年人、留守妇女、留守儿童、残疾人等弱势群体关爱服务体系。

【综治工作】　2017年，锦江乡坚持“一把手”亲自抓，分管领导具体抓，形成齐抓共管的综治工作格局。积极预防和化解社会矛盾，健全矛盾纠纷源头预防机制，全年无群体性事件突发事件，矛盾纠纷调处率达99%，有效地促进全乡社会大局的稳定。

【安全工作】 2017年，锦江乡安全社区建设持续推进，加强学校、幼儿园、加油站、农家乐等重点区域检查。扎实开展“安全宣传月”活动及农村食品市场“利剑行动”专项整治行动。全年检查安全隐患175条，督促整改175条，整改率100%。建立全乡交通安全管理信息平台，组建7支消防队伍，建成微型消防站。2017年无重大交通安全事故及火灾发生。

（周 柯）

义和乡

【区位优势】 义和乡建制于1935年，2005年合乡并镇后，原岐山乡并入义和乡；距彭山中心城区14公里、成都62公里、双流国际机场45公里、成乐高速公路11公里；东北与凤鸣、谢家相依，西北与成都邛崃市、蒲江县接壤，西南与东坡区多悦镇为邻。全乡境内钙硭硝矿产储量丰富，存量可开采上百年；旅游资源丰富，文化底蕴浓厚，远近闻名的天宫山上自古建有“天宫庙”，于清康熙八年更名为“飞来寺”，开发潜力大；森林资源丰富，全乡有森林面积1866.67公顷。水利条件优越，通济堰横贯全境，双凤、大坝、群英、联合4个水库和145个山坪塘蓄水量可达500万立方方以上；水利设施健全，全乡沟渠总长30多公里，硬化率达80%，提灌设施完备。

【概况】 2017年，义和乡辖区面积34.27平方公里，辖5个村、40个村民小组，人口15543人。2017年，义和乡地区生产总值实现2.37亿元、增速7.7%，固定资产投资实现2.7亿元，农民人均纯收入13218元，增速8%。

【重要会议】 2017年3月，中共眉山市彭山区义和乡第二届代表大会第二次会议召开；6月，义和乡召开庆祝建党96周年大会，全体党员重温入党誓词，并表彰先进党支部和优秀党员；11月，眉山市彭山区义和乡第二届人民代表大会第三次会议召开，选举毛丽沙为义和乡人大主席、夏传宝为义和乡副乡长。

【农村经济】 2017年，义和乡依托区委、区政府“一园两翼”发展思路，突出猕猴桃主导产业，大力巩固和推进优质柑橘基地、优质中药材基地、国家级水稻制种基地建设。全年，新发展猕猴桃、柑桔、藤椒等特色产业235.33公顷，红阳猕猴桃协会种植的猕猴桃获农业部无公害农产品认证；培育新型经营主体21个；巩固退耕还林成果369.87公顷，完成营造林133.33公顷；全年出栏生猪4.65万头；小家禽、兔出栏44.3万只（羽）；全乡机械化耕作明显提升，实现农机总动力2.02万千瓦。

【深化农村改革】 2017年，义和乡深化农村供给侧结构性改革，依托土地流转“四步机制”，全年累计流转土地32.67公顷；开展农业技术培训6场次，培养新型农民45人；农村土地经营权颁证16本，两权抵押贷款评估23户，发放贷款金额突破1000万元；完成杨庙、喻沟、悦园、活桥4个村集体资产股份制改革清产核资工作。

【项目建设】 2017年，义和乡全力推进华夏幸福产业新城义和区域建设，完成工业大道、石化五路、十路、太平吉运、精细化工设计院等一批区级重点项目征地拆迁工作，共征地37.6公顷。实施乡村项目，投入资金1800万元，完成悦园、活桥、喻沟、岐山4个村的现代农业项目建设；争取种业提升项目500万元，完善杨庙村杂交水稻制种基地基础设施条件；完成省“车购税”补助通村硬化路项目8.2公里，全乡道路黑化里程完成10.5公里，实现“零”的突破，品质发展得到进一步提升；修建便民道路22.3公里，渠道硬化清淤123公里，农村基础设施建设进一步完善。

【村镇规划建设管理】 2017年，义和乡严格遵照《中华人民共和国土地管理法》、《村庄集镇建设管理条例》等国家有关法律、法规，全年审批农村居民建房37户，共占地3580平方米（新建11户，新占地面积1170平方米；改建26户，占旧宅地2410 平方米）。坚持建房高峰期每周不少于一次的巡检制度，违章建房清理，确保农村建房质量和建筑安全。建房报建严格执行凭证上岗制度和建筑安全质量责任书制度，无一例建筑质量、安全事故发生。规范辖区内工匠在农房建设中的行为，积极推广新技术、新材料、新工艺、新设计等，全乡的农房建设水平、风格和质量。

【环境整治】 2017年，义和乡进一步健全、完善环保工作体制和机制，以“河长制”工作为总揽，坚决打好水、空气、土壤“三大战役”，通济堰、白马河、岐山大沟生态环境得到有效整治，启动悦园村、活桥村污水处理站建设，岐山场镇污水处理站完成前期工作。关闭“小散乱污”企业3个、养殖场5个，89户规划养殖户顺利通过治污验收并领取“养殖许可证”，水库治理全面达标，秸杆禁烧工作取得历史性突破，实现全域全时段无烟火、无黑斑，中央环保督察中未在义和乡发现一例环保问题，环境保护进入常态化管理。

【民生工程】 2017年，义和乡完成2011年至2014年应保未保失地人员共146人养老保险参保工作和天寿园、石化五路、十路等重点项目共247人失地农民养老保险参保工作。抓好“四好村”建设，岐山、悦园、杨庙3个村被评为“省级四好村”，全区“四好”农村路建设现场会在义和乡召开，代表全区接受省验收组检查，并通过验收。巩固提升脱贫攻坚成果。按时完成易地扶贫搬迁37户、105人，资金拨付达90%，易地扶贫搬迁户满意率100%。通过“回头看”“回头帮”，义和乡366户、1059人建档立卡贫困户全部达标，贫困户2017年人均收入均超过3500元

【民政工作】 2017年，义和乡新增农村低保31户，全乡现有享受最低生活保障人员563人；新增特困人员3人，年末有特困人员83人；散居55人，集中28人。新农保低保、“五保”入保率达100%。全年农村大病医疗救助34人，救助金额 10.59万元。灾情统计上报做到早、快、准。积极做好慈善捐助、慈善助学工作，慈善助学2名，金额0.4万元。全年临时生活救助286人次，救助金额13.3元；春荒救助60人，救助金额1.5万元。强化殡葬宣传，提高火化率，全年火化率达88%。在重阳节开展尊老敬老的主题活动，看望慰问两名百岁老人，将全乡80岁以上高龄

老人数据录入老龄数据平台，实现精准管理，建立老年人档案，摸清全乡60岁以上老年人的基本情况。召开建军90周年座谈会，慰问困难优抚对象15户，发放慰问金7500元，为13名应征入伍士兵家属发放优抚金20.03万元。

【安全维稳】 2017年，义和乡落实综治维稳工作措施，全年未发生群体性上访和治安刑事案件。加强重点领域、重点单位的安全监管和隐患排查整治，未出现一起安全责任事故。加大基层矛盾纠纷调解力度，全年调解矛盾纠纷案件成功率达到99%。

【依法行政】 2017年，义和乡坚持政府重大工作向乡人大报告制度，主动接受人大监督，人大代表建议办理满意率达98%。坚持班子每周学法制度，依法行政意识进一步提高；按上级要求及时清理规范公共服务事项，政务服务进一步优化。扎实开展“四风”问题回头看，重拳治理“庸、懒、散、浮、拖”，制定《义和乡“三级联审”实施办法》，促进村务、事务、财务公开，群众更满意。严格执行中央八项规定，全年“三公”经费支出同比下降10%。

（刘雨丝）

保胜乡

【概况】 2017年，保胜乡持续推进生态、经济、民生三大主题建设，全乡国内生产总值（GDP）达到2.5亿元，较2016年增长8.2%，农林牧渔增加值达到20368万元，较2016年增长0.5%，农民人均纯收入达到1.35万元，增长8%；固定资产投资实现1.89亿元；招商引资实际到位资金5000万元。土地流转超额完成目标，产业初具规模；畜禽养殖污染治理取得较好成效；安全社区建设顺利通过省级验收，全乡安全指数提高、安全环境加强。

【农业经济】 2017年，保胜乡大力发展优质水稻，粮食总产量520万公斤。按照控量规范要求，有序推进畜禽规养殖，发展优质品种猪，鼓励、支持高床养殖、垫料养殖，实现生猪出栏6.8万头，生态肉鸭出栏350万羽，小家禽出栏145万羽，山羊出栏8000头；推进生态水产，发展生态鱼4.5万公斤。开展春秋两季重大动物疫病防控，无重大疫病发生。传统农业实现量大、质优，新栽种林木1.73公顷，林地面积达1266.67公顷；种植青菜公顷、马铃薯166.67公顷，莲藕53.33公顷。做大、做强农业支柱，全年规范流转土地533.33公顷，累计流转866.67公顷；发展优质晚熟柑橘和特色小水果833.33公顷；引进农业经营业主106家，新培育和发展新型农业经营主体30个上；初步建成西山万亩晚熟柑橘基地。开展精品农业建设，按照产业园区化，园区景区化思路，引导2家业主开展柑橘、核桃产业规范化打造，初步打造产业园区1个，奠定农业旅游基础。不断强化农业保障，加强农业技术培训，开展柑橘、水稻等各类实用技术培训6期，培训农民350人次。实施生态种植，推广有机种植89户、533.33公顷。持续抓好农作物病虫害统防统治和优良品种推广，不断扩大优质品种覆盖面，设立农业科技推广和宣传点，推广旱育秧、川优6203等优质水稻和春见、不知火等优质经济作物，优质品种种植面积达666.67公顷。强化农业保险意识，60%的畜禽养殖户和种植户入政策性保险。持续抓好农村承包土地经营权和农民住房财产权抵押贷款试点。完成第三次全国农业普查。加大金融扶持力度，为业主、农户发展产业提资金支持，支农贷款额度达到500万元以上，为产业发展创造土地和金融条件。

【环境巡查整治】 2017年，保胜乡以中央环保督察为契机，深入推进养殖污染治理。实施“321”标准化整治，共整治600余户，关停转30户，社区场镇和龙安场全面实施禁养。强化养殖场所管理，不再新批、新建养殖场所，坚决查处违法、违规修建养殖场所行为，对以畜禽治污名义新建的养殖场所一律强制拆除。严禁外地外来养殖户租用本土群众养殖场所从事养殖行为。扎实开展毛河流域专项整治。严格落实河长制度，实施流域网格管理，按照截污、控源的要求，全面开展流域巡查2400余人次，对养殖污染、生活污水、垃圾等污染源严格管控治理，毛河水质明显改善；投入资金30万元，完成沟渠硬化及清淤10公里，对河道漂浮物和两岸垃圾全面清理。推进水稻变水果，毛河沿岸流转土地133.33公顷，用于栽种柑橘果树；开展水产养殖污染治理，收回水库1座，治理6座，石观音、泗沟、群利、宋家塘等水库实现生态养殖；推进污水处理厂建设，开展主体基建。持续开展生态环境建设。投入资金25万元，实施金岗七一堰、龙安倒灌堰等节点打造，对各村社区办公室及周边开展绿化提升品质，坚持开展观保路绿化。严格林业审批，加强巡查监管，严厉查处，打击乱砍、滥伐行为。强化城乡环境综合治理，推进农村生活垃圾处理常态化，环境治理每季度位居全区前三，连续7年成功争创全市十佳乡镇。开展“小散乱污”专项治理。关停整顿4家，取缔3家石材加工厂。做好全域全年秸秆禁烧工作，保护空气质量，实现空气清新。

【基础设施建设】 2017年，保胜乡实施农田整治项目。投入资金500万余元，完成金岗300万斤粮食生产能力提升工程项目，开展天柱村土地整理，新建拓宽生产道路8公里，完成机耕便民道建设25公里。开展畅水保水行动。投入资金360万余元，完成沟渠整治26公里，实现渠道清淤120公里，全面推进微喷滴灌节水工程建设，整治病险塘库堰，在用水困难的农业社新建蓄水池，解决农业用水不畅、不多问题。推进道路交通建设。全面完成观保路、社区街道及保永路保胜段黑化工程，推进保净路改造升级，加大村社道路建设力度，新修建水泥路3公里，拓宽道路5公里，整治道路隐患30余处，改善全乡村社公路面貌。实施安全饮水和电网改造工程。完成佛岩、连桥、天柱集中供水站建设，解决4000余人安全饮水问题。投入资金247.5万元，完成连桥、天柱农电网改造。

【民生工程】 2017年，保胜乡继续加大产业扶贫、就业促进、医疗救助等帮扶力度，巩固提升335户、858人，确保脱贫不返贫。全面完成易地扶贫搬迁任务63户，146人顺利入住安全住房。扶贫工作接受省、市、区三级检查验收。严格执行社保“一卡通”，城乡居民养老保险完成参保4800人，城乡居民基本医疗保险实现应保尽保、应报尽报。开展农民夜校、农技知识培训等培训8次，促进农民创业、就业300人。血防工作代表四川接受江西省考察检查，得到高度评价。全面推进二孩政策落地，严格低保、“五保”审批制度，全域推行“绿色殡葬”，认真开展民政救济，加强残疾人工作，让群众困有所助。注重人居环境打造。投入30万余元，硬化社区道路，整合七好党建阵地，安全文化阵地建设打造社区绿化广场。完成社区停车场建设，缓解交通堵塞。强化安全底线思维，整合资金投入100万余元，扎实开展安全社区建设工作，顺利通过省级检查评定验收。

【社会事业】 2017年，保胜乡大力推进“七五”普法和法律“七进”工作，实施村级“雪亮工程”，在重要卡口安装摄像头56个，组建7支“红袖标”队伍，强化治安巡逻；加强矛盾调处工作，每月召开一次矛盾调处会，对不稳定因素进行风险评估。全年，调解村民矛盾纠纷143件，建立领导班子轮流坐班接访工作制度，将矛盾化解在平时，处理来访群众50余人次，处理网访、“12345”信访件6件，信访“零进京”“零到省”，未发生群体性事件。

（唐思玥）

附　录

Appendix

2017年度获市委、市政府以上表彰的先进集体名录一览表

表7

单位名称	荣誉名称	表彰机关	获奖文件字号
区法院	全国文明单位	中央文明委	文明委〔2017〕10号
敬老院管理中心	第二届全国“敬老文明号”	全国老龄工作委员会	全国老龄委发〔2017〕1号
彭溪街道	第一批绿色村庄名单	中华人民共和国住房和城乡建设部办公厅	建办村函〔2017〕296号
区公安分局	“5·1”特大盗掘倒卖文物案专案组集体（一等功）	公安部	公奖字〔2017〕41号
区总工会	全国厂务公开民主管理先进单位	全国厂务公开协调小组	奖　牌
区司法局	全国司法行政系统先进集体	人社部、司法部	人社部发〔2016〕138号
观音镇	国家卫生乡镇	全国爱国卫生运功委员会	荣誉证书
黄丰镇团结村	全国文明村	中央精神文明建设指导委员会	文明委〔2017〕10号
鹏利小学关工委	《立家训　传家风　弘扬核心价值观》案例被评为“十佳创新案例”	教育部关心下一代工作委员会	证　书
彭山一小	全国规范化家长学校	中国下一代教育基金会等	下一代教字〔2017〕67号
鹏利小学	全国规范化家长学校	中国下一代教育基金会等	下一代教字〔2017〕67号
彭山三中	全国规范化家长学校	中国下一代教育基金会等	下一代教字〔2017〕67号
谢家初中	全国规范化家长学校	中国下一代教育基金会等	下一代教字〔2017〕67号
区幼儿园	全国规范化家长学校	中国下一代教育基金会等	下一代教字〔2017〕67号
区机关幼儿园	全国规范化家长学校	中国下一代教育基金会等	下一代教字〔2017〕67号
区教体局	国培示范性培训“优秀组织奖”	国家开放大学	荣誉证书

续表 7

单位名称	荣誉名称	表彰机关	获奖文件字号
区农牧局	2017 年全国优质鲜食葡萄评选（金奖）	全国葡萄学术研讨会	证　书
区农牧局	2017 年全国优质鲜食葡萄评选（优质奖）	全国葡萄学术研讨会	证　书
青龙镇古佛村	省级“四好村”	省委、省政府	川委〔2017〕20 号
青龙镇狮子村	省级“四好村”	省委、省政府	川委〔2017〕20 号
区农牧局	2016 年全省“三农”工作先进县	省委办公厅	川委厅〔2017〕7 号
区政协	2017 年度新闻宣传单位	省政协办公厅	川政协厅〔2017〕54 号
区委政法委	四川省党委政法委先进集体	省委政法委、省人社厅	川人社发〔2016〕59 号
区委编办	2017 年度全省机构编制政务信息工作情况通报	省委编办	川编办发〔2017〕151 号
区委编办	四川省机构编制系统先进集体	省委编办、省人社厅	川人社发〔2017〕8 号
区司法局	四川省社区矫正工作先进集体	省人社厅、省司法厅	川人社发〔2017〕62 号
区法院	2016 年度全省法院信息工作先进集体	省法院	川高法〔2017〕10 号
区法院	十佳庭审	省法院	川高法办〔2017〕110 号
区广播电视台	四川省青年文明号	省人社厅、共青团省委	川人社发〔2016〕57 号
区委群工部	2016 年度创建“三无”活动先进区先进集体	省信访工作联席会议办公室	川信联办发〔2017〕3 号
彭溪街道	四川省妇联基层组织建设示范街道	省妇联	川妇字〔2017〕119 号
彭溪街道	2016 年度乡镇财政管理工作考核表扬单位	省财政厅	川财基〔2017〕7 号
区委群工部	全省信访系统“三查三促三争当”活动先进集体	省人社厅、省信访局	川人社发〔2017〕13 号
区委政法委	2017 年度全省平安铁路线	省综治委	川铁护组〔2017〕12 号
区公安分局国保大队	集体二等功	省公安厅	川公奖字〔2017〕62 号
区公安分局经侦大队	全省公安机关经侦工作成绩突出集体	省公安厅	川公发〔2017〕7 号
青龙初中	2017 年四川省依法治校示范学校	省依法治省办、省委宣传部	川妇字〔2017〕14 号
区教体局	四川教育宣传先进单位	省教育厅、省教育报刊社	川教刊〔2017〕19 号
牧马学校	四川省 2017 年度“爱路护路宣传教育示范学校”	省综治委　、铁路护路联防工作领导小组	川铁护组〔2017〕12 号
鹏利小学	四川省家庭教育工作先进集体	省妇联、省教育厅	川妇字〔2017〕14 号

续表 7

单位名称	荣誉名称	表彰机关	获奖文件字号
区卫计局	四川省“平安家庭”创建工作先进集体	省妇女儿童委员办公室	川妇知〔2017〕12 号
区地防办	四川省血吸虫防治先进集体	省人力资源和社会保障厅	川人社办发〔2017〕11 号
区疾控中心	2016 年度全省艾滋病筛查实验室质量考评成绩优秀	省疾病预防控制中心	荣誉证书
区卫计局	四川省中医药工作先进集体	省人社厅、省中医药管理局	川人社发〔2017〕20 号
区妇幼保健院	二级甲等妇幼保健院	省卫计委	川卫发〔2017〕176 号
区人民医院	四川省对口支援工作表现突出先进集体	省卫计委	通报表扬
区人社局	人力资源和社会保障系统先进集体	省人社厅	奖　牌
区供销社	2016 年综合改革先进单位	省供销社	川供发〔2017〕9 号
区农牧局	2017 年基地建设管理工作先进单位	省农业厅	川农业种站〔2017〕17 号
区农牧局	2017 年种业信息统计报送工作先进单位	省农业厅	川农业种站〔2017〕17 号
区农牧局	2017 年全省农业行政处罚优秀案卷	省农业厅	川农业函〔2017〕1101 号
区投促局	四川省投资促进工作先进集体	省人社厅、省投促局	川人社发〔2017〕16 号
牧马镇	全省社区戒毒社区康复工作示范点	省禁毒委员会	川禁毒发〔2017〕15 号
牧马镇	省森林防火宣传工作较好单位	省森林草原防火指挥部	川森防指〔2017〕36 号
区统计局	县级统计机构先进集体	省统计局	川统计〔2017〕5 号
区统计局	基本单位名录库规范化优秀（示范）单位	省统计局	川统计办发〔2017〕65 号
谢家镇	妇联基层组织示范乡镇	省妇联	川妇字〔2017〕119 号
谢家镇	基层统计先进单位	省统计局	川统计〔2017〕5 号
区环保局	四川省“十二五”主要污染物总量减排先进集体	省人社厅、省环保厅	奖　牌
青龙镇莲池村	2017 年度“九无”平安铁路示范村	省综治委铁路护路联防工作领导小组	川铁护组〔2017〕12 号
青龙镇永远村	2017 年度“九无”平安铁路示范村	省综治委铁路护路联防工作领导小组	川铁护组〔2017〕12 号
青龙镇先锋村	2017 年度“九无”平安铁路示范村	省综治委铁路护路联防工作领导小组	川铁护组〔2017〕12 号
青龙镇	四川省妇联基层组织建设示范乡镇	省妇联	川妇字〔2017〕119 号

续表 7

单位名称	荣誉名称	表彰机关	获奖文件字号
区安监局	2016 年度全省安全生产宣传工作先进单位	省安委会办公室	川安办〔2017〕31 号
江口镇	2016 年度基层统计工作先进单位	省统计局	川统计〔2017〕5 号
区检察院	四川省检察机关科技强检示范院	省检察院	川检发技〔2017〕1 号
区残联	残疾人工作先进单位	省残工委、省人社厅	川人社发〔2017〕9 号
青龙镇古佛村	2016 年度市级“四好村”	市委、市政府	眉委〔2017〕27 号
青龙镇狮子村	2016 年度市级“四好村”	市委、市政府	眉委〔2017〕27 号
锦江乡	2016 年度市级“四好村”	市委、市政府	眉委〔2017〕27 号
江口镇	2016 年度市级“四好村”	市委、市政府	眉委〔2017〕27 号
区委、区政府	2016 年度群众和信访工作先进集体	市委、市政府	眉委〔2017〕28 号
区委、区政府	2016 年度维稳工作先进集体	市委、市政府	眉委〔2017〕28 号
区委、区政府	2016 年度统战工作先进集体	市委、市政府	眉委〔2017〕28 号
区委、区政府	2016 年度外宣、网信工作先进集体	市委、市政府	眉委〔2017〕28 号
彭山区	2016 年度农村改革工作先进区县	市委、市政府	眉委〔2017〕28 号
区委政法委	2016 年度大调解工作先进集体	市委、市政府	眉委〔2017〕28 号
青龙镇	2016 年度大调解工作先进集体	市委、市政府	眉委〔2017〕28 号
区公安分局	2016 年度大调解工作先进集体	市委、市政府	眉委〔2017〕28 号
江口镇	2016 年度大调解工作先进集体	市委、市政府	眉委〔2017〕28 号
区委、区政府	推进文化立市战略工作先进集体（一等奖）	市委、市政府	眉委〔2017〕35 号
彭山区	2016 年度主动作为创一流先进集体（一等奖）	市委、市政府	眉委〔2017〕39 号
区委宣传部	2016 年度主动作为创一流先进集体	市委、市政府	眉委〔2017〕39 号
区财政局	2016 年度主动作为创一流先进集体	市委、市政府	眉委〔2017〕39 号
区发改局	2016 年度主动作为创一流先进集体	市委、市政府	眉委〔2017〕39 号
凤鸣街道	2016 年度主动作为创一流先进集体	市委、市政府	眉委〔2017〕39 号
区委、区政府	2017 年四川花卉（果类）生态旅游节暨首届眉山樱花节筹办工作先进集体	市委、市政府	眉委〔2017〕51 号

续表 7

单位名称	荣誉名称	表彰机关	获奖文件字号
区委、区政府	2016 年度国土资源管理工作先进集体	市委、市政府	眉委〔2017〕51 号
区委、区政府	2016 年度投资促进工作先进集体	市委、市政府	眉委〔2017〕51 号
区委统战部	眉山市民族宗教工作先进集体	市委、市政府	眉委〔2017〕51 号
区公安分局	眉山市民族宗教工作先进集体	市委、市政府	眉委〔2017〕51 号
江口镇	眉山市民族宗教工作先进集体	市委、市政府	眉委〔2017〕51 号
天府新区彭山青龙区域	2016 年度投资促进工作先进集体	市委、市政府	眉委〔2017〕51 号
区投促局	2016 年度投资促进工作先进集体	市委、市政府	眉委〔2017〕51 号
青龙镇	2016 年度乡镇经济综合实力前 10 强乡镇	市委、市政府	眉委〔2017〕51 号
凤鸣街道	2016 年度乡镇经济综合实力前 10 强乡镇	市委、市政府	眉委〔2017〕51 号
区委、区政府	2016 年度“千湖之城”大会战工作先进集体	市委、市政府	眉委〔2017〕62 号
江口镇	2017 年度市级“四好村”	市委、市政府	眉委〔2017〕166 号
黄丰镇中和村	2017 年度市级“四好村”	市委、市政府	眉委〔2017〕166 号
谢家镇岳油村	2017 年度市级“四好村”	市委、市政府	眉委〔2017〕166 号
谢家镇邓庙村	2017 年度市级“四好村”	市委、市政府	眉委〔2017〕166 号
青龙镇同乐村	2017 年度市级“四好村”	市委、市政府	眉委〔2017〕166 号
青龙镇桂林村	2017 年度市级“四好村”	市委、市政府	眉委〔2017〕166 号
区史志办	2015—2017 年度市级文明单位	市委、市政府	眉委办〔2017〕47 号
区文管所	2015—2017 年度市级文明单位	市委、市政府	眉委办〔2017〕47 号
区委党校	市级文明单位	市委、市政府	奖　牌
彭山区	眉山市双拥工作先进区	市委、市政府、眉山军分区	眉委〔2017〕85 号
区卫计局	眉山市 2016 度教育卫生计生工作先进集体	市政府	眉府函〔2017〕30 号
彭山区	2016 年度卫生工作先进区县	市政府	眉府函〔2017〕30 号
彭山区	2016 年度体育工作先进县（区）	市政府	眉府函〔2017〕30 号
区委统战部	眉山市民族团结进步模范集体	市政府	眉府函〔2017〕37 号
区扶贫移民局	眉山市民族团结进步模范集体	市政府	眉府函〔2017〕37 号

续表 7

单位名称	荣誉名称	表彰机关	获奖文件字号
区人民政府	2016 年第三产业发展工作先进集体	市政府	眉府函〔2017〕51 号
区人民政府	2016 年民营经济发展工作先进集体	市政府	眉府函〔2017〕51 号
区统计局	统计调查工作先进集体	市政府	眉府函〔2017〕51 号
区检察院	彭山江口沉银案侦破工作先进集体	市政府	眉府函〔2017〕51 号
区公安分局	彭山江口沉银案侦破工作先进集体	市政府	眉府函〔2017〕51 号
区法院	彭山江口沉银案侦破工作先进集体	市政府	眉府函〔2017〕51 号
区经信局	2016 年度统计调查工作先进集体	市政府	眉府函〔2017〕51 号
区经开区	2016 年度统计调查工作先进集体	市政府	眉府函〔2017〕51 号
黄丰镇	2016 年度征兵工作先进单位	市政府	眉府函〔2017〕83 号
区安监局	安全社区	市政府	眉府函〔2017〕140 号
区安监局	2016 年度安全生产工作先进集体	市政府	眉府函〔2017〕140 号

2017 年区委重要文件目录一览表

表 8

序号	文件标题	文件字号	发文时间
1	关于印发《中共眉山市彭山区委工作运行规则》的通知	眉彭委发〔2017〕2 号	2017/5/24
2	关于印发《中共眉山市彭山区委常委会议事决策规则》的通知	眉彭委发〔2017〕3 号	2017/5/24
3	关于 2017 年党风廉政建设和反腐败工作的意见	眉彭委发〔2017〕4 号	2017/7/31
4	关于旗帜鲜明讲政治进一步加强领导班子思想政治建设的实施意见	眉彭委发〔2017〕5 号	2017/9/19
5	关于营造全省一流营商环境化优势为胜势加快建设国家中心城市彭山坐标的决定	眉彭委发〔2017〕6 号	2017/9/20
6	关于开展“两项治理、六大行动”进一步做好维护社会和谐稳定工作的通知	眉彭委发〔2017〕9 号	2017/10/16
7	关于认真学习宣传贯彻党的十九大精神的通知	眉彭委发〔2017〕11 号	2017/11/14
8	关于深化供销合作社综合改革的实施意见	眉彭委发〔2017〕12 号	2017/12/5
9	关于成立眉山市彭山区党的十九大和省第十一次代表候选人初步人选推荐提名工作领导小组的通知	眉彭委办〔2017〕1 号	2017/1/5

续表 8

序号	文件标题	文件字号	发文时间
10	关于 2016 年度全区党委信息工作完成情况的通报	眉彭委办〔2017〕3 号	2017/1/5
11	关于做好 2017 年春节走访慰问和送温暖活动的通知	眉彭委办〔2017〕4 号	2017/1/10
12	关于印发《2017 年元旦春节系列群众文体活动工作方案》的通知	眉彭委办〔2017〕5 号	2017/1/12
13	关于成立眉山市彭山区迎接环境保护督察工作领导小组的通知	眉彭委办〔2017〕7 号	2017/1/13
14	关于成立区委巡察工作领导小组的通知	眉彭委办〔2017〕6 号	2017/1/13
15	关于调整深化供销合作社综合改革领导小组成员名单的通知	眉彭委办〔2017〕8 号	2017/1/13
16	关于认真做好 2017 年向上争取项目资金工作的通知	眉彭委办〔2017〕10 号	2017/1/16
17	关于下达眉山市彭山区 2017 年政府投资项目计划的通知	眉彭委办〔2017〕11 号	2017/1/20
18	关于印发《眉山市彭山区环境保护工作职责分工方案》的通知	眉彭委办〔2017〕12 号	2017/1/17
19	关于调整眉山市彭山区环境保护委员会成员名单的通知	眉彭委办〔2017〕13 号	2017/1/17
20	关于印发眉山市彭山区环境保护突出问题整改任务分解表的通知	眉彭委办〔2017〕14 号	2017/1/17
21	关于印发眉山市彭山区党政领导干部生态环境保护实绩考核办法（试行）的通知	眉彭委办〔2017〕15 号	2017/1/17
22	关于做好环境保护督察工作的通知	眉彭委办〔2017〕16 号	2017/1/17
23	关于调整眉山市彭山区社会治安综合治理委员会成员的通知	眉彭委办〔2017〕17 号	2017/1/18
24	关于进一步加强和规范有关工作的通知	眉彭委办〔2017〕18 号	2017/1/19
25	关于授予谢莉萍等 10 名医务工作者“寿乡健康卫士”称号的通报	眉彭委办〔2017〕19 号	2017/1/20
26	关于深入开展“学先进找差距添措施”活动的通知	眉彭委办〔2017〕20 号	2017/1/20
27	关于转发《四川省贯彻中国共产党问责条例实施办法的通知》的通知	眉彭委办〔2017〕21 号	2017/1/25
28	关于 2016 年下半年城乡环境综合治理“十佳”“较差”村（社区）考评情况的通报	眉彭委办〔2017〕22 号	2017/1/26
29	关于转发《关于进一步严明纪律要求切实做好当前工作的通知》的通知	眉彭委办〔2017〕23 号	2017/2/6
30	关于转发《关于集中精力抓落实做好一季度工作的通知》的通知	眉彭委办〔2017〕24 号	2017/2/21
31	关于成立“十三五”千亿交通大会战建设指挥部的通知	眉彭委办〔2017〕25 号	2017/2/15
32	关于稳增长提质效确保 2017 年经济工作“开门红”的通知	眉彭委办〔2017〕26 号	2017/2/15

续表 8

序号	文件标题	文件字号	发文时间
33	关于调整眉山市彭山区防范和处理邪教问题领导小组成员名单的通知	眉彭委办〔2017〕27 号	2017/2/17
34	关于转发《眉山市彭山区关心下一代工作委员会 2017 年工作要点》的通知	眉彭委办〔2017〕28 号	2017/2/17
35	关于印发《眉山市彭山区脱贫攻坚专项督导工作方案》的通知	眉彭委办〔2017〕29 号	2017/2/20
36	关于调整眉山市彭山区民营经济发展领导小组成员及其工作职责的通知	眉彭委办〔2017〕30 号	2017/2/21
37	关于报送 2016 年党史和年鉴资料的通知	眉彭委办〔2017〕31 号	2017/2/22
38	关于办好党务政务服务热线回应群众关切的通知	眉彭委办〔2017〕32 号	2017/2/24
39	关于表扬 2016 年度食品安全工作先进单位、企业和个人的通报	眉彭委办〔2017〕33 号	2017/2/24
40	关于印发《区第二届第二次党代会报告目标任务分解表》的通知	眉彭委办〔2017〕34 号	2017/3/1
41	关于印发《关于开展干部全覆盖谈心谈话工作方案》的通知	眉彭委办〔2017〕35 号	2017/3/9
42	关于开展走基层“五必送、五必访”活动的通知	眉彭委办〔2017〕36 号	2017/3/6
43	关于开展 2017 年春季义务植树活动的通知	眉彭委办〔2017〕37 号	2017/3/7
44	关于印发《首届眉山樱花节彭山分会场总体方案》的通知	眉彭委办〔2017〕38 号	2017/3/10
45	关于深入开展 2017 年科技文化卫生“三下乡”活动的通知	眉彭委办〔2017〕39 号	2017/3/10
46	关于转发《中共眉山市彭山区委统战部 2017 年工作要点》的通知	眉彭委办〔2017〕40 号	2017/3/10
47	关于印发深化“走基层”活动引领绿色发展助推脱贫攻坚系列意见方案的通知	眉彭委办〔2017〕41 号	2017/3/16
48	关于调整区级领导、区级部门联系贫困村工作安排的通知	眉彭委办〔2017〕42 号	2017/3/20
49	关于印发《区级领导和部门联系乡镇（街道）、村（社区）安排表》的通知	眉彭委办〔2017〕43 号	2017/3/20
50	关于印发《中共眉山市彭山区委巡察工作实施办法（试行）》的通知	眉彭委办〔2017〕44 号	2017/3/22
51	关于印发《中共眉山市彭山区第二届委员会巡察工作规划（2017—2021 年）》的通知	眉彭委办〔2017〕45 号	2017/3/22
52	关于印发《眉山市彭山区 2017 年巡察工作计划》的通知	眉彭委办〔2017〕46 号	2017/3/22
53	关于印发《眉山市彭山区 2017 年省级防震救灾综合演练筹备及演练工作方案》的通知	眉彭委办〔2017〕47 号	2017/3/22
54	关于印发《眉山市彭山区法治政府建设实施方案（2017—2020 年）》的通知	眉彭委办〔2017〕48 号	2017/3/24

续表 8

序号	文件标题	文件字号	发文时间
55	关于开展安全生产大检查集中整治安全隐患的紧急通知	眉彭委办〔2017〕49 号	2017/3/24
56	关于加快推进新型工业化的实施意见	眉彭委办〔2017〕50 号	2017/3/29
57	关于印发《眉山市彭山区规模以上工业企业、重点服务业企业和限额以上批零住餐企业培育的暂行办法》的通知	眉彭委办〔2017〕51 号	2017/3/29
58	关于印发《〈中国共产党彭山历史（1999.01—2018.12）〉编撰出版工作方案》的通知	眉彭委办〔2017〕52 号	2017/3/30
59	关于转发《中共四川省委办公厅四川省人民政府办公厅关于印发〈进一步精简文件简报十六条措施〉的通知》的通知	眉彭委办〔2017〕53 号	2017/3/30
60	关于调整 2017 年彭山区重点项目的通知	眉彭委办〔2017〕54 号	2017/3/30
61	关于规范统筹协调机制提高党政运行效率的通知	眉彭委办〔2017〕56 号	2017/4/1
62	关于到乡镇（街道）调研检查“五个从严”的通知	眉彭委办〔2017〕57 号	2017/4/7
63	关于做好统筹对接社会公益工作的通知	眉彭委办〔2017〕58 号	2017/4/18
64	关于报送 2017 年度拟提请区委发文项目的通知	眉彭委办〔2017〕59 号	2017/4/19
65	关于进一步做好区委文件审核工作的意见	眉彭委办〔2017〕60 号	2017/4/19
66	关于印发《眉山市彭山区 2017 年农作物秸秆禁烧和综合利用工作方案》的通知	眉彭委办〔2017〕61 号	2017/4/24
67	关于转发《中共眉山市彭山区委宣传部关于全区党委（党组）中心组 2017 年度理论学习安排意见》的通知	眉彭委办〔2017〕62 号	2017/4/24
68	关于无会月的通知	眉彭委办〔2017〕63 号	2017/4/21
69	关于进一步加强 2017 年党委信息和调研工作的通知	眉彭委办〔2017〕64 号	2017/4/26
70	关于印发《眉山市彭山区依法治区 2017 年工作要点》的通知	眉彭委办〔2017〕65 号	2017/5/22
71	关于印发《眉山市彭山区 2017 年“光彩彭山”建设工作实施方案》的通知	眉彭委办〔2017〕66 号	2017/4/28
72	关于印发《眉山市彭山区 2017 年“花漾彭山”建设工作实施方案》的通知.	眉彭委办〔2017〕67 号	2017/4/28
73	关于印发《凤鸣街道、公义镇、保胜乡“省级安全社区”建设、复评实施方案》的通知	眉彭委办〔2017〕69 号	2017/5/9
74	关于印发《眉山市彭山区 2017 年抓乡促村工作要点》的通知	眉彭委办〔2017〕70 号	2017/5/10
75	关于印发《眉山市彭山区 2017 年新闻宣传总体策划方案》的通知	眉彭委办〔2017〕71 号	2017/5/10
76	关于印发《眉山市彭山区网格化环境监管实施方案（试行）》的通知	眉彭委办〔2017〕72 号	2017/5/15

续表 8

序号	文件标题	文件字号	发文时间
77	关于印发《眉山市彭山区安全生产“党政同责”办法》的通知	眉彭委办〔2017〕73 号	2017/5/16
78	关于举办庆祝中国共产党成立 96 周年歌咏比赛的通知	眉彭委办〔2017〕74 号	2017/5/17
79	关于印发《眉山市彭山区党政系统协同办公平台建设实施方案》的通知	眉彭委办〔2017〕75 号	2017/5/26
80	关于印发《关于进一步严肃党内政治生活巩固发展良好政治生态的实施意见》的通知	眉彭委办〔2017〕76 号	2017/5/27
81	关于进一步加快推进重点项目建设的通知	眉彭委办〔2017〕77 号	2017/5/27
82	关于印发《中共眉山市彭山区委督查工作实施办法》的通知	眉彭委办〔2017〕78 号	2017/5/27
83	关于认真做好后进党组织转化升级工作的通知	眉彭委办〔2017〕80 号	2017/6/5
84	关于印发《眉山市彭山区 2017 年“千湖之城”建设实施方案》的通知	眉彭委办〔2017〕81 号	2017/6/7
85	关于“无会月”的补充通知	眉彭委办〔2017〕82 号	2017/6/9
86	关于印发《眉山市彭山区科级领导干部生态环境损害责任追究暂行办法》的通知	眉彭委办〔2017〕83 号	2017/6/14
87	关于开展“十评七进寻找最美彭山人”活动深入推进社会主义核心价值观建设的实施意见	眉彭委办〔2017〕84 号	2017/6/16
88	关于印发《学习贯彻省第十一次党代会精神宣讲工作方案》的通知	眉彭委办〔2017〕85 号	2017/6/16
89	关于印发《区委全面深化改革领导小组 2017 年工作要点》的通知	眉彭委办〔2017〕86 号	2017/6/19
90	关于印发《眉山市彭山区庆祝建党 96 周年活动方案》的通知	眉彭委办〔2017〕89 号	2017/6/20
91	关于实行“三长制”推进大气、水、土壤污染防治“三大战役”的实施意见	眉彭委办〔2017〕90 号	2017/6/22
92	关于关于进一步加强环保督察突出问题整改工作的通知	眉彭委办〔2017〕91 号	2017/6/27
93	关于开展三苏好家风“六进”活动的通知	眉彭委办〔2017〕92 号	2017/6/27
94	关于印发《“庸、懒、散、浮、拖”干部学习培训班管理暂行办法》的通知	眉彭委办〔2017〕94 号	2017/7/5
95	关于印发眉山市彭山区地质灾害隐患排查防治工作方案的通知	眉彭委办〔2017〕96 号	2017/7/10
96	关于印发岷江流域“1+4”暗访督查问题整改任务分解表的通知	眉彭委办〔2017〕97 号	2017/7/10
97	关于印发《眉山市彭山区全面落实河长制工作方案》的通知	眉彭委办〔2017〕98 号	2017/7/10
98	关于印发《眉山市彭山区党政领导干部生态环境保护实绩考核评分细则》的通知	眉彭委办〔2017〕99 号	2017/7/12

续表 8

序号	文件标题	文件字号	发文时间
99	关于充分发挥群团组织优势助力脱贫攻坚的实施意见	眉彭委办〔2017〕101	2017/7/18
100	关于印发《眉山市彭山区 2017 年“绿海明珠”建设实施方案》的通知	眉彭委办〔2017〕102	2017/7/18
101	关于印发《眉山市彭山区田长制推进土壤污染防治行动计划工作方案》的通知	眉彭委办〔2017〕103	2017/7/19
102	关于印发《眉山市彭山区加快推进省级生态区创建和验收工作方案》的通知	眉彭委办〔2017〕104	2017/7/20
103	关于调整彭山区城乡规划监督委员会议事规则的通知	眉彭委办〔2017〕106	2017/7/21
104	关于命名 2015—2017 年区级文明单位和文明村镇的通报	眉彭委办〔2017〕107	2017/7/26
105	2017 年 1—6 月党委系统信息采用情况通报	眉彭委办〔2017〕108	2017/7/26
106	关于印发《抽调科级后备干部参与巡察工作暂行办法》的通知	眉彭委办〔2017〕109	2017/8/2
107	关于抓好“学习讲话、解放思想、对标工作”主题活动相关工作的通知	眉彭委办〔2017〕110	2017/8/4
108	关于印发眉山市彭山区 22 个扶贫专项 2017 年实施方案的通知	眉彭委办〔2017〕111	2017/8/17
109	关于印发《眉山市彭山区农村集体资产清产核资工作实施方案》的通知	眉彭委办〔2017〕112	2017/8/18
110	“关于转发中共眉山市委办公室、眉山市人民政府办公室《关于印发〈眉山市党政主要负责人履行推进法治建设第一责任人职责实施办法〉和〈眉山市村（社区）“两委”主要负责人履行推进法治建设第一责任人职责实施办法〉的通知”	眉彭委办〔2017〕113	2017/8/18
111	关于开展防汛减灾和地质灾害防范督导工作的通知	眉彭委办〔2017〕114	2017/8/18
112	关于成立区委区政府法律顾问团的通知	眉彭委办〔2017〕118	2017/9/7
113	关于贯彻落实《四川省创新企事业单位民主管理制度改革方案》的实施意见	眉彭委办〔2017〕119	2017/9/11
114	关于印发《眉山市彭山区涉农惠民工程项目监管办法（试行）》等四个涉农文件的通知	眉彭委办〔2017〕120	2017/9/15
115	关于印发《眉山市彭山区 2017 年重阳节系列活动方案》的通知	眉彭委办〔2017〕122	2017/9/20
116	关于机构编制总量控制动态管理的实施意见（试行）	眉彭委办〔2017〕123	2017/9/25
117	关于近期有关工作纪律的通知	眉彭委办〔2017〕124	2017/9/27
118	关于中央环保督察组案件交办情况的通报	眉彭委办〔2017〕128	2017/10/23
119	关于印发《眉山市彭山区“法律跟着项目走”工作方案》的通知	眉彭委办〔2017〕129	2017/10/30

续表 8

序号	文件标题	文件字号	发文时间
120	关于开展“学讲话、谈体会、促落实”活动的通知	眉彭委办〔2017〕132	2017/11/10
121	关于印发《营造全省一流营商环境化优势为胜势加快建设国家中心城市彭山坐标的决定任务分解表》的通知	眉彭委办〔2017〕134	2017/11/14
122	关于 2017 年 1—10 月党委系统信息采用情况的通报	眉彭委办〔2017〕135	2017/11/14
123	关于印发《彭山区关心下一代工作委员会工作实施细则》的通知	眉彭委办〔2017〕137	2017/11/17
124	关于印发《眉山市彭山区机关事业单位编外（临聘）人员管理办法（试行）》的通知	眉彭委办〔2017〕138	2017/11/24
125	关于部分领导同志分工调整的通知	眉彭委办〔2017〕139	2017/11/27
126	关于印发《眉山市彭山区党务政务服务热线运行管理办法》的通知	眉彭委办〔2017〕140	2017/12/6
127	关于做好 2018 年党报党刊发行及新媒体推广工作的通知	眉彭委办〔2017〕141	2017/12/6
128	关于印发《眉山市彭山区河长制管理考核办法（试行）》的通知	眉彭委办〔2017〕142	2017/12/5
129	关于明确部分领导分工的通知	眉彭委办〔2017〕143	2017/12/7
130	关于印发《“学报告、读党章、守初心、谋发展”活动方案》的通知	眉彭委办〔2017〕144	2017/12/13
131	关于印发《眉山市彭山区促进家政服务业提升拓展工作方案》的通知	眉彭委办〔2017〕146	2017/12/14
132	关于印发《2017 年度全区党建述职评议考核及民主评议党支部和党员工作实施方案》的通知	眉彭委办〔2017〕147	2017/12/21
133	关于切实做好困难群众安全温暖过冬工作的通知	眉彭委办〔2017〕148	2017/12/22
134	关于印发《贯彻落实慕新海书记在眉山建区设市 20 周年座谈会上的重要讲话精神目标任务分解表》的通知	眉彭委办〔2017〕149	2017/12/27
135	关于印发《眉山市彭山区村级事务财务“三委会审”办法（试行）》的通知	眉彭委办〔2017〕150	2017/12/27
136	关于印发《学习贯彻省委常委会专题研究全省各领域基层党建工作会议精神全面加强彭山基层党建工作实施方案》的通知	眉彭委办〔2017〕151	2017/12/27
137	关于印发《中共眉山市彭山区委常委会 2018 年度学法方案》的通知	眉彭委办〔2017〕152	2017/12/29
138	关于印发《眉山市彭山区 2017 年表扬事项目录》的的通知	眉彭委办〔2017〕153	2017/12/29
139	关于印发《党风廉政建设“两个责任”落实与监督网络平台管理办法（试行）》的通知	眉彭委办〔2017〕154	2017/12/29

2017 年区政府重要文件目录一览表

表 9

序号	文件标题	文件字号	发文时间
1	关于公布 2015 年以前行政规范性文件清理结果的通知	眉彭府发〔2017〕2 号	2017/1/16
2	关于印发眉山市彭山区行政机关负责人出庭应诉暂行规定的通知	眉彭府发〔2017〕3 号	2017/1/23
3	关于印发眉山市彭山区被征地农民社会保障实施办法的通知	眉彭府发〔2017〕6 号	2017/2/16
4	关于印发《眉山市彭山区入河排污口监督管理办法》的通知	眉彭府发〔2017〕7 号	2017/3/14
5	关于 2017 年安全生产工作的意见	眉彭府发〔2017〕8 号	2017/3/29
6	关于印发取消和调整地方实施行政许可事项目录的通知	眉彭府发〔2017〕9 号	2017/5/17
7	关于印发眉山市彭山区"十三五"卫生和计生事业发展规划的通知	眉彭府发〔2017〕10 号	2017/6/2
8	2017 年环境保护工作的意见	眉彭府发〔2017〕12 号	2017/6/7
9	关于公布 2015 年以前行政规范性文件修改内容的通知	眉彭府发〔2017〕13 号	2017/6/22
10	关于进一步加强文物工作的实施意见	眉彭府发〔2017〕14 号	2017/7/5
11	关于印发土壤污染防治行动计划眉山市彭山区工作方案的通知	眉彭府发〔2017〕15 号	2017/8/7
12	印发关于进一步加强政府投资工程建设项目新增工程管理的补充规定的通知	眉彭府发〔2017〕16 号	2017/8/9
13	关于印发《眉山市彭山区养殖水域滩涂规划(2017 年—2030 年)》的通知	眉彭府发〔2017〕17 号	2017/10/20
14	关于进一步加强政府债务和融资管理的通知	眉彭府发〔2017〕18 号	2017/11/7
15	转发眉山市人民政府关于推进房地产供给侧结构性改革的意见的通知	眉彭府发〔2017〕20 号	2017/11/16
16	关于印发眉山市彭山区乡镇人民政府行政权力清单调整结果的通知	眉彭府发〔2017〕23 号	2017/11/24
17	关于建立粮食生产功能区和重要农产品生产保护区的实施意见	眉彭府发〔2017〕24 号	2017/12/18

全面深化改革

彭山区是我国2014年年底确定的全国第二批34个深化农村改革试验区之一，也是全国“两权”抵押贷款试点区和全省农村改革综合试验区。2017年，全市需要完成的中、省改革部署试点15项，涉及彭山的共有7项。其中，全国第二批农村改革试验区工作已先后接受了农业部和省改革办的督察验收，“红色先锋引领绿色产业”的彭山经验受到上级充分肯定。“两权”抵押贷款试点和全省农村改革综合试验区试点、农村产权抵押融资试点强力推进，推出“两权融资五大体系”的彭山经验；全省供销社综合改革试点即“三位一体”改革试点，现已成立了区“三位一体”农合联。行政职能事业单位改革试点进入验收环节，“大部门、大警种”试点稳步推进。2017年，全国人大副委员长吉炳轩、中农办副主任吴宏耀、全国供销总社党组成员、理事会副主任邹天敬、农业部总农艺师、农村改革试验区办公室主任孙中华等领导先后莅临彭山调研指导深化农村改革工作。

一、加快推进经济领域改革

（一）深入实施供给侧结构性改革

2017年，彭山区组织房地产企业积极参加省、市举行的各类房产推介活动。在房地产开发、交易和税收等环节进一步降低企业及购房人成本，减免一系列相关费用，以刺激住房消费。2017年1月—11月25日，商品房销售面积共计90.83万平方米，销售套数共9771套，其中，住宅部分销售79.53万平方米，销售套数7650 套；非住宅部分销售11.3万平方米，销售套数2121套。房地产库存面积45.55万平方米，其中，住宅面积库存6.58万平方米；非住宅面积库存38.97万平方米。商业和车库在2016年同期库存量基础上下降11%，完成年初下降10%的预定目标。完成淘汰宏宇金属和熊德春轧钢厂工作。全区金融贷款投放力度大，截至10月底，区内金融机构贷款95.88亿元，异地金融机构贷款投放15.55亿元。全区直接融资为15.29亿元，已完成全区直接融资12亿元以上的目标任务。彭山发展控股公司成功发行企业债券13.8亿元，已经到位8亿元。积极争取政府债券资金12.7亿元，其中，存量债券置换资金8.7亿元，新增债券资金4亿元。

（二）深入推进农业供给侧结构性改革

按照中央14部对新增改革试点批复和市委“5+11”改革要求，逐一制定改革方案（其中新增农村承包土地经营权自愿有偿退出、农业农村发展用地保障方案3个）；加快推进各项改革，其中土地流转1万公顷，流转率达到62%。全区农村“两权”抵押贷款新产品14个，两权融资发放贷款829笔，金额3.74亿元；出台《眉山市彭山区2017年农村改革工作要点》（眉彭农改组发〔2017〕1号）、《眉山市彭山区农村合作经济组织联合会管理办法》、《农合联理事会职权》等文件，将供销社改革工作纳入全区农村改革大框架中同安排、同部署，强力有序推进供销社综合改革工作。“三位一体”农合联工作顺利推进，成立区、乡两级机构。

（三）深入推进全面创新改革试验

深入实施科技创新工程，大力推进高新技术产业发展。出台《关于加快推进新型工业化的实施意见》（眉彭委办〔2017〕50号）、《眉山市彭山区规模以上工业企业、重点服务业企业和限额以上批零住餐企业培育暂行办法》（眉彭委办〔2017〕51号）、《彭山区纳税十强企业九条激励办法的通知》（眉彭委〔2017〕43号）。认定国家高新技术企业2家：四川同庆南风洗涤有限责任公司和四川禹王建材有限责任公司。现全区高新国家高新技术企业共计7家。实施高新技术及战略新兴产品项目15个。全年，全区高新技术产业产值达55亿元，同比增长15%。技术交易合同登记金额1100万元。建立产学研联盟8家。已将彭山政务、彭山区重大工作督察系统、大党建系统、纪委工作系统、国土不动产网络系统、民政相关业务系统迁至眉山大数据，并在全市大数据信息化建设推进会上进行经验交流。2017年，成功申报四川省电子商务产业发展示范县建设项目。有立顿洗涤、驰阳饲料、南方家具等企业建立彭山造工业品OTO推广销售平台。

（四）深化商事制度改革

全区共新发展民营企业677户，新发展个体工商户2886户。自2017年9月多证合一改革以来，共办理“多证合一、一照一码”营业执照203户。实行企业简易注销程序，有效缩短市场主体退出周期，降低退出成本，提高登记效率。

（五）深化金融和投融资体制改革

组织两大区级平台公司共同参加全省PPP实务培训班。组织19个项目填报纳入省级PPP项目储备库，成功入库项目16个。全程指导协调岷江航电、华夏幸福、彭祖新城等重大PPP项目完善前期工作，组织开展两评估一方案审查，确保项目顺利落地。深入学习研究PPP相关法律、法规，严格按照相关规定开展社会资本方选择、工程招投标等关键环节，确保项目实施合法、合规。区内10家金融机构54个营业网点已覆盖13个乡镇，驻彭山保险机构办事处15家、证券机构1家、融资性担保公司2家，小额公司2家，已初步形成在区金融办、人民银行彭山支行、市银监分局的调控监管服务下初具规模的金融组织体系。推动农村信用联社改制组建农村商业银行已于2017年10月全面完成。ATM机、POS机等基础设备大量投放使用，全区已投入使用的ATM机164台、POS机达1230台。反洗钱系统、身份证识别系统等金融安全设施大大加强，大额支付、小额支付等系统也已投入使用。

（六）深化科技体制改革

出台《专项资金管理办法》，积极申报西金电气、禹王防水等4户省、市企业技术中心。

（七）深化国家新型城镇化综合试点

加大彭山宣传力度，鼓励企业打造优质楼盘，完善配套设施，创造一流居住环境和服务，吸引外来人口购房；继续推进棚户区改造货币化补偿安置，鼓励农村居民进城购房，2015年—2017年投入资金22.4亿元，新增建成区面积0.4平方公里，城镇化率达54.24%；建成以轻轨站为核心辐射13平方公里城市道路建设工程，完成滨江大道彭祖新城段、省道103线城区段、锦绣大道、前程路、李密大道等27条23公里的市政道路新建、改造。彭祖新城新区新增建成区面积增加0.2平方公里，市政公用设施建设投资达2.25亿元；省级重点镇牧马镇市政基础设施和公共服务设施投资达1亿元，完成牧马新镇一期建设，正在进行牧马新镇二期和配套基础设施建设。

（八）深化国资国企改革

彭山区国有企业组建了党支部；将企业党的建设写入企业章程，明确党组织在企业中的领导核心地位；出台《国有企业负责人绩效考核办法》《关于加强和完善区属国有公司管理的意见》等文件，引导公司按“投、融、建、营、还”五位一体的发展思路，做项目、创收入、挣利润，实现“实体化发展、市场化运作、规范化管理”，融资21.47亿元。

二、加快政府职能转变

（一）深入推进“放管服”改革

强化跟踪督办、绩效评估和逗硬奖惩。持续开展行政权力责任清单优化调整工作。对照法规修订情况开展查缺补漏，共调整乡镇人民政府行政权力事项13项，其中，修改其他行政权力名称2项、修改其他行政权力法律依据1项、修改行政处罚权力名称1项、取消行政裁决1项、取消其他行政权力1项、新增其他行政权力7项。共清理调整区城市执法局、区林业局、区农业局、区住建局等14个行政权力部门的行政权力事项353项。区委编办已提交区政府门户网站公布第一批10个单位的权责清单，第二批正在清理整理中，清理完成后立即挂网公开。

（二）继续推进公务用车制度改革

对公务用车实行集中管理制，公务用车共计69辆，已经过户54辆到机关事务中心。做好公务用车取消车辆的处置工作，2017年共计公开拍卖成交58辆，成交金额45.36万元，处置取消的报废车辆25台收入5000元，全面完成公务用车取消车辆处置工作。

三、推进民主法治领域改革

（一）推进群团组织改革

制定工会、共青团、妇联、科协等改革方案，创新统筹方式、创新组织建设、创新服务载体，锐意推进群团工作转型发展和体制机制创新，实现群团工作与经济社会发展相融相促，经验做法在全省群团工作座谈会上交流，省委改革办以专报形式《四川改革专报》（第141期）上报中央改革办。

（二）推进司法改革重点工作

成立司法体制改革领导小组，统筹推进全区司法责任制改革工作，政法各部门正有序推进。基本完成司法责任制改革的面上任务，出台《眉山市彭山区人民法院关于落实司法责任制的实施办法（试行）》（眉彭法〔2017〕32号）、《眉山市彭山区人民法院裁判文书审核签发管理办法（试行）》、《眉山市彭山区人民法院审判委员会工作规则》、《眉山市彭山区人民法院2017年“案件评查”实施方案》（眉彭法〔2017〕78号）等文件，深化行政案件相对集中管辖制度，全力配合区检察院探索认罪认罚从宽制度，续深化繁简分流制度改革。制定完成大部门、警种制改革方案，建立七大部门（警务情指部、警务保障部、警务监督部、案件侦查部、治安管理部、国内安全保卫部、道路交通管理部），形成五大机制（情报主导警务机制、联合指挥部工作机制、派出所与刑侦中队合作协调机制、案管中心工作机制、警力增长和民警职务职级晋升保障机制。），实现三个提升（打击破案能力提升、治安防范能力提升、群众满意度提升）。

四、创新社会治理体制

一是深入推进城市管理体制改革。制定推进城市执法体制改革改进城市管理工作实施方案。二是深入推进基层治理创新。在全面调查摸底、开展专题调研的基础上，制订《关于强化党建引领加强新型农村社区社会治理的实施意见》，在公义马林村、观音果园村、黄丰合力村、牧马新镇、彭溪龙门新苑小区等新型农村社区进行试点，初步探索建立了党建引领农村社区社会治理“1+3”（以党组织为核心，以议事会决策、管委会执行、监委会监督为自治主体）工作模式。以青龙镇龙都新苑三期为突破口，研究探索多村聚居区党组织建设工作模式。

五、深化文化和社会事业改革

（一）深化教育综合改革

针对城市化进程的快速推进，近几年投入4.6个亿，对城区学校布局进行整体规划和建设，新建、扩建5所校（园），新增学位近9000余个。2017年，区四小已于2017年8月竣工投入使用，新一中项目主体工程完工，正在开展室内外抹灰装饰施工、水磨石地坪及外墙保温施工。实验小学改扩建项目已进入新建图书馆室内外抹灰装饰及附属工程施工。城北幼儿园项目完成预算编制、财评，正在进行挂网公开招标。投入资金1800万元完成机关幼儿园，谢家、黄丰、公义、牧马、保胜等11所幼儿园的新改、扩建。积极作好普通高中选课走班试点、普通高中学生综合素质评价改革试验区试点改革的相关准备工作。2017年，新立项省级课题2个、市级课题13个；结题12个，其中省级3个、市级5个。与彭山区残疾人体育场馆连片规划，在彭祖新城新建彭山区体育中心。彭山区体育中心项目已完成PPP签约，即将开工建设。启动西藏自治区体育训练基地项目。

（二）深化医药卫生体制改革

全区17个乡镇卫生院、1个社区卫生服务中心和179个村卫生室全部实施国家基本药物制度。药品、医用耗材阳光采购合格率、医疗卫生机构上网采购率、阳光积分合格率、药品阳光采购合格率均达到100%。彭山区在全市或全省率先提出药占比一票否决制，同时纳入目标考核，对各医疗单位药占比实行动态管理，建立预警约谈机制。在全市率先完成财政“兜底”民生工程任务，区级公立医院共减少药品加成收入830万余元，直接让利于患者。推进医疗、医保、医药三医联动，上下联动，内外联动，区域联动，全面推进公立医院改革。继续推进区级医疗机构优质护理示范工程，区人民医院、区中医医院、区妇幼保健院已经建立示范科室17个，覆盖率达100%。城乡居民基本医疗保险参保265734人，参保率97%（其中建档立卡贫困人口参保11378人，参保率100%）。

六、深化生态文明体制改革

（一）完善生态环境保护体制机制

区三大战役办下发《关于印发《2017年眉山市彭山区环境污染防治“三大战役”工作要点》的通知》（眉彭污防“三大战役”办〔2017〕1号）落实具体工作任务。6月，区委区政府下发《关于实行“三长制”推进大气、水、土壤污染防治“三大战役”的实施意见》（眉彭委办〔2017〕90号），全面建立“河长”治水、“点长”治气、“田长”治土的“三长制”工作机制。

（二）启动实施全域安全饮水、全域污水治理

10座乡、镇污水处理厂（站）全部建成投运，城区生活污水处理厂提标升级改造工程前期工作即将完成。多次与市水务局汇报全域安全饮水项目规划建设，眉彭供水工程已完成可研编制，城乡供水专项规划即将完成。

（三）形成全域垃圾处理体系

城区由区城市执法局牵头负责，建立网格化管理制度，实施生活垃圾治理，城区生活垃圾袋装化收集处理率达100%。农村由区治理办牵头，各乡镇（街道）负责，推行“户分类、村收集、镇集中、区转运处理”的生活垃圾处理机制。同时，将垃圾治理纳入乡镇（街道）、职能部门年度考核，与乡镇（街道）季度环境治理专项经费划拨和推荐市“十佳”“较差”乡镇评比挂钩。完善环卫设施。

（四）彭山区河长、河段长、河道长三级河长体系建设

建立“三长、三总、一警、两员”彭山区河长制工作机制。成立土壤污染防治田长制工作领导小组和领导小组办公室，制定印发《眉山市彭山区田长制推进土壤污染防治工作方案》《眉山市彭山区土壤污染防治田长制工作领导小组联席会议制度》《眉山市彭山区土壤污染防治田长制工作巡查制度》和《眉山市彭山区2017年田长制推进土壤污染防治工作要点和时间安排》。实施锅炉煤改气、煤改电工作，完成9户企业煤改气工作，全区10蒸吨以下锅炉全部改为清洁能源。

七、深化党的建设制度改革

（一）深化党的组织制度改革

出台《眉山市彭山区聚焦“七个基本”深入推进基层党组织标准化建设的实施方案》（眉彭组通〔2017〕51号）、《关于进一步严肃党内政治生活巩固发展良好政治生态的实施意见》（眉彭委办〔2017〕76号）；针对基层党组织建设标准不清、措施不细、考核不准等问题，对乡镇、农村、机关等8个类别制定了7大类329条细化标准，从最基础的动作、最基本的要求抓起，让基层党组织定有标尺、干有方向、评有依据。扎实开展区党代表任期制试点，出台党代表任期制实施办法和《党代表履职任务及考评办法》等10个制度；创新年会召开方式，在常态议程基础上新增提案办理发言、代表建议发言、代表履职发言等3个议程；探索乡镇党代表任期工作，各乡镇实行党代会年会制；充分发挥党代表闭会期间作用，推广“晓红党代表工作站”经验，108个村（社区）全部成立党代表工作室。

（二）深化干部人事制度改革

坚持“好干部”标准选人用人，坚持“五优先”导向；加强对选调生培养管理，蹲苗培养；以干部任免审批表为基础，建立全区机关事业干部人员信息库。

（三）深化党的基层组织建设制度改革

抓好城市基层党建重点工作。开展学习培训，组织赴成都锦江区、武侯区学习城市社区党建的先进经验，强化业务能力。开展城市基层党建工作调研座谈，组织相关区级部门、城市社区党组织负责人调研座谈，多方收集意见、建议。做好亮点阵地打造，以蔡山社区为重点进行提档升级和试点探索。按照“行业建

党委、产业建总支、新型农业经营主体建支部”思路构建组织架构，已在全区建立起新型农业经营主体综合党委，农业、林业、牧畜3个行业党委，岷江现代农业园区彭山片区党委，葡萄、蜜柚、柑橘等8个产业党总支，66个新型经营主体党支部；探索并形成“党委牵头抓总+乡镇属地管理+部门行业指导”的双重管理模式；突出“政治引领、产业服务、农村治理”三大功能定位，按照标准化建设、精细化服务、规模化培育、同步化推进“四化”措施，开展产业升级、人才培育、电商发展、党建标杆“六大行动”，初步构建了发挥党组织服务产业发展作用的平台载体。2017年7月，接受农业部评估验收；9月，接受省委改革办督察。

（四）深化人才发展体制机制改革

推进常年挂网引才，已完成2批高层次专业技术人才考核招聘，引进硕士研究生17人。通过打好“产业、政策、感情”三张牌，引进国家“千人计划”人才3人、国家“百人计划”人才1人、博士研究生7人，实现眉山市国家“千人计划”“百人计划”人才的“零突破”。7月20日，《“三张牌”赢得高端人才集聚彭山》被《四川日报》《眉山日报》头版头条和省人力资源报等媒体刊载。

八、深化纪律检查体制改革

进一步深化区级派驻机构改革，整合派驻纪检组机构设置，强化“派”的权威、发挥“驻”的优势。出台《派驻纪检组第一组长、组长管理办法（试行）》等规定加强日常管理，并根据区委、区纪委中心工作统一调配、打捆使用纪检干部，激发干事活力。制发《中共眉山市彭山区委巡察工作实施办法（试行）》《中共眉山市彭山区委巡察组工作规则（试行）》《中共眉山市彭山区第二届委员会巡察工作规划（2017–2021年）》和《眉山市彭山区2017年巡察工作计划》等制度，开展巡察两轮，共发现问题117个。

四川彭山江口沉银遗址考古发掘

张献忠江口沉银遗址位于四川省眉山市彭山区江口镇的岷江河道内，北距成都市约60公里，南距眉山市约20公里。2010年，眉山市人民政府公布为第三批市级文物保护单位（眉府函〔2010〕142号，遗址保护范围为东西各至岷江河堤，南至岷江大桥，北至府河、南河交汇处。遗址区域的经纬度范围为北纬30°21′09″～30°22′47″，东经103°89′00″～103°90′70″。

2005年以来，彭山区江口镇岷江河道内陆续发现了大量文物，包括铭刻年号的金册、装于木鞘中的银锭、“西王赏功”钱币以及大量的银质饰品等。据介绍，清代以来的文献中多记载明军将领杨展曾在此伏击了大西军领袖张献忠的船队。

2015年12月25日，故宫博物院考古研究所所长、故宫博物院原副院长李季，中国国家博物馆综合考古部主任杨林，中国人民大学教授、明史学会常务副会长毛佩琦等10余名国内权威考古、历史专家齐聚彭山，在实地查看江口沉银遗址、参观出土文物后，召开了江口沉银遗址考古研讨会，并在会上形成一致意见，共同出具《四川彭山“江口沉银遗址”考古研讨会专家意见书》，基本确认彭山“江口沉银遗址”，为张献忠沉银中心区域之一。

12 月 26 日，华西都市报以《张献忠沉银彭山江口　不是传说，是真的！》为题，率先发出报道，引爆网络各媒体聚焦江口沉银遗址确认事件。在随后的两周内，央视 4 台、13 台，《人民日报》《光明日报》等 20 余家国内主流媒体纷纷予以关注报道，江口沉银遗址及宝藏挖掘成为全国热点。

2016 年 1 月 21 日，国家文物局水下考古中心在北京召开 2016 年考古工作安排会，将彭山江口沉银遗址抢救性挖掘列入了 2016 年工作计划；1 月 22 日，国家文物局文保司、国家考古局再次开会研究江口沉银抢救性挖掘研讨会，会议同意“彭山江口沉银抢救性挖掘项目”立项。

2016 年 4 月 28 日，根据国家文物局《关于眉山江口沉银遗址考古工作方案的批复》（文物保函〔2016〕716 号），四川省考古研究院从 2016 年 11 月 23 日至 2017 年 4 月 30 日对江口沉银遗址进行考古发掘。

2016 年 11 月 25 日，岷江河道开始围堰垒土抽水，将河中即将展开发掘的区域与江水分离。考古现场领队解释称，这种把水排干后再进行发掘的方式，是为了更好地清理遗址，也是水下考古最常见的一种做法。为防止破坏遗址现场，都是到岷江对岸河堤外取土，再转运数公里，从对岸建好一条便道通向发掘区，以保证划定的核心区域不受到影响。围堰完成，张献忠沉银中心区域之一迎来首次考古发掘，这也是四川省文物考古研究院的首次水下考古发掘。此次考古发掘项目的领队之一是国家文物局水下文化遗产保护中心副研究员周春水。

图 1 为江口镇张献忠沉银遗址考古现场

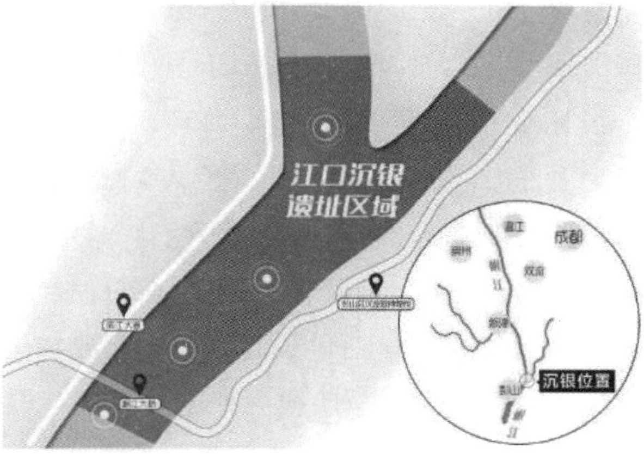

图 2 为江口沉银遗址区域图片

图 3 为彭山江口沉银遗址水下考古启动通报会现场

2017 年 1 月 5 日，四川彭山江口沉银遗址水下考古通报会现场。当日，四川眉山市彭山区江口沉银遗址水下考古发掘全面启动。

该次考古发掘工作前后历时3个多月发掘面积20000平方米，出水各类文物30000余件，实证了张献忠沉银的传说。解决了张献忠江口沉银遗址是不是和有没有的问题，破解了三百年来的历史谜团。

该次出水文物数量之多、等级之高，涉及的种类之丰富、时代跨度之大、地域之广，在全国都堪称一项非常重大的考古成果，具有极高的科学、历史、艺术价值。这次发掘出水的文物种类以金银铜铁等金属材质的器物为主，包括属于张献忠大西国册封妃嫔的金册，西王赏功金币、银币和大顺通宝铜币，铭刻大西国国号的银锭等，此外还有属于明代藩王府的金银册、金银印章以及戒指、耳环、发簪等各类金银首饰，铁刀、铁剑、铁矛、铁箭镞等兵器，另还有瓷碟、瓷碗、铜锁、钥匙、秤砣、顶针等生活用具，种类丰富多彩。部分银锭、金银册等文物上详细记录其年代、地域等信息。从时代上看，从明代中期延续至明代晚期；从地域上看，这些文物记录的地域北至河南，南至两广，西到四川，东到江西，范围含括了明代的大半个中国。该次出土的文物是明代中晚期社会生活、政治、军事等方面最直接的展示，三万余件出水文物对研究明代的政治史、经济史和军事史等具有重要的意义。

该次考古发掘是四川首次开展的水下考古发掘项目，考古工作创新了工作理念，运用了大量的新技术，针对遗址处于岷江河道内的实际情况，通过围堰解决发掘平台，为今后滩涂考古、浅水埋藏遗址的发掘提供了工作范式和借鉴经验。同时，发掘中采用了现代化的工作方法和最新的科技手段，前期通过金属探测、磁法、电法和探地雷达等物探手段确定了发掘区域，发掘过程中采用RTK精确记录每一件文物的出水位置，在重点区域安装延时摄影，搭建整个遗址的考古数据管理系统等，保证了考古工作科学、有效的进行。

此外，该次考古发掘工作还面向全国公开招募了志愿者，收到报名表千余份，来自全国多个省份。此外还有国外的中国留学生参与到我们的发掘工作中。彭山江口沉银遗址的发掘为公众参与考古提供了平台，也扩大了考古工作对公众的影响力，让公众真正了解考古、走进考古，享受考古成果。

在发掘期间，国家文物局副局长宋新潮专题调研了考古工地并观赏了出水文物，认为这是非常重大的考古发现，是解决了重大的历史问题的重要考古成果。江口沉银遗址考古工地是中国考古史上单次发掘面积最大的考古工地，出水文物精美，种类丰富，数量众多，为中国历史时期晚段考古之最。同时，我们分别召开了江口沉银遗址考古和遗址保护利用学术研讨会，与会专家认为发掘现场震撼、方法正确、成果巨大，必将在中国考古发展历史上留下浓墨重彩的一笔，具有重要的历史意义。在遗址公园修建的方面，专家们提出规划建设主题要能体现历史价值、艺术价值、科学价值、社会价值和文化价值，定位要明确、独特。考古与博物馆展示在承载研究功能之外要彰显社会文化服务功能。

4月中旬，现场考古发掘停止后考古工作进入到室内整理阶段江口沉银的神秘面纱，正一步步揭开。

9月8日，加拿大加西周末、美国华府网、阿根廷华人在线等36家海外华文媒体记者60余人，集中对眉山市彭山区江口沉银遗址进行了一次深入采访，使彭山张献忠千船沉银被有效发掘的消息，将再次走向世界。

蜀王金宝出水
江口明末战场遗址2018年第二次考古发掘

经国家文物局批准，在四川省文物局的领导下，四川省文物考古研究院联合眉山市彭山区文物管理所对江口明末战场遗址开展了第二次考古发掘。本年度的工作于2017年12月26日开始围堰，2018年1月24日正式开始发掘，前后历时近3个月，发掘面积10000平方米。

江口明末战场遗址上一年度的发掘出水直接与大西政权相关的文物上千件，实证了“张献忠江口沉银”的传说。本年度的考古工作以确认遗址性质、了解遗址范围和文物的分布规律、寻找战争遗物遗迹，尤其是与沉船相关的遗物、发现更多遗物种类为目的，开展相关调查和发掘工作。考古调查分为陆地调查和水面探测，二者结合，初步将遗址划分为大码头、望江台、巫店子和大石包四个区域。今年围堰的总长度为1公里，宽度约为130米，长宽均超过了去年。我们分别在望江台和巫店子两个区域内开展了考古发掘。经考古发掘证实，围堰范围内均有文物出水，但大致可以分为两个较为密集的区域。

2018年度总计出水文物1.2万余件，其中最为重要的是发现了一枚蜀王金宝。据明史记载，皇子封亲王，授金册金宝。世子承袭王位，止授金册，传用金宝，也就是说每个藩王府只有唯一一枚金宝，因此较金册显得更为稀少和珍贵。该次发掘出水的这枚金宝，虽然残损，但可清楚的辨识出印面的篆书蜀字，当来自蜀藩王府。今年发现了更多的铁刀、铁剑、铁叉等兵器，铁制箭头大量出水。此外遗址内首次发现以三眼铳为代表的火器和金碗、银碗等容器。铭刻有四川地名的银锭和船钉大量出水，生活用品、金银首饰与去年相比独具特色。

2017年度考古发掘更加重视科技应用。考古探测方面强调多源数据、多种方法相结合，以磁法和激发极化法进行直接探测，以电阻率法和两栖雷达进行间接探测，然后对探测数据进行融合处理和综合解译。信息提取方面强调多维数据的采集，对发掘区域和出水文物进行三维激光扫描，获取高精度纹理信息。通过对三维点云数据和影像的处理，实现多维海量数据的互动，研发可视化程序。

此外，该次考古发掘工作面向全国公开招募志愿者，收到报名表六百余份，录取八人，来自于全国多个省份，包括来自伦敦大学的中国海外留学生。志愿者进行岗前培训后，根据特长被分配到不同岗位，独立承担工作，全程参与考古发掘。

该次考古发掘出水的大量兵器，尤其是火器的发现，为确认这一处古代战场遗址提供了更多证据。出水的蜀王金宝，是国内首次发现明代藩王金宝实物。发现诸多铭刻川内地名的银锭，为张献忠在四川的活动范围提供了实物证据。船钉的大量发现，为我们认识沉船地点提供了新线索。

本年度的考古发掘确认了遗址的性质，在遗址范围和文物分布规律的寻找方面有所突破。但限于遗址的特殊埋藏环境和现有技术等主客观条件，还需继续的工作。

（彭山区文管所提供资料）

服务指南

眉山市彭山区党务政务服务中心

表 10

窗口部门	联系电话	窗口部门	联系电话
地税局	37636091	环保局	37634061
房管局	37634064	城管办	37632234
卫生局	37635022	工商局	37634069
城建局	37634067	发改委	37634060
交通局	37634066	文体局	37635012
畜牧局	37635280	国　税	37631149
公安局	37636013	国盾公司	37636012
水务局	37632625	农机局	37635115
食药监局	37635606	林业局	37635010
司法局	37635287	群　团	37635287
纪　委	37638171	统　战	37638657

彭山区主要旅游景点

表 11

景点名称	地　址
彭祖山风景区	眉山市彭山区江口镇茶场村
江口古镇	眉山市彭山区江口镇
仙女湖	眉山市彭山区江口镇双江村
宋代石龙	眉山市彭山区江口镇石龙村
汉崖墓博物馆	眉山市彭山区江口镇双江村
李密故里	眉山市彭山区保胜乡龙安村
中国长寿城牌坊	眉山市彭山区彭溪镇龙门桥村 1 社省道 103 线
象耳寺	眉山市彭山区锦江乡象耳村象耳山
仙山香洞	眉山市彭山区保胜乡马河村油罐岭
眉山嘉年华	眉山市彭山区公义镇马林村

彭山区部分酒店、宾馆

表 12

企业名称	地　址	联系电话
兴铁宾馆	眉山市彭山区古城北路 232 号	37612349
仙女湖会务休闲中心	眉山市彭山区江口镇双江村	37687018
恒大酒店	眉山市彭山区牧马镇莲花村	37599999
福一大酒店	眉山市彭山区彭祖大道南段 346 号	37617777
凯涞酒店	彭山区凤鸣中路 216 号	37669888
寿乡人	彭山区紫薇中路 47 号	37633777
醉不翁	彭山区彭祖大道北段圣寿路 45 号	37626588
半瓶酒	彭祖大道中段 200 号	37624858
桂家饭店	彭山区蔡山西路 50 号	37611369
眉山羊肉馆	彭山区彭祖广场望江下街 27 号	37624233
七星岗	彭山区彭祖大道 168 号	37627888

彭山区星级农家乐

表 13

企业名称	地　址	联系电话	备　注
新村生态园	眉山市彭山区彭溪镇	37632333	四星
彭祖酒庄	眉山市彭山区观音镇	37617089	四星
土豆花	眉山市彭山区彭溪镇	37625588	三星
醉八仙	眉山市彭山区江口镇	37665333	三星
创一湖畔	眉山市彭山区凤鸣街道	37697559	三星
天香苑	眉山市彭山区凤鸣街道	37611998	三星
秦家园	眉山市彭山区江口镇	37680594	三星
田园丰情	眉山市彭山区谢家镇	13990315655	三星
向阳农场	眉山市彭山区牧马镇	13980633530	三星
宏兴苑	眉山市彭山区凤鸣街道	37642888	三星
盘桓小筑	眉山市彭山区江口镇	37673737	民宿达标户

彭山区旅行社分社（门市部、服务网点）

表 14

企业名称	地　址	联系电话
环球国旅彭山分公司	眉山市彭山区彭祖大道北段 344 号	37626395
全球通国际旅行社彭山分社	眉山市彭山区彭祖大道二段 258 号	37610528
春秋旅行社彭山门市部	眉山市彭山区长寿广场 H061 号	37603868
远大旅行社彭山门市部	眉山市彭山区凤鸣公园南路 30 号	37627969
假日旅行社彭山门市部	眉山市彭山区古城南路 255 号	18628993933
环球国旅彭山服务网点	眉山市彭山区彭祖大道北段 344 号	37626395
新东方国旅彭山服务网点	眉山市彭山区彭祖大道中段 95 号	13890300713
环球国旅小东街服务网点	眉山市彭山区小东街 66 号	18180100686
华夏旅行社彭山服务网点	眉山市彭山区彭祖大道二段 258 号	37610528
中国旅行社彭山服务网点	眉山市彭山区古城北路 109 号	37627223
全球通旅行社建设路服务网点	眉山市彭山区凤鸣镇建设路 9 ～ 11 号	15328740911
中国青年旅行社彭山服务网点	眉山市彭山区蔡山西路 232 号	13909036336
海外旅游公司彭山服务网点	眉山市彭山区彭祖大道二段 378 号	15082359104
中港国旅彭山服务网点	眉山市彭山区彭祖大道二段 465 号	13778807552
神州国旅彭山服务网点	眉山市彭山区青龙镇交通横街 151 号	13880167484

彭山区部分学校、医院

表 15

名　称	地　址	电　话
四川大学锦江学院	彭山区锦江大道 1 号	37600019
区第一中学	彭山区鹏利街 58 号	37623084
区第二中学	彭山区彭祖大道南段 162 号	37625366
区第三中学	彭山区新南街 14 号	37621726
区第一小学	彭山区凤鸣镇西街 168 号	37623535
区第二小学	彭山区南街 178 号附近	37611078
区鹏利小学	彭山区彭溪镇鹏利街 58 号	37621665
区人民医院	彭山区蔡山北路西二段 195 号	37623825

续表 15

名　称	地　址	电　话
区中医医院	彭山区凤鸣镇北街 66 号（门诊）	37623546
区疾病预防控制中心	彭山区凤鸣镇致民路 68 号	37621470
区妇幼保健院	彭山区东街 36 号	37628852
区血吸虫病防治站	彭山区凤鸣镇东街 33 号	37621447
区卫生执法监督大队	彭山区人民医院综合楼 5 楼	37612650
区精神卫生保健院	彭山区凤鸣镇金烛村 6 组	37627115
区第二人民医院	彭山区青龙镇莲池村 5 组	37660235
区人口计生服务中心	彭山区凤鸣镇彭祖大道中段 160 号	37634799

彭山城区公交线路一览表

表 16

路　线		途经地	发车班次时间
城区公交	51 路	彭山北站—锦绣大道—前程路（毛店村）—锦江学院—学院南路（东）—彭山区委—伟业广场—凤鸣公园—建设路口（单）—彭山区政府—区妇幼保健院—武阳东路—灵石东路口—兴旺路口(东)—兴隆路—彭山监管中心	8 ～ 12 分钟
	52 路	彭山北站—区人民医院—蔡山西路—伟业广场—凤鸣公园—建设路口—古城南路口—区党务政务服务中心—彭山二中—兴旺路口—彭祖大道南三段—区中医院—平乐社区—罗店子—17 路接驳站（平乐社区）	8 ～ 12 分钟
	53 路	区公安分局（新）—彭山发展控股—凤鸣大道—长寿牌坊—寿星门（西）—605 厂—蔡山东路—区民政局—伟业广场—凤鸣公园—建设路口(单)—城西市场—李密大道路口—柏华路口—彭山火车站—武阳西路口—灵石西路—水电七局—彭山二中—兴旺路口—彭祖大道南三段—兴隆路—彭山监管中心	8 ～ 12 分钟
	54 路	彭山北站—区人民医院—蔡山西路—伟业广场—凤鸣公园—古城北路—十字口—南街—古城南路—紫薇路—李密大道南二段—武阳西路—水电七局—李密大道南三段—彭山四小—彭山监管中心	7 ～ 12 分钟
	55 路	区公安分局（新）—新城大道—长寿牌坊—迎宾大道东段—岷江一桥—滨江大道二段—寿星门（东）—渡江路口—致民路口—彭祖广场（东）—锁江路—老南门—区妇幼保健院—区政府—城西市场—李密大道路口—柏华路口（单）—彭山火车站	7 ～ 12 分钟

续表 16

路　线		途经地	发车班次时间
社区公交		彭山北站—大楠村	8 ～ 10 分钟
		彭山北站—菱角村	60 分钟
		彭山北站—兴崇村	60 分钟
		彭山火车站—元宝村	60 分钟
城际公交	20 路	眉山东站—铁环东路(同升二期)—市政府—市公安局—东坡竹园—滨江大道南三段—太和镇—双漩社区—华西路口—彭祖广场—605厂—长寿牌坊—彭山区委—李密路口—彭山北站	40 分钟

彭山区汽车客运中心站里程、票价、班次时刻表

表 17

终点站	途经点	里程（公里）	发车时间
成都	高速直达	69	06:30—18:40 每 25 分钟左右一班
乐山	高速直达	85	08:30—18:00 两小时左右一班
雅安	高速直达	118	08:40　14:50
眉山	宋店子、镇江、太和	28	06:40—18:40 滚动发班
新丰	将军湖、江口、友谊、白蜡、黄丰	30	06:30—17:30 滚动发班
夏家渡	将军湖、江口、半边街、净皇	27	07:30—17:20 滚动发班
金华	十字路、牧马政府、金华	26	06:10—18:15 滚动发班
牧马	将军湖、江口、江口职中、十字路、将军湖、江口、五一村、顺江、大塘	28	
青龙	彭溪路口、观音、高马路、李店、青龙火车站	23	07:15—18:00 滚动发班
保胜	长寿牌坊、凤鸣路口、支马路、公义、九大队	30	06:10—17:40 滚动发班
谢家（老路）	菱、余店、雷山	17	07:00—18:00 滚动发班
谢家（新路）	菱角、红石、电话亭、汉安	17	07:00—18:00 滚动发班
多悦	谢家	21	07:00—17:30 滚动发班
芋荷	流芳碑、永丰渡口、永丰、大碑寺	23	07:30—17:30 滚动发班
石家	水电七局、石家	11	
白庙	彭溪路口、观音、白庙	16	07:00—17:00 滚动发班
中和	长寿牌坊、流芳碑、仙女湖、管理处	26	07:30—17:00 滚动发班

彭山北站旅客列车时刻表

表 18

方向	序号	车次	运行区段	彭山北到达时间	彭山北开车时间	停靠站
峨眉山方向	1	*C6251	成都东—峨眉山	07:04	07:06	成都东、双流机场、彭山北、眉山东、乐山、峨眉山
	2	*C6257	成都东—峨眉山	07:48	07:50	成都东、成都南、双流西、彭山北、眉山东、乐山、峨眉山
	3	*C6263	成都南—乐山	09:41	09:43	成都南、双流机场、新津、彭山北、眉山东、青神、乐山
	4	*G8669	重庆西—峨眉山（周末线）	09:56	09:58	重庆西、永川东、荣昌北、内江北、资中北、成都南、双流机场、彭山北、眉山东、乐山、峨眉山
	5	*C6267	成都东—乐山	11:57	11:59	成都东、双流机场、双流西、彭山北、眉山东、青神、乐山
	6	*C6269	成都南—乐山	13:56	13:58	成都南、彭山北、乐山
	7	*C6271	成都南—峨眉山	15:30	15:32	成都南、双流机场、双流西、彭山北、眉山东、乐山、峨眉山
	8	*C6275	成都东—眉山东	18:45	18:47	成都东、成都南、双流机场、彭山北、眉山东
	9	*C6281	成都东—乐山	19:52	19:55	成都东、成都南、彭山北、乐山
成都东　江油方向	1	*C6254	眉山东—成都南	08:08	08:10	眉山东、彭山北、新津南、双流机场、成都南
	2	*C6256	眉山东—成都南	09:11	09:13	眉山东、彭山北、成都南
	3	*C6304	峨眉山—江油	10:15	10:17	峨眉山、乐山、眉山东、彭山北、双流机场、成都南、成都东、新都东、德阳、绵阳、江油
	4	*C6260	乐山—成都东	11:20	11:22	乐山、眉山东、彭山北、新津南、双流机场、成都南、成都东
	5	*C6306	峨眉山—江油	12:18	12:20	峨眉山、乐山、青神、彭山北、新津南、双流机场、成都南、成都东、青白江东、德阳、绵阳、江油
	6	*C6308	峨眉山—江油	13:18	13:20	峨眉山、眉山东、彭山北、双流机场、成都南、成都东、德阳、绵阳、江油
	7	*C6264	乐山—成都南	13:37	13:39	乐山、青神、眉山东、彭山北、新津南、新津、双流西、双流机场、成都南
	8	*C6310	峨眉山—江油	14:58	15:00	峨眉山、乐山、眉山东、彭山北、双流机场、成都南、成都东、广汉北、罗江东、绵阳、江油
	9	G8678	峨眉山—重庆西（周末线）	15:38	15:40	峨眉山、乐山、眉山东、彭山北、成都南、资阳北、隆昌北、永川东、璧山、重庆西
	10	*C6274	眉山东—成都东	19:28	19:30	眉山东、彭山北、双流机场、成都南、成都东
	11	*C6276	眉山东—成都东	20:05	20:07	眉山东、彭山北、成都南、成都东

说明：* 为途经车

索引

Indexes

A

B

C

D

G

H

J

K

L

M

N

P

Q

R

S

T

W

X

Y

Z